U0910716

教育部人文社会科学研究2008年度一般项目资助，
《俄罗斯能源外交政策研究》项目批准号：08JA 770008

于春苓 著

俄罗斯能源外交政策研究

ELUOSI NENGYUAN WAIJIAO ZHENGCE YANJIU

中国社会科学出版社

图书在版编目(CIP)数据

俄罗斯能源外交政策研究/于春苓著.—北京:中国社会科学出版社,2012.10

ISBN 978-7-5161-1658-6

Ⅰ.①俄… Ⅱ.①于… Ⅲ.①能源政策—对外经济政策—研究—俄罗斯 Ⅳ.①F451.262

中国版本图书馆CIP数据核字(2012)第251543号

出 版 人	赵剑英
责任编辑	喻　苗
责任校对	任晓晓
责任印制	王炳图
出　　版	中国社会科学出版社
社　　址	北京鼓楼西大街甲158号(邮编100720)
网　　址	http://www.csspw.cn
	中文域名:中国社科网　　010-64070619
发 行 部	010-84083685
门 市 部	010-84029450
经　　销	新华书店及其他书店
印　　刷	北京君升印刷有限公司
装　　订	廊坊市广阳区广增装订厂
版　　次	2012年10月第1版
印　　次	2012年10月第1次印刷
开　　本	710×1000　1/16
印　　张	16
插　　页	2
字　　数	350千字
定　　价	48.00元

目　录

前　言

随着世界现代化及全球化的发展，能源因素对国际关系和世界经济、政治的影响日益增大。各国把制定正确的能源战略和实施积极的能源外交作为保障本国能源安全的基本出发点。在这种背景下，国内外学术界相应的把研究的目光聚焦到各国能源政策及能源外交领域。

俄罗斯作为石油、天然气生产和输出大国，其能源政治和能源外交在国家对外战略中的影响十分显著，后苏联时代的俄罗斯国家政治的稳定及经济的崛起，很大程度要取决于石油天然气出口的形势。油气出口推进了俄罗斯经济的增长，“石油输出是俄罗斯参与国际能源安全的保障”①，加强了俄油气能源对世界能源格局的影响力。

中外学术界以往对能源经济和能源外交的研究，多侧重经济视角研究，而较少将石油经济与俄罗斯政治与外交联系起来进行历史的阐释。如俄罗斯学术界有关此问题研究的专著目前可查到的有十余部，其中仅C. 3. 日兹宁著的《俄罗斯能源外交》（人民出版社 2006 年版），将石油经济与俄罗斯外交联系起来研究，而其他著作则多为石油天然气经济的宏观论著。针对该领域研究的不足，本书在搜集整理俄罗斯经济史、外交史、国际关系史的基础上，将俄罗斯石油天然气外交置于政治、经济、国际关系的整体框架中，阐释俄罗斯石油经济形成、石油经济对外贸易活动及能源外交的实施；并在此基础上揭示俄罗斯能源外交的特点及影响。

本书的研究视角除将俄罗斯能源外交置于政治、经济、国际关系的整体框架中透视外，还从俄罗斯的历史发展与石油天然气资源的关系的视角，阐述了一个多世纪以来俄罗斯政治、经济与能源外交交织发展的历

① М. А. Яценко，*Нефть во внешнеэкономических связях России*，Москва.，2006，с. 84.

程；进而梳理苏联及俄罗斯各个发展时期的能源战略。在理论方法方面，渗透了地缘政治、国家利益等理论，揭示苏联与俄罗斯能源外交政策的演变。

在研究时段上主要涉及两个时期：苏联及俄罗斯联邦时期。由于阐述俄罗斯最初的石油外交，因而上溯到帝俄时期的能源外交。俄罗斯能源外交涉及的地域包括：俄罗斯对欧洲能源外交；俄罗斯对中亚里海地区能源外交；俄罗斯对东北亚能源外交以及俄罗斯石油天然气公司能源外交。

俄罗斯最初的石油外交，可上溯到19世纪末至20世纪初的帝俄时期，是随着石油经济的形成而开启的。20世纪初，为了缩短石油的运输路线，在俄外交的支持下，俄国与伊朗制订修建从巴库至海湾的石油管道计划。“帝国外交部曾经协助俄石油工人铺设巴库至海湾的石油管道，并为他们提供前往伊朗资源基地的便利，还为保住俄罗斯煤油在欧洲和东方市场的地位做出了努力。”① 俄国最初的能源外交活动是与其对外战略分不开的。19世纪后期，俄国对外战略已从近东的巴尔干半岛转向亚洲，与英国在伊朗展开了地缘政治和石油资源的博弈。20世纪初，俄国的能源博弈的实力是与其国家综合实力相符的。此时俄罗斯帝国的实力已逐渐衰落，致使其石油出口市场萎缩。1901—1904年间，俄罗斯石油年均出口量为1638400吨，占国家石油开采总量的15.4%。② 但到1905—1913年间，俄罗斯出口量大幅度减少，年均出口808600吨，占国家石油开采总量的9%—10%。③ 俄罗斯帝国时期能源外交，受到国内经济与政治的影响，对外石油贸易直接服务于其政治利益，石油外交带有浓厚的政治军事色彩。

苏联时期，在对外贸易国家垄断的条件下，石油天然气及其产品的所有业务都由苏联外贸部的对外贸易专业化联合体负责。如，石油和石油产品出口由“联盟石油出口联合体”负责，天然气出口由“天然气出口联合体”负责。特定的国际政治环境及计划经济体制，使这个时期的能源外交呈现鲜明的苏联能源外交的特征。

---

① С. З. Жизнинь, *Энергетическая дипломатия России.* , Москва, 2006. с. 1.

② В. Г. Громана, *Рассчитано по: Экспортные возможности России: Статистико – экономический очерк*, Москва. , 1922, с. 131.

③ Л. Б. Кафенгауз, *Рассчитано по: Эволюция промышленного производства России (последняя треть* XIX *–30 –е годы* XX *века)*, Москва. , 1994, с. 71.

苏联时期的能源外交，是在被美国为首的西方国家孤立下进行的。因而石油外交的意识形态倾向十分明显，能源外交在苏联外交中往往侧重于政治而不是经济。冷战时期，苏联将能源作为政治博弈的筹码，通过对东欧经互会成员国及西欧国家的能源外交，实现和维护着国家的利益。“苏联石油输出战略基础是在1970年形成的。”[①] 这是因为20世纪70年代爆发了两次世界性的石油危机，石油危机与经济危机交织在一起，使东西方世界面临着严峻的考验。苏联抓住历史有利机遇，实施了石油输出战略。冷战时期苏联的能源贸易对其国内经济的拉动起了很大的作用，成为国家外汇的主要来源，更为重要的是，石油与天然气成为苏联与美国争夺欧洲及全球利益的重要战略手段。此外，苏联时期的能源外交既给其带来政治与经济利益，同时也不可避免地致使国家经济结构配制失衡。

冷战结束后，俄罗斯时期的能源外交与国家政治、经济的关系密切，体现在普京总统任期内（2000—2008年）。俄罗斯从能源贸易中获得了激增的收入，而且国内政治局势稳定。众所周知，俄罗斯的内部变革便是基于此而进行的。[②] 能源外交为俄罗斯国家经济发展创造了物质条件。

俄罗斯能源外交中，欧洲占有重要的位置。东西欧和中欧国家是俄罗斯石油天然气和石油产品的巨大市场。2005—2006年，俄罗斯向欧洲出口的石油占俄石油出口的90%。[③] 俄罗斯与欧盟国家的能源关系不断发展，俄欧关系可以归结为“合作与竞争”的模式，“彼此互利的伙伴关系成为俄罗斯能源出口及欧盟国家能源进口稳定的保障”。[④] 由于欧盟国家国内油气能源生产量的降低以及对俄罗斯能源的依存度增加，使俄罗斯成为欧洲经济发展和全球能源安全的一个重要保障。因此，欧盟许多的政治学家认为“能源安全这个题目，对于俄罗斯和欧盟之间的合作和伙伴关系具有重要意义”。[⑤] 同时，俄罗斯清楚地认识到，如果把欧洲作为其能

① М. А. Яценко, *Нефть во внешнеэкономических связях России*, Москва. , 2006, с. 84.

② ［美］杰弗里·曼科夫：《大国政治的回归——俄罗斯的外交政策》，黎晓雷、李慧容等译，新华出版社2011年版，第3页。

③ Ю. Н. Глущенко, *Европейский вектор нефтяной отрасли россии*, Москва. , 2007, с. 37.

④ Ю. Н. Глущенко, *Европейский вектор нефтяной отрасли россии*, Москва. , 2007, с. 175.

⑤ Ю. Н. Глущенко, *Европейский вектор нефтяной отрасли россии*, Москва. , 2007, с. 173.

源领域唯一的伙伴是不明智的。石油天然气开采的增加及油气销售市场的多元化趋势，迫使俄罗斯寻找新的油气出口方向，开辟新的能源外交领域。

俄罗斯对中亚和里海地区的能源外交，更多地出于国家安全和地缘政治的利益。中亚重要的战略位置和丰富资源成为大国势力角逐的地区。中亚对俄罗斯的安全具有关键的意义。伊斯兰恐怖事件的增长对俄罗斯南部边境和北高加索地区造成严重的威胁。① 其次，1991 年后中亚新独立的国家发展方向各异，但几乎都致力于摆脱俄罗斯的影响。苏联解体后，俄罗斯地缘政治地位的下降给其能源工业和能源外交带来了新的问题。苏联各加盟共和国之间的经济联系随着联盟的解体而中断，统一的能源工业的运作受到了严重的破坏，如在油气管道运输方面。西方国家希望通过从阿塞拜疆经格鲁吉亚到土耳其的石油和天然气管道把产自里海地区的油气绕过俄罗斯输送到地中海，然后转运到世界市场，以此抗衡俄罗斯对这一地区的能源控制，实现原油供应多元化。在美国及西方国家挤压的形势下，俄罗斯调整了对中亚国家的外交政策。1995 年 9 月 14 日，叶利钦总统批准《俄罗斯联邦对独联体国家的战略方针》，将中亚由俄外交的“次要”方向转变为“优先”方向，明确宣布俄罗斯的“切身利益”存在于包括中亚在内的独联体范围内，必须使“第三国和国际组织”“认识到这一地区首先是俄罗斯利益的所在地”。② 俄罗斯通过与中亚及里海地区各国的能源外交，努力保障自己在前苏联势力范围内的影响力和核心地位，为复兴大国地位做准备。

21 世纪初，俄罗斯与东北亚的能源外交的主客观条件都发生了变化。在外部环境方面，国际关系的中心逐步东移。与此相对应，普京执政后，大力推行欧亚并重，东西方兼顾的全方位平衡的能源外交。在能源关系方面，东北亚地区的能源需求总量也在上升。由于各种因素，中国、日本和韩国希望加大对俄罗斯油气的进口。而俄罗斯的西伯利亚和远东地区，是其资源最丰富的地区，俄境内的油气主要分布在西西伯利亚、东西伯利亚

---

① С. Т. Лузянин，*Возвращение России на《большой восток》*（*2004 – 2008гг.*），Москва.，с. 189.

② “Стратегический курс России с государствами – участниками Содружества Независимых Государств”，*Российкая газета*，23 сентября 1995г.

和远东，这三个地区的能源储量占全俄的75%。在新的国际关系和能源市场形势下，俄罗斯虽然仍把欧洲作为油气的主要出口市场，但亚洲特别是东北亚逐渐成为俄能源外交实施的重要区域。

俄罗斯对东北亚国家能源外交，以能源因素平衡与各国的关系。在油气管线的铺设方面，既兼顾了俄罗斯的政治利益，也收获了经济利益。俄罗斯在实施东北亚外交政策时，能源因素十分突出。其中对韩国出口石油天然气，不仅能够促进俄罗斯远东经济开发，还能加强俄罗斯在东北亚地区的国际影响。俄罗斯与日本的合作，则充分体现了互补性，俄罗斯远东油气田的开发需要日本的资金和技术，而日本油气需求又完全依赖进口。无奈之下，日本只得先搁置“解决北方四岛问题”而与俄罗斯进行能源合作。

俄罗斯能源外交实施过程中，重要的实体是能源公司。石油公司的对外商业活动得到国家外交政策的支持，俄罗斯外交维护石油公司的海外利益，强化石油公司在国际石油市场的地位。

俄罗斯石油公司产生于19世纪末，但真正意义上俄罗斯石油公司是在苏联解体后产生的。俄帝国时期国家石油公司经营活动受到国内经济与政治的制约，石油公司的对外贸易服务于帝国的军事扩张，石油外交带有浓厚的政治色彩。苏联时期的石油公司，主要为国有公司及与西方国家的合股公司。通过石油公司向西方国家输出石油，用石油换本国工业化所需的设备和技术。此外，出于冷战政治利益需要，苏联石油公司向东欧经互会国家输出石油。苏联与东欧国家能源关系，主要出于维护华约国家团结和社会主义阵营安全的军事政治目的。

俄罗斯联邦时期石油公司，是后冷战时期特殊国际环境的产物。它在俄罗斯社会转型中诞生，在经济全球化大潮中发展。特殊的时代赋予其特殊的使命。俄罗斯石油公司成为实现国家外交政策目标的工具。石油公司在国家及政府的调控下，实现国家利益的最大化。石油公司在国家政策的扶持下，活跃在世界能源领域和重要的战略性地区。俄罗斯石油公司在能源外交中发挥着不可忽视的作用，成为影响国家经济发展与外交政策决策的重要因素。

纵观俄罗斯一个多世纪的能源外交史，各个时期各有不同的特征，这些特征带有不同时代的历史印记。但在各个时期不同的特征中，又有共性的特征在俄罗斯历史发展中延续了下来，积淀成能源外交的惯势。如

“石油与地缘政治的关系紧密”，俄罗斯的能源安全和地缘政治利益决定了俄能源外交的地区优先原则。俄罗斯能源外交的重点区域，是随着国家地缘政治利益而转移的。在整个20世纪，俄罗斯能源外交的重点区域在欧洲。苏联解体后，尤其在“9·11”事件后，美国的势力向中亚渗透，使俄罗斯的地缘政治利益受到威胁。于是俄罗斯及时地调整对中亚的外交政策，通过能源合作，将苏联的联邦国家拉拢在能源合作的范畴内，以抗衡美国对中亚的扩张。21世纪，全球化、现代化浪潮高涨，石油天然气的消耗量不断增长。各能源消费大国能源进口寻求多元的渠道。能源出口大国俄罗斯在东北亚既有地缘政治利益又有巨大的经济利益。美俄在东北亚区域的博弈不可避免。

另外，俄罗斯能源外交的内涵与手段随着时代政治、经济的变化而不断调整。

俄罗斯为了经济的复兴及国家的崛起，将自身能源优势发挥到极致。从苏联时期博弈为主，到俄罗斯联邦时期的合作与博弈兼顾，既顺应了世界经济政治的发展趋势，也实现了俄罗斯国家的利益。俄罗斯与欧盟的能源关系是在《伙伴与合作协议》框架内进行的，欧盟既是俄的能源贸易的伙伴，也是俄经济的主要投资者和信贷者，这正是经济全球化的结果。

俄罗斯的能源外交在一个多世纪的实践中，成为俄罗斯外交重要组成部分，在对外能源贸易中维护国家利益和提升俄罗斯的国际影响力。

于春苓

2012年7月16日

第一章

苏联时期能源外交

十月革命的胜利为苏联经济的发展创造了条件，在经济发展中苏联一直重视发展对外经济联系。但由于革命胜利初期，苏维埃政权受到国内外严峻形势的威胁，石油出口一直处于不稳定之中。直至1921年年初，苏联石油出口量几乎为零。待苏维埃政权稳定后，苏联政府决定以石油出口来换取设备和其他工业必需品。1923—1925年，西方大石油公司购买苏联石油产品的数额大幅度提高。1923年5月11日，英荷壳牌石油公司与苏联政府签署了建立销售苏联石油的合资企业的协议。1925年，贝尔石油公司和全俄石油辛迪加签署了向法国供应石油的五年合同。

第二次世界大战结束后，苏联外贸在世界贸易中所占的比重有所提高，从1950年占2.6%，1981年上升到3.8%。[①] 在苏联外贸进出口结构中，进口以机器设备和交通运输工具为主，出口以燃料和电力为主。“石油因素对苏联的经济意义非常大”，“苏联石油输出战略基础是在1970年形成的”，[②] 这是因为20世纪70年代爆发了两次世界性的石油危机，石油危机与经济危机交织在一起，使东西方世界面临着严峻的考验。石油安全的国际向度深深影响着国家间的政治、经济关系和对外政策，甚至国际体系的结构等问题。苏联抓住历史有利机遇，实施了石油输出战略。苏联的石油贸易具有经济和政治双重功能，石油出口商品的价值被拿去交换了政治红利或者硬通货。冷战时期苏联的能源贸易对其国内经济的拉动起了很大的作用，成为国家外汇的主要来源，更为重要的是石油与天然气成为

① 陆南泉、张础、陈义初：《苏联国民经济发展七十年》，机械工业出版社1988年版，第648页。

② М. А. Яценко, *Нефть во внешнеэкономических связях России*, Москва., 2006, с. 84.

苏联与美国争夺欧洲及全球利益的重要战略资源。

苏联时期的能源外交从政策的实施到能源外交的影响，皆带有冷战时期国内、国际政治经济的特点。其影响既涉及苏联本身的政治经济，又影响这一时期国际能源及国际关系格局的变化和发展趋势。

一 苏联能源外交形成的因素

（一）苏联能源外交形成的国内因素

苏联成为石油出口国有诸多原因，这些原因相互联系，形成了能源外交的前提条件，其中形成能源外交的国内因素既包括其本身的能源优势，还包括为发展苏联经济的能源政策的实施。

1. 苏联丰厚的油气资源

苏联是世界上石油蕴藏量最丰富的国家之一。在石油储量和产量方面，受当时东西方意识形态对立因素的影响，使具有军事战略意义的苏联石油储量和产量蒙上了神秘的面纱，而成为西方国家情报部门猜测的对象。于是有关苏联时期的石油储量、产量，各国公布的统计资料的数据各不相同，包括苏联政府自己披露的能源储备、产量的资料。根据《苏联国民经济发展七十年》中的资料，苏联的石油开采量 1917 年仅 880 万吨，而到 1937 年为 2850 万吨，1970 年为 35304 万吨，1985 年为 59500 万吨。[①] 此外，另一资料认为，苏联从 70 年代开始石油开采量迅速增加，同时石油和石油产品的出口也有所增加。这个趋势一直延续到 80 年代初期，然后开始停止。[②]

苏联主要有三个产油区。第二次世界大战以前，苏联原油的储、产中心在巴库和高加索地区。这个产油区有几十个油田，它的开发历史可以追溯到 19 世纪末，因此曾是苏联历史悠久的最主要的产油区，1940 年的石油产量占全苏产量的 86%。这个产油区的石油油质好，除供给国内消费外，还出口到欧洲其他国家。但在二战中和二战后，苏联石油工业逐步转向东部地区。1944 年，在图伊马济（ТУЙМАЗЫ）发现了第一个大油田，

---

① Народное хозяйство СССР, Москва, *Статистика*, Москва, 1960 г. сс. 254、262.

② Н. А. Добронравин、О. Л. Маргания, *Нефть Газ модернизация общества*, Москва, 2008, с. 506.

接下来很快又发现了其他一些油田。从巴库大量流入的设备、设施，还有技术使这个地区战时的发展成为可能。从 50 年代中期起，苏联石油产量的增长主要来自伏尔加—乌拉尔产油区，又称第二巴库。中伏尔加地区有着储油地区最高产的部分，这一地区至少占了苏联石油储备量的 4/5，石油产量的 2/3。[①] 1950 年，苏联伏尔加—乌拉尔地区的石油产量平均每年为 3800 万吨，到 1960 年，这一地区的石油产量平均达到了每年 14800 万吨，而到了 1970 年，伏尔加—乌拉尔地区供应了大约整个苏联石油产量的 61%。不论是从石油生产增长的速度，还是从生产的总量来说，这是任何一个主要产油国以前都从来没有过的纪录。在伏尔加—乌拉尔地区的石油生产开始急剧下滑之前不久，西伯利亚油田又被发现和开发。

1960 年，西伯利亚发现了第一口油井，接下来又发现了一个又一个油井。1962—1965 年期间，苏联已经发现了西伯利亚四个油田。西伯利亚是苏联最大的产油区，即秋明油田或称第三巴库。油田为苏联提供了高达 500 亿桶可收回的石油。到 1969 年已发现 59 个新油田，其中包括 9 个巨型油田。从 1970 年起，苏联石油产量的增长几乎全部来自西西伯利亚秋明油区，特别是萨摩特洛尔大油田。西西伯利亚石油产量占全苏石油产量的比重从 1965 年的 0.4%，提高到 1980 年的 52%。[②] 苏联石油探明储量的 62% 以上分布在东部地区，其中仅秋明油田就占全国石油探明储量的 40% 左右。70 年代以来，苏联原油增产，几乎全靠秋明油田提供。1980 年东部的能源产量已全面超过西部。1980 年西伯利亚石油产量 31260 万吨，占全国石油产量的 52%。[③] 西伯利亚油区的石油产量对苏联石油的增产起着决定性的作用。

1981—1983 年间，西伯利亚保证了苏联石油和天然气的开采量的增长，西伯利亚工业中采掘部门的比重高于苏联全国其他各地总和的 1.5 倍。1983 年，西伯利亚的燃料总产量超过了苏联欧洲国土和乌拉尔产量的总和。俄罗斯的原油 66% 来自西西伯利亚，25% 来自乌拉尔山—伏尔加地区，3.5% 产自极地地带（涅涅茨自治区和科米共和国），1% 来自北

---

① ［美］迈克尔·伊科诺米迪斯、唐纳·马里·达里奥：《石油的优势——俄罗斯的石油政治之路》，徐洪峰、李洁宇译，华夏出版社 2009 年版，第 145 页。

② 陆南泉、张础、陈义初：《苏联国民经济发展七十年》，机械工业出版社 1988 年版，第 155 页。

③ 苏联《劳动报》1980 年 5 月 6 日。

高加索以及远东的萨哈林地区。[①]

苏联这几个新老油田成为苏联石油工业的支柱。从 20 世纪 50 年代中期起，苏联石油不仅在产量增长的速度，而且在许多重要产品的绝对增长额都开始超过美国。“在 1951—1960 年间，苏联的石油（包括凝析油[②]）产量增加了 11000 万吨，而美国在同一时期石油增产了 8100 万吨。[③]

在苏联经济的发展过程中石油出口具有重要的作用，1970—1980 年苏联石油和石油产品出口达到较高的规模。“1970 年出口石油 6680 万吨，而 1988 年生产石油 56900 万吨，出口石油 23960 万吨，比 1970 年的水平增长了约 4 倍。”[④] 1986 年苏联石油开采量 56120 万吨，出口量 23430 万吨。1989 年石油开采量 55220 万吨，出口量 22370 万吨。[⑤] 苏联蕴藏的丰富油气资源，不仅在其国民经济生活中发挥着重大的作用，也成为其能源外交强有力的物质基础，能源资源成为苏联推进政治目标和战略目标的重要工具。

表 1—1　　1970—1991 年苏联石油和石油产品的出口

	1970 年	1975 年	1980 年	1985 年	1988 年	1990 年	1991 年
石油（百万吨）	66.8	93.1	119.0	117.0	239.6	198.9	163.2
石油产品（百万吨）	29.0	37.3	41.3	49.7	61.0	57.4	52.6

资料来源：Топливно – энергетичесий комплекс СССР *1990* г. М.，ВНИИКТЭП，с. 370.

2. 国内政策因素

苏联时期的对外经济战略更多的是服从于寻求国家安全的对外战略，关注国家经济主权和经济安全，这是苏联国家安全观在对外经济战略上的体现。在对外经济方面，主张大国合作。因为苏联指望通过大国合作谋取国家安全和赢得国家经济恢复与发展的有利环境，这也体现在能源贸易和

① ［法］菲利普·赛比耶—洛佩兹：《石油地缘政治》，潘革平译，社会科学文献出版社 2008 年版，第 203 页。

② 凝析油是指从凝析气田的天然气析出来的液相组分，又称天然汽油。

③ ［苏］尼·亚·吉洪诺夫：《苏联经济：成就、问题、前景》，李越然、肖雨潞、吕国军、刘启芸译，中国对外翻译出版公司 1986 年版，第 18 页。

④ М. А. Яценко，*Нефтъ вовнешнеэкономических связя России*，Москва.，2006，с. 60.

⑤ М. А. Яценко，*Нефтъ вовнешнеэкономических связя России*，Москва.，2006，с. 134.

能源外交方面。

1917 年 11 月，俄国十月社会主义革命胜利，列宁领导的布尔什维克夺取了政权，当即宣布对外国资本包括石油工业实行国有化。1919 年，将所有石油工业国有化，并将其重组为一个国有企业——俄国石油公司（ROP）。苏联时期的石油公司的属性受制于社会主义的政治体制，由石油工业部管理。苏联时期，对外贸易由国家垄断和操控，燃料动力系统产品所有出口业务部都由苏联对外贸易专业化联合体负责。苏联能源生产企业没有任何对外经营自主权。

但到 20 世纪 20 年代，国内发生了燃料危机，当时国家无力使所有企业都开工，这引起某些私人资本以租让和租赁形式流入燃料开采业。1920 年 7 月，美国新泽西美孚石油公司以 650 万美元和承诺日后再付 750 万美元的绝对最低价买下了诺贝尔家族在苏联的 50% 的油田控股权。新泽西公司控制了至少 1/3 的苏联石油产量，40% 的炼油生产和 60% 的苏联国内生产。[①] 1921 年 3 月，列宁宣布了“新经济政策”，大力发展国内市场体系，恢复私有企业，进一步扩大对外贸易，并且出售矿区开采权。他宣布：“我们无法在没有国外设备和技术援助的情况下单靠自身力量恢复衰败的经济”。为得到外援，苏联愿意向“最强大的帝国主义辛迪加”提供广泛的特许权，为此租让巴库的 1/4 和格罗兹尼的 1/4。[②] 在新经济政策的吸引下，分家后的美国两个美孚公司之一，纽约美孚石油公司同苏联政府签约，在巴统为苏联建造一座煤油厂并租赁经营。另外纽约和真空两家公司同时与苏联签约购买大量苏联煤油，主要投放印度和其他亚洲市场。

1921 年 11 月，列宁宣布向外国投资者提供特许权。在燃料工业部门中实行租让制，使西方技术和外资大量地涌入，石油工业开始恢复，苏联又作为石油输出国重新返回国际市场。到 1926 年 7 月 15 日，石油开采租让的工业企业有 3 个。[③] 从 1925 年起，日本租让企业在东部沿海萨哈林岛北部石油矿产区进行石油和天然气的勘探及开采工作。1931 年它的开

① ［美］丹尼尔·耶金：《石油大博弈》上，艾平等译，中信出版社 2008 年版，第 166 页。

② 同上书，第 167 页。

③ 苏联科学院经济研究所：《苏联社会主义经济史》第 3 卷，王逸琳等译，生活·读书·新知三联书店 1982 年版，第 240 页。

采量是20万吨石油。[1] 但到1927年租让企业已经开始减少，而到1937年按照与承租达成的协议已全部取消。国家手中集中了99.9%的石油工业企业。

苏联在石油和天然气的国际贸易方面，从20世纪50年代中期以来，已恢复到二战前那种为石油和天然气寻找出口市场的政策。积极寻找国外市场有两个明显的动机。第一个动机纯属经济方面；第二个动机在某些程度上有其经济的一面，但带有政治因素色彩。从经济方面来说，苏联企图在所有能赚取硬通货的国家寻找石油出口机会，克里姆林宫要求石油商千方百计尽可能获取更多的外国硬通货，购买工业化所需要的机器。苏联要恢复其19世纪西方国家重要石油供应商的角色，他要获得买主，尤其是获得原来是华盛顿的买主。这是苏联石油战略的宗旨，是为其整体外交战略服务的。

石油因素对苏联的经济具有巨大的拉动作用，苏联经济很大程度上要依靠石油和天然气。20世纪70年代的石油危机为苏联丰富的油气资源经营提供了机遇。石油价格不断地增长，石油出口给国家带来了长期的巨额收入。因此，“在勃列日涅夫时期就已经确认石油出口是保障国民福利的重要条件，出口获得的外汇大部分用于购买国民需求的基本商品，保持社会和政治的稳定，尽管市民对共产主义出现了不满和失望”。[2] 苏联石油出口的战略是从1970年开始的。[3] 1971年的第24次党代表大会后来作为发表勃列日涅夫的和平纲领的一次大会而出名。这个纲领是“缓和”中的高潮，起初是在欧洲，后来是在美国。在1970—1980年间，苏联对西方欧洲国家的经济贸易，尤其是石油贸易便活跃起来。石油出口在苏联政策中处于优先的位置，国家制定出口导向型的石油战略。80年代后，世界经济形势发生了巨大的变化。世界能源市场的行情对拥有石油和出口石油的国家不是那么有利。石油价格下降，苏联领导人被迫对石油出口政策做出了调整。俄罗斯学者叶戈尔·盖达尔（Егор Гайдар）在其著作《帝国的颠覆——现代俄罗斯的教训》中指出：“从20世纪70年代开始苏联

---

① ［俄］А.Я. 列维：《从资本主义到社会主义过渡时期苏联的社会经济结构》，莫斯科经济出版社1967年版，第33页。

② Н. А. Добронравин、О. Л. Маргания, *Нефть Газ модернизация общества*, Москва, 2008, с. 505.

③ М. А. Яценко, *Нефтъ во внешнеэкономических связя России*, Москва, 2006, с. 84.

石油开采量迅速增加，同时石油和石油产品的出口也有所增长。这个趋势一直延续到80年代初期，然后开始停止，到1985年戈尔巴乔夫时代已经非常的不利。”[①] 石油因素对苏联时期经济政治的影响是不言而喻的。

（二）苏联能源外交形成的国际背景

苏联油气资源能源战略是在欧洲两极格局形成后逐渐展开的，特定的国际政治因素使苏联的油气出口贸易带有浓厚的意识形态的痕迹。20世纪70年代后，世界政治经济形势发生变化，使西欧国家对苏联的能源依存度加深。在冷战国际背景下，苏联形成了具有本身特点的能源外交。

1. 东西方冷战的国际政治背景

由于历史及地缘政治的缘故，苏联的工业化初期与西欧企业家投资有很大的关系。1916—1917年西方企业家的主要目标是开辟能源工业市场，外国股份占俄国全部工业资本的55%；黑色金属、石油开采、煤、稀有金属、黄金和白银矿业中外国股份占91%；化学工业占50%；纺织业占28%；金属加工业占42%。[②] 实力强大的外国资本投资在俄国的重工业，而俄国民族资本主要投入轻工业。于是总数不断增多的外国股份红利和利率从俄国流出。如1881—1896年利率达到27亿卢布，而1898—1913年已达到50亿卢布。[③]

1898年5月10日，俄国贸易部和财政部B. 科瓦列夫斯基（В. Ковалевском）通报：在里海，许多俄国石油工业属于英国石油工业，大不列颠大银行非常注意地注视着国际局势的发展。在伦敦的俄国商业代理斯·塔季谢夫（С. Татищев）宣布：通过与罗特希尔德银行交往，使他得知俄国企业家阿拉费罗夫（Арафелов）和布达戈夫（Будагов）出售68—153英亩油矿给英国石油公司开采石油，条件是这些油矿总的价格为125万卢布。定金阿拉费罗夫65万卢布，布达戈夫20万卢布。[④] 外国资

---

① Н. А. Добронравин, О. Л. Маргания, *Нефть Газ модернизация общества*, Москва, 2008, с. 506.

② Э. М. Иванов, *Экономические отношения России со странами центральной Азии*. Москва, 2006, с. 70.

③ Ibid..

④ Э. М. Иванов, *Экономические отношения России со странами центральной Азии*, Москва, 2006, с. 71.

本在俄罗斯帝国所占比重的状况，使俄国从属于外国企业家和银行家的利益。看到这种情况，俄财政大臣斯·维特（С. Витте）1899 年在给尼古拉二世的秘密报告中写道：俄国与西方欧洲国家的经济关系表明，俄国完全成为西方国家与殖民地国家及通向殖民地所属国的跳板。因此，俄罗斯帝国时期的石油天然气政策完全与此时期俄罗斯帝国的政治状况相吻合。

苏联油气资源能源战略是在欧洲两极格局形成后逐渐展开的。冷战格局的形成及对抗使得权力特别是军事要素的作用显得更为突出。苏美均衡主要是军事均衡。苏联有常规力量和地理位置方面的优势，核力量也在不断增长。总体上看，1951—1985 年，苏联军事规划的费用少于美国。1951—1990 年，苏联用于军事科学研究和试验设计工作的开支增长了 15 倍。[①] 苏联经济具有军事化的内涵：军费开支占国家预算的比例是 40%。军事工业系统的产值占社会生产总值的比例是 20%。[②] 油气出口创汇是苏联补贴军事工业综合体的主要来源。石油经济成为一种政治经济。欧洲是冷战的主战场。苏联的政治军事重心在欧洲，其欧洲战略的目标是控制东欧，影响西欧，进而与美国争夺欧洲的主导权。苏联利用油气在世界优势的地位，发挥其在欧洲国际关系格局中的作用。苏联在出口石油上有明显的政治意图。20 世纪 70 年代以来，苏联向发达的资本主义国家输出石油是利用西欧国家对石油的大量需求，特别是在石油危机时期，打着“缓和”、“裁军”、“经济合作”等招牌，以出口石油、天然气等资源为诱饵，获取贷款、技术合作，排挤美国势力，进行政治渗透。

“石油与地缘政治之间的密切关系，是其他任何原材料都无法企及的。”[③] 二战打破了旧有的世界经济体系，美国成了战后唯一的经济大国。美国对外经济战略是建立世界经济霸权，而欧洲无论在政治上还是在经济上对美国整体外交战略都是至关重要的。出于地缘战略的需要，欧洲成为美苏角逐的重要区域。苏联对外经济战略更多的是服从于寻求国家安全战略，但鉴于自身的综合实力不如美国，苏联只能借助于能源资源的优势，

---

① И. В. Быстрова, “Советский военный потенциал периода《холодной войны》в американских оценках”, *Отечественная история*, №2, 2004, с. 140.

② ［俄］米.谢.戈尔巴乔夫：《戈尔巴乔夫回忆录》，述弢等译，社会科学文献出版社 2003 年版，第 394 页。

③ ［法］菲利普·赛比耶—洛佩兹：《石油地缘政治》，潘革平译，社会科学文献出版社 2008 年版，第 1 页。

推行能源外交。

苏联的能源外交深深地打上了冷战的印记，美国因素成为冷战时期苏联出台外交政策的决定性因素。苏联对西欧的能源政策主要是与美国角逐欧洲能源市场，利用油气资源离间美欧之间的关系，在西欧推行“能源一体化”以突破美国对其的经济制裁。

苏联对经互会国家能源外交的宗旨，离不开意识形态方面的意图，对社会主义阵营内不同国家的政策都服从一个共同的目标，整个社会主义都要为苏联与美国的对抗或缓和的总政策服务。在地缘政治方面，苏联意在东欧建立有利于自己的地缘政治环境。受苏联控制的东欧被看做一个基地，用来对付西欧或其若干部分，特别是西德进行军事侵略或施加政治影响。以保证东欧现状为基础的对西欧的政治渗透及外交控制，这是斯大林、赫鲁晓夫和勃列日涅夫时期对外政策的重要目标。在经济方面，建立东欧一体化经济，继而在东欧确立更加密切的意识形态的一致性。苏联迫使东欧国家围绕苏联的原料供给而形成他们的经济结构。例如，波兰和捷克的钢铁厂，从厂址到设计，都是为了使用苏联的铁砂，几乎整个东欧都依赖苏联的石油和天然气供应。同样出于冷战的需要，苏联通过低于世界石油市场的油价，达到控制东欧经互会国家的目的。

另外，1973 年 10 月中东爆发了第四次阿以冲突，促使本来就不稳定的石油局势突然间演变成了一场大危机。10 月 16 日，来自波斯湾六国的欧佩克（OPEC）代表团齐聚科威特决定单方面将阿拉伯石油基准价格从每桶 2.90 美元提高到 5.11 美元。10 月 17 日，阿拉伯石油输出国组织（OAPEC）成员宣布立即减产 5%。每月都按照这个比例缩减产量，直到以色列退出它在 1967 年所占领的领土。这个决定意味着这是一场针对以色列支持者的“选择性禁运”。实际上，阿拉伯石油输出国的潜在目的是掐断对美国、荷兰、南非和葡萄牙的石油供给；而对其他国家部分禁运的程度则取决于这些国家与以色列的关系；关系好的友邦将不会受到禁运的威胁。

1973 年的石油禁运彻底改变了世界力量的分布。欧佩克组织成为地缘政治竞技场上的英雄少年，这个组织控制着世界一半以上的石油，而且能够打败曾经无敌于天下的西方列强。仅在几个月的时间里，全球资金的输入和流向就完全改变了方向，美国、欧洲和日本开始向欧佩克输入巨额资金。因苏联游离于被禁运国家之外，其利用本身能源资源的优势，获得巨大的经济与政治利益。

在这场石油禁运运动中，石油输出国组织国家是最明显不过的受益者，苏联及其卫星国，以及阿拉伯国家更是受益国。因为苏联不是石油输出国组织的成员国，因而不受禁运限制。这就意味着苏联可以利用禁运向被禁运的国家而又渴望进口石油的国家出售石油。世界石油供给的大幅度削减伴随着需求量的增加，这就使苏联从高涨的油价中获得了暴利，并从硬通货收入中取得了不菲的意外收获。

石油10%属于经济的范畴，而90%属于政治范畴，这是美国人丹尼尔所说，在1970—1980年间这句话得到了证实。1972年12月，列昂尼德·勃列日涅夫在克里姆林宫对30位西方访问者宣布："经济交流与贸易是国际关系缓和的有力的推动力。"① 苏美之间的突然缓和使双方领导人在某些事物上达成一致，1973年世界石油危机时，虽然他们的政治立场对立，但双方在很多领域采取了合作的措施。

禁运是阿拉伯石油生产国宣布的，为了给西方，特别是让美国感受到来自以色列的压力，在这次禁运中出现了缺口——苏联，莫斯科以阿拉伯国家的政策为依据，在当时从其同盟国伊朗输入石油。因此在此商业过程中没有掺杂过多的政治因素，伊朗开始向罗马尼亚提供石油，并开始向东欧国家中有外交关系的国家出口石油，向其邻国出售石油。这个秘密和复杂的交易在禁运时期进行，同时在石油市场上也发现了很多类似的操作者。经过证实在此期间有700万吨石油从中东和苏联出口到美国，外汇和高利润使这次资本主义经济危机有所缓和。②

根据世界货币基金组织的数据，苏联积累了历史上最大数量的硬通货盈余，1973年，苏联石油出口获得的硬通货收入增加了6亿美元，是1972年的两倍。1974年，苏联石油销售获得的硬通货收入又翻了一番，达到了26亿美元。③ 根据俄罗斯科学院燃料能源问题研究组的资料，苏联销售燃料能源资料的外汇收入达到了较高的水平，1975—1984年占总收入的55%；1985年占38.8%。④ 这个时期较高的石油收入支撑着国民

① Эрик Лоран, *Нефть Ложь, тайны, махинации*, Москва, 2007, с. 182.

② Ibid..

③ ［美］迈克尔·伊科诺米迪斯、唐纳·马里·达里奥：《石油的优势——俄罗斯的石油政治之路》，徐洪峰、李洁宇译，华夏出版社2009年版，第231页。

④ М. А. Яценко, *Нефтъ во внешнеэкономических связя России*, Москва, 2006, с. 84.

的生活稳定。但在1986—1988年国际石油价格便急剧下降，1987年苏联石油外汇收入仅占国民生产总值的33.5%。[①]

2. 欧洲能源对苏联的依赖

在经济方面，欧洲能源对苏联有很强的依赖。主要原因在于：第二次世界大战以后，整个世界经济迅速发展，主要资本主义国家的经济经历了五六十年代高速增长的所谓“黄金时期”。随着世界经济的迅速发展，能源的消费量也急剧增加，欧洲大多数国家一直是世界能源消费的大户，尤其是西欧。但是，西欧地区能源储量并不丰富，1977年石油探明储量为36亿吨，占世界石油探明储量的4.1%，而且主要集中在英国和挪威。到20世纪60年代中期，西欧地区的石油取代煤炭成为主要能源。据统计，1965年西欧石油消费量占其能源消费总量的46%，到1978年便达到55%。西欧1983年已探明的石油储量为32亿吨，占世界总储量的3.5%，天然气储量为43.24亿立方米，占世界储量的5%。[②] 由于能源生产和消费存在着巨大逆差、能源消费高度依靠石油，导致西欧能源特别是石油大部分依靠进口。20世纪70年代以前，西欧国家的能源进口主要是面向全球的能源市场，通过与中东、挪威、苏联和中亚地区的能源合作来保障自己的能源安全。但在两次石油危机后，西欧国家采取积极的能源政策，争取能源进口“多元化”，以谋求能源的长期稳定供应。一方面继续同产油国保持和扩大能源合作，同时还加强与苏联的能源外交。西欧国家需要苏联的石油和石油产品在石油危机形势下是出于经济上的原因，向苏联购买石油和石油产品可以用本国货币而不必用外汇。既然缺乏美元和英镑是大多数西欧国家增加本国经济中石油使用量方面的主要障碍，那么可以用本国货币支付石油和石油产品的货款也就成为刺激他们从苏联进口这类货物的主要因素。欧洲国家不能不把从苏联进口看做减轻自己长期支付困难的手段之一。

基于历史、地缘政治和经济互补性等方面的考虑，与苏联的能源贸易是西欧国家优先发展的方向。另外西欧国家通过与苏联的石油贸易，扩大国内产品的销路。在地缘政治方面，东欧是苏联的战略屏障。苏联运用政

---

① М. А. Яценко, *Нефтъ во внешнеэкономических связя России*, Москва, 2006, с. 84.

② 热斯坦·费勒里：《苏联与西欧国家之间的能源贸易》，《俄罗斯研究》1985年第6期，第62页。

治、军事、经济手段确保东欧国家在政治和意识形态上的统一。在能源外交上，石油和天然气出口加强了苏联在东欧的政治地位。东欧经互会国家同样是能源匮乏国家。东欧经互会成员保加利亚 1955 年的石油产量仅为 15 万吨，1980 年的石油产量达到 45 万吨。波兰 1955 年的石油产量仅为 15 万吨，1980 年的石油产量达到 45 万吨。匈牙利 1955 年的石油产量仅为 160 万吨，1980 年的石油产量达到 300 万吨。① 经互会国家 91% 的煤、92% 的石油、79% 的天然气是由苏联提供的。② 对东欧经互会国家来说，由于冷战时期东西方的对峙，使经互会国家只能依靠苏联的石油及天然气的供应，来满足国内能源消费的需要。

在 20 世纪国际政治较量中，能源资源成为世界秩序中切切实实的商品。欧洲强国之间的冲突，在相当程度上受到了谋求对能源资源进行竞争的影响。石油不仅成为经济商品，而且变成了政治商品。欧洲国家保障能源进口的多元，是出于保障国家能源安全的需要。同样出于冷战的需要，苏联通过低于世界石油市场的油价，向东欧国家出口石油，以达到控制东欧经互会国家的目的。

二 苏联时期能源外交的实施

苏联时期，根据国际国内形势的变化，苏联不断调整对欧洲发达国家、东欧经互会国家及发展中国家的能源政策。能源外交尽其政治与经济功能，维护其国家利益。

（一）苏联对欧洲发达国家的能源外交

1. 苏联对欧洲发达国家能源外交的背景

苏联与西欧间开展贸易是双方经济进一步发展的必然要求。苏联与西欧国家间的能源贸易是有其特定的主客观条件。第一，苏联是西欧国家工业品销售的市场。西欧国家的机器制造业特别是先进机器设备制造业、造船业、化工业和轻工业企业都把苏联当做自己产品的固定主顾。扩大同苏

① ［英］经济学家情报研究有限公司：《到 1980 年为止的苏联石油》，商务印书馆翻译组译，商务印书馆 1975 年版，第 62 页。

② 陈之骅：《勃列日涅夫时期的苏联》，中国科学文献出版社 1998 年版，第 195—196 页。

联的贸易和经济联系有助于改善这些国家的经济状况，增加工业中的就业人数。早在二战前，苏联就是西欧的原材料、粮食和产品市场。20 世纪 50 年代，西欧国家经济进一步发展，需要拓展能源、原材料和产品市场。1953—1955 年间，苏联同西欧各国的对外贸易不断发展。“从 1953 年到 1959 年，苏联与工业发达的国家的贸易增加了 2 倍。仅 1960 年，苏联同西欧国家的贸易总额增长了 25% 以上。”① 苏联与西欧大多数国家都签订有贸易协定，这些协定为商业合作建立了基础。1953 年，与苏联签订贸易协定的西欧国家只有 16 个，而到 1959 年便增加到 38 个。② 长期贸易协定的签订，保证了苏联与西欧国家经济联系的稳定性。

第二，苏联自然资源丰富而多样化，尤其是燃料动力资源方面的储备，是欧洲国家工业化所急需的。苏联共产党第 22 次代表大会指出，苏联对外政策之一，必须“同所有愿意跟苏联保持国际事务联系、经济合作和贸易的国家最广泛地发展这种关系”。③ 苏联与西欧国家的贸易充分发挥了自己本身能源优势。西欧在世界燃料动力资源的消耗量中占 17%，但其生产量总共为世界燃料动力资源产量的 9%。西欧地区的能源消耗大约 20% 是天然气。除了荷兰和英国之外，所有西欧国家本身所需的天然气主要靠进口。④ 所以无论从经济角度还是地理角度来看，对苏联来说西欧这个传统贸易伙伴都不失为理想的选择。

第三，欧洲的地缘政治地位十分重要。冷战时期，苏美在欧洲进行着激烈的博弈。苏联通过对欧洲国家的能源贸易，实现和维护着国家的利益。苏联与西欧间贸易的主要特点是以石油换技术，即苏联利用丰富的石油资源换取西方的先进技术。苏联在欧洲市场的经济利益主要是巩固和扩展自己的石油和石油产品的市场，在销售中发展欧洲国家的石油天然气商业，获得欧洲国家的投资、引进先进的工艺，解决能源产品的运输的问题。苏联时期对外贸易中能源贸易占有很大的比重。从 20 世纪 50 年代末起，苏联向越来越多的西方国家出口石油。70 年代，阿拉伯国家实行石油禁运，西方一些能源消费国家急于改变石油供应片面地依靠阿拉伯产油

① А. Н. Ефимова, *Экономика СССР в послевоенный период*, Москва, 1962, с. 406.

② А. Н. Ефимова, *Экономика СССР в послевоенный период*, Москва, 1962, с. 407.

③ А. Н. Ефимова, *Экономика СССР в послевоенный период*, Москва, 1962, с. 400.

④ ［苏］尼·亚·吉洪诺夫：《苏联经济：成就、问题、前景》，李越然、肖雨潞、吕国军、刘启芸译，中国对外翻译出版公司 1986 年版，第 161 页。

国的状态，多方寻找石油来源。苏联利用这一时机，加快向西方石油市场渗透，“发达资本主义国家占苏联对外贸易的21.3%”。① 在与发达资本主义国家贸易关系中，最大的伙伴是西德、芬兰、法国和意大利。它们在苏联外贸总额中所占的比重均在3%以上。在冷战国际政治背景下，多数西欧国家抛开各种经济封锁，在与苏联的经济合作问题上采取现实的立场。

第四，20世纪70年代后，国际形势的变化。苏联与西欧国家石油贸易关系受到国际政治因素变化的影响。70年代初，两种制度国家和平共处的原则在国际经济关系实践中得到了具体的体现，国际紧张局势的缓和时期取代了“冷战”时期僵持状况。“东西方经济联系的发展形成了物质实质，仿佛成为一种缓和的基础。”② 70年代，苏联非常重视从西方增加进口先进技术和包含这些技术的货物。苏联显然把这种进口视为是刺激经济增长和使苏联经济现代化的重要手段。为了获得硬通货，用以支付迅速增长的西方进口贸易货款，苏联必须加快对西方的出口。苏联时期，能源外交大部分是通过能源公司完成的，能源公司的进出口贸易主要由国家机构掌握。国家石油公司，积极寻找国外市场有两个明显的动机。一个动机纯属经济方面；另一个动机在某些程度上虽有其经济的一面，但带有政治色彩。从经济方面来说，苏联企图在所有能赚取硬通货的国家寻找石油出口机会，克里姆林宫要求石油商千方百计地获取更多的外国硬通货，购买工业化所需要的机器。苏联急欲恢复其19世纪所充当的西方国家重要石油供应商的角色。他要获得买主，尤其是获得原来是华盛顿的买主。这是苏联石油战略的宗旨，也为其整体外交战略服务。

此外，70年代世界爆发了石油危机和经济危机。在西欧，油价上涨的冲击和石油禁运产生了巨大的影响。从英国到欧洲大陆，各国相继感受到了30年以来最严重经济危机的影响。整个欧洲，破产和失业已经达到令人担忧的程度。为了促进石油在欧洲市场上的销路，苏联政府对西欧许多国家的油船、油库和销售设施进行投资。在石油出口方面，以“俄国

---

① Народное хозяйство СССР, Москва, *Статистика*, 1918 – 1966 г. с. 16.

② ［苏］尼·亚·吉洪诺夫：《苏联经济：成就、问题、前景》，李越然、肖雨潞、吕国军、刘启芸译，中国对外翻译出版公司1986年版，第156页。

石油产品”（R. O. P.）这一商标出售石油。1979 年苏联日产石油 1180 万桶，成为世界第一大产油国，除满足其本土和东欧国家外，每天能有 100 万桶可出口到西欧换取外汇。1965 年向这些国家出口石油和石油产品为 2450 万吨，出口天然气 9 亿 5630 万立方米。① 1970 年向这些发达资本主义国家出口石油达到 3840 万吨，出口天然气达到 73 亿 2200 万立方米。② 苏联同欧洲发达国家的石油贸易总额逐年增长：“1980 年为 89 亿 1060 万卢布，1981 年为 101 亿 3000 万卢布，1982 年为 120 亿 3110 万卢布。天然气贸易总额 1980 年为 15 亿 5780 万卢布，1981 年为 29 亿 3990 万卢布，1982 年为 27 亿 2830 万卢布。”③ 正是在这样的国际政治及国际经济背景下，苏联与西欧国家石油贸易开始频繁起来。

2. 苏联对欧洲发达国家能源外交的实施

（1）苏联对比利时、意大利能源外交

为了进入比利时、芬兰、英国的能源市场，苏联创立了一些股份合资公司。通过把这些公司作为立足点，又把业务范围扩展到了丹麦、意大利和德国。苏联设计出了一些交换贸易，这种贸易结构可以使苏联与西方资本主义国家的能源贸易更为便利。

苏联与比利时合作开办“合股公司”，苏联在比利时设有 8 家合股公司。经营范围包括石油化工、矿产等。苏联之所以与比利时合办“合股公司”，不仅出于经济方面利益，还有地缘政治方面的考虑。比利时地处欧洲的心脏，欧洲经济共同体的许多机构设在这里，同时，它又是北大西洋组织总部的所在地。因而，苏联竭力打入比利时，对这些“合股公司”不断增加投资、加强控制。像 1967 年建立的纳夫塔石油公司，其中苏联投资占 60%，比方投资 40%。1967 年资产为 300 多万比利时法郎，1972 年增至 2.02 亿多比利时法郎，每年营业额为 200 多亿比利时法郎，几乎全部资本都掌握在 4 家苏联国营公司之手”。④ 纳夫塔石油公司出售石油，在安特卫普设有一个大油库，储油约 1 万多吨。该油库把油运给西欧各地和美国的买主，还建立了完全归其所有，并由其提供资金的加油站网。苏

---

① “Народное хозяйство СССР”, *Статистика*, Москва, 1960, с. 137.

② “Народное хозяйство СССР”, *Статистика*, Москва, 1960. сс. 82 – 92.

③ 陆南泉、张础、陈义初：《苏联国民经济发展七十年》，机械工业出版社 1988 年版，第 681 页。

④ 同上书，第 693 页。

联对比利时的石油出口1967年为33.9万吨，1970年为127.5万吨，1971年为203.8万吨。苏比之间的石油贸易量在逐年增加。[①] 1970年对比利时的外贸总额为1亿4900万卢布，1980年对比利时的外贸总额为12亿2530万卢布。[②]

苏联与意大利的能源关系，意大利属于石油输入国。意大利本国没有任何较大的能源资源。它比其他西欧国家更早地体会到美英石油专政加给它的沉重负担。1953年意大利国家碳化氢公司（ENI，1992年之前的称呼，又称意大利埃尼公司）一开始就试图在1954年通过获得在伊朗的国际石油财团的一部分股票的办法而加入“盎格鲁—撒克逊石油俱乐部”。但是意大利的请求被石油卡特尔坚决地拒绝了，因为卡特尔不愿意在开采中东油田方面扩大享有专利权的范围。否决意大利的请求完全符合石油卡特尔的意图，致使意大利被排挤在国际石油市场之外，继续扮演一个缺油国的角色。

意大利的能源贸易一直由石油公司进行，为了国家石油的安全，1927年，意大利政府成立了由政府100%持股的国家碳化氢公司，其任务是实施“国家石油政策，以确保国内外的石油安全”。在欧洲国家中，意大利是苏联石油和石油产品的最大的买主，原因在于苏联石油价格远远低于意大利能在其他地方获得的石油价格。1958—1961年，意大利与苏联签订了为期4年的贸易协定，苏联用石油换意大利的钢管、输油设备等。两国协定的签订标志着苏意贸易进入了一个新阶段。仅仅在1959年，苏联和意大利之间的商品贸易额就增长了80%，而在1960年又增长了约50%。[③] 苏联向意大利订购了许多种重要的设备。如1959年与意大利最大的化学康采恩“蒙特卡提尼公司”签订了在1960年至1962年间向苏联提供3个化工厂的设备。而苏联对意大利提供的易货商品主要是石油和石油产品。

经济上的联系换来了政治上的回报。1961年7月，意大利在欧洲经济共同体内投票反对将苏联石油规定为10%的进口限额，接着又向石油卡特尔所占据的“冷战”阵地进行反攻，意大利实业界的《论坛》周刊

---

① 陆南泉、张础、陈义初：《苏联国民经济发展七十年》，机械工业出版社1988年版，第693页。

② “Народное хозяйство СССР”, *Статистика*, Москва, 1918 – 1966. с. 11.

③ А. Н. Ефимова, *Экономика СССР в послевоенный период*, Москва, 1962, с. 409.

在 1961 年 7 月写道：“进口东方石油的问题应该从经济方面来审查。所有政治上的考虑不仅是有偏见的、不现实的，而且纯粹是受投机心理所驱使的，这有害于西方同苏联的竞争。”① 从 50 年代中期起，意大利国家碳化氢公司先是小量进口苏联石油，然后则逐步增加了对苏联石油供应的依赖。为了鼓励这种发展，苏联对意大利的出口石油提供了优惠的条件。1963 年 11 月，苏联石油和石油产品出口联合公司同意大利国家碳化氢公司签订了新的协定，“规定 1964 年至 1970 年，苏向意供应 2500 万吨石油，同时由苏联外贸单位买进相当数量的意大利机器和设备”。② 根据此协定，1967 年苏联对意大利出口石油 1198 万吨，1970 年对意大利出口石油 1019.4 万吨③，而相应的苏联则进口意大利的钢管和汽车。苏联原油经意大利国家石油公司的炼油厂炼制后，以低于英美石油的价格，冲击着欧洲石油市场。随着苏联石油以更大规模涌入意大利，不断挤压美国在欧洲的石油销售市场。根据苏联与意大利之间补偿贸易，1969—1975 年意大利向苏联提供大口径钢管及设备，价值 10 亿美元。而苏联 20 年内用 1000 亿立方米天然气及 200 万吨煤、250 万吨铁矿石偿还。1976 年 5 月，意大利向苏联提供 5 套天然气加压设备，价值 1.5 亿美元。苏联用天然气偿还。1978 年，意大利向苏联提供价值 9300 万美元的化工设备，价值 1800 万美元的聚乙烯设备。根据补偿贸易规定，苏联对以上意大利提供的设备，用石油产品偿还。④

（2）苏联对法国的能源外交

20 世纪 50 年代苏共二十大前后，苏联调整了对英法等欧洲国家政策，力图通过改善与这些国家的双边关系，进而瓦解美国欧洲盟友的对苏敌视政策。1956 年 5 月，苏联邀请法国政府首脑访问莫斯科。1958 年 6 月，戴高乐重返法国政坛后，法国对外政策表现出更强的独立性。戴高乐主张加强与苏联及东欧集团的经济文化和技术交流。1960 年 3 月 23 日，

---

① ［苏］勃·弗·拉奇科夫：《石油与世界政治》，上海师范大学外语系俄语组、上海《国际问题资料》编辑组合译，上海人民出版社 1977 年版，第 255 页。

② Б. В. Рачков, *Нефтъ и мировая политика*, Москва, 1972, с. 232.

③ ［英］经济学家情报研究有限公司：《到 1980 年为止的苏联石油》，商务印书馆 1975 年版，第 61 页。

④ 陆南泉、张础、陈义初：《苏联国民经济发展七十年》，机械工业出版社 1988 年版，第 703 页。

赫鲁晓夫应邀访问法国，与戴高乐就一系列重大国际问题进行磋商。双方还讨论了双边关系问题，并签署了文化和技术交流协定，探讨了经济合作前景。

法国在石油市场上的政策，正如在各个时期由官方人士所阐明的那样，其目的在于：法国石油安全的保证，石油进口的来源尽可能地多元。法国对外石油贸易是由石油公司完成的，受美索不达米亚石油前景的诱惑，法国总统雷蒙·庞加莱任职期间推进了国家石油公司的建立。它是用民间资本建立的，但其股本也得到国家的认可。庞加莱费尽口舌使石油投资商们相信，将巨资投向前途未卜的美索不达米亚石油是一个值得冒的风险。因此，1924 年，法国石油公司（CFP，现道达尔的前身）在政府的保护下成立，“政府将其在土耳其石油公司的股份赐予了这个公司。为了避免国外势力干预这个公司，政府在 1928 年持有了法国石油公司 25% 的股份”。[①] 法国的石油进口一直来自西方国家。法国生产设备的企业主多年来一直向政府施加压力，力求增加苏联石油的进口量，以便能够在苏联市场上出售自己的商品。由于过去进口石油总是造成收支逆差的原因之一，现在法国宁可进口既不必用外汇支付，同时又可以保证法国设备获得必要市场的那种石油。于是，1966 年 5 月，苏联石油和石油产品出口联合公司同法国石油公司，签订了第一个为期五年的协定。协定规定：“到 60 年代末，供应法国 700 万吨石油。法国一家私营企业乌尔本石油公司每年购买 50 万吨苏联石油并不包括在内。”[②] 根据此协定，1967 年苏联向法国输出石油 294.8 万吨，1971 年增长到 453.9 万吨。[③] 苏联同法国开展了补偿贸易，1971 年 8 月，法国向苏联提供大口径钢管和设备，价值 13 亿法郎。苏联从 1976 年起，20 年内偿还 25 亿立方米天然气。1972 年 4 月，法国向苏联提供输油钢管及输油设备，价值 38 亿法郎。法国还向苏联提供 3 套天然气脱硫设备，年产 150 亿立方米天然气和 55 万吨商品硫。而苏联在 1976—2000 年期间，用 780 亿立方米天然气偿还。1972 年 7 月，法国向苏联提供大口径钢管和设备，而苏联每年向法国提供 10 亿立方米

① ［意］莱昂纳尔多·毛杰里：《石油！石油！》，夏俊、徐文琴译，上海人民出版社 2008 年版，第 39 页。

② Б. В. Рачков, *Нефть и мировая политика*, Москва, 1972, с. 235.

③ ［英］经济学家情报研究有限公司：《到 1980 年为止的苏联石油》，商务印书馆 1975 年版，第 61 页。

天然气。1975 年 7 月，法国帮助苏联建设奥伦堡联合企业第二期工程，价值 10 亿法郎；第三期工程，价值 5.26 亿法郎。而苏联在 1980—2000 年期间，向法国每年提供 40 亿立方米的天然气。①

1976 年，法国向苏联提供两套化工联合企业设备，年产苯 12.5 万吨，磷二甲苯及二甲苯各 16.5 万吨，价值 5 亿美元。苏联用苯及二甲苯及石瑙油偿还。1976 年 12 月，法国向苏联提供三座生产复合肥料的工厂设备，年产 80 万吨复合肥料，价值 4.5 亿法郎。而苏联用化学产品和石油产品偿还。另外，在苏联与法国的能源贸易方面，法国在 1976 年 12 月还为苏联提供了四座磷酸工厂设备，价值 4.1 亿法郎。法国为苏联提供两座石油化工联合企业的设备，价值 25 亿法郎，一座氯化钾工厂设备，价值 1.5 亿法郎。作为补偿贸易，苏联全部用能源产品补偿。1981 年，法国向苏联提供自动化控制系统奥伦堡—乌日戈罗德天然气管道冷却站，改造伏尔日斯克自动化工厂设备。而苏联在 25 年内，向法国提供 80 亿立方米的天然气。② 到 1980 年，苏联边境地区的天然气输送线延长到法国，使"戴高乐式"的经济一体化的欧洲成为现实，所不同的只是，这个欧洲是由莫斯科而不是由巴黎或者其他西欧国家的首都来起统治作用的。对于苏联与法国的能源外交，美国学者乔·金斯伯格认为：苏联在某个时候可能会利用其经济力量来排除西方对出口的一切控制，并对西方发放优惠贷款和其他贸易上的优惠安排方面施加影响，其政治影响很有可能导致苏联控制欧洲。

（3）苏联对芬兰的能源外交

苏联同芬兰的贸易关系可以作为它同欧洲资本主义国家发展经济关系的范例。芬兰位于欧洲北部，与瑞典、挪威、俄罗斯接壤，12 世纪后半期被瑞典统治，1809 年俄瑞战争后并入帝俄，成为大公国。1917 年芬兰共和国宣布独立。

芬兰独立后，对其外贸关系影响非常大。在第一次世界大战以前，俄国在芬兰的进出口贸易中约占 1/3，德国是芬兰进口的货源国，英国则为芬兰的出口市场。到 20 世纪 30 年代，英国已经成为芬兰的主要对外贸易

---

① 陆南泉、张础、陈义初：《苏联国民经济发展七十年》，机械工业出版社 1988 年版，第 700—701 页。

② 《苏联对外贸易基本统计》，第 178—179 页。

伙伴，而苏联无论作为买方或卖方仍然是微不足道的。但二战结束后芬兰的对外贸易情况有所变化，德国同芬兰的贸易中断了好几年，而苏联却成为一个比 1939 年以前较为重要的贸易国。1938 年苏联从芬兰进口的商品占芬兰出口的 1.3%，1949 年约占 15%，1959 年占 16.8%，1961 年占 13.7%。[①] 苏联从芬兰主要进口金属和造船工业的产品，而向芬兰出口的主要是谷物、石油、汽车等。苏联与芬兰之间的进出口关系给芬兰带来双重的利益。第一，虽然芬兰的金属和机械工业绝非单独依靠向苏联市场输出，但其产品一般在苏联比在西方市场容易销售，且销售数量大。较短的运输路程，特别是铁路运输的方便，是得到这种好处的部分原因。第二，虽然芬兰从苏联进口的石油也能正常地从西方得到，但在西方购买石油却遇到外汇上的困难，而同苏联的贸易减缓了外汇问题的难度，可以进行补偿贸易，因而改善了芬兰对外贸易的状况。

20 世纪 40—50 年代，芬兰由于不断增加向石油卡特尔成员购买石油的数量，促使它同西方国家的外贸逆差达到了十分严重的程度。另一方面，芬兰同苏联的贸易却有大量的结余，可以用来支付进口苏联石油的款项。但是，由于埃索石油公司和壳牌石油公司及卡特尔成员的其他分支机构，几乎掌握着芬兰全国的油库和销售网，它们千方百计地阻挠芬兰增加苏联石油产品的进口量。1952 年，芬兰实际上已经没有美元和英镑储备，处在“石油荒”的边缘。在这种情况下，芬兰别无选择不得不停止向美、英石油垄断组织——石油卡特尔购买石油，或者把购买量减少到最低量，并责成他们的油库和销售网接受苏联的石油。1955 年，苏联邀请芬兰总统访问，苏联主动提出不再租用芬兰的波卡拉半岛作为海军基地。双方表示愿意将 1948 年 4 月 6 日签署的《苏芬友好互助条约》的有效期延长 20 年。苏联与芬兰友好合作关系促进两国经济关系的发展。1951 年以来，苏芬贸易和经济联系不断加强，成为社会经济制度不同国家之间最早的实践。1955 年，当“冷战”紧张时期，苏联和芬兰缔结了关于科技合作的协定。两国成立了政府级经济合作常设委员会和政府级科技合作委员会。苏芬之间的能源贸易在两国友好关系氛围下展开。1951—1955 年间，两国之间的贸易额约为 10 亿卢布，1956—1960 年间，苏芬贸易额达到 14

---

① ［美］约翰·亨·伍里宁：《芬兰史》，武汉大学《芬兰史》翻译组译，湖北人民出版社 1973 年版，第 662 页。

亿卢布。从 1951 年到 1959 年，两国间的商品贸易额增长了 1.5 倍。① 1951—1953 年间，芬兰开始靠进口苏联的石油天然气来满足几乎全部的国内需要量。苏联在芬兰有天然气管道。20 世纪 70 年代，苏联还向芬兰出口了 777.4 万吨石油。1971 年 5 月，苏联同芬兰签订了一项协定。协定规定，芬兰在 20 年内向苏联购买的天然气，将从 5 亿立方米增加到 30 亿立方米。在补偿贸易方面，芬兰 1971 年 4 月向苏联出口大口径钢管，而苏联用天然气偿还，从 1974 年起每年供应 5 亿立方米。② 1980 年苏联向芬兰供应天然气 10 亿立方米。③

通过能源外交，苏联对芬兰的影响已经成了衡量苏联扩大在欧洲的政治影响的一个标准的警戒信号。有学者认为，随着苏联在欧洲经济渗透的加强，苏联对欧洲的政治和外交影响将会大大增强。

（4）苏联对德国的能源外交

在两次世界大战之间时期，苏联与德国的关系是复杂的，德国和苏联先是同盟，然后成为对手，接下来再次成为盟国。到 1933 年当纳粹在德国掌权的时候，意识形态的对立使苏德关系变得紧张。尽管它们的长期利益完全对立，而各自的短处又迫使它们进行合作。苏联与德国合作的背景为：苏联有着丰富的石油和自然资源，但缺乏工业。而德国的情况却恰恰相反，其领土面积狭小，自然资源匮乏。在石油贸易方面，苏联通过出口木材和石油获得硬通货换取西方国家的先进技术和机械设备，以保障国内工业化的进行。而德国需要进口石油和其他原料，以便为高速增长的经济提供燃料。1939 年 8 月 23 日，在希特勒进攻波兰发动第二次世界大战的前几天，苏德双方签订《苏德互不侵犯条约》，条约规定，缔结双方彼此保证互不使用武力。条约的签订是苏联在二战前夕，利用帝国主义之间的矛盾摆脱战争危险，保障国家安全的一项重大策略措施。条约使苏联得以暂时置身于战火之外，为苏联赢得准备战争的时间。苏联需要时间发展新兴的工业化经济，需要时间储存资源和武器，还需要时间重建强大的军备。斯大林发挥了石油因素的杠杆作用，把石油作为苏联外交政策的工

---

① А. Н. Ефимова, *Экономика СССР в послевоенный период*, Москва, 1962, с. 408.

② 陆南泉、张础、陈义初：《苏联国民经济发展七十年》，机械工业出版社 1988 年版，第 648 页。

③ ［法］菲利普·赛比耶—洛佩兹：《石油地缘政治》，潘革平译，社会科学文献出版社 2008 年版，第 236 页。

具，把石油出口给德国以获得硬通货。但对苏联来说，更重要的是石油给予它们的政治红利。《苏德互不侵犯条约》除了军事方面的不干涉条约以外，1939 年 8 月 19 日苏德还签订了一个贸易协定，根据贸易协定的规定，苏联从德国获得大量信贷资金，这些资金可以用来购买德国的技术、机械及工业产品。作为回报，苏联要迅速开始向德国输送大量的原材料，其中包括石油。“1940 年，在罗马尼亚的普洛耶什蒂油田为德国提供占其石油进口 58% 的石油的同时，纳粹德国还从苏联获得了占其石油进口 30% 的石油。”[①]《苏德互不侵犯条约》是苏德互相利用的条约，借此条约，斯大林已经在秘密地储存石油为战争做准备。到 1940 年 6 月，苏德贸易协定开始解体。

斯大林逝世后，苏联在德国问题上表现出了务实的灵活政策。1955 年 5 月 5 日《巴黎协定》生效，联邦德国成为北约正式成员后，苏联政府改变了以促进德国统一换取德国中立的政策，开始实行承认两德分治以换取和平的政策。与此同时积极谋求与联邦德国改善关系，力图借此分化西方阵营、瓦解西方利用联邦德国反苏的可能。1955 年 6 月 17 日，苏联照会联邦德国政府，呼吁实现两国关系正常化，并向联邦德国总理阿登纳发出访苏邀请。9 月 13 日，苏联与联邦德国签署建交协议。与联邦德国建交大大拓宽了两国的经济联系，尤其是在能源贸易领域。

在西欧各国中，联邦德国消费石油按人口平均计算是最低的。为了保护煤炭工业和少量的本国石油工业，联邦德国规定了高昂的原油进口税。在 60 年代初每吨原油进口税高达 80 马克，这就使运到联邦德国港口的外国石油的价格几乎提高了一倍。由于鲁尔地区经济潜力的恢复，单纯依靠煤炭的能源政策使西德的工业家感到严重不安。虽然进口税很高，但是从 50 年代中期起，联邦德国石油进口量增长的速度，比任何一个工业发达国家都快。

20 世纪 50 年代后，苏联向德国出口了 622.3 万吨石油。[②] 70—80 年代，苏联同联邦德国的贸易一直居首位。70 年代的石油危机和经济危机同样困扰着德国，为了应付危机联邦政府制定了周末禁止开车上路的紧急

---

① ［美］迈克尔·伊科诺米迪斯、唐纳·马里·达里奥：《石油的优势——俄罗斯的石油政治之路》，徐洪峰、李洁宇译，华夏出版社 2009 年版，第 101 页。

② Б. В. Рачков, *Нефтъ и мировая политика*, Москва, 1972, с. 235.

规定，为节约石油进口成本进行最后的努力。1974 年 6 月，德国赫尔斯塔银行的倒闭，德国马克陷入危机。1974 年，随着德国的进口石油花费增至骇人听闻的 170 亿德国马克，估计有将近 50 万人由于石油危机而失业，通货膨胀率已经达到了令人担忧的 8%。危机带来的影响使德国基础能源价格突然增长 400%，对工业、运输业和农业带来了毁灭性打击，关键产业如钢铁、造船和化工也陷入了深重的危机。① 联邦德国为应对危机从苏联进口能源，并进行贸易合作。

苏联和联邦德国按照补偿原则签署的一些协定和合同在两国经济关系中占有特殊的地位。如，苏联同“麦尼斯曼”公司、“鲁尔天然气”公司以及由 15 家西德银行组成的联合贷款团所签订的三个补偿协定，规定西德用信贷提供 370 万吨大口径钢管以及用于兴建天然气干线管道的机器和设备；苏联方面，从 1973 年起至 2000 年止，将向西德输出天然气，年供应量到 1980 年将不少于 100 亿立方米。根据两国的协议，德国向苏联提供 370 万吨大口径钢管及设备，价值 39 亿马克。而苏联通过补偿贸易 50% 用产品偿还，50% 用外汇偿还，苏联在 20 年内向联邦德国提供天然气 2000 亿立方米。1978 年联邦德国向苏联提供对二甲酸二甲脂设备及技术，价值 2.5 亿西德马克。苏联全部用石油、二甲苯和对二甲酸二甲脂偿还。1981 年，德国曼内斯曼—克列佐—卢阿尔财团向苏联出口天然气管道压缩站设备，而苏联从 1984 年起，在 25 年内每年向联邦德国提供 105 亿立方米天然气。同年，联邦德国和西欧国家将从西伯利亚北部气田铺设一条通往西欧的远程的大口径输气管道，该管道长 5500 公里，管道直径 1420 毫米，年输气能力 400 亿 500 亿立方米，总投资 100 亿—150 亿美元，已于 1986 年竣工。另外，1981 年 8 月，德国还向苏联提供 55.5 万吨大口径钢管，价值 16.3 亿美元。作为补偿贸易，苏联利用自己的能源优势，用天然气偿还。德国的输气管道建成后，西欧天然气总消费量的 1/4 将依靠苏联供应。② 另外，在将苏联天然气出口到西方国家市场的合作中，联邦德国的鲁尔天然气公司因自身的利益关系，扮演了苏联的主要伙

① ［德］威廉·恩道尔：《石油战争》，赵刚、旷野等译，知识产权出版社 2008 年版，第 150 页。

② 陆南泉、张础、陈义初：《苏联国民经济发展七十年》，机械工业出版社 1988 年版，第 698—700 页。

伴角色。该公司早在1969年与苏联外交部和内务部派出的代表进行秘密谈判，促成联邦德国开始进口苏联天然气。1970年2月，苏联同联邦德国签订了一项为期20年的协定，根据协定，苏联向德国提供500亿至800亿立方米的天然气，以换取德国的钢管、抽水站和各种设备。合同总额近20亿美元。苏联天然气从1973年开始供应，到1980年将大约保证联邦德国天然气消费量的8%。1973—2005年期间，俄罗斯销往德国的天然气总量超过7500亿立方米，而且，德国还是苏联向法国、荷兰、英国和瑞士过境运输天然气起着至关重要作用的国家。①

苏联同联邦德国贸易的特点是，在苏联的出口中原料和燃料占优势，在联邦德国的出口中则是机器和设备占优势。苏联向联邦德国出口的石油和石油产品占其向联邦德国出口商品总量的54%，天然气占8.4%。② 苏联采取向联邦德国提供原料的形式，吸引联邦德国一些公司开发苏联境内的油气资源以提高苏联油气生产量。

（二）苏联对经互会成员国的能源外交

1. 苏联对经互会成员国能源外交的背景

首先，美苏冷战政治形势所致。第二次世界大战后，斯大林从大国合作战略出发在东欧推行联合政府政策。随着美苏在战后调整问题上的分歧和矛盾的不断加深，为了抵制美国向苏联势力范围进行渗透的企图，斯大林放弃了大国合作战略，并对东欧政策做出调整。东欧各国在政治上实行全盘苏化，经济上更加依附于苏联。冷战使苏联恢复闭关自守的同时，实际上与东欧培育了非常密切的关系。

东欧的经济互助委员会是1949年1月，在斯大林主持下创立的。经互会是“冷战”的产物，在此之前，苏联与东欧国家、东欧国家之间虽然也有着比较密切的经贸往来，但都是双边的，其基本上与东欧国家恢复国民经济的任务、生产力发展水平相一致。针对着美国旨在扶植西欧、染指东欧的马歇尔计划，苏联最初的行动就是加强同东欧国家的经济贸易联

---

① А. Е. Лихачев, *Экономическая дипломатия России. Новые вызовы и возможности в условиях глобализации.*, Москва, 2006, с. 415.

② 《苏联问题译丛》编辑部编译：《苏联问题译丛》，生活·读书·新知三联书店1980年版，第337页。

系，力求实现苏联东欧经济的一体化。从 1946 年到 1950 年，苏联先后同捷克斯洛伐克、保加利亚、匈牙利、波兰等国签订了一系列经济贸易协定，把原来苏联东欧国家与西方的经济贸易全部转向苏联东欧阵营内部。以往的双边贸易关系也开始向多边经济联系和协调经济活动方向发展。表面上，经互会是苏联和东欧国家之间进行经济合作和贸易联系的地区性经济组织，但实质上其有极强的政治性和对抗西方的色彩。成立经互会主要是为了对抗马歇尔计划，苏联想通过它牢牢地控制住东欧，阻止以美国为首的西方势力介入。

赫鲁晓夫时期加强了经互会，并且把其作为提高会员国团结一致精神的工具。另外，赫鲁晓夫对东欧的卫星国政策的核心是复兴经互会，复兴经互会的核心是能源政策。能源政治是苏联与共产主义集团之间关系的关键，是维持苏联和由苏联支持的政府组成的共产主义集体之间联盟的关键。在经互会的整个存在的历程中，它一直非常积极地协调能源问题，把能源问题放在议事日程的首要位置。

勃列日涅夫时期，经互会是促进东欧经济一体化的一种有效的手段，用来奠定东欧各国在经济上依附于苏联经济体系的基础，并使经互会进一步得到巩固。苏共 25 次会议的决议指出，实行社会主义经济一体化，意味着“共同开发自然资源以供共同的需要，共同建设大型工业综合体以满足所有参加者的需要，为我们这些国家的企业和整个工业部门之间的今后许多年里的协作制定规划”。[①] 苏联与经互会国家的经济关系的基本原则在苏联宪法中有所体现，其中第 30 条规定：“苏联作为世界社会主义体系，社会主义大家庭的一个组成部分，在社会主义国际主义的原则基础上发展和巩固同社会主义国家的友谊和合作、同志式的相互支持，积极地参加经济一体化和国际社会主义劳动分工。”[②] 为加强与经互会国家的关系，苏联在各个五年国民经济计划中都有所涉及国内经济与对外政策的关系。在 1956—1960 年的五年计划中第一次协调这种关系，继而在 1962 年通过《国际社会主义劳动分工的基本原则》，1971 年，在经互会第 23 次

① 辛华编译：《苏联共产党第二十五次代表大会主要文件汇编》，生活·读书·新知三联书店 1977 年版，第 9 页。

② ［苏］尼·亚·吉洪诺夫：《苏联经济：成就、问题、前景》，李越然，肖雨潞、吕国军、刘启芸译，中国对外翻译出版公司 1986 年版，第 135 页。

特别会议的决议的基础上，又通过了《社会主义经济一体化综合纲要》。《社会主义经济一体化综合纲要》的通过标志着苏联与经互会国家的经济合作已转入较为高级的一体化阶段。到 1983 年，苏联在 30 个主要贸易伙伴中，有 6 个是经互会国家，包括德意志民主共和国、波兰、捷克斯洛伐克、保加利亚、匈牙利和古巴。

苏联时期石油出口是在世界经济彼此孤立的情况下进行的，苏联石油出口的方向主要是社会主义国家。苏联用燃料交换设备、工业制成品和国民必需品。在社会主义经济框架内石油贸易的价格往往和世界价格脱轨。在经互会框架下的合作政治因素是决定性因素。苏联把廉价的石油输送给社会主义国家，1970 年到 1986 年，苏联对东欧国家的石油出口从 3490 万吨增加到 7210 万吨；1988 年苏联石油出口的 77.6% 流向东欧国家。[①]

其次，经互会国家对苏联能源的依赖。在能源需求上，大部分经互会国家依靠苏联的石油输出。苏联的石油，在这些国家进口中占很大的份额。经互会国家基本上是围绕苏联的原料组织它们的经济，例如，波兰和捷克的钢铁厂，从厂址的选择到工厂设计，都是为了使用苏联的铁矽。为满足东欧国家的能源需求，苏联增加额外的生产能力。反之，苏联要进口经互会国家的工业产品，满足国内市场的需求。一般说来，东欧国家对苏联的依赖程度大于苏联对东欧的依赖程度。苏联与经互会国家的这种经济关系，使苏联卷入了错综复杂的国际关系中。

东欧国家是石油资源匮乏国家，除罗马尼亚外，没有一个东欧国家具有实际意义的石油储量。有限的石油储量集中在罗马尼亚，其占该地区储量的 73%，但其石油开采量也是逐年下滑，1988 年仅为 1900 万吨。[②] 20 世纪 50—80 年代，经互会国家的石油天然气几乎全部从苏联进口。1959—1965 年期间苏联对经互会国家的石油出口增长 2 倍以上，全年超过 1500 万吨。[③] 为了输送这样大量的石油，经互会决定由有关各国合力铺设一条从苏联通往匈牙利、德意志民主共和国、波兰和捷克斯洛伐克的油管干线。苏联的石油经由这条友谊管线，流向经互会各成员国。从

---

① М. А. Яценко, *Нефтъ во внешнеэкономических связя России*, Москва, 2006, с. 61.

② 郑羽、庞昌伟：《俄罗斯能源外交与中俄油气合作》，世界知识出版社 2003 年版，第 17 页。

③ А. Н. Ефимова, *Экономика СССР в послевоенный период*, Москва, 1962, с. 391.

1970 年到 1986 年，苏联出口到东欧的石油从 3490 万吨增加到 7210 万吨。1988 年苏联出口石油的 77% 都流向东欧国家。[①] 在满足东欧国家能源需求方面，苏联的作用格外重要，油气出口加强了苏联在东欧的政治影响力。

经互会国家在 1973 年禁运的后几年获益最多，这是因为苏联的定价和石油贸易政策深受政治和程序问题的束缚，并不受短期经济利益的支配。按照 1958 年经互会国家间达成的协议，1971—1975 年经互会国家间石油贸易的标价遵照前 5 年的世界油价。由于能源政策的政治色彩，在 1973 年的石油危机后，苏联不仅以世界油价 1/5 到 1/4 的价格向社会主义阵营的国家出售石油，还接受这些国家以软通货的形势支付货款。1973 年，苏联在世界市场上以每桶 17 美元或 18 美元的价格出售石油，但是对东欧国家每桶只收 3 美元。[②] 苏联在第十个五年计划内向经互会国家出口了 3.78 亿吨石油、5200 吨石油产品、940 亿立方米天然气。在整个 1976—1980 年期间，苏联向经互会国家出口的动力资源数量约为 8.3 亿吨。[③] 这个时期苏联对经互会国家的能源贸易，是由长期协定和计划所保证的，在变幻莫测的石油危机时期，具有很大的优越性。

苏联与经互会国家的能源贸易是进行补偿贸易的，经互会国家是苏联的机器设备和消费品的供应者。例如，1976—1980 年经互会满足了苏联近 40% 的海运与河运船舶和装卸机，近 26% 的客运车厢，13% 的公共汽车，约 30% 的轧钢设备，约 50% 的自动电话站设备。苏联从这些国家进口的农业机器占其产量的 13%。1989 年，利用从经互会国家得到的设备生产 40% 的蔬菜、30% 的食糖和糖果点心制品、15% 的奶制品。靠经互会供货，保证全苏鞋类零售贸易总额的 20%，家具、服装、罐头的 15%，从经互会国家进口的食糖占苏联消费数量的 30% 以上，水果、浆果、葡萄占 7%—8%，肉类占 2%。[④] 苏联与经互会国家相互换货贸易，不仅是在长期基础上得到苏联供应石油和天然气，在许多情况下价格大大低于世

---

① М. А. Яценко, *Нефтъ во внешнеэкономических связя России*, Москва, 2006, с. 59.

② ［美］迈克尔·伊科诺米迪斯、唐纳·马里·达里奥：《石油的优势——俄罗斯的石油政治之路》，徐洪峰、李洁宇译，华夏出版社 2009 年版，第 233 页。

③ 邢书纲：《苏联东欧学者论世界经济和政治》，中国社会科学出版社 1989 年版，第 500 页。

④ 同上书，第 501 页。

界市场，而且还在优惠条件下获得科技成果和按照低息率得到巨额贷款。另外，苏联时期形成了一个统一的石油管道系统，通过它向民主德国、波兰、捷克斯洛伐克、匈牙利输出石油。石油管道输送石油要比用铁路运输石油的费用低。

苏联同社会主义国家的经济联系是苏联对外经济关系的主体。1983年，苏联同社会主义国家的贸易额为714亿卢布，占苏联对外贸易总额的56%，其中同经互会国家的贸易占51.2%。[①]

苏联对经互会国家的石油外交其政治意义更胜于其经济意义。从地缘政治和军事安全方面来看，二战后对东欧的控制意味着取得了一个缓冲地带，以防西方国家可能的进攻。从扩大意识形态影响方面来看，苏联把东欧视为同苏联一起推进世界革命过程的共产党国家的先锋队。此外，苏联对经互会国家的能源出口主要着眼于政治方略。苏联将分配给经互会国家和西方国家的石油出口数量，不仅取决于其本身的经济需要，而且在很大程度上也取决于70年代后期世界政治发展的总体趋势。出于国家政治安全考虑，出于冷战国际政治背景，苏联是经互会国家能源需求的最主要供应国。苏联通过对经互会石油输出，把经互会成员国紧紧掌控在自己手中。

2. 苏联对经互会成员国能源外交的实施

(1) 苏联对保加利亚的石油贸易

双边关系在社会主义国家政治、经济协作的实践中起着很大作用。苏联与保加利亚在1967年5月12日签订了友好合作和互利条约。在所有东欧盟国中保加利亚是苏联最忠实和最富有合作精神的国家，保加利亚与苏联关系比较平稳。保加利亚与苏联关系紧密的原因：第一，从保加利亚方面来看，在民族关系方面，保加利亚人对俄国人的厌恶肯定不像对任何毗邻国家的人特别是土耳其人、希腊人和南斯拉夫人那样厉害。土耳其人和希腊人是西方联盟的一部分，中立的南斯拉夫在1/4世纪以上的岁月里由于它保持中立一直受到西方的支持，并恰恰由于同样的原因往往受到苏联的敌视，这种事实本身已经成为巩固索非亚和莫斯科之间不平等联盟的一个重要因素。第二，保加利亚共产党是巴尔干半岛历史最长、力量最强大的党。其党的领导认为，保加利亚的前途在于成为苏联忠实的但享有自主

---

① “Народное хозяйство СССР”, *Статистика*, Москва, 1922 – 1982 г. с. 8.

权的盟国。第三，从苏联方面来看，苏联通过两国政府官员的多次互访和苏联驻索非亚大使馆的积极活动，加强两国之间的关系。另外，苏方以大量财政和经济援助对保加利亚表示密切的关照。苏联对保加利亚的关照主要出于两个方面的考虑。一是出于地缘政治方面的考虑。保加利亚是巴尔干半岛上的社会主义前哨，与北约组织的两个成员国希腊和土耳其毗邻，它对苏联来说具有重要的战略价值。而且，希腊和土耳其这两个西方盟国国内局势不稳，于是，保持与保加利亚的平稳关系更显得重要。二是在经济方面，作为除阿尔巴尼亚以外东欧最不发达的国家，保加利亚明显地比其他国家更需要经济援助。

在能源资源方面，保加利亚是个能源资源贫乏国家，石油产量比较低，1960 年仅为 20 万吨，1970 年为 33.4 万吨，1980 年为 45 万吨。[①] 但其能源消费量却比较大，其能源消费量 1960 年为 970 万吨，1970 年为 2760 万吨。为平衡能源资源与能源消费上的差距，保加利亚只能进口石油。1970 年其进口石油为 1650 万吨（占国内消费量的 60%），到 1980 年增加到 4100 万吨。这其中苏联出口到保加利亚的石油，1967 年为 452.7 万吨，1971 年上升到 795.9 万吨。[②] 苏联对保加利亚的石油出口量所占比例逐年上升，通过石油输出，使保加利亚与苏联保持经济和军事上的密切一体化。

（2）苏联对波兰的石油贸易

苏联同波兰在 1965 年 4 月 8 日，签订友好合作和互助条约。波兰是苏联的忠实盟友，但不是俯首帖耳的盟友。称波兰为忠实盟友，是指波兰政治上支持苏联在国际政治活动方面的一切倡议，在欧洲安全和合作会议上是苏联坚定可靠的盟友，在世界共产主义运动中很少或根本没有提过什么问题。在国家一级，通过由苏联发起的一系列双边经济关系和多边的联盟，波兰已经充分参加了一体化的过程。称波兰对苏联不俯首帖耳，是它与苏联的能源外交不是贯彻始终的。

苏联与波兰经济关系中，石油为主要的媒介，苏联一直是波兰石油的供应者。1970 年，波兰全国能源消费量按标准燃料计算可估计为 1.18 亿

---

① ［英］经济学家情报研究有限公司：《到 1980 年为止的苏联石油》，商务印书馆 1975 年版，第 62 页。

② 同上。

吨，1975 年增长到 1.45 亿吨，1980 年达到 1.8 亿吨。主要趋势是石油消费量的增长，1970 年占总量的 9.7%，1975 年占 13.7%，1980 年占 18%—19%。1975 年，石油消费量可达 1400 万吨，1980 年达 3000 万吨。[①] 苏联对波兰的石油输出 1967 年为 553.2 万吨，1971 年为 955 万吨。[②] 但在与苏联的双边经济关系中，要苏联长期提供石油是有困难的，为了从西欧的石油贸易中换取更多的硬通货，苏联压缩了对东欧兄弟国家的石油输出数量，并且在 1975 年年初提高了石油的价格。1975 年以前，经互会国家互相贸易价格基本上按前五年世界市场平均价格确定其后五年的价格。1975 年世界市场石油和其他原料大幅度涨价后，苏联在同一年召开的经互会执行委员会会议上强行通过了两项措施：一是违反协定提前一年从 1975 年提高石油、石油制品及其他原料和工业品的价格。二是修改经互会原来定价的办法，决定今后按前五年世界市场平均浮动价格确定每一年的价格。根据这个修改协定，苏联供应的石油和石油制品价格一下子提高了 130%，天然气提高 60%。面对苏联石油价格的提高，波兰不得不转向西方的石油市场，对西方的石油贸易突然大量增加。

苏联利用增加原油供应来诱迫经互会国家为开发石油、天然气资源投资。苏联向东欧各国表示，苏联对它们的石油供应多少，要视它们对苏联能源开发所作的“贡献大小”来决定。波兰在 1973—1975 年间与苏联贸易有顺差，要求增加石油供应，但由于波兰未向苏联作开发能源投资，苏联就加以拒绝。于是，东欧国家就先后同意向苏联投资开发能源。1974 年，苏联与波兰签订了关于波兰在苏联建造石油工业设施和苏联供应波兰石油的合作协定。协定规定波兰为苏联建设一条完全是苏联国内使用的输油管，由波兰承担全部费用，从 1977 年起 20 年内，苏联每年向波兰供应 100 万吨石油，以抵消工程费用。1974 年，波兰与保加利亚、匈牙利、东德和捷克投资铺设奥伦堡天然气管道，苏联向投资国偿还天然气。[③]

---

① ［英］经济学家情报研究有限公司：《到 1980 年为止的苏联石油》，商务印书馆 1975 年版，第 53 页。

② 同上书，第 62 页。

③ 陆南泉、张础、陈义初：《苏联国民经济发展七十年》，机械工业出版社 1987 年版，第 679 页。

（3）苏联对匈牙利的石油贸易

苏联同匈牙利在1967年9月7日签订友好合作和互助条约。东欧的匈牙利是个石油资源极度缺乏的国家，在匈牙利与苏联外交关系方面，经历了1956年匈牙利事件后，苏联对匈牙利的能源外交蒙上了政治的色彩。在匈牙利问题上苏联与美国地缘政治博弈异常激烈。所以，在对匈牙利关系上苏联持比较谨慎的态度。进入20世纪60年代，1964—1968年，东欧出现了苏联控制放松的势态，这时匈牙利领导集团主要致力于推行“新方针”的改革政策。在外交政策方面，表现出乐意接受波恩提出的建议，而向西方靠拢。但到1968—1969年，苏匈关系发生了变化。两国关系处于从勃列日涅夫和柯西金执政以来最密切的阶段。1969年后，苏匈关系又从合作关系向使苏联伤脑筋关系转变。苏联对匈牙利的石油贸易就是在苏匈关系的一波三折中进行着。匈牙利的石油产量：1960年仅为2000万吨，1970年为3000万吨，1980年为4500万吨。匈牙利的能源进口量为国内消费量的37%，1980年为国内消费量的50%。进口的能源中除从罗马尼亚每年进口部分天然气之外，大部分要从苏联进口，苏联对匈牙利的石油输出“1970年为475.9万吨，1975年达到650万吨，1980年达到1200万吨”。[①] 苏联在世界石油危机时期对石油价格的提高，因匈牙利能源对苏联供应的依赖，所以受的影响最为严重。70年代后，匈牙利为应对能源危机，便急于同西方建立经济关系，匈牙利的转向及经互会的离心倾向是莫斯科所不愿看到的。

在与经互会的能源外交中，出于政治利益和地缘政治的需要，苏联的石油输出往往是牺牲经济利益的。经互会国家进口苏联石油的价格一直是低于当时世界石油市场价格。1975年年初，世界石油价格比1974年秋高4倍，而在1974年至1975年苏联售给东欧的各种石油产品的单价实际只增长了87%。[②] 以经互会的原油价格为例，由每桶约3美元提高到约7美元，仍比世界石油价格低约4美元。低廉的售油价格使苏联同经互会成员国贸易获得的利润减少，这种以低价与经互会国家的能源贸易“政治方

① ［英］经济学家情报研究有限公司：《到1980年为止的苏联石油》，商务印书馆1975年版，第53页。

② М. А. Яценко, *Нефтъ во внешнеэкономических связях России*, Москва, 2006, с. 84.

针优于经济方针的贸易预先决定了其财政上的损失”。[①] 但另一方面，低于世界石油价格的石油贸易，使苏联掌握了支配弱小盟国的一种十分有效的手段，这种手段既是经济上的又是政治上的。它会把经互会朝着有利于苏联的方向推进，成为苏联控制东欧的得力工具。20 世纪 80 年代后，罗马尼亚因为油气供应问题在经济上明显地向苏联靠拢。油气合作成为苏联与东欧经济关系的重要黏合剂，苏联油气项目建设需要东欧的劳动力、技术和设备，而东欧国家的经济落后和资源短缺的局限性，使之牢牢地绑在苏联与美国对峙的战车上。

（4）苏联的管道外交

①石油管道

苏联石油出口运输主要依靠石油管道，统一的石油供应系统形成了干线石油管道系统，管道可以向 8 个联邦共和国输送石油（乌克兰、哈萨克斯坦、白俄罗斯、立陶宛、拉脱维亚、乌兹别克斯坦、土库曼斯坦、阿塞拜疆）和苏联影响下的社会主义国家（德意志民主共和国、波兰、捷克斯洛伐克、匈牙利、南斯拉夫）。石油管道经过黑海和波罗的海的港口向世界市场出口石油。苏联时期，能源成为其谋取政治安全利益的得力武器。20 世纪 50 年代至 60 年代，苏联铺设通往东欧国家的“友谊”管道系统，商业利益仅在其次，主要是出于维护华约国家团结和社会主义阵营安全和军事政治目的。

能源政治是苏联与经互会国家之间关系的关键。斯大林逝世后，克里姆林宫的战略是一个用经济、政治、军事，以及社会关系组成的网络，以把共产主义集团联系在一起，其中能够实行的一个最有效的办法就是通过油气管线、铁路和公路把它们连接在一起。为此，苏联和东欧国家计划建造一条油气管线。1958 年 12 月，经互会成员国就联合建造友谊石油管道达成协定。1959 年这个协定在经互会第 20 次大会上正式通过。在管道位置的选择方面充分反映了当时的国际政治形势，还体现了苏联当时的战略决策。首先，管道要避开当时政治局势不稳定的地区。如德鲁兹巴石油管线在捷克斯洛伐克境内比在匈牙利境内通过的距离要长。这是由于 1959 年修建德鲁兹巴石油管线是在 1956 年匈牙利事

---

① А. Е. Лихачев, *Экономическая дипломатия России. Новые вызов возможности в условиях глобализации*, Москва, 2006. с. 410.

件爆发后开始的。尽管在之后的 1968 年捷克斯洛伐克也出现了布拉格之春的革命。

苏联时期石油出口的主要管道是友谊石油管道，沿着友谊管道石油可以输送到捷克斯洛伐克、匈牙利、波兰、东德和南斯拉夫等国家。从敖德萨（Одесса)、新罗西斯克（Ново - российский）和图阿普谢（Туапсе）油轮通过黑海，将石油输送到保加利亚和罗马尼亚。友谊管线从阿尔梅季耶夫斯克（Альметьевск）到白俄罗斯的莫济里（Мозырь)，再分为南北两条路线。除此之外，管道还有一支线是在文茨皮尔斯（Вентспйлс）的乌涅恰（Унеча）引出。通过白俄罗斯境内的北部管线每年输送石油 3200 万吨，主要将石油输送到波兰和德国东部区域。[①] 输送到波兰的石油主要运往波洛茨克炼油厂，这个炼油厂专门加工来自俄罗斯的石油。友谊管道的南部线路经过西乌克兰，在乌热卡罗达区域分为两个分支，一个支线的石油运往捷克斯洛伐克，另一支线石油运往匈牙利。友谊石油管道的匈牙利区域和亚得里亚管道连接，主要向东欧输送石油。

②天然气管道

1946 年萨拉托夫至莫斯科天然气管道的建成，以及 1950 年斯塔夫罗波尔至莫斯科供气管道的建成，形成了以两条管道、两个气源向首都供气的局面，标志着统一供气系统开始形成。1967—1970 年，苏联国家领导层认识到建立和发展统一供气管道网在天然气工业乃至国民经济发展中具有重要意义，因此投入大量资金相继建成北高加索中心输气管线、科米中心管线及其他输气管线，并将各管线连成统一管网，使天然气开采和供应规模明显提高。1971—1975 年，苏联国民经济发展计划首次提出要“继续发展统一供气管网系统”，并将该计划方针贯彻于此后的多个五年计划中。在此期间，建成了从秋明以北到苏联西部边境的管线，为苏联向欧洲出口天然气打下基础。

70 年代中期，苏联建成了通往东欧进而达到西欧的天然气管道系统，对于改善与西欧国家的关系，打破以美国为首的北约对苏联的经济封锁，发挥了重要作用。在该管道系统建设过程中，特别是在与西欧国家间的“天然气—钢管”交易中，苏联的能源外交起到了重要作用。70 年代的两次全球性石油危机之后，苏联领导层提出了加强国际能源合作的方针，确

① М. А. Яценко, *Нефтъ во внешнеэкономическихсвязях России*, Москва, 2006, с. 79.

定了扩大油气开采与出口的能源经济发展方向，在国际能源舞台上的活动趋于活跃。

苏联统一供气体系的发展经历了四个阶段，其发展趋势是管道的输气能力不断提高。50—60 年代，建成从北高加索地区至中部地区的管道。60—70 年代，建成从苏联中亚地区至中部地区的管道。70—80 年代，建成从秋明北部至西部边境的管道。90 年代，建设了从亚马尔至欧洲的输气管道，供气范围覆盖苏联大部和欧洲部分地区。

跨国天然气管道是资金密集的项目，苏联修建跨国天然气管道是以国际合作方式进行的。苏联同欧洲国家的能源贸易采取了补偿贸易的方式。补偿贸易是苏联在 70 年代以来进行对外经济合作的一种新形式。80 年代初，苏联同西方发达国家签订了 60 多项大型的补偿贸易协定，补偿贸易总额达 130 亿美元，占苏联向西方所借贷款的 50%，约为苏联对西方贸易总额的 25% 以上。苏联补偿贸易主要集中在原料、燃料、化工这三大部门。例如，苏联输往西欧国家天然气的 90% 以上都是根据补偿贸易协定而实现的。①

70 年代，苏联为了用出口天然气换取硬通货和增强对欧洲的影响，建设了从乌连戈伊至西欧的 6 条并行天然气管道，长度为到波兰 4000 公里，到德国 5000 公里，到法国 6000 公里，最初目标市场为德国。这是苏联第一次与西方国家合作建设跨国输气管道。当时正值石油危机，西欧国家急欲利用新能源，这为苏联的天然气出口提供了有利条件。为筹集管道建设资金，苏联政府不仅提供了大量财政拨款，还与欧洲国家签署了政府间用天然气交换管材的协议，由欧洲国家提供所需管材，而苏联则在管道建成投产后的一定时间内向欧洲提供部分免费天然气作为补偿，通过这种补偿贸易融资方式，解决管道建设的资金问题，从而仅用 3 年左右的时间完成了从乌连戈伊至西欧的天然气管道的建设。

西欧国家在与苏联的能源贸易中获得的利益是双重的。一方面，意大利、西德等西欧非产油国不仅获得低价而且相对稳定的石油供应，降低单纯依赖海湾石油的危险；另一方面获得了工业品市场，如钢管市场。20 世纪 60 年代欧洲钢铁生产过剩，竞争异常激烈，苏联市场对其尤显重要。以西德为例，到 1962 年钢管生产是西德钢铁业中唯一获得扩展的部门。

---

① “Народное хозяйство СССР”, *Статистика*, Москва, 1970 - 1974 г. с. 680.

西德具有先进的大口径钢管生产技术，与苏联经贸往来符合其政治经济利益，所以西德成为对苏最大的钢管出口国。此外，法国、意大利、瑞典也是主要钢管输出国。

在钢管换天然气的补偿贸易中，联邦德国和法国占的数额比较大。联邦德国分别在 1970 年、1972 年、1974 年向苏联提供了 370 吨大口径钢管及设备，共价值 39 亿西德马克。苏联 50% 用产品偿还，50% 用外汇偿还，苏联在 20 年内向西德提供天然气 2000 亿立方米。① 1981 年联邦德国向苏联提供 55. 5 万吨大口径钢管，价值 16. 3 亿美元。另外，曼内斯曼—克列佐—卢阿尔财团向苏联出口天然气管道压缩站设备。苏联交换的条件是从 1984 年起，在 25 年内每年向西德提供 105 亿立方米天然气。同年，西德和西欧国家将从西伯利亚北部气田铺设一条通往西欧的远程大口径输气管道，该管道长 5500 公里，年输气能力 400 亿—500 亿立方米。苏联交易的条件是用天然气偿还，该管道建成后，西欧天然气总消费量的 25% 将依赖苏联供应。②

法国分别在 1971 年 8 月，向苏联提供大口径钢管和设备，价值 13 亿法郎；1972 年 4 月，向苏联提供输油钢管及输油设备，价值 38 亿美元。苏联则从 1976 年起，20 年内偿还 25 亿立方米天然气；并在 1976—2000 年向法国输送 780 亿立方米天然气。另外，法国分别在 1974 年 12 月和 1975 年 7 月为奥伦堡天然气工业综合体提供设备，一期工程提供的设备价值 0. 5 亿美元；二期工程提供的设备价值 10 亿美元；三期工程提供的设备价值 5. 26 亿美元。苏联则在 1980—2000 年期间，向法国提供 40 亿立方米天然气。③

意大利分别在 1969 年、1974 年、1975 年向苏联提供大口径钢管及设备，价值 10 亿美元。苏联则在 20 年内用 1000 亿立方米天然气、40 万吨废钢、200 万吨煤、250 万吨铁矿石偿还。1976 年 5 月意大利又向苏联提供了 5 套天然气加压设备，价值 1. 5 亿美元。同年 8 月，向苏联提供 50 万吨大口径钢管。作为回报，苏联向意大利输送天然气偿还。

苏联与东西欧国家的管道外交，充分呈现出 20 世纪 50 年代至 80 年

---

① “Народное хозяйство СССР”, *Статистика*, Москва, 1970 – 1974 г. с. 680.

② “Народное хозяйство СССР”, *Статистика*, Москва, 1970 – 1974 г. с. 676.

③ “Народное хозяйство СССР”, *Статистика*, Москва, 1970 – 1974 г. с. 678.

代苏联能源外交的特点。随着国际政治经济形势的变化，苏联能源外交的重点由东欧的经互会成员国转向西欧国家；能源贸易出口由于天然气气源产量的充足，天然气出口份额逐步加大。石油及天然气出口都离不开管道，管道的跨国输送密切了苏联与能源消费国的关系。尽管在20世纪冷战的形势下，1962年至1966年美国与北约曾对苏联的输油管道进行禁运，对苏联的能源输出进行遏制。但由于北约成员国各自的国家利益和国际经济地位的不同，联邦德国、法国、意大利与苏联的钢管换天然气的补偿贸易照旧频繁地进行着。70—80年代，苏联与西方国家的能源外交开始融化着冷战的坚冰。

（三）苏联对发展中国家的能源外交

1. 苏联对发展中国家能源外交的背景

面对20世纪50年代中期以来发展中国家民族独立运动日益高涨的形势，伴随着对发展中国家在国际舞台上作用的重新认识，苏联开始在这些地区展开积极的外交活动。由于自身实力所限，苏联以对世界战略格局具有重大意义的地区为突破点，与美国进行全球性争夺。由于对外战略的需要，苏联积极修复或建立与发展中国家的关系。“从1957年到1964年，苏联先后同27个亚非拉国家建立了外交关系或使双方的外交关系升级。”① 苏联不仅从政治和军事上援助发展中国家，而且向它们提供物质援助。苏联对外贸易对发展中的国家来说特别有吸引力，这些国家需要进口商品，但又缺乏硬通货，于是与苏联之间进行“补偿贸易”，在这种贸易方式里，不需要支出外汇方面的费用。苏联人不仅接受硬通货，还接受物品用以交换石油。易货贸易、“平衡的双边贸易”以及股份合资公司等都是苏联能源贸易策略的一部分。在实施这种策略时，苏联可以根据涉及的两国关系的不同，潜在的贸易策略也不同。苏联在能源贸易方面的灵活性打开了许多要不然可能还在一直关闭着的大门。这对那些发展中的国家来说尤其如此。50年代中期到60年代初期，美苏对亚非拉国家展开了激烈的争夺，试图把这些国家纳入自己的势力范围。在赫鲁晓夫执政初期，苏联面对新的国际形势调整和修正了斯大林时期关于“中间地带”国家的国际作用及其发展趋势的观点和估计。在苏共二十大会议上，赫鲁晓夫

---

① *История внешней политики СССР*：*1945－1985*，Москва，1986，с. 276.

一反斯大林时期把许多不发达国家纳入帝国主义阵营的观点，将这些国家视为存在于两大阵营间的“和平地带”。对不发达国家在国际社会中的作用及其发展趋势的现实分析，成为赫鲁晓夫时期对外战略的一块重要基石，并为苏联在整个世界政治中推行积极外交政策开辟了道路。“1953 年至 1959 年，苏联与发展中国家的贸易额增长了 7 倍，达到 67000 万卢布。”①

在 20 世纪五六十年代，发展中国家埃及、印度、巴西、阿根廷是苏联石油和石油产品最大的进口国。五六十年代，石油进口国的国营和私营石油公司都已经壮大，它们向不受卡特尔控制的产地提出的石油和石油产品的需要量越来越大。由于许多的独立供应户都在降价出售或准备降价出售石油，进口国就有了选择的余地，于是全苏石油和石油产品出口公司也不得不考虑到存在着竞争的情况，并在许多情况下按照低于标价的价格出售石油和石油产品。同某个国家企业签订合同时，按标价减价的幅度取决于该国市场上竞争的程度。“外国独立供应户之间以及它们和卡特尔之间，为了争夺进口国为数众多的独立石油加工户，它们往往减价 20%—30%，在许多情况下，甚至减价 40%。全苏石油和石油产品出口联合公司为了争夺这些买主，也减价 15%—20%。”② 70 年代的石油危机对世界欠发达国家来说，能源价格一夜之间上涨 4 倍的影响显得更为严重。这些国家大多数没有多少国内石油资源，现在突然不得不面对出乎意料的 4 倍能源进口成本，已经支付不起，化工原料和肥料就更不用说了，因为这些都是从石油里提炼的。

发展中国家与苏联的经济关系同苏联与西欧国家的经济关系不同。苏联愿意把石油卖给印度、几内亚和巴西这些国家主要是把政治动机放在第一位。在苏联看来，这类国家是处于经济上依附于像美国和英国等主要资本主义国家的地位。因此，苏联有责任帮助这些国家打破束缚，从而使它们与社会主义世界紧密联系在一起。苏联提供的石油价格，低于这些国家在新殖民主义状态的范围内所能买到的石油的价格。这就为苏联提供了一种以极低的实际成本达到其目的极好的手段。在短期内，苏联能够提供这

---

① А. Н. Ефимова, *Экономика СССР в послевоенный период*, Москва, 1962, с. 402.

② ［苏］勃·弗·拉奇科夫：《石油与世界政治》，上海师范大学外语系俄语组、上海《国际问题资料》编辑组合译，上海人民出版社 1977 年版，第 230 页。

些国家所需要的相对为数不多的石油，其成本仅略高于运输的费用，而这笔本钱又往往可以很容易地从它出售石油的国家以可以接受的货币捞回来。在石油贸易中发展中国家发现，由于少数几家国际公司控制了石油的运输、提炼和销售，它们只能以远远高于市场供应的价格买到资本主义的石油。“就这一点来说，苏联对发展中国家出售石油已经是东西方政治冲突的一个组成部分。”① 其政治意义已远远超出经济上的获利。

2. 苏联对发展中国家能源外交的实施

(1) 苏联对古巴的能源外交

基于地缘政治的现实，拉美地区在苏联的外交政策中占有重要的位置。苏联与古巴的石油外交明显地带有冷战时代的政治色彩，苏联与古巴的关系受到美苏关系的制约。古巴在菲德尔·卡斯特罗掌权之前实际上没有生产本国所需要的任何能源，其所需要的能源是由三家国际大石油公司从委内瑞拉进口原油和石油产品来满足的。古巴新政府对于进口每桶石油平均需要付出大约 3 美元的进口价格是否合理开始质疑，因为当时委内瑞拉出口的原油价格每桶还不到 2 美元，尽管从委内瑞拉到古巴的海上的距离极短。当西方的公司拒绝提炼苏联已经同意的以每桶 2.1 美元交货价格卖给古巴的原油时，古巴所处的不利地位更是确定无疑了。古巴的反应是把石油公司的抵制行动，归咎于它与美国关系急剧恶化的结果。美国政府给予有关公司以支持它们拒绝提炼苏联石油的保证，甚至很可能鼓励了这些公司采取抵制行动，以便在一个“法律”规定十分明确的问题上给古巴造成严重的困难。美苏古的能源关系因冷战的缘故，使产油国苏联和消费国古巴的能源关系受到美国因素的制约。

另外，苏联增加同发展中国家的贸易还有进一步的经济动机。尽管苏联在食物、农业原料和矿物资源等方面物产丰富，但还有一些商品不能大量生产以满足自己的需要，例如铜、橡胶、羊毛等。因为要进口这些东西就必须通过出口商品来赚取外汇。石油是提供出口极好的“货品”。这既是因为苏联有大量的石油，以及苏联在石油贸易中拥有相对的有利条件，也是因为发展中国家可以接受苏联的石油以取代其他来源的石油供应。

---

① ［英］彼得·R. 奥德尔：《石油与世界霸权》，厦门大学南洋研究所编译组等译，生活·读书·新知三联书店 1978 年版，第 65 页。

苏联对古巴的援助十分慷慨，但这丝毫不能减少古巴对苏联的依赖。在对古巴的援助中，苏联所获得的不是经济方面而是政治方面的利益。

首先，古巴的事实证明，在拉丁美洲，加勒比海地区这一美国的“后院”是可以进行一场社会主义革命的。既然古巴革命能成功，那么从理论上讲，其他拉美国家同样可以进行革命。其次，在关键时刻古巴支持了苏联，例如苏联在1968年入侵捷克斯洛伐克和1980年入侵阿富汗时古巴都予以支持；在非洲，古巴同苏联密切配合。最后，面对美国的威胁，古巴革命得以生存下来；如果没有苏联的经济援助，古巴革命也不会维持下来。古巴经济上过分依赖带来了苏联的政治干涉。1968年2月，苏联曾以消减石油供应来压古巴改变其经济政策。另外，古巴还失去了独立国家的形象。当苏联侵略阿富汗时，古巴不同意联合国通过的关于谴责苏联的决议，从而使它失去了进入安理会的机会。

（2）苏联对印度的能源外交

南亚和东南亚是世界重要的战略地区。二战后美国在这里建立起一个严密同盟体系。但50年代非殖民化运动的开展和反帝情绪的高涨为苏联向这一地区的渗透、首先其“南下战略”提供了可乘之机。苏联的南下战略分东西两线：东线由海参崴经西太平洋，打通通往印度洋的通道；西线则由阿富汗和印度直抵印度洋。

1954—1958年苏联与印度签订第一个长期贸易协定，这个协定使两国之间的贸易额从1953年的160万卢布增加到1958年的16200万卢布。[①] 1955年5月，印度总理访问莫斯科。11月，赫鲁晓夫访问印度，答应向印度提供巨额经济援助。1960年年初，苏联向印度的贷款额为6亿卢布以上。[②] 对发展中国家“苏联及其东欧盟国为印度第三个五年计划中石油部门提供了将近25%的资金、苏联已经同意为巴西的油页岩和沥青砂岩资源的开发提供技术专家和资金，以及有其他十几个发展中国家已经接受苏联的这种或那种石油开发援助，因此，苏联在这方面的能力显然是不应该低估的”。[③] 印度成为苏联石油产品经常的买主。印度由于外汇储备降

---

① А. Н. Ефимова, *Экономика СССР в послевоенный период*, Москва, 1962, с. 402.

② Ibid..

③ ［英］彼得·R. 奥德尔：《石油与世界霸权》，厦门大学南洋研究所编译组等译，生活·读书·新知三联书店1978年版，第68页。

得极低，出口能力有限而进口的需求量却很大，对于同苏联进行双边贸易感到很有兴趣。“最初印度打算向苏联购买原油，后来因为埃索石油公司、壳牌石油公司和加利福尼亚—得克萨斯石油公司在1960年5月拒绝在自己的工厂里加工苏联原油，促使印度政府同苏联签订一个长期合同，进口150万吨苏联石油产品，以后又购买更多的苏联石油产品。这些石油产品满足了印度国内市场需要量的15%—20%。”[①] 后来印度政府为了节约外汇，禁止外国公司运进包括石油在内的一系列短缺的石油产品，只允许印度国营石油公司进口苏联的产品，因为苏联汽油可以用卢布付款。

另外，苏联在进行石油和煤气的地质探矿和钻井工作方面对印度提供技术援助，帮助在坎贝、安克列斯瓦尔地区发现了可采石油矿床，在扎瓦拉慕基地区发现了可采煤气矿床。1973年，印度贸易收入盈余，正处于经济发展的健康轨道上。1974年，印度外汇储备为6.29亿美元，但要支付的年石油进口账单几乎是这个数字的两倍，达到12.41亿美元。[②]

3. 苏联对中东的能源外交

中东地处欧、亚、非三洲的枢纽，是东西方交通必经之地，战略地位十分重要。中东蕴藏着丰富的石油资源，关系到西方国家经济发展的命运。因此，长期以来，中东成为大国争夺的对象。对苏联来说，中东具有特殊的战略地位。从彼得一世起，俄国就竭力推行向中东的扩张政策。十月革命胜利后，苏维埃国家执行了支持中东民族解放运动发展的政策。但在第二次世界大战后，国际形势发生了新的变化，冷战中，苏联从50年代开始大力向中东渗透，扩大其政治和军事影响。当时，苏联在中东主要竞争对手是英国和美国。1955年9月，苏联以捷克斯洛伐克的名义向埃及出售2.5亿美元的武器装备，迈出了涉足中东的第一步。到了70年代，英国的军事力量从中东撤退，苏联在中东的政治影响和军事实力都有很大的发展，在中东苏联与美国进行着博弈。20世纪70年代，当时世界上最大的石油生产地区有三个，即波斯湾、苏联和美国。苏联虽然是世界第一大石油生产国，但其消费量却占世界第二位，此时，苏联的石油出口主要

---

① ［苏］勃·弗·拉奇科夫：《石油与世界政治》，上海师范大学外语系俄语组、上海《国际问题资料》编辑组合译，上海人民出版社1977年版，第231页。

② ［德］威廉·恩道尔：《石油战争》，赵刚、旷野等译，知识产权出版社2008年版，第151页。

向西欧国家，占其出口量的50%左右。美国为世界石油第三大生产国，但同时却为世界第一大石油消费国。美国由于工业高速发展，能源出现了供不应求的现象。70年代初，美国进口中东原油860万吨，70年代末增加到1.3亿吨。[①] 中东石油在美国经济中占有重要的地位。在三大石油势力中，只有波斯湾地区因石油产量大消费少，而能大量出口。其出口量占其产量的95%以上。波斯湾地区的石油出口量约占世界总消费量的1/3左右。[②] 实际上，波斯湾已成为美国、西欧、日本的石油供应地。苏联在中东的石油外交中，更看重的是冷战中的政治与军事利益。

石油是苏联在执行其对外政治和经济政策的杠杆。这一政策有两个侧面，是与东欧国家需求有关的石油输出以及从中东某些国家石油输入。进口石油绝非是从经济利益上考虑其石油政策。因此，尽管苏联无须进口石油，但其显然还会从中东国家进口，目的在于向那些同苏联缔结了技术与经济合作协定的中东国家表明，它们将能用它们所拥有的主要的换货商品石油来偿还苏联的援助。毫无疑问，苏联还愿意以接受石油的办法来援助任何可能同西方或西方石油公司有争端的国家。苏联从中东进口的石油一部分用来向东欧国家再出口，有些就根本没有进入过苏联的领土，而被用来补给苏联船只的用油或供应苏联在远东的市场。

苏联的援助一般允许以货物偿还，这也使苏联的援助在那些缺少外汇而货物在别处又销售不出去的一些国家取得优先地位。对某些发展中国家来说，苏联是提供援助的重要来源。尽管这种援助有时受到挫折，但苏联不大的援助计划将继续使中东国家得到好处，而且在一些情况下还取得重要的政治收获。苏联的军事援助的增加集中在产油国。中东在苏联的援助中所占的比重由早期到1966年为止的约50%增加到1967年至1970年时期约60%。到1971年至1974年期间，又增加到2/3以上。在整个1955年至1974年期间，埃及、叙利亚和伊拉克接受了苏联军援总额的3/4。[③]

（1）苏联对伊朗的能源外交

从历史上看，伊朗的战略地理位置和丰富的石油资源，使它成为大国

---

① 刘竞、张士智、朱莉：《苏联中东关系史》，中国社会科学出版社1987年版，第5页。

② 同上书，第6页。

③ 美国国会联合经济委员会编：《苏联经济新剖视》上册，韩克信等译，中国财政经济出版社1979年版，第386页。

争夺的对象。伊朗已探明的原油储量达 1300 亿桶，占全球总储量的 11.4%，仅次于排名第一的沙特阿拉伯（占 25%）。伊朗已探明的天然气储量达 26.69 万亿立方米，占世界总量的 15.2%。[①] 第二次世界大战结束后，英国与法国在中东的势力逐渐衰落，而美国却以其强大的实力乘虚而入，填补所谓的“政治真空”，极力排挤英、法的势力。另外在冷战的背景下，美国的战略重点是遏制苏联。美国石油垄断组织也趁机扩大其在中东的地盘。1937 年，美国石油公司在中东控制的石油仅占整个中东石油开采量的 13.1%，到 1946 年增加到 31.7%，1952 年为 58%。从 1945 年到 1950 年，美国石油公司在中东阿拉伯产油国的投资从 2.42 亿美元猛增到 8.53 亿美元。[②] 美国的军事力量在军事援助和经济援助的掩护下，渗入伊朗等中东国家。1952 年共和党人杜怀特·大卫·艾森豪威尔（Dwight D. Eisenhower）当选为美国总统，根据新政府的观点，伊朗不仅是老俄罗斯和新苏联的长久目标，而且还是整个波斯湾巨大石油储备的天然走廊，它是全球能源斗争的一个重要觊觎对象。而且，1950 年朝鲜战争爆发后，美国企图将南朝鲜纳入美国控制，伊朗便成为其石油的主要供应者。[③]

而苏联在战后企图利用其二战时占领伊朗北部的有利条件，扩大其在伊朗的影响，使苏联的军事力量伸展到波斯湾，从而进入印度洋，不但可以控制西方工业赖以发展的石油资源，而且也威胁到东西方之间往来的航道，以打击以美、英为首的西方势力。

自伊朗成为美国在中东遏制苏联的前沿阵地之后，苏、伊关系逐渐恶化。1951 年 3 月，伊朗议会在强大的反帝群众运动的压力之下，通过了石油国有化的决议，这是对西方石油垄断公司的沉重打击。激进的“民族解放阵线”的领导人穆罕默德·摩萨台上台后，把原属英国垄断资本的英伊石油公司收归国有，在全国掀起了反帝、反对外国垄断资本的群众运动。苏联虽然公开支持伊朗的反帝斗争，但对伊朗民族主义者提出的“反对任何来自西方和东方干涉”的口号不满意，对摩萨台政府持观望态

① ［法］菲利普·赛比耶—洛佩兹：《石油地缘政治》，潘革平译，社会科学文献出版社 2008 年版，第 354 页。

② 刘竞、张士智、朱莉：《苏联中东关系史》，中国社会科学出版社 1987 年版，第 101 页。

③ ［意］莱昂纳尔多·毛杰里：《石油！石油!》，夏俊、徐文琴译，上海人民出版社 2008 年版，第 65 页。

度，在外交上没有给予支持。1953 年 8 月 19 日，美国中央情报局策划了推翻摩萨台政府的政变。1954 年 4 月，美、英、法等石油垄断组织在伦敦达成协议，成立了一个控制伊朗石油的国际财团。英国石油公司占股份 40%，美国五大石油公司（新泽西美孚石油公司、加利福尼亚美孚石油公司、德士古石油公司、纽约美孚石油公司、海湾石油公司）合占 40%，英荷壳牌石油公司占 14%，法兰西石油公司占 6%。[①] 美国石油公司终于打进了伊朗。

为了破坏美国在中东的战略计划，赫鲁晓夫执政后，开始设法改善与伊朗的关系。1954 年 10 月，苏联主动向伊朗政府建议恢复关于边界和黄金问题的谈判。经过长时间的艰苦谈判，在苏联做出让步的情况下，最后达成协议，于 12 月 2 日分别签订了关于调整边界和解决战后财政遗留问题的协议。这是战后苏、伊关系转折的重要事件。随后，苏联与伊朗的关系在美国因素的作用下经历了一波三折，但在 1962 年后开始有所改善。1963 年年初，苏联与伊朗签订了一项经济援助协定，规定苏联向伊朗提供 3900 万美元的贷款。[②] 1963 年苏联最高苏维埃主席团主席勃列日涅夫访问伊朗，苏伊关系又有了进一步改善。1964 年 9 月，两国一致同意交换有关共同边界地区石油资源的勘察资料，10 月，苏联同意向伊朗提供急需的 6 万吨小麦。[③] 在勃列日涅夫时期，苏、伊经济与合作关系范围发展得很广泛，在能源领域，援建伊朗胡齐斯坦—阿斯塔纳天然气管道，帮助伊朗进行石油地质勘探。胡齐斯坦是伊朗的富裕的产油气地区，西邻伊拉克，南濒波斯湾，是一个极为敏感的战略要地。胡齐斯坦还是伊朗的“石油之肺”，因伊朗全国被开采的油田大部分集中在这里。苏联以经济援助为手段，从各个方面对伊朗进行渗透。

苏联与伊朗关系在 1980 年霍梅尼伊斯兰执政时期又经历了紧张阶段。霍梅尼上台后，伊朗伊斯兰什叶派毛拉政权就提出了“不要西方也不要东方，只有伊斯兰”的口号，并把美苏两个超级大国统称为“撒旦”（魔鬼）。霍梅尼在 1980 年 3 月 21 日发表的新年文告中，宣称要与共产主义、要与苏联作殊死的斗争。霍梅尼政权虽然企图同时打击美国和苏联两个超

① 刘竞、张士智、朱莉：《苏联中东关系史》，中国社会科学出版社 1987 年版，第 105 页。

② 同上书，第 188 页。

③ 同上书，第 190 页。

级大国，推动它的伊斯兰革命，但是当时的形势不允许他这样做。因为流亡的巴列维国王的势力和倾向西方的民族主义者的力量，成为对霍梅尼政权最直接的威胁。于是反对美国的干涉及国内亲西方的势力，成为霍梅尼政权重要的任务。

随着伊朗伊斯兰革命的深入，伊朗与西方关系日益恶化，特别是拘留美国人质事件后，美国与一些西方国家对伊朗实施经济制裁，增加了伊朗的经济困难。此外，两伊战争爆发后，伊朗波斯湾的港口受到威胁，加重了伊朗的经济困难，霍梅尼政权不得不做出违背心愿的决定，在经济上加强与苏联的往来，并接受苏联的援助。另一方面，苏联也企图通过加强两国的经济往来，增加伊朗在经济上对它的依赖，从而扩大对伊朗的影响。从 1970 年伊朗开始向苏联供应天然气，平均年输送量为 100 亿立方米，最高时可达 270 亿立方米。从 1970 年到 1977 年，伊朗向苏联南部三个加盟共和国输送了 600 亿立方米的天然气，约占这三个加盟共和国能源需要量的 45%。① 1980 年 4 月 21 日，应邀访问伊朗的苏联经济代表团在德黑兰签订了一项苏、伊经济技术合作议定书。苏伊经济合作议定书规定两国将进一步发展互利的经济、技术和贸易合作，扩大在黑色冶金、煤炭、机器制造和能源等方面的合作，双方拟定了 140 多个工程合作项目。根据合作议定书，1981 年，伊朗第一次向苏联出售石油 220 万吨。② 苏联向伊朗出口机器、化工产品、木材等。

（2）苏联对叙利亚等阿拉伯国家的能源外交

处于地中海东部的叙利亚，分别与土耳其、伊拉克、约旦、黎巴嫩、以色列交界，地理位置比较重要，历来是大国争夺的地区，直到 1949 年英、法军队撤离后，叙利亚才获得完全的独立。但随着美、英的争夺，叙利亚的政局又陷于长期动荡不安。从 1949 年到 1951 年，叙利亚先后发生了四次政变，历届政府都受到西方的影响。1954 年阿塔西上台后，强调阿拉伯民主主义和执行中立政策，反对参加西方策划的军事联盟，拒绝与英、美签订任何政治和军事性的条约，主张发展与社会主义国家的关系。在英、法侵略埃及时，宣布与英、法断绝外交关系。

---

① 刘竞、张士智、朱莉：《苏联中东关系史》，中国社会科学出版社 1987 年版，第 307 页。

② 同上。

苏、叙建交于1944年。1957年7月，以叙利亚副总理哈立德·阿泽姆率领的政府代表团访问了苏联，两国领导人讨论了经济合作问题。10月28日两国签订了第一个经济技术合作协定。根据协定，苏联将在七年内帮助叙利亚修建包括水电站和灌溉系统、勘察石油和矿物资源等19项工程。整个投资估计为约20亿叙镑（约5.3亿多美元），苏联决定向叙利亚提供6亿叙镑（约1.6亿美元）的低息贷款（年息2.5%）。[①] 这是苏联对中东阿拉伯国家第一笔金额最大的经济援助。1960年苏联和叙利亚签订了新的经济和技术合作议定书。新议定书对原有的协定内容作了修改。新协定的主要援助项目有化肥厂、炼油和石化工业、石油勘探、修建铁路，以及设计对幼发拉底河水利资源的开发等工程。苏联在叙利亚的地质勘探和石油矿业开采方面给予了很大投资，使叙利亚成为完全在苏联的援助下开始采油的第一个阿拉伯国家，并且向苏联输出石油。所以如果说叙利亚的石油工业是由苏联的技术人员建立起来的，这话并不算夸张，虽然叙利亚石油最初的发现并非苏联人的功劳。苏韦达、卡拉丘和鲁迈兰的油田生产量的很大部分用来偿付苏联的技术援助和设备、机器等供应。石油密切了苏联与叙利亚之间的经济与政治关系。据统计，自50年代至80年代，苏联对叙利亚的经济援助约8.14亿美元，援助项目约50多个。[②]

三　苏联时期能源外交的特点

1. 能源贸易以欧洲为主

从欧洲地缘政治格局来看，二战结束后，欧洲成为美苏政治、军事博弈的热点地区。美国马歇尔计划的提出，其实施的基本目的包括防止中西欧发生革命，从而有利于苏联势力的发展；在援助中西欧经济的同时，促进改组中西欧国际经济结构，使之成为符合美国经济利益和美国自由国际主义理想的比较统一的市场。面对美国发起的冷战攻势，以苏联为核心的经互会成立。东欧成为苏联与美国对抗的缓冲地带，苏联通过石油武器，运用能源外交手段与美国在欧洲进行地缘政治的博弈，极力维护其在欧洲

---

① 刘竞、张士智、朱莉：《苏联中东关系史》，中国社会科学出版社1987年版，第156页。

② 同上书，第205页。

的影响与地位。

从地理位置来看，苏联作为横跨欧亚两洲的国家更多受到的是欧洲文明的影响，其也一直认为自己是个欧洲国家。另外，西、中和东欧国家是苏联石油、天然气和石油产品巨大的销售市场，从运输路线来看，早期俄罗斯帝国的巴库油田，比另一个石油供应地美国离欧洲要近，俄罗斯的石油通过黑海源源不断地流向欧洲。

从能源消费方面看，进入工业时代以来，欧洲大多数国家一直是世界能源消费大户，但它们的能源自给率却不高。向欧洲输出石油，对于冷战中的苏联来说是政治与经济双赢的生意。1955 年苏联向欧洲经互会成员国出口的石油共计 219. 8 万吨，1965 年为 2143. 54 万吨，1975 年共计 6000 万吨。[①] 短短 20 年，苏联向经互会国家输出的石油增长了 26 倍之多。由此可见，冷战时期苏联的能源外交与其整体外交战略的一致性。20 世纪 70 年代以后，因冷战的缓和，苏联石油输出的中心从东欧经互会国家向西欧转向。能源外交的政治色彩向赚取更多的硬通货经济利益演变。

2. 能源贸易以政治利益为主

苏联时期石油贸易由国家操控，这样石油贸易为国家利益及为对外战略利益服务的宗旨极为明显。

从经济利益来看，苏联政府多次表示，其在世界石油市场上的活动，如同在国际经济生活的其他部门一样，一贯遵循同所有国家发展互利贸易的方针。而实际上对西方的石油销售是苏联取得硬通货的一项最大来源。1973 年“赎罪战争”发生，阿拉伯石油禁运，石油危机爆发。当国际石油价格达到创纪录的高度时，正是高油价产生的高收益支撑着苏联与美国搞军备竞赛，这种竞争几乎达到了与美国相抗衡的地步。石油经济政治化的特点，使苏联经济发展严重依赖石油出口，这也酿成了苏联时期经济结构畸形的致命弱点。

从对外战略来看，苏联为回应美国对其推行的“遏制”政策，运用能源武器与美国进行着博弈。苏联挖掘能源潜力，供应东欧各国日益增加的能源需要，东欧经互会国家长期以来一直以低于国际油价很多的价

① ［英］经济学家情报研究有限公司：《到 1980 年为止的苏联石油》，商务印书馆 1975 年版，第 40 页。

格获得苏联的石油。运用能源外交，苏联向经互会成员国推进经济一体化，其目的是抑制经互会成员国的离心倾向。另一方面，东欧国家向苏联提供工业制成品的价格也低于国际市场价格。因此，石油外交成为苏联掌握支配其弱小盟国的一种有效的手段，这种手段既是经济上的又是政治上的。通过能源外交，苏联把经互会朝着有利于苏联利益的方向推进。

冷战时期，苏联能源外交主要着眼于政治利益，但这并不排斥其因需要而适时调整能源政策。苏联分配给经互会国家和西方国家的石油出口数量，不仅取决于其本身的经济需要，而且在相当大程度上也取决于70年代后期世界总的政治形势。当冷战形势对其国家安全产生严重威胁时，苏联便将其全部剩余石油分配给东欧国家。80年代以后，东西方冷战缓和，苏联便转而加强发展同西方特别是美国的石油贸易，以至于削减对东欧的石油出口。

苏联石油贸易经济功能政治化的特点既维护了国家的利益，但也使石油贸易在经济发展方面存在着局限性。与东欧经互会国家的石油贸易，是以牺牲经济利益而换取政治利益的，这不能不说是特殊的国际形势，使石油公司为维护苏联对外战略利益而不得不付出的“代价”。

3. 能源外交以博弈为主

在国际石油市场的竞争中，苏联的石油公司与西方国家的石油公司进行着合作与博弈，总体上博弈多于合作，博弈的实质是地缘政治的博弈。从地缘政治和军事安全方面来看，二战后苏联对东欧的控制意味着取得了一个缓冲地带，以防西方国家可能的进攻。为扩大共产主义的意识形态影响，苏联把经互会国家视为其推进世界革命的忠实的伙伴。出于东西方对峙的需要。苏联时期以石油为导向的外交政策，带有明显特殊时代的痕迹。苏联的政治体制及制度的性质决定了苏联在确定国家目标时是以政治利益为导向的。

20世纪80年代末，国际政治发生了重大的变化。在戈尔巴乔夫“新思维政策”下，石油外交的内涵也在发生变化，苏联利用东西方“缓和”的有利时机加强油气外交攻势。加强东西方能源交往是赫尔辛基文件中的一项重要内容。即使是美国也在考虑与苏联开展油气合作，试图以经济关系促进东西方政治关系缓和。在国内外形势变化的背景下，苏联采取积极措施与西方能源公司合作勘探开发北极地区和含硫高的油气田。同时合资建设石油化工厂，并引进先进的石油勘探、开发、生产和储运等方面的技术与装备。1990 年 10 月，美国商务部部长鲍勃·莫斯巴赫率领谢夫隆等大型石油公司总裁访问苏联，达成联合勘探开发田吉兹油田、土曼一伯朝拉盆地、楚科奇海域以及西伯利亚大型油田附近小油田的协议。在冷战结束的前夜，苏联能源外交以博弈为主的战略开始向博弈与合作并存的战略转变。

冷战时期苏联对欧洲的能源外交带有特殊时代的鲜明的烙印，即东西方意识形态博弈的政治色彩，苏联对欧洲的能源外交特点证实了这一点。石油与天然气成为苏联与美国争夺欧洲及全球利益的重要战略资源。同时，苏联将能源作为政治和经济博弈的砝码，既为特定的国际、国内条件所致，给其带来政治与经济利益，也不可避免地给其国家经济结构不平衡发展留下了隐患。

四　苏联时期能源外交的影响

苏联时期能源外交不仅对其经济、政治产生影响，而且对其整体外交战略产生深刻的影响。

1. 能源外交对苏联经济的影响

石油出口在苏联的国际收支中起着决定性作用，而石油出口贸易主要是由石油公司进行的。国家石油公司具有代表国家，维护国家权益，为国家总体利益服务的基本特征。石油公司对外能源贸易为苏联提供了经济与社会发展需要的资金。1970 年苏联石油出口收入 12 亿卢布，占出口总额的 10%。1980 年石油出口收入上升到 216 亿卢布，占出口收入总额的 40%。1981 年苏联向西欧出口石油 5200 万吨，收汇 130 亿美元，是其支付进口西方设备和谷物的主要外汇来源。苏联对西欧出口的石油中所得到的硬通货，使其在 70 年代一直能够继续购买高工艺的货物和谷物。1973—1974 年发生石油危机期间，欧佩克成员国极力提高世界石油价格，石油价格一下子暴涨 4 倍。迅速上升的世界石油价格对苏联是有利的。1975—1985 年间，苏联从石油资源的出口中得到的财富以几何级数增长。[①] 根据苏联国家燃料动力综合体问题研究科学院的研究资料，在 70—

① М. А. Яценко, *Нефтъ во внешнеэкономическихсвязяхРоссии*, Москва, 2006, с. 84.

80 年代，燃料动力资源外汇收入达到历史最高水平，“1975—1984 年石油收入占外汇收入总额的 55%，1985 年占 38.8%，1987 年占 33.5%”。[①] 石油成为苏联换取硬通货最多的出口物资。苏联利用这些硬通货购买了大量先进技术设备，促进了生产集约化发展。能源因素拉动了苏联国民经济的增长，“1961—1985 年的 25 年间，苏联国民收入年平均增长率为 5.6%，比欧美发达国家都要高”。[②]

2. 能源外交对苏联政治的影响

能源外交是苏联外交战略的组成部分，石油公司同欧洲国家进行能源贸易既维护了苏联的地缘政治利益，也顽强地抵御了西方世界的经济封锁与政治遏制。1962 年 10 月，古巴导弹危机爆发，美苏走到了危险的核战争边缘。面对美苏关系的紧张形势，苏联借发展与西欧的能源关系来抵制美国对其的政治遏制。20 世纪 70 年代，由于国际石油价格上扬，给苏联带来了能源贸易获利的机遇，提升了其曾处于国际政治边缘的国际地位。另外苏联与西欧国家能源贸易，更是加强西欧国家对苏联能源资源和出口市场的依赖程度，扩大美欧的经济摩擦和政治分歧。

冷战时期，能源外交成为苏联与美国争夺全球利益和世界影响的重要战略手段。苏联能源外交，引起当时西方及美国政界、学术界极大的关注，关注焦点集中在苏联能源外交的政治意图。西方报刊以“苏联石油威胁”以及“红色石油的滚滚洪流”发表文章和评论。美国参议员埃弗雷特·德克森曾讲道：“苏联的政治领袖、工程师和战略家发现石油是他们的一种重要政治和贸易武器，现在他们认真地打算充分利用石油的威力来征服自由世界。”[③] 埃弗雷特·德克森的讲话，一针见血地揭示了苏联石油外交的政治意图，表明了冷战时期，美国对苏联石油外交政治目的的敏感性。

另外，苏联时期的能源外交还受许多复杂的国内、国际因素的约束，受到当时世界政治经济发展走势的制约。20 世纪 80 年代，美国为打压以出口石油为主的苏联经济，与沙特达成协议增产石油，压低全球的石油价格，使苏联外汇锐减，经济恶化，国内社会和政治矛盾尖锐。

---

① М. А. Яценко, *Нефтъ во внешнеэкономическихсвязяхРоссии*, Москва, 2006, с. 84.

② 陈之骅：《勃列日涅夫时期的苏联》，中国社会科学出版社 1998 年版，第 71—72 页。

③ Б. В. Рачков, *Нефтъ и мировая политика*, Москва, 1972, с. 236.

石油生产的下降和国际石油价格的暴跌成为导致苏联经济崩溃的原因之一。

苏联对西欧国家能源外交的结果，使苏联既收获了经济利益也收获了政治利益。1960 年苏联共向西方国家出口 1800 万吨石油和石油产品，而 1955 年只有 380 万吨。1960 年苏联供应的石油，占不包括北美洲在内的西方国家的石油消费总量的 6%，占西欧国家的消费总量的 9%，其中占意大利的 20%，占芬兰的 70%，占西德的 6%，占希腊的 56%，占冰岛的 92%，占挪威的 8%。①

到 60 年代末，欧洲一些国家和一些发展中国家都靠苏联供应的石油来满足本国的部分需要。石油和石油产品成了苏联同世界上许多国家建立和发展互利贸易关系的商品之一，石油美元成为苏联的外汇的主要来源。

对于西欧国家来说，在与苏联的能源贸易中获得的利益也是双重的。一方面，意大利、西德等西欧非产油国不仅获得低价而且相对稳定的石油供应，降低单纯依靠海湾石油的危险；另一方面，亦获得了工业品市场，如钢管市场，而钢管是石油业不可缺少的重要物资。20 世纪 60 年代欧洲钢铁生产能力过剩，苏联石油工业又处于发展期，苏联工业品市场对德国等西欧国家有极大的吸引力。苏联对外贸易组织同西欧的公司签订了供应苏联机器和设备的大型合同计划。特别是同英国帕乌埃尔天然气公司缔结了提供两个年产能力 150 万吨甲醇工厂的协定；同法国克列佐卢阿尔公司缔结了提供年产 50 万吨的冷扎硅钢片设备；同西德克列克涅尔公司缔结了提供年产 50 万吨原生铝；同奥地利弗斯特—阿利皮涅公司缔结了关于在白俄罗斯建设冶金工厂，并在“交钥匙”后年产 45 万吨至 50 万吨小型轧材等。②

苏联与西欧国家的能源外交实际上是互利的，贸易双方各自收获了经济与政治利益。苏联利用对西欧的能源外交，推行“能源一体化”、“缓和物质化”以突破西方对苏联的经济制裁。

3. 能源外交对苏联整体外交战略的影响

苏联时期正处于东西方对抗特殊的国际关系时期，在特殊背景下，苏

---

① ［美］丹尼尔·耶金：《石油大博弈》上，艾平等译，中信出版社 2008 年版，第 231 页。

② ［苏］尼·亚·吉洪诺夫：《苏联经济：成就、问题、前景》，李越然、肖雨潞、吕国军、刘启芸译，中国对外翻译出版公司 1986 年版，第 163 页。

联的能源外交处处打上冷战的印记，苏联石油公司的对外能源贸易基本上与国家整体外交战略是相一致的。另外，苏联石油公司能源外交直接反映了20世纪50—80年代世界能源格局力量对比的变化。美苏的能源博弈直接折射了这个时期美苏地缘政治的博弈和东西方不同意识形态国家的博弈。能源公司的国有属性，使其对外经营活动，维护和捍卫国家的利益。如苏联对社会主义阵营内不同国家的政策都服从于一个共同的目标，整个社会主义阵营都要为苏联与美国的对抗或缓和的总战略服务。石油公司与东欧经互会国家的石油贸易正是如此。

关于苏联与发展中国家的政策：在1956年苏共二十大的政治报告中赫鲁晓夫提出，在东欧、亚洲和非洲，出现了一个广阔的“和平地带”，新独立的国家和民族解放运动摆脱了西方的控制与剥削，打破了资本主义体系的完整性。所以，发展中世界和社会主义世界是苏联反对殖民主义、新殖民主义和帝国主义的盟友，它们可以在广泛的问题上进行合作。并表示，任何一个发展中国家，只要它提出请求，都会得到苏联的军事、经济和技术上的援助。苏联对发展中国家政策的一个突出特点，其始终摆脱不了苏联意识形态的影响。苏联经济援助的目的之一是企图用援助来造就当地政权的亲苏倾向。如苏联石油公司对印度的石油贸易是鉴于印度奉行不结盟政策及建立反西方政权。

苏联石油公司对东西方国家执行着不同的石油政策，使石油这一特殊的战略商品执行了与军事手段同样重要的战略任务，石油作为一种战略商品对苏联整体外交战略的实施发挥着重要作用。

综上所述，苏联时期石油经济的发展，能源外交的实施及能源外交的内容，既受国内、国际政治、经济、外交各种因素的制约，也对苏联的政治、经济、外交产生着深刻的影响。冷战中的苏联石油成为其经济发展与外交决策的重要因素，石油公司的能源外交增强了苏联经济实力，提升其国际地位。石油公司实施的能源外交与苏联的对外政策相呼应并对其整体外交战略产生影响。

第二章

俄罗斯对欧盟能源外交

冷战结束后，在经济全球化背景下，各国在能源领域相互依赖程度日益增加，能源安全已为世界各国所关注，能源安全的核心是石油和天然气，而俄罗斯是世界上石油和天然气储存量最多、开发潜力最大的国家。总统普京把发展能源出口不仅视为带动本国经济增长的“龙头”，而且将能源经济转化为能源政治，提出了对欧盟能源外交发展战略，以此为恢复其大国地位铺垫条件。

欧盟是俄罗斯能源最大的传统市场，欧盟一直是俄罗斯油气最大的交易对象。俄罗斯在欧洲的经济利益主要是巩固和扩展自己的油气市场，在油气贸易中发展欧洲国家的石油天然气贸易，由此获得投资、引进先进的技术和设备。2000 年 10 月，欧盟委员会通过“普罗迪计划”决定强化与俄罗斯的能源合作。欧盟委员会预计在新世纪初期欧盟国家“石油进口的需求量由 75% 增加了 20% 到 30%，可能达到 90%；天然气进口的需求量从 40% 增加到 70%”[①]。苏联解体后俄罗斯石油和天然气不仅是创汇的源泉，而且是保障国家安全、调整与欧盟的关系的资本。“与欧盟的能源合作成为保证政治领域稳定的重要基础。”[②]

一　俄罗斯对欧盟能源外交的动因

20 世纪 80 年代末 90 年代初，东欧剧变，苏联解体，继之北约东扩，

---

① Ю. Н. Глущенко, *Европейский вектор нефтяной отрасли россии*, Москва, 2007, с. 5.

② Ibid..

俄罗斯面对国际、国内形势的风云变幻，困境中的叶利钦政府一度选择了向西方“一边倒”的外交政策。经济转轨使俄经济一度走向了崩溃边缘，沦落为“二流国家”。普京执政后，面对国内政治动荡、经济衰退；国际地位日趋衰落、地缘政治受到挤压的严峻局面，不得不重新调整对外政策，利用本国自然资源优势，奉行全方位能源外交政策。在外交政策中明确指出对欧盟能源战略，这对俄罗斯经济走出低谷，增强综合国力和提升国际影响力起了很大作用。同时也表明俄罗斯能够顺应新形势下国际政治和国际能源格局的发展变化的趋势。

（一）国际政治与能源格局的变化

1. 国际政治格局的变化

首先，地缘政治的变迁。20 世纪 80 年代末 90 年代初，俄罗斯所面临的国际环境发生了深刻的变化，苏联解体后，国际关系格局由两极向多极转变。北约东扩和欧洲一体化，使欧洲地缘政治大为改观，确立了美国和北约在冷战后国际关系格局中的主导地位，北约东扩势必威胁到俄罗斯国家安全。

在俄罗斯看来，东欧国家只能成为连接俄与西欧强国的桥梁和缓冲带，而不能让它们成为北约成员国。但自 1994 年 8 月俄从波罗的海国家撤军之后，北约便开始制定东扩时间表，并于年底正式启动了东扩进程。1995 年 9 月，北约理事会通过《关于北约扩大问题的研究报告》。1996 年 10 月，克林顿宣布北约将于 1999 年年底正式接纳第一批新成员国。1998 年 6 月美国与波罗的海三国签署《伙伴关系宪章》明确表示支持三国加入北约。另外，1998 年科索沃战争和 1999 年对南联盟的军事打击，以美为首的西方国家进一步挤压俄战略生存空间。从地缘政治方面来看，巴尔干地区靠近俄，而南联盟是俄在这一地区战略利益最集中的国家，被视为对抗北约东扩的最后一个堡垒，失去它就意味着失去对巴尔干地区的影响。美国和北约的行动最终表明，要建立由美国主宰各民族命运的单极国际秩序，从而使俄罗斯沦为国际关系体系中的二流国家。总之，北约持续东扩是要趁俄罗斯综合国力衰落，逐步消除俄罗斯在欧洲大陆的地缘政治优势。

其次，亚欧格局的变化。在独联体居领导地位的俄罗斯，由于自身的政治经济危机难以起到凝聚力的核心作用，导致一些独联体国家在国际事务中倒向西方。如1999年在美国的积极推动下，阿塞拜疆、格鲁吉亚和土耳其签订的修建从巴库经过格鲁吉亚至土耳其港口杰伊汉管道协议，严重损害了俄的利益，尽管俄坚决反对但仍未扭转乾坤。此条石油管道加剧了中亚和高加索地区国家的离苏倾向。"美国介入里海石油的开发是出于确保长期稳定能源供应的需要，同时也是为其从地缘政治上控制这一地区，削弱和抑制俄的传统影响搭建了平台。"① 1999年4月，格鲁吉亚、乌兹别克斯坦、阿塞拜疆、摩尔多瓦和乌克兰五国总统不顾俄的强烈不满，参加北约成立50周年庆祝大会活动，乌兹别克斯坦利用这一机会正式加入"古阿姆"联盟②。"古阿姆"实际上成为独联体内制衡和掣肘俄罗斯的一股新力量。③

再次，西方国家对俄罗斯的政治压力。西方国家对俄施压主要表现在两方面：一是利用俄经济困难、车臣战争、控制经济援助和鼓噪人权问题为手段，对俄内政横加干涉；二是通过北约东扩和实施所谓北约新概念，挤压俄的战略空间，并策划建立国家导弹防御系统（NMD）对俄的安全构成威胁。面对美国霸权主义挑战，俄罗斯一再强调"不能接受美国庇护下的单极世界"，坚决反对"一极世界论"，主张建立多极世界。尤其在1999年3月爆发的"科索沃危机"和2003年3月美英联军攻打伊拉克战争中，美国对俄的许多主张充耳不闻，使俄处于尴尬境地。俄罗斯尽管宣布断绝与北约一切关系并冻结了俄美关系，但由于国力衰弱和国内政见分歧，妥协色彩浓重。美国作为回报，通过国际货币基金组织答应提供一定数量的贷款，并吸纳为"八国集团"（G8）正式成员，从而使俄虚荣心得到了一定的满足。

在国际地位明显下降、地缘政治环境日益恶化、综合国力严重衰退、国家安全威胁依然严重的情况下，俄还拥有资源优势，没有完全丧失可以利用的对外政策的资本。尤其在普京执政后，积极在欧洲范围内寻找合作目标以弥补地缘政治利益的失落。俄罗斯认为，欧盟在国际政治舞台上有很大的影响力，并发挥着越来越重要的作用，它是一个经济政治组织而不

---

① 郑羽：《独联体十年：现状·问题·前景》下卷，世界知识出版社2002年版，第565页。

② "古阿姆"联盟是格鲁吉亚、乌克兰、乌兹别克斯坦、阿塞拜疆和摩尔多瓦五国英文名称首字母组合GUUAM的音译。其前身是一个旨在巩固国家独立和主权的政治、经济战略联盟。

③ 张森：《1999年俄罗斯和东欧中亚国家年鉴》，第31页。

是军事政治机构，不会对俄构成威胁，在许多方面与俄罗斯存在着利益关系。如双方均认为，未来世界和地区格局应该符合多极化原则，应该体现合作、协商解决分歧；并意识到，恐怖主义和其他非稳定的因素是对欧洲最大的威胁，俄欧之间对这些新挑战有着广泛的合作空间；美国的一些单边主义行为对解决安全威胁、全球战略平衡与稳定起不到建设性作用。更重要的是在能源领域俄罗斯与欧洲有着广泛的合作空间。为此，俄罗斯以能源外交为工具，明确提出对欧盟的能源外交。

俄欧能源合作符合双方的经济利益和政治战略目标。

第一，能源合作是俄欧关系改善的切入点。苏联解体后，俄罗斯在持续的经济衰退、政治动荡和国家危机中苦苦挣扎，综合国力降到了前所未有的水平。要恢复经济、实现强国梦，强调积极融入国际社会，“在全球化背景下，俄罗斯是什么位置和如何发展？一个毫无争议的结论，也许，就是最主要的结论：无论在经济上还是在政治上孤立主义是绝对排除的”①。要循序渐进地实现同世界经济结构一体化，“在经济全球化加速发展的条件下，俄还需要在世界寻找自己的位置。俄的战略方针是参与国际社会一体化进程，和所有与俄发展合作的国家进行广泛的政治对话和互利经济合作”②。而加强同欧盟能源合作和一体化步伐则是实现这一目标的捷径。俄罗斯对欧盟实施能源外交的目的在于：对欧盟能源出口获得巨额的外汇收入以便于从欧盟引进先进生产技术和设备；吸纳欧盟先进的市场管理经验，最大限度地获得欧盟的资金和市场。更为重要的是通过对欧盟推行能源外交，可间接地扩大同欧盟以外的国家或地区进行技术交流，逐步提高俄罗斯在国际能源格局的影响力。

欧盟同俄罗斯合作也有长远考虑，主要归结于对能源的依赖因素。欧盟资源少，但消费量大，且北海石油日渐枯竭，长期能源进口的中东地区局势不稳。欧盟委员会驻俄代表理查德·赖特认为：“能源已经成为欧俄关系的重要方面，一体化步伐的不断加快，对能源的需求也在增长。”③“据专家评估，欧盟对外能源供应的需求每年增长1%。在不久的将来，

---

① Е. Примаков，“ Россия в Международние отношения в услових глоба лизации，*Международная Жизнь*，№. 3，2001，с. 7.

② В. Путин，“Президент В Путин о задачах российской дипламадии”，*Международная Жизнь*. №. 2，2001，с. 3.

③ Ричард Райт，*Интересы решают темп Независимая газета*，2002 – 10 – 8.

欧盟85%的能源依赖进口，将成为第二大能源消费国。"[①] 此外，欧盟对70年代石油危机给经济发展造成的危害感触颇深，认识到"在全球化世界，安全和富强通过民族隔绝的形式来实现将比过去更加困难"[②]。能源匮乏是欧盟未来能源安全和经济发展的重大问题，实现能源进口渠道多元化，充分利用国际油气资源保证本地区能源供应成为解决问题的最佳方法。由于以上多种因素影响，双方均放弃冷战时的敌对立场。1994年6月24日，俄总统叶利钦和欧盟领导人在希腊科孚岛签署了为期十年的《伙伴关系与合作协议》，此协议1997年12月1日生效。协议为日后双方能源合作框架的建立和政治法律文件的制定奠定了基础。至此，俄欧双边关系的发展，能源合作被纳入双方的战略轨道。

第二，实现"统一的大欧洲"是俄欧的共同愿望。俄罗斯本身是一个横跨欧亚大陆的国家，其欧洲部分地缘政治在冷战后发生了很大变化，欧盟的扩大和欧洲一体化进程不断加快。而"欧洲本身正发生着复杂、快速的变化过程，欧洲的结构在变化，大的欧洲区域型组织的角色在变化"[③]。由于美国因素的影响，欧洲已不仅仅是一个地理上的概念。这样，俄必须将俄欧关系置于对外战略的重要位置上。"俄唯一真正的地缘战略选择，以及使其发挥符合实际的国际作用和能使俄得到改造自身的实现社会现代化最佳机会的选择是欧洲。"[④] 而回归欧洲是其独立后的社会主流心态。普京执政后，由于俄美对抗，更加凸显提升俄欧关系在对外战略中的地位。2000年6月，普京在俄欧首脑会后召开的记者招待会上指出："无论在地理位置和文化方面，还是经济一体化方面，俄过去、现在和将来都是欧洲国家，一如既往地把发展同欧洲的关系放在首位。"[⑤] 因此，支持欧盟东扩，认为"整体上是一个基于政治经济发展客观倾向的积极

---

① А. шимаев, "Наши дела с европейским союзм", *Международная Жизнь*, №. 10, 1999, с. 103.

② "Ган – Фидрих фон Плеш: Европейский союз – Россия", *Международная Жизнь*, №. 7, 1999, с. 57.

③ В. Путин, "Президнт В Путин о задачахроссийской дипламадии", *Международная Жизнь*, №. 2, 2001, с. 6.

④ [美] 兹比格涅夫·布热津斯基：《大棋局》，中国国际问题研究所译，上海人民出版社1998年版，第154页。

⑤ 唐进修：《俄罗斯与欧盟扩大合作》，《人民日报》2000年11月2日。

进程，欧盟迅速扩大有可能使北约东扩问题迎刃而解”[①]。而建立“统一的大欧洲”是欧盟多年来的梦想。冷战结束后，欧盟对俄政策强调“有限的合作”或外部压力式的“新遏制主义”，基本着眼点是等待一个适当时机，把俄纳入西方现存的战略和防务机制，提出了“对俄罗斯共同战略”，决心与之进行全方位的合作，共同创造一种自由的、较为宽松的战略框架。欧盟认识到：“一个坚定屹立在统一的、没有分界线欧洲里的稳定、民主、繁荣的俄罗斯，是大陆架上持久和平的基本因素”，[②] 并对普京积极发展与欧盟的战略伙伴关系表示乐观，采取了积极回应的姿态。其实，普京提出的“回归欧洲”实质上是将欧盟与俄的战略和防务融合在一起的一种“泛欧体系”，它既与传统的泛欧主义有关，也与戴高乐将军梦寐以求的“欧洲人的欧洲”即从大西洋到乌拉尔的欧洲相去不远。因此，二者有共同合作的意愿，特别是能源供应的稳定程度也是欧盟增强自身实力的主要因素。欧盟承认，所有欧洲问题的解决都有赖于欧盟与俄罗斯的紧密合作。[③] 为此，法国总统希拉克指出，如果在扩大的欧盟与俄罗斯之间没有信任与共同发展的关系，将不会有一个和平、民主和繁荣的欧洲。因此，加强欧俄关系是极其必要的。

第三，捍卫能源安全是俄欧经济发展的重要保障。俄罗斯对欧盟实施能源外交，不仅可以出口创汇，而且可以捍卫国家的能源安全，能源安全被俄政府视为国家政策的优先任务之一。因此与欧洲最有活力的欧盟在能源领域的合作，可以加强俄能源工业在世界市场和区域市场的地位，这既是俄罗斯战略利益的需要，也是能源安全需要。由于油价波动破坏经济稳定，给能源出口国造成经济损失，所以，为避免或减少国际油价下跌时给国内经济带来冲击和危害，俄罗斯必须抢占欧盟能源销售市场份额，使该地区保持作为俄能源资源和工艺设备最大合作伙伴的地位。俄罗斯具备实现这一目标的条件基础：地缘相邻，价格优势；油气出口可以利用原苏联与欧洲各国共同建立的管道设施。另外，俄罗斯与欧盟在能源领域存在的矛盾最少。

---

① В. Лихачев, “Россия и Нвропейский союз в стратегической перспктиве”, *Международная Жизнь*, №. 1, 2000, с. 47 – 48.

② В. Поздняков, “Обшая стратегия европеского союза в отношеннн россии”, *Международная Жизнь*, №. 8, 1999, с. 27.

③ 参见《欧盟与俄罗斯战略关系》（http：//www. eur. ru）。

对欧盟来说，能源作为一种战略资源，必须通过政府层面的能源外交合作才可以保障供应安全。在2000年《欧洲能源安全战略会晤》中指出了制定长期能源战略的必要性，为了保证欧洲的能源安全和欧洲的稳定，要巩固与俄罗斯的伙伴关系。① 欧洲曾有过惨痛的教训：70年代和80年代的两次石油危机，严重影响了欧洲的经济安全。因此，伴随着1999年的油价高涨，与能源生产国对话合作、保障能源安全和经济安全，成为欧盟的必然选择。欧洲本土资源少，消费量上涨，油气进口呈上升趋势。如：2004年欧盟从俄罗斯进口石油13520万吨；2006年从俄罗斯进口石油14200万吨。② 欧洲天然气进口趋势更加明显，据西方评估，从2010年起，俄罗斯年均可以向欧洲输出1900亿立方米天然气。③ 欧盟25个国家中，能源依赖性指标在2005年为56.2%，2004年为53.9%，2003年为19.5%。④ 而中东产油区局势动荡不定，欧佩克“限产保价”等原因，都促进了欧俄在能源领域的合作进程。

第四，发展俄欧关系推进世界格局多极化。提升本身的国际地位是俄欧能源合作的战略目标，冷战结束后，俄与苏联不可同日而语。综合国力明显下降，地缘政治边界退到欧亚大陆腹地，战略空间大为缩小，周边安全环境发生了重大变化，在国际关系中的地位也大幅度下降。但客观上，俄罗斯仍然是东欧平原上跨欧亚大陆的唯一大国，无论从地域、自然资源、经济潜力等因素看，都超过了欧亚任何大国。因此，普京坚持叶利钦后期的多极化外交战略，强调积极推动世界多极化进程，并力争在国际舞台上占据应有的位置，成为“当今世界有影响的一个力量中心”。

欧盟经过一个半世纪的一体化发展，成员国扩大到15国（2004年欧盟成员国已扩大到25国，2008年已达27国），综合实力超过日本仅次于美国。随着欧盟的深入发展，特别是统一货币的实现和独立防务机制的启动，欧盟国家政治上要求建立一个独立自主欧洲的呼声日益高

---

① М. А. Яценко, *Нефть во внешнеэкономических связях России*, Москва, 2006, с. 33.

② Ю. Н. Глущенко, *Европейский вектор нефтяной отрасли россии*, Москва, 2007, с. 78.

③ С. З. 日兹宁：《俄罗斯能源外交》，王海运、石泽译审，人民出版社2006年版，第54页。

④ Ю. Н. Глущенко, *Европейский вектор нефтяной отрасли россии*, Москва, 2007, с. 70.

涨，而且自主能力也得到很大提高。因此，欧盟致力于在国际事务中寻求越来越多的发言权和发挥重要作用，成为多极化世界中“强大的一极”。

作为国际两大战略力量的俄罗斯与欧盟关系发展，不仅提升了俄罗斯与欧盟的国际地位，推进世界多极化进程，同时对冷战后美国企图建立和维护“单极”世界的努力形成重要的制约。在此问题上，俄罗斯和欧盟都明确表示，坚决反对美国的单极世界构想，主张建立多极世界体系，实现多种力量的相互平衡。为此，普京指出，把发展与欧盟的关系放到优先位置，并积极主动地向欧盟国家靠拢，寻求欧盟的理解与支持，从而达到“联欧限美、借欧制美”的政治目的。而欧盟对美国越来越多的单边主义行动表示反感，对借反恐之际铲除国际敌对势力的做法提出质疑，对在国际事务中扩张霸权主义趋势十分警觉。所以，俄欧相互借重、相互支持有利于拓展各自在国际舞台的活动空间。双方从 1993 年建立伙伴关系到 2003 年的十年间，首脑峰会接连不断，尤其在能源领域的合作已进入“蜜月期”，建立了半年一次的元首会晤制度、政府和议会间的合作机制，高级代表合作机制，并于 2002 年 11 月成立了俄欧能源技术中心等，有力地促进了俄欧关系的快速发展。

总之，共同的战略目标和地缘战略关系已将俄欧联系在一起。双方清楚地认识到，加强彼此间的能源合作，不仅对保护本国和本地区的能源安全和经济安全意义重大，而且对国际关系格局和国际能源格局的健康发展至关重要，符合双方的经济利益和政治战略目标，从而促使在能源领域的合作进入制度化、常规化的新阶段。

2. 国际能源格局的变化

1998 年金融危机的爆发，21 世纪初的“伊拉克战争”，以及“9·11”事件后国际政治格局的变化导致国际能源格局也发生了一系列变化。欧佩克“限产保价”，沙特与美国的关系紧张，油价持续上扬，“世界能源可能成为争夺资源的‘战场’”。[①] 这为俄罗斯对欧盟能源外交的提出和实施提供了契机。

21 世纪初，世界经济全球化和区域经济一体化向广度和深度发展，各国经济与世界经济相互依赖程度不断加深。世界经济的发展促进了各国

① С. З. Жизнинь, *Энергетическая дипломатия России*, *Москва*, 2006, с. 6.

工业、航天航空、电力、交通运输等行业的发展，从而对能源的需求量迅速增大，尤其是油气。欧洲2005年天然气的需求量为5600亿立方米，预测到2015年其需求量将达7000亿立方米。石油的进口依存度将超过70%，而欧洲石油的存储量仅占世界石油存储量的1%左右，欧洲的石油需求几乎占世界石油的20%。[①] 欧盟的油气需求量将持续增加，其进口的依存度将很高。据欧盟委员会秘书处2000年制定的《欧洲能源战略》预测，欧盟能源需求的增长将扩展到30个国家。根据预测，欧洲30国在2030年的能源需求要比1998年增长25%，主要是天然气、石油和煤的需求。[②]

俄罗斯拥有世界上最大的资源基地，独一无二的地理位置和雄厚的能源工业潜力，已具备一系列客观条件更加积极地参与保障全球和地区的能源安全。这一问题曾在八国集团峰会、国际能源论坛和各种地区论坛上提出过，并在2006年的八国集团峰会及国际能源论坛上进行了讨论，客观地肯定了俄在保障全球能源供应体系的可靠运行中扮演关键角色。2006年，俄罗斯与欧盟在索契签署《战略伙伴协议》。[③]

3. 后冷战时期能源合作的可能性

20世纪90年代，在经济全球化的背景下，相互依赖不断增强，国家间能源合作程度不断加深，主要能源消费国和能源生产国在制止无序竞争和相互欺诈过程中达成了共识，认识到在这样的竞争中没有赢家。因此，“能源合作关系”以及“能源战略合作伙伴关系”纷纷建立。能源经济全球化发展趋势要求，在世界范围内各国协调宏观经济政策，通过国家或政府间建立必要的制度来保证它的实现。因此，能源上的供需互补为各国在能源领域的合作搭建了平台。

另外，世界主要能源消费国的能源依存度越来越高，这些国家的能源安全受制于国际能源市场的形势，导致能源市场的竞争愈演愈烈。为了避免不利的无序竞争以及确保这些国家、地区乃至世界能源安全，国际能源领域的相互协作十分活跃。20世纪末，全球、地区、国家和集团公司层

---

① М. А. Яценко, *Нефть во внешнеэкономических связях России*, Москва, 2006, с. 24.

② Ibid. .

③ Н. Н. Емельянова, *Россия и Евросоюз соперничество и партнерство*, Москва, 2009, с. 83.

面的世界能源政治和能源外交已经形成，双边和多边能源外交进一步扩大，出现了能源合作全球化的发展趋势。

总之，能源在社会经济发展中起着关键性的作用。由于经济全球化的影响，能源安全已提到重要日程。值得肯定的是，资源互补为后冷战时期的能源合作提供了可能。正是在这种背景下，俄罗斯借自身丰富的油气资源，利用国际能源地缘政治格局出现的有利形势，全力拓展能源外交，并将这一战略在全球各地区各层面展开。其中包括俄欧（盟）能源合作稳步深化，俄美能源合作不断升温，在中东欧的传统能源市场得到巩固，大力维系与独联体国家的能源合作，并加强在中亚的地位，与亚太国家能源合作步伐业已加快。

（二）俄罗斯国内经济概况

1. 俄罗斯国内经济状况

俄罗斯联邦建立初期，叶利钦政府在经济上推行“休克疗法”由计划经济向市场经济过渡。经过 8 年改革，国内经济衰退，通货膨胀加剧，企业濒临倒闭，民众怨声载道的混乱局面始终未能改变。20 世纪 90 年代，俄罗斯经济安全指标竟达到危险的“临界值”。如 1991—1998 年的国内生产总值和人均值仅分别为西方七国平均值的 2% 和 9%，而西方七国此两项的平均值分别为 75% 和 50%。1999 年俄 GDP 只有 2000 亿美元，仅国际外债就达 1600 亿美元。按国际通行指标，用于先进领域的科学研究费用不低于国内生产总值的 2%，但 1991—1995 年，用于此项开支逐年下降，从 0. 96% 降至 0. 32%，甚至低于某些发展中国家。其实，叶利钦政府当时也曾想通过能源外交来发展本国经济，只是没有抓住机遇具体实施，一味等待西方国家的贷款和资助。如 1993 年俄有关部门和学术界就国家利益和国家安全问题展开了广泛的讨论；1995 年国家通过了《2010 年前俄罗斯能源战略纲要》以及《1996—2000 年动力与燃料的联邦目标性计划》；1997 年拟定了《俄罗斯联邦国家安全构想》，构想正式采用关于用现有的资源和潜力抵御内外威胁，保障个人、社会和国家的安全。但构想不久就被 1998 年金融危机的浪潮所搁置。

普京当选总统后，机遇和挑战始终与其相伴，其中最大的挑战是他继承了一个沉重的、百孔千疮、积重难返的国民经济遗产。主要表现为：

其一，GDP 连年下滑，综合国力大大衰退。经济转轨 8 年，俄 GDP

累计下降40%。作为国民经济的重要部门，工业和农业也大幅度下降，工业生产的下降幅度累计达46%，农业生产的下降幅度累计达40%。由于70%以上的设备服务期已超过10年，导致产业部门生产率极低。1997年俄GDP只占世界的1.5%，1998年仅为0.6%，按购买力平均价计算，占美国的1/10，中国的1/5。

俄、美、中的GDP变化更能说明俄综合国力的衰退。1990年，俄罗斯GDP 10000亿美元，为美国的18.8%，是中国的2.8倍。到1997年降至4400亿美元，为美国的5.5%，为中国的50%。1998年后进一步下降，到1999年GDP总额为1800亿美元，为美国的2.2%，为中国的18%。

其二，财政入不敷出，外债负担日益沉重。经济长期衰退造成了国家预算收入源泉枯竭，而预算支出又难以成比例地压缩，结果预算年年赤字，占GDP的比例高时达10.7%，低时为3.1%。一般情况下，财政收入占GDP的25%较合适，在某些发达国家高达GDP的50%，而俄往往低于20%，特别是俄GDP总量小，因此财政收入十分可怜，很难在实现经济发展战略方面发挥作用。另一方面，外债是俄的沉重负担。1999年外债总额已达1580亿美元，1999—2003年每年需偿还外债150亿—200亿美元，其中已同巴黎和伦敦俱乐部债权国达成协议减免部分旧债，但外债仍是沉重负担，政府每年都需与国际货币基金组织就债务重组和获得新贷进行艰苦的谈判。

其三，通货膨胀加剧，卢布汇率狂跌不止。生产下降和通货膨胀一直是俄经济转轨以来的两大难题。在商品短缺的情况下一次性全面放开物价将导致通货膨胀。1992年通胀率高达2500%，直到1997年降至11%，1998年后再度上升，达84.4%，1999年为36.5%，仍较高。通货膨胀导致银行贷款的高利率，严重制约着企业投资和流动资金的增加，不利于生产发展。高利率和金融投机导致资金倒流，正常生产和流通领域的货币量过少，造成固定资产投资减少生产资金不足的局面，导致三角债庞大，支付危机蔓延，影子经济泛滥，严重影响了国家税收计划的完成。同时与通货膨胀相伴随的是卢布贬值。由于经济衰退、通货膨胀和外汇储备枯竭，卢布汇率狂跌不止。起初1美元兑换125卢布，1994年跌到1美元兑换3550卢布。尽管1995年实行“外汇走廊”政策，后来政府又实行“有管理”的浮动汇率制，但卢布仍在缓慢贬值。

面对国内严重的经济困境，普京政府调整对外政策，“奉行独立自主和建设性的外交政策”,[①] 即依靠本国自然资源优势发展本国经济，提出了对外能源外交战略以摆脱经济发展停滞的劣势。

2. 俄罗斯能源的储备与开发

俄罗斯横跨欧亚大陆，地域辽阔，自然资源十分丰富。在俄联邦政府向国家杜马提交的有关矿物原料基地状况分析报告中指出，俄拥有50多种有益矿藏，探明矿藏储量的价值约28.6万亿美元，预估蕴藏量价值为140万亿美元。[②] 其中，燃料—动力原料品占这一数目的70%以上，13%归黑色和有色金属，1.3%属稀有的金属和钻石。在这些天然能源载体中占世界储量较大份额的是石油和天然气，这是俄罗斯能源外交提出和实施的丰厚物质基础。

2004年年末，国际能源组织在报告中指出俄罗斯在保证世界能源安全中的重要作用。“俄罗斯的石油储备量约占世界已证明石油储备量的7%”,[③] “石油开采量和出口量居世界第二位”[④]。根据2004年国际能源组织的预测，2010年石油开采量将达到1040万桶/日；到2020年将增加到52000万吨/年。2010年俄罗斯石油供货总量将占世界石油市场供货总量的15%。[⑤] 按照俄政府2003年8月通过的能源发展战略，东西伯利亚和远东地区尚未探明的潜在油气足够开采80年。另外，俄北冰洋、太平洋大陆架和黑海海底也藏有丰富的油气资源。[⑥] 在天然气领域，具有世界上最大的天然气储量，据估计俄天然气储量为48万亿立方米,[⑦] 天然气存储量占世界天然气存储量的33%。[⑧]

在俄罗斯燃料—动力系统中，“天然气工业公司”是最大的天然气生产者和出口者，占有实际垄断地位。该公司20世纪90年代末在国内外市

---

① Составляли институт естественных науки России, *Природные ресурсы Росийского федерации*, Москва, с. 317.

② *Энергетической стратегии России на период до* 2020 *года*, Москва, Российской энергетический отдел, Синтяблъ, 2003, с. 51.

③ М. А. Яценко, *Нефтъ во внешнеэкономических связях России*, Москва, 2006, с. 98.

④ М. А. Яценко, *Нефтъ во внешнеэкономических связях России*, Москва, 2006, с. 32.

⑤ Ibid..

⑥ Составляли институт естественных науки России, *Природные ресурсы Росийского федерации*, Москва, с. 317.

⑦ Н. Н. Емельянова, *Россия и Евросоюз соперничество и партнерство*, Москва, 2009. с. 105.

⑧ М. А. Яценко, *Нефтъ во внешнеэкономических связях России*, Москва, 2006, с. 32.

场上的销售额已达250亿美元，控制了大约世界天然气储量的1/3，世界天然气贸易量的34%。在德国、法国和意大利的国内市场上占有大约30%的份额，在东欧原社会主义国家中占有的份额更高，达50%。因此，它对世界能源市场的影响很大。另外，卢克石油公司、尤科斯石油公司、俄罗斯石油运输公司和西伯利亚石油公司等均在对外能源贸易往来过程中发挥着重要作用。

油气出口一直是苏联和俄罗斯的经济支柱，俄罗斯1999—2000年间，财政约90%的增长额来自能源出口。2002年春，俄政府致力于加大内需拉动经济增长，力图减少对世界油料出口市场高价位的依赖，增长率为5%。2003年俄原油产量创苏联解体以来新高，达4.2亿吨。2005年原油产量达4.5亿吨，出口1.97亿吨，比2002年高出15%，产量和出口量均次于沙特，居世界第2位。① 20世纪90年代，由于国内政治动荡、经济滑坡等原因，天然气开采量由1991年的6430亿立方米下跌到1997年的5710亿立方米，随后趋于稳定，并从2002年开始增长，2004年达到6340亿立方米，居世界首位。

（三）俄罗斯对欧盟能源外交的提出

在外交领域，俄罗斯依据本国的自然资源优势适时地提出了对欧盟能源外交战略，即以能源出口拉动增长，激活本国经济，增强本国实力，在政治和经济交往中取得国家利益的最大化，确保本国的能源安全、经济安全和国家安全。

1. 俄罗斯能源外交提出的背景

首先，能源安全是俄罗斯国家安全系统最重要的组成部分。1998年的《俄罗斯能源安全学说》中指出："能源安全是公民、社会和国家受到保护，同时也是在有效利用自身能源潜力的基础上，通过不间断的、可靠的能源出口使国家安全和经济安全始终保持在必要的水平上，保证经济免受威胁的一种状态。"②

① *Энергетической стратегии России на период до* 2020 *года*, Москва, Российской энергетический отдел, Синтяблъ, 2003, с. 37.

② *Страгия об энергетической безопасность России*, Москва, Российской энергетический отдел, бевряль, 1998.

俄罗斯综合安全包括：能源安全、个人和家庭安全、经济安全和国家安全。在综合安全构想中把能源安全放到了首位，并且保障其他领域的安全。俄能源专家认为影响能源安全的外部威胁有：个别国家及行为体在国际能源和技术市场上对俄的歧视行为；周边一些边境地区的能源保障受制于外国；对俄出口能源自由的一些限制，其中包括过境国对油气管道进行封锁，不履行《海峡航运自由公约》；可能发生的军事冲突；国际市场油气价格的暴跌等。[①] 总之，能源安全被俄视为国家政策的优先任务之一。有针对性地对欧盟的能源外交是实施长期能源政策的重要手段，它可以加强俄能源工业在世界能源市场和区域能源市场的地位，符合俄的对外经济利益和能源安全目的。

其次，是实现国家利益的需要。苏联解体后俄罗斯在“民主”、“自由”价值观的主导下，外交决策层充满了与西方融为一体的浪漫幻想。以外交部长科济列夫（Козырев）为代表的大西洋主义学者认为，过去美苏对抗的根源在于社会制度和意识形态方面的差异，随着东西方在社会制度和意识形态的趋同，俄罗斯与以美为首的西方发达国家已经“没有任何无法克服的分歧和利益冲突”，西方国家已成为俄罗斯的“天然伙伴和最终盟友”。[②] 俄外交的最终目的在于通过西方的经济援助和政治支持来建立一个民主、繁荣的俄罗斯，并作为伙伴加入以美国为首的西方国际政治经济和安全体系。为得到援助，在处理国际和地区事务时尽可能按照西方意愿行事，竭力消除与西方之间存在的不和谐和对抗。这种“向西方一边倒”的亲西方政策使俄罗斯失去了对外政策的独立性，严重地损害了俄罗斯的国家利益，最终走向失败。自 1993 年起，俄罗斯前所未有地突出了国家利益。叶利钦总统在《总统国家安全咨文》中指出，国家利益是制定对内对外政策的基础，是个人、社会和国家切身利益的体现。[③] 基于对国家利益重要性的不断认识，俄外交政策作了几次重大调整。从亲西方外交转变为“东西兼顾”的外交政策，反映在 1992 年颁布的《俄罗斯联邦安全法》和 1993 年 4 月正式出台的《俄罗斯联邦对外政策构想基

---

① С. З. Жизнинь, *Энергетическая дипломапия России*, Москва, 2006, с. 107.

② Н. Гусаков、Н. Зотова, *Национальные интересы и внешнеэконом ическая безопасность России.* Москва, 1999, с. 41.

③ А. Козырев, “Союз оставилтам плохое наследствои”, *Независимая газета*, 1992 – 12 – 13.

本原则》中。这是俄独立以来第一次把维护国家利益作为外交政策的基本点。

1996年普里马科夫（Примаков）出任外长后，提出了多极化外交思想，更加突出外交的独立性、务实性和全方位性。认为促进世界多极化进程，加强俄罗斯作为正在形成的多极世界中有影响的大国地位，是俄罗斯外交政策的首要任务，也是维护俄国家利益的重要手段。俄罗斯继而在1997年颁布的《俄罗斯联邦安全构想》中，把国家利益放在对外政策的首要位置，标志着现实主义已经取代理想主义成为制定对外政策的指导思想，正式采用关于用现有的资源和潜力抵御内外威胁，保障个人、社会和国家的安全。同时，普里马科夫强调为保住俄罗斯的大国地位，奉行全方位外交并展开活动，积极介入解决地区热点问题。

普京执政后，国家面临着经济衰退和西方国家"欺俄"、"排俄"、"限俄"、"弱俄"的严峻局面。通过对国际环境、自身实力、科技水平等要素的综合分析，意识到首要的国家利益是经济利益，没有强大的国家实力做后盾，恢复大国地位的梦想难以实现。于是，进一步调整对外政策，于2000年11月制定了新的规划性文件《2020年前俄罗斯能源战略纲要》；2003年8月批准了经过修订的《2020年前俄罗斯能源战略》草案。新战略明确了2020年前国家能源政策的目标、优先次序、原则和方向。正式确立了以能源为坐标的外交重点，强调："俄罗斯能源外交的优先方向是充分发挥油气原料资源出口潜力，保护个人、社会和国家的利益、促进国家经济的发展"，要为"国家的稳步发展、经济的振兴和人民生活水平的提高创造有利的外部条件"①。"从本国的国家利益出发制定对外政策，内部的目标高于外部的目标。切实的国家利益包括经济利益，应成为俄罗斯外交家行动的准则。"② 在能源外交实践中，普京政府取得了举世瞩目的成就。1999—2003年间，俄GDP年均增长率为6.1%，居民人均实际收入由2000年的9.3%增至2003年的14%，通货膨胀率由2000年

① "Концепция внешней политики Российской Федероции", *Независимая газета*, 2000-07-11.

② "Путин В. Государство России путь к могуществу", *РИА-Новости*, 2000-07-08.

的 21% 降至 2003 年的 12%。[①] 综合国力的增强不仅使俄在国际能源格局中的地位得到强化，而且在国际事务中的影响力明显提高。

俄罗斯正是利用了有利于本国经济发展的国际形势，依据地缘优势，以油气资源为筹码，积极推行对欧盟的全方位能源外交，并加大对能源部门的投资力度。如叶利钦时期对能源生产部门和运输部门的投资，占总投资的 20%—25%，普京执政以来这一比例升至 50%。资料显示，21 世纪初俄经济以较快的速度持续增长，国内生产总值由 1999 年的 5.4% 增长到 2004 年的 6.8%，能源产品出口量由 1995 年的 15.5% 增加到 2000 年的 24.54%。2000—2003 年间俄石油制品和天然气出口增加了 18%，黄金外汇储备从 110 亿美元增至 640 亿美元，外债从 1600 亿美元降至 1300 亿美元。可见，能源出口对俄经济拉动的时效性和重要性，同时也说明，俄只有靠扩大能源生产量和出口量来带动本国经济的发展，这是俄经济短期内摆脱困境最有效途径。

总之，俄罗斯依靠本国能源优势，靠扩大能源出口以缓解国内经济发展所需的资金不足，并以此来确保政权的稳固，消除人们对政府的不满情绪，建立稳定的社会秩序致力于经济建设。俄总理卡西亚诺夫（Касьянов）说，2002 年经济增长总量的 80% 中，能源出口占 60%，机器设备出口占 9.2%，武器出口占 4.6%，粮食出口占 1.5%，其他产品出口所占比例不到 5%。[②] 俄总统经济顾问伊拉利奥诺夫（Илларионов）分析认为，1998—2002 年，能源出口对俄经济增长贡献率高达 45%—65%，其中由石油产品价格上涨而额外增收部分的贡献率就有 30%—45%。这些数字说明：第一，对欧盟的能源出口是拉动国内经济增长的重要因素；第二，俄经济增长速度随着油价的上升和能源开发量的增加而加快；第三，对欧盟的能源合作有利于综合国力的加强和大国地位的提高；第四，有力地捍卫了政权的稳固和人民对政府的信赖度，从而加速了国内经济的发展步伐。

2. 俄罗斯同欧盟能源合作的历史与历史分期

俄欧在能源领域的合作由来已久，而不同的历史时期其特征各不相

---

① Российский центральный Банк, *Прогноз хозяйственого жизни страны Российского федерации в*, 2003, с. 6.

② 俄经济发展和贸易部：《1—11 月的基本趋势和至 2003 年估计》（http//www. economy. gov. ru/merit/73）。

同。纵观俄欧能源合作的历史，大致经历了能源外交友谊期、能源外交无为期、能源外交确立期和能源外交巩固期四个阶段。

第一阶段，能源外交友谊期。众所周知，石油因素在19世纪末20世纪初俄罗斯帝国外交中曾起过重要作用。20世纪50年代，苏联与欧洲能源合作的特点主要侧重于政治目的，以此来扩大社会主义阵营的实力。苏联利用经互会内部贸易的方式向中东欧国家提供廉价的油气资源，后者向苏联提供廉价的工业品。其间，双方签订了长期的政府协议，共同投资开发俄罗斯油气田，共同修建油气管道和基础设施。如“友谊”、“乌连戈伊—乌日戈罗德”等8条油气管道把苏联与中东欧连成一体。各国对苏联的贷款（用于建设油气田和管道）由俄油气来支付，从而使中东欧社会主义国家紧密地团结在以苏联为首的社会主义阵营周围，共同抗衡以美国为首的资本主义阵营。20世纪70年代中期，通往东欧的天然气管道建成之后，苏联又把天然气管道通往西欧国家市场。西欧国家提供钢管修建天然气管道干线，其费用由苏联以部分天然气折算支付。尽管美国竭力干扰，苏联外交保证了这一交易的顺利完成。直至现在，有的管线还发挥着向西欧过境运输油气的作用，俄油气过境捷克、斯洛伐克、罗马尼亚和保加利亚，给这些国家带来了不菲的收入。

第二阶段，能源外交无为期。冷战结束后初期，叶利钦政府奉行以经济外援为主、政治因素为辅的外交理念，体现出这一时期俄欧能源合作的主要特点。苏联解体后，俄罗斯国内激烈的政治冲突和民族矛盾持续不断，人民生活水平急剧下降，国家整体实力的减弱和原有国际地位的丧失，以及向私有化体制转型过程中出现的问题使得长期衰退的俄罗斯经济再遭重创。为发展经济，叶利钦政府奉行了向西方“一边倒”的对外政策，企图依靠西方的经济援助来减缓国内经济发展所需资金的严重不足。而西方的援助往往只停留在口头承诺从不兑现。在此形势下，叶利钦政府为了发展本国经济，提高综合国力，确保政权稳固，1994年与欧盟签署了能源战略伙伴协定，其中包括制定共同的能源政策，建立双方合作协调机制，以油气资源换取俄罗斯经济发展所需的技术和机器，但此时能源因素在俄罗斯经济发展的作用表现得不甚明显。

第三阶段，能源外交确立期。21世纪初，普京当选总统后，开始正式确立对欧盟的能源外交。此时，俄欧能源合作的主要特点在于政治利益和经济利益兼顾的模式。一方面俄油气企业把中东欧国家看做占领欧洲能源市场的桥头堡，以获得最大限度的国家利益。在中东欧国家合作的主要伙伴有：匈牙利的泛罗斯天然气公司、波兰的欧波天然气公司和天然气销售公司、保加利亚的燃料能源公司和奥威尔天然气公司，它们不仅投资该地区的天然气销售业，还伸向生产和金融领域。俄油气企业不仅开拓了中东欧市场，而且为进军西欧能源市场做好了充分的准备。同时，欧盟为了保障经济发展所必需的能源供应选择地缘邻近的俄罗斯，从而降低了运输费用和风险。1999 年，俄罗斯与德国“温佳斯”能源公司（Wingas）签署了长期合同，根据此合同，俄罗斯向德法输送天然气。2001 年 11 月，俄德双方执行与荷兰天然气联合公司签订的 20 年供气合同，俄罗斯天然气工业公司最大供气量为 40 亿立方米。从此俄罗斯与欧盟国家在能源领域的供需得到了互补。

第四阶段，能源外交巩固期。2004 年至今为巩固和发展阶段，以普京总统的第二届蝉联为标志。2004 年普京连任总统时就定下了任期内的三个目标：经济翻番；消除贫困；国防现代化。特别强调继续深化和加强与欧盟间的能源战略合作伙伴关系。2008 年，俄总统梅德韦杰夫（Медведев）继续沿着普京政府奉行对欧盟的能源外交路线前进，捍卫、巩固和发展同欧盟能源合作所取得的成就。

从俄罗斯与欧盟能源外交的历程我们可以看到：首先，冷战并未完全撕裂苏联与东西欧之间能源合作的关系，双方在能源领域的合作由来已久。其次，俄欧能源合作在不同的历史时期其特点各异，从注重政治因素到经济因素，再到政治利益和经济利益兼顾政策的转变，充分体现了不同时期的外交方略。最后，随着全球能源经济一体化的深入，俄欧能源合作将进入一个新的高峰期。

二　俄罗斯对欧盟能源外交的实施

俄罗斯与欧盟的能源合作最早始于 1986 年，当时卢森堡能源部长向苏联宣传石油输出在欧洲具有一定的利润空间。这个提议在 1991 年的《欧洲能源宪章》中便体现出来。《欧洲能源宪章》确定了国际能源合作的基本法规和方针。[1] 俄罗斯对欧盟能源外交的实施是在 1993 年 12 月布

---

① М. А. Яценко, *Нефтъ во внешнеэкономических связях России*, Москва, 2006, с. 66.

鲁塞尔会议双方签订了合作伙伴关系后，1994 年 6 月确立了“能源战略伙伴关系”，俄罗斯与欧盟双方构建了能源合作的框架。2000 年 10 月巴黎峰会上，双方不仅建立了能源对话机制，而且在能源合作的具体运作中，已从能源保护、生产运输、投资、生产国与消费国关系的协调等方面展开。在国际能源战略格局中，俄欧能源合作以丰硕的成果和鲜明的特点而日益凸现其地位，成为国际能源合作的重要组成部分。

（一）俄罗斯与欧盟的能源战略

1. 俄罗斯对欧盟的能源战略

“众所周知，能源是保证国家不断前进、经济快速发展及国际地位提高的一个重要战略资源。在欧亚大陆上独特的地理位置和战略地位，世界最丰富的一次性能源储备、发达的能源工业基础设施以及燃料—动力系统中的知识潜力，是俄作为一个能源大国不断增加自己‘分量’、对世界经济和地缘政治产生巨大影响的客观前提。”① 在国内外一些综合因素的影响下，俄罗斯确立了重点对欧盟实施能源外交的优先方向，制定了实施的原则、方式和手段。其具体内容包括有：

第一，以扩大对欧盟的能源出口创汇为原则。2000 年俄罗斯与欧盟签署了《能源战略伙伴关系协议》。在俄罗斯的对外经济关系中，西欧国家占主导地位。其份额占俄罗斯整个对外贸易的 50%。② 2000—2002 年间，向欧洲出口天然气平均每年增加 670 亿立方米，即增加 45%，欧盟获得 310 亿立方米的天然气，增加 23%；出口的石油由 2000 年的 1.275 亿吨增加到 2002 年的 1.6 亿吨，年增长 1.1%。在制定对欧盟的能源地缘政治战略中，始终坚持以欧盟和独联体为优先方向，尤其强调对欧盟的能源出口，并与欧佩克和中亚国家为争夺欧盟能源市场展开了激烈的竞争。

第二，利用“能源武器”制衡欧盟以增强在欧洲地缘政治格局中的战略地位。俄罗斯是欧盟的主要能源供应国，欧盟每年 50% 的天然气及近 20% 的石油由俄来提供。据估计，在未来 15 年内欧盟对俄能源的依赖成为欧盟大国对俄政策的风向标。2006 年年初，俄罗斯与乌克兰的天然气争端影响了俄对欧盟的天然气供应，使欧盟为自身能源安全如此受制于俄

---

① С. З. Жизнинь, *Энергетическая дипломапия России*, Москва, 2006, с. 96.

② М. А. Яценко, *Нефть во внешнеэкономических связях России*, Москва, 2006, с. 63.

而感到胆战心惊。意大利媒体指出，俄罗斯牵制“敌对”国家和西方势力的手段已不再是核按钮，而是控制油气管道“核武器”的加压站按钮。[①] 俄罗斯靠着“能源核武器”在欧洲地缘政治格局中正逐步达到举足轻重的地位。

第三，根据能源依赖程度对欧洲分而治之。欧盟国家对能源进口的依存度很高，甚至达到需求量的50%。欧洲2005年天然气的需求量为5600亿立方米，2015年预测达到7000亿立方米。石油的进口依存度将超过70%，而其石油存储量只是世界存储量的1%左右。欧盟对石油的依存度将持续增长。欧盟对能源的依存度预测估计2010年达到54%；2020年达到62%；2030年达到71%。[②] 欧洲各国对俄罗斯能源的依赖分为三类。第一类是对俄能源完全或严重依赖（对俄能源依赖度50%—100%）的国家，包括乌克兰、摩尔多瓦、芬兰、波罗的海三国以及中东欧部分国家。俄曾以天然气低价供应等手段逼乌克兰和摩尔多瓦就范，以抵制西方在俄势力范围的渗透。第二类是对俄能源依赖较重（10%—50%）的国家，包括德国、法国、意大利、波兰、哈萨克斯坦、白俄罗斯等国。俄罗斯对德国、法国、意大利等国礼让三分，对白俄罗斯照顾有加，对波兰、哈萨克斯坦则见机行事。第三类是对俄能源依赖程度较小或完全不依赖的国家（小于10%），包括挪威、丹麦、西班牙和英国等国，对此类国家俄罗斯热情对待，努力争取。

第四，加大吸引投资力度和对外投资力度。吸收欧盟的资金建立可靠和足够的能源运输基础设施（亚马尔到西欧的输气管道，波罗的海输油管道系统，经芬兰向欧洲的输气管道等）。在欧亚各国能源企业股份化和私有化的过程中，俄能源公司积极参与其能源零售活动，保障俄向西欧的能源运输得到有利可靠的过境条件。

第五，加强对欧盟能源上中下游一条龙市场的开拓。欧盟目前是俄罗斯能源的主要销售市场，加强与欧盟国家的能源对话，深入欧盟上中下游市场，扩大俄能源在欧盟能源市场的份额和影响力。主要通过以下方式加强与欧盟的能源合作：共同落实能源运输等投资项目；利用《产品分配协议》和租让合同，广泛吸引欧盟国家在俄油气开采领域增加投

---

① 转引自意大利《24小时太阳报》2006年1月22日。

② М. А. Яценко, *Нефтъ во внешнеэкономических связях России*, Москва, 2006, с. 24.

资；在能源储备方面加强协调等。[①] 另外，俄罗斯开始执行能源集团公司向全球市场的扩张战略，包括通过俄罗斯天然气工业公司、卢克石油公司等跨国公司开拓欧盟能源产品消费市场、东亚能源消费市场、参与国外油气田的勘探和开采以及包括向北美能源消费市场的进军。

总之，在俄罗斯对欧盟的能源战略中，我们可以清楚地看到“地缘政治利益和对外经济利益是交织在一起的”。[②] 俄罗斯在能源合作过程中获得国家对外经济利益和对外政治利益的最大化。

2. 欧盟对俄罗斯的能源战略

对外部能源供应的高度依赖成为影响欧盟国家对外经济政策和战略政策的一个主要因素，确保能源供应（尤其是天然气供应）成为欧盟对外政策的核心任务之一。由于欧盟能源进口一半以上的份额是由俄罗斯承担，因此制定对俄罗斯的能源战略显得格外重要。欧盟对俄罗斯能源战略的主要内容有以下几方面。

第一，加大对俄能源外交的力度，谋求形成一种新型的能源战略伙伴关系。如以能源问题为核心的《欧俄框架协议》替代已于 2007 年到期的《欧俄伙伴合作协议》，将欧俄能源关系纳入“法制化轨道”，保证今后与俄在能源问题上打交道时“有法可依”。

第二，加强与俄能源对话。欧俄能源对话始于 1994 年，通过十多年能源合作，双方确定了一系列重要的基础设施项目。如建立北欧天然气管道，改建友谊输油管线与亚得里亚管道一体化等，以确保俄罗斯能源长期供应的稳定性和可预测性。

第三，制定统一的能源政策，与俄能源合作要用“一个声音”。由于欧盟各国在能源进口来源问题上存在矛盾和分歧，始终未能达成一致的能源政策，分别与俄罗斯进行双边能源合作。2006 年 3 月 25 日的欧盟 25 国首脑会议上，大部分国家领导人原则上同意欧盟制定共同的能源政策以应对能源潜在危机。具体包括，修订石油和天然气储备法规，形成一个高效使用能源的“行动计划”，建立一个新的欧洲级的能源管理机构等，强调对俄能源合作过程中要用“一个声音”，执行统一标准。

---

① “Основые положения энергетической стратегии России на период до 2020 года”, http//: www. mte. gov. ru/.

② С. З. Жизнинь, *Энергетическая дипломапия России*, Москва, 2006, с. 105.

第四，利用能源宪章、WTO、八国集团等国际组织制约俄的能源霸权地位。1991 年 12 月 17 日正式签署的欧洲能源宪章是政府间能源合作的国际多边条约，包括《能源宪章条约》、《能源宪章贸易修正案》和《能源效率与环境保护议定书》等部分。宗旨在于建立开放及公平的国际能源市场，促进能源贸易，加强能源投资，保障过境运输，提高能源效率，维护能源环境，保护能源供应安全等。据专家预测，2027 年俄供应的天然气将在西欧天然气市场占 70% 的份额，可操纵整个欧盟的天然气价格，若天然气出口国组建类似“欧佩克”的天然气输出国组织，欧盟、美国也无可奈何。因此，欧盟寄希望于利用能源宪章，操纵俄入世等手段来制约它。针对 2006 年年初俄罗斯与乌克兰和亚美尼亚两国的天然气争端中，俄切断通向乌克兰天然气供应的做法明显地违反了能源宪章，也不利于俄入世的谈判进程。

显然，欧盟对俄罗斯能源战略带有明显的政治利益和经济利益。加强与俄的合作，一方面可以抵制美国霸权主义的扩张，有效地促进向世界多极化方向发展，提升欧盟在国际关系格局中的地位；另一方面可获取能源资源，促进国际能源市场的发展，安全地把能源资源运输到欧盟的国内市场，扩大能源进口多元化渠道，减少对海湾地区国家的供货提供了保障；最后，通过发展与俄的合作还可以促进欧亚的政治稳定。

（二）俄罗斯与欧盟的能源对话与合作

1. 俄罗斯与欧盟的能源对话

俄罗斯与欧盟的能源对话分为两个阶段：初期阶段和正式运作阶段。

初期阶段即以 1994 年俄罗斯总统叶利钦与欧盟领导人在希腊科孚岛签署的为期 10 年的《伙伴关系与合作协定》为标志。该协定不仅确定了双方能源合作的框架，而且成为俄欧各个层面合作的法律性文件，并提出签订能源合作协议和建立能源合作机构等问题。2000 年 10 月 30 日在巴黎举行的俄欧峰会上正式确立能源对话机制。普京与欧盟领导人签署了联合声明，声明指出，“俄罗斯联邦和欧盟建立能源战略伙伴关系，确定发展模式，共同研究能源领域彼此关心的所有问题，其中包括节能、生产和运输体系的合理布局，欧洲对俄罗斯投资的可行性以及发展生产国和消费国相互关系等领域的合作”。[①] 会后不久，俄罗斯工业和能源部长赫里斯坚科与欧洲委员会运输和能源负责人拉穆鲁共同领导的能源高级联合工作组成立。联合工作组按不同的方向划分为 4 个专家组：能源战略与平衡专家组、投资专家组、基础设施与技术专家组以及能源效率与生态专家组。为了更好地协调各专家组的工作，还成立了协调组。从俄欧能源对话的启动到伙伴与合作协议的签署，能源合作在俄欧关系中具有举足轻重的地位。

2001 年 5 月，各专家组提交了联合报告，对能源合作的主要方向提出了建议。并指出俄欧能源对话的主要目的之一是根据《俄罗斯 2020 年前能源战略》和欧盟能源战略的规定，制定在能源领域开展长期合作的纲要，以及建立统一能源空间和在能源安全领域开展更为紧密的合作。

有关专家组工作和能源对话进程的第一个总结性报告于 2001 年 10 月以能源对话协调员赫里斯坚科和拉穆鲁的名义提交给俄罗斯—欧盟布鲁塞尔峰会，这标志着能源对话的初期阶段，即专家分析论证阶段宣告结束。

2001 年 10 月 3 日俄罗斯—欧盟布鲁塞尔峰会通过的《能源对话共同宣言》指出，能源对话进入了正式运作阶段，确立了一系列具体的合作方向。[②]

在能源对话转入实质性阶段后，双方实业界仍在其中发挥着重要作用。这主要是由于政府部门为能源公司合作伙伴建立关系提供了政策支持和外交帮助，有力地促进了双方能源合作的进程。2003 年 1 月在罗马峰会通过的总结性报告中，阐述了双方都希望建立俄欧能源合作机制，为建立俄欧能源共同体奠定基础。

随着俄欧能源合作的深化，俄罗斯—欧盟工业家圆桌会议成为双方发展务实合作的主要机制。在圆桌会议框架内成立了几个行业小组，其中包括能源组。2003 年 12 月在莫斯科举行的俄欧工业家第五次圆桌会议期间，组建了由俄欧能源企业高层代表组成的“管理组”，此举有利于形成实业界参与能源对话的长期机制。显然，双方建立常设的俄欧实业界能源论坛，在该论坛框架内双方企业家可定期举行会晤，这不仅提高了俄欧能源对话的成效，而且为俄欧能源对话赋予新的内容。如北方跨欧洲管道提

---

① “Совместные действия по совещеной главом правительством России и Европы ”, Министерство иностраных дел России, *Дипломатия*, 2000.

② 俄罗斯—欧盟峰会（2001 年 10 月 3 日），布鲁塞尔。

议；经白俄罗斯和波兰过境的亚马尔—欧洲天然气管道的修建；以及欧盟成员国增加对开采难度较大的萨哈林油气田和施托克曼诺夫油气田的投资力度等，均是在双方实业界能源论坛框架下完成的。

另外，双方能源公司之间的常设合作机构——俄欧能源技术中心在莫斯科启动。不仅有利于双方在燃料—动力系统开展平等有效的务实合作，也有利于俄欧公司进行技术合作，交流最新成果，促进能源项目的落实。如确定了双方共同关心的能源基础设施建设项目清单，其中包括欧盟对北欧输气管道的投资进展情况，以及提高海上石油运输安全保障等方面的合作。

总之，俄欧能源对话取得了丰硕的成果。首脑峰会、专家工作组、圆桌会议、能源论坛、俄欧能源技术中心等对话机制的建立和工作，为俄欧能源合作的健康发展提供了基础条件。其中，在双方能源对话过程中，双方实业界的积极参与在众多的能源双边合作中并不多见，充分体现了双方能源合作的务实性和高效性，同时也为俄罗斯对欧盟能源外交的具体实施铺平了道路。

2. 俄罗斯与欧盟的能源合作

俄罗斯与欧盟的能源合作主要包括三个方面：天然气领域的合作、石油和石油产品的合作、油气管道的合作。

（1）俄欧天然气领域的合作

俄罗斯是世界天然气资源最为丰富的国家，据估计俄罗斯天然气储量为 48 万亿立方米，占世界天然气储量的 33%。[①] 俄罗斯天然气产量主要集中在乌拉尔联邦区和伏尔加沿岸联邦区，产量分别占全国产量的 66% 和 22%。主要供气田是位于西西伯利亚地区的乌连戈伊、亚姆堡和梅德维日耶气田。俄罗斯全国天然气产量的约 70% 用于其国内消费，30% 用于出口。[②] 俄罗斯的天然气向 32 个国家出口，向欧洲的天然气出口量占欧洲天然气消费量的 25%，德国、意大利和法国是俄罗斯天然气最重要的进口国，土耳其后来居上。

---

① Н. Н. Емельянова, *Россия и Евросоюз соперничество и партнерство*, Москва, 2009, с. 105.

② Ольга Виноградова, "Газ России – Отраслевой обзор", *Нефтегазовая Вертикаль*, 2005 – 08 – 09.

欧盟是俄罗斯天然气的主要市场，俄欧的天然气合作具有战略意义。俄欧的天然气合作可追溯至20世纪60年代，以苏联天然气企业与德国鲁尔天然气公司的合作为起点；70年代苏联和欧盟分别在各自境内铺设管道，苏联的天然气开始输往欧洲；80年代中期，俄欧天然气合作达到顶峰，能源外交甚至一度缓和了冷战中的俄欧政治关系。苏联解体后，欧洲出于能源供应价格、管道成本及中东能源供应安全的稳定性等因素考虑，仍将俄罗斯视为稳定的能源供应地。

在21世纪的最初十年内俄罗斯向欧盟国家出口天然气的年平均值为44%。① 作为世界上最大的天然气公司“俄罗斯天然气工业公司”在天然气生产和出口方面一直保持着第一的位置。俄罗斯出口战略的主要目的是控制世界天然气销售市场，其多种经营使其占有大量份额。欧盟是俄罗斯天然气主要销售市场，超过60%的天然气销往这里。仅2005年俄罗斯就向欧盟出口天然气1273亿立方米。② 欧盟天然气主要的进口国是德国，在1973年至2005年期间，俄罗斯出口到德国的天然气超过了7500亿立方米。③ 另外，德国还在俄罗斯向其他国家（法国、荷兰、英国和瑞士）过境运输天然气方面起着至关重要的作用。

表2—1　　1999—2004年俄罗斯天然气出口情况　　单位：亿立方米

年度	欧洲		前苏联国家		合计
	出口量	%	出口量	%	
1999	1268	73	472	27	1740
2000	1290	75	434	25	1724
2001	1269	76	396	24	1665
2002	1286	75	423	25	1709
2003	1329	76	426	24	1755
2004	1405	72	540	28	1945

资料来源：Годовой Отчет. Газпром.

---

① Н. Н. Емельянова, *Россия и Евросоюз соперничество и партнерство*, Москва, 2009, с. 102.

② А. Е. Лихачев, *Экономическая дипломатия России Новые вызовы и возможности в условиях глобализации*, Москва, 2006, с. 415.

③ Ibid..

欧盟天然气领域的主要特点是：储量少、生产量小，需求多、消费大。根据国际能源机构预测和估计和 2002 年的 49% 相比较 2010 年欧盟 25 国的天然气需求 60% 依靠进口，2030 年前将达到 81%。[①] 欧盟天然气进口量大，对俄进口依赖严重。俄向欧盟天然气出口量占其总出口量的 90% 以上，在欧洲天然气销售收入中占其全部能源出口收入的 20%[②]。2004 年俄共出口 1572. 1 亿立方米（西欧 1073. 2 亿立方米，中东欧 417. 7 亿立方米），占俄天然气出口的 94. 8%。2005 年俄共出口 1710 亿立方米，其中欧洲 1542. 9 亿立方米（西欧 1114. 3 亿立方米，中东欧 428. 6 亿立方米），占俄天然气出口量的 90. 2%。

表 2—2　　2004 年俄罗斯在欧盟国家天然气供应中所占的比重

国家	百分比（%）
波罗的海国家	100
芬兰	100
斯洛伐克	99
希腊	80
捷克	73
匈牙利	72
奥地利	55
波兰	53
斯洛文尼亚	50
德国	35
法国	28
意大利	27
比利时	11
荷兰	6

资料来源：E. ON - Ruhrgas（德国鲁尔天然气公司）。

俄天然气出口供应稳定。俄天然气在 2001—2002 年间向西欧的出口

① А. Е. Лихачев, *Экономическая дипломатия России. Новые вызовы и возможности в условиях глобализации*, Москва, 2006, с. 419.

② http: //www. Cedigaz. com.

量稍有下降，向东欧的出口量稍有提高。2001 年，俄天然气总出口量的 36% 出口到欧盟，2002 年上升为 40%。2002 年俄罗斯 64% 的天然气出口到西欧，其中，向德国、意大利、法国、奥地利、芬兰、希腊和荷兰等欧盟七个成员国出口共计 750 亿立方米，分别占俄出口量的 17%、10%、6%、3%、2%、0.8% 和 0.7%。[①] 2008 年，出口到欧洲的天然气总量上升到 2000 亿立方米。

俄天然气工业公司是向欧盟出口天然气的重要机构，出口量逐年上升，1994 年为 1059 亿立方米，而 2004 年上升到 1400 亿立方米。其中德、意和法进口比重从 2002 年的 25%、15%、8% 上升到 2003 年的 29.6%、19.8%、11.2%。土耳其后来居上，从 2002 年的 9% 上升到 2003 年的 12.9%。另外，波兰、捷克、匈牙利等中东欧国家，奥地利、芬兰和瑞典等北欧国家的进口量也在不断增加。

天然气公司合作方面，1993 年，俄罗斯天然气公司与德国成立了合资公司——Wingas 公司。合资公司在德国拥有 2000 公里的管道和欧洲最大的地下储气库，储气能力达到 40 亿立方米，俄罗斯天然气公司在其拥有 35% 的股权。俄罗斯天然气还拥有爱沙尼亚天然气公司和拉脱维亚天然气公司的股权。2004 年 3 月俄天然气公司又获得了立陶宛天然气公司 34% 的股权。这样俄天然气公司已经全部拥有了波罗的海三国天然气公司的股权，进一步巩固了俄罗斯在波罗的海三国天然气市场中的地位。2007 年 1 月 25 日俄罗斯天然气公司与奥地利 OMV 石油天然气集团签署合作协议，获得了后者旗下“中欧天然气枢纽”中心 50% 的份额。该中心是欧洲三大天然气分配中心之一，也是一个国际天然气交易平台。2006 年，该中心天然气成交量为 77 亿立方米，2007 年提高到 180 亿立方米。俄罗斯通过该中心向西欧输送的天然气占其对西欧天然气总供应量的 1/3。此外，双方还将在奥地利边界地区联合建设地下储气库。另外，2007 年 12 月，俄罗斯天然气公司还与法国天然气公司商讨俄法供气合同延长至 2030 年，计划从 2010 年起通过“北欧天然气管道”每年向法国供气 25 亿立方米，同时，俄罗斯天然气公司获得自 2007 年 10 月起每年可直接向法国供气 15 亿立方米的授权。

总之，俄欧在天然气贸易领域合作的前景广阔。根据俄有关部门预

---

① *BP Statistical Review of World Energy*, June 2005, p. 28.

测，俄向欧盟的天然气出口可从2002年的1270亿立方米增加到2020年的1600亿—1650亿立方米。由于欧盟将开放天然气市场，俄欧将建立共同能源空间等因素，因此，为了实现共同的经济利益和政治目标，俄欧在天然气方面的合作即使在国际局势不稳定的情况下，也将会持续下去。

（2）俄欧石油和石油产品的合作

俄罗斯在世界市场上是继沙特之后的第二大石油供应商，2001年至2004年石油出口从16220万吨增加到25720万吨，增加了58.57%。2005年俄罗斯出口石油25250万吨，2006年出口量为25000万吨。俄罗斯石油出口主要还是欧洲方向。2005年至2006年向欧洲出口的石油占俄罗斯石油出口总量的90%，其中包括向欧盟国家出口的石油数量超过85%。[①] 2005年俄罗斯石油公司向欧盟25国出口石油1.765亿吨，主要是重油和柴油。[②] 石油的主要购买者是荷兰、英国、意大利和波兰。石油产品的主要购买者是荷兰、英国、意大利和塞浦路斯。

俄罗斯石油输出主要依靠石油管道系统。"直到今天，对东欧国家的石油供应主要利用'友谊'石油管道系统，对北欧国家（芬兰、德国、荷兰和比利时）主要是从海路途经波罗的海港口实施，而对地中海国家（意大利、西班牙、希腊和法国）的供油则是从俄罗斯的新罗西斯克、图阿普谢以及敖德萨港（乌克兰）装运上船。"[③] 欧盟国家进入21世纪后能源需求不断地增长，2005年能源净进口比2004年增加了4.5%，增加了949.6万吨。2006年也增加了4.5%。由于能源需求的增长，亦增加了欧盟成员国的能源依赖性指标。

俄对欧盟石油贸易基础牢固，前景看好，并在欧盟市场中的地位日趋上升。欧盟从俄的原油进口从2000年的6860万吨增长到2002年的9560万吨，俄石油在欧盟市场占有率1999年仅为14.9%，2001年提高了7.81%，2002年升到21.14%。欧盟从俄进口的石油产品从2000年的2420万吨增加到2002年的2930万吨。况且，欧盟从俄进口石油价格最公道，供应有保障、稳定。如2004年欧盟从俄进口石油到岸价每桶34.25美元，而从哈萨

---

① Ю. Н. Глущенко, *Европейский вектор нефтяной отрасли россии*, Москва, 2007, с. 36.

② А. Е. Лихачев, *Экономическая дипломатия России. Новые вызовы и возможности в условиях глобализации*, Москва, 2006, с. 421.

③ С. З. Жизнинь, *Энергетическая дипломапия России*, Москва, 2006, с. 98.

克斯坦进口到岸价每桶38.19美元，差价近4美元。

俄罗斯与欧盟的能源合作并不是一帆风顺。有时欧盟外交在一系列问题上忽视俄罗斯的利益，甚至是俄罗斯迫切的现实利益。这一点在俄罗斯入世谈判问题上特别明显。2002年欧盟提出作为其同意俄罗斯入世的前提条件，内容包括俄罗斯的天然气管道应该对其他国家和在俄境内自由中转运输天然气的供应商开放，其中包括通往其他国家的过境运输；应该允许私人公司建天然气管道；对俄罗斯国内消费的天然气和出口的天然气应该实行相同税率；应该废除现有的天然气出口关税；应该消除“俄罗斯天然气公司”在俄罗斯天然气市场的垄断经营。① 对于欧盟提出的俄罗斯加入世界贸易组织的附加条件，俄罗斯认为其缺乏法律方面的依据，首先，国际能源市场根本不是世界贸易组织的调节的范围；其次，油气管道各项问题的细则是由世贸组织规定，但是在该领域任何一个成员国都没有义务，作为进入该组织的条件。俄罗斯对欧盟的能源外交实现国家经济利益的同时也实现和捍卫着俄罗斯国家的政治利益。

表2—3　　2005年欧盟25个国家能源净进口和能源需求

	能源的内部总需求			净进口（百万吨）	2005年的增长量（%）	能源依存度指标
	总量（百万吨）	2005年的增长量	居民的人均需求量（吨）			
总计25个国家	1637.1	0	3.6	949.6	4.5	56.2
比利时	52.0	-2.0	5.0	48.4	-2.7	80.7
捷克	34.2	0.4	3.3	12.9	11.5	37.6
丹麦	16.9	-3.9	3.1	-10.4	-6.1	-58.8
德国	324.2	-1.1	3.9	212.6	-0.4	65.1
爱沙尼亚	4.6	-1.4	3.4	1.5	-9.5	33.9
希腊	30.2	1.1	2.7	23.5	-4.9	70.8
西班牙	139.5	2.1	3.2	125.7	7.7	85.1
法国	257.3	-0.6	4.2	141.9	-0.3	54.5

① А. Е. Лихачев, *Экономическая дипломатия России. Новые вызовы и возможности в условиях глобализации*, Москва, 2006, с. 421.

续表

	能源的内部总需求			净进口（百万吨）	2005 年的增长量（%）	能源依存度指标
	总量（百万吨）	2005 年的增长量	居民的人均需求量（吨）			
爱尔兰	15.4	2.6	3.7	14.0	3.9	90.2
意大利	181.9	2.4	3.1	160.9	1.4	86.8
塞普路斯	2.2	-4.5	2.9	2.6	16.2	105.5
拉脱维亚	3.5	7.5	1.5	3.3	-3.0	94.0
立陶宛	7.8	-6.3	2.3	5.0	15.3	63.1
卢森堡	4.6	1.3	10.1	4.6	1.1	99.0
匈牙利	26.3	5.9	2.6	17.2	10.2	65.3
马耳他	—	—	—	—	—	—
荷兰	79.6	1.2	4.9	37.8	24.4	38.9
奥地利	29.2	2.4	3.6	24.1	4.9	82.6
波兰	86.2	0.7	2.3	15.9	28.1	18.4
葡萄牙	24.3	3.1	2.3	24.6	7.6	99.4
斯洛文尼亚	6.3	3.1	3.1	3.5	4.8	55.9
斯洛伐克	18.5	2.2	3.4	12.5	1.4	67.8
芬兰	27	-4.9	5.2	18.7	-8.9	69.3
瑞典	41.3	-3.8	4.6	19.4	-0.6	45.0
英国	224.1	-1.3	3.7	29.4	148.2	13.0

资料来源：Электронный ресурс，http：//ec. europa. eu/eurostat.

另外，一些来自东欧的欧盟新成员国已经开始或正期待与俄罗斯能源关系的缓和。苏联时期冷战特定的国际政治因素，使东欧经互会国家对苏联石油和天然气供给形成过分依赖。这种依赖在苏联解体后还延续了很多年，一直延续到俄罗斯联邦时期，这种能源依赖不仅没有减弱，反而加剧。加入欧盟后这些东欧国家彻底丧失了在价格及一系列其他能源资源供给条件方面的优惠，俄罗斯对昔日的东欧政治伙伴是以欧洲能源市场价格为标准定价。在变化了的国际经济政治背景条件下，东欧许多国家采取各种措施减少对俄罗斯的能源依赖。如波兰为了减少对俄罗斯石油和天然气供给的过分依赖，已经开始寻找几个可供选择的油气供给源。特别是打算购买液化天然气，尽管其价格相比管道天然气要高

50美元/千立方米（管道天然气250美元/千立方米；液化天然气300美元/千立方米）。除此之外，波兰还希望能够从挪威进口天然气，为此计划沿波罗的海海底建设天然气管道，但没有得到合作伙伴挪威的同意，因挪威的天然气储量正在迅速减少。另外，在与俄罗斯的能源合作过程中，波兰以破坏波罗的海的生态平衡为主要理由极力反对建设北方—欧洲天然气管道。在欧盟的执行机构中波兰政府对每次俄罗斯石油和天然气涨价提出异议。

总之，尽管俄欧能源合作中存在着一些不和谐的因素，但由于地缘政治和经济利益使俄罗斯与欧盟在石油和石油产品方面的合作不断得到强化，这符合双方的国家利益和战略目标。对俄而言，加大对欧盟的出口不仅得到国内急需的硬通货，而且通过改善与欧洲大国的地缘关系，提高了自身在欧洲以及国际关系中的地位，从而对美形成牵制。对欧盟来说，加强与俄的能源合作，不仅能源供应得到保障，并对日益加强的欧洲一体化建设和国际局势的安全与稳定都具有特殊的意义。

（3）俄欧油气管道的合作

①天然气管道

俄罗斯油气大多通过管道出口，供向欧洲。为扩大对欧盟的油气出口，俄罗斯联邦时期调整对欧洲天然气出口政策。调整政策包括：其一，在原有对欧洲出口管线的基础上，修建新的天然气管道，绕开第三方国家，不仅保障天然气输送的安全性，而且降低天然气管道输送的成本。其二，积极向欧洲天然气市场扩张，进入欧洲天然气零售市场。以前，俄罗斯向欧洲出口天然气，是将天然气输送到欧洲边境，然后售给欧洲天然气分销商。现俄罗斯要力求获得欧盟天然气下游市场，以实现在欧盟天然气市场的扩张。其三，与欧洲天然气公司合作，巩固在欧洲天然气市场上的地位。欧盟由于自身的利益也积极参与合作，欧盟根据《产品分配协议法》对俄油气资源加大投资，积极参与修建通往欧盟国家的油气管道。

俄欧油气管道的合作表现在对天然气管道和石油管道的修建和改造项目上。包括：亚马尔—欧洲天然气管道、北欧天然气管道、“蓝流”天然气管道、“南溪”天然气管道。

a. 亚马尔—欧洲天然气管道

为了将俄罗斯北部气田的天然气输往欧洲市场所建的一条跨国管道，从俄罗斯西西伯利亚的亚马尔半岛，经过白俄罗斯和波兰，将天然气输送到德国和其他欧洲国家。1993 年俄罗斯与白俄罗斯和波兰签署政府间协议，管道于 1994 年开始在德国动工，分段建设。1997 年俄罗斯通过建成的第一阶段管道以及波兰和白俄罗斯境内现有的管网将天然气输送到德国。1999 年 9 月，白俄罗斯和波兰其他管段完成施工，亚马尔—欧洲线正式投入运营。二期工程从白俄罗斯向乌克兰分支，经过克罗地亚—匈牙利—捷克，到达德国的法兰克福和意大利的米兰。该工程总长超过 7000 公里，预计总投资为 200 亿美元，由德、意、法天然气公司参与修建。2003 年输气量为 170 亿立方米，2005 年达到了 333 亿立方米，2010 年输气能力将达 657 亿立方米，因此该管线被称为“洲际蓝气巨龙”。

b. 北欧天然气管道

北欧天然气管道方案已存在有几十年，但只是到 21 世纪初，才不仅成为“俄罗斯天然气公司”能源外交的主要议题之一，而且也成为俄国家能源外交的主要议题之一。俄罗斯总统被认为是该项目的保护人，普京用自己的设想说服德国总理。在回应邻国的抱怨时普京强调说：“我们没有利用在欧洲的能源贸易而压制任何人。我们非常尊重天然气过境国家的经济利益，并认为它们在欧洲应该担负起应有地缘政治作用。同时，俄罗斯保留捍卫自身利益的权利。”① 按照普京的话来说，俄罗斯修建新管道是想避免政治、能源及其他风险，最终降低西方所购买天然气的价格。俄罗斯天然气过境运输的国家越少，俄罗斯的天然气的价格就越低。因此，对于欧洲人来说北欧天然气管道是最实用的。

北欧天然气项目对欧洲国家有经济利益关系。在通过该项目决议前引发参与国家的热烈讨论和积极的反响。为向瑞典供应天然气，项目规定建造海洋管道。因而铺设天然气管道还将有助于斯堪的纳维亚国家的天然气供应。此外，英国也对北欧天然气管道很感兴趣。按照英国能源部长的观点，天然气管道不仅是俄罗斯天然气通往德国的运输通道，也可增加对英国天然气的供给，因为英国天然气的储备正在急剧地减少。铺设北欧天然气管道对德国有着历史性意义，使德国在十年内得到稳定的能源供应。从位于维堡的波尔托亚湾穿过波罗的海水域到德国格莱夫斯瓦尔德沿岸，铺设两条平行的天然气管道，每条长约 1200 公里，每年输送天然气 550 亿

① А. Е. Лихачев, *Экономическая дипломатия России. Новые вызовы и возможности в условиях глобализации*, Москва, 2006, с. 417.

立方米。[①] 北欧天然气管道有助于满足德国和其他欧洲国家日益增长的天然气需求。另外，对北欧天然气管道的修建也有持反对意见的。波兰和波罗的海沿岸国家便持不同意见，认为俄罗斯利用本国能源资源扩大其在北欧的政治影响。此外，修建燃气管道对波罗的海生态构成威胁而损害它们的利益。许多欧洲政治观察家这样解释这些持反对意见国家的立场，它们因此会失去燃气管道可能通过它们区域而得到的好处。实际上，俄罗斯天然气公司在确定燃气管道路线之前，已经就此问题与所有权威机构进行了必要的磋商，是在生态学家的可行性论证的基础上确定项目的安全的。

力排各种压力，2005 年 9 月 8 日俄罗斯天然气工业公司与德国巴斯夫公司和德国能源电力公司签署协议成立合资公司（俄罗斯占 51% 股份，德国占 49% 股份）共同修建“北欧”天然气管道。2007 年 11 月，俄罗斯与荷兰天然气公司达成合作协议，荷兰获得德国 E. ON 公司和巴斯夫公司出让的 9% 的管道公司股份。至此，该管道公司各投资构成为俄罗斯 51%，德国 40%，荷兰 9%。

北欧天然气管道气源为巴伦支海的施托克曼气田，经摩尔曼斯克后分为东、西两条支线。东线与亚马尔—欧洲的沃洛格达至塔林、里加和维尔纽斯等波罗的海三国支线交于沃尔科夫；西线经拉多加湖至维堡，经波尔托亚湾入芬兰湾，到达德国北部，并计划修建海上管道输气到芬兰、瑞典、英国及其他国家。管道的目标市场将覆盖德国、英国、法国、荷兰、丹麦等西欧国家，可满足欧洲市场的需求增长量的 25%。这两条新管道的铺设和开通，使俄罗斯大幅削减高昂的过境费并降低政治风险，从而使其拥有利润更高、安全性更好的天然气出口路线。此外，北欧天然气管道还将为俄罗斯新增一条通向斯堪的纳维亚半岛、丹麦以及英国的出口线路。英国是欧盟 25 个成员国中最大的天然气生产及消费国，但由于国内天然气储量急剧减少，英国的天然气消费将依赖俄罗斯的供应。

c. “蓝流”天然气管道

“蓝流”天然气管道全长 1213 公里，总投资为 32 亿美元。它从俄罗斯塔夫罗波尔边疆区的伊扎比利诺耶开始，直接通过黑海海底，经过土耳其北部港口萨姆松，终点直至安卡拉。管道没有经过第三方国家，提高了

---

① А. Е. Лихачев, *Экономическая дипломатия России. Новые вызовы и возможности в условиях глобализации.* Москва, 2006, с. 416.

天然气出口的可靠性。“蓝流”管道有396公里经过海底，深度达2150米，它是世界上最深的油气输送管道。

“蓝流”天然气管道是1997年12月15日，俄罗斯与土耳其签订了政府间协议后开始兴建的。根据协议，俄罗斯同意向土耳其提供25年的天然气。1999年11月，俄罗斯天然气公司与意大利埃尼公司成立蓝流管道合资公司。2000年2月，俄罗斯境内的陆上管道开始施工；2001年9月，海底管道开始施工；2002年12月，蓝流天然气管道完工；2003年开始供气。初期供气量为20亿立方米，2004年供气量为33亿立方米。“蓝流”天然气管道为俄罗斯打开了向土耳其及巴尔干国家出口的通道，而实际上俄罗斯可以在三个方向进行能源外交（欧洲、中亚、高加索）。[①]

d.“南溪”天然气管道

2002年，土耳其、匈牙利、保加利亚以及罗马尼亚的能源高官齐聚维也纳草拟了“纳布科”天然气管道方案。纳布科天然气管道是一条通过里海绕开俄罗斯向欧洲输送天然气的项目，计划途经阿塞拜疆、格鲁吉亚、土耳其、保加利亚、匈牙利、罗马尼亚终至奥地利。修建纳布科天然气管道的目的是将里海地区的天然气经土、保、罗和匈4国先输送到奥地利，然后再输往欧盟其他国家。“纳布科”天然气管道将在一定程度上改变欧亚地区的能源供需格局。

为了应对纳布科天然气管道方案形成的“威胁”，2007年11月俄罗斯天然气公司与意大利埃尼公司成立合资公司，修建将俄罗斯西伯利亚、中亚的天然气输送到西欧的“南溪”天然气管道。按照计划，“南溪”管道将从俄罗斯新罗西斯克穿越黑海海底，铺设到保加利亚瓦尔纳后，再分为两支线：一条经希腊通向意大利南部；另一条穿越塞尔维亚、匈牙利、保加利亚通向奥地利、德国等西欧国家。2008年1月18日俄罗斯与保加利亚、2月25日与塞尔维亚、2月28日与匈牙利分别签署“南溪”项目过境管道建设协议。2009年俄罗斯天然气公司与意大利埃尼集团签订协议，将“南溪”管道的设计输送量从每年310亿立方米提高至630亿立方米。2009年11月，俄罗斯与斯洛文尼亚签署了“南溪”天然气管道项目合作协议，至此，俄方完成了与包括匈牙利、塞尔维亚、希腊、保加利

① А. Е. Лихачев, *Экономическая дипломатия России. Новые вызовы и возможности в условиях глобализации*, Москва, 2006, с. 435.

亚、土耳其、斯洛文尼亚六国在内的该管道建设所有合作方的协议签署。2013 年管道投入运营后将形成向欧洲腹地供气的管道网络。

“南溪”项目从提出到落实，进展迅速。主导这一进程的俄罗斯不仅将从高涨的能源价格中获得更大经济利益，同时也将在政治博弈中赢得更多的优势。

综上所述，亚马尔—欧洲天然气管道、北欧天然气管道、“蓝流”天然气管道、“南溪”天然气管道，沿北、中、南方向平行分布的天然气管线将俄罗斯最重要的油气生产地与北欧、中东欧、南欧连成一体。俄罗斯对欧盟的天然气外交上频频出手，其目的不仅仅在于其经济利益，更重要的是政治与地缘政治利益。“北欧天然气管道”将分别把天然气供应国俄罗斯和消费国德国直接联系在一起，引起波罗的海国家及波兰的担忧。波兰认为，如果建一条经波罗的海海底的俄德天然气管道，波兰不再是俄天然气运往德国的中转站，这会使俄有机会向波兰施压。波兰国防部长甚至将此协议比做《莫洛托夫—里宾特洛甫协定》。并表示不会屈服于俄罗斯的垄断、限价以及利用能源作为政治或地缘政治的武器。而俄罗斯通过“南溪天然气管道”不仅拉近了与塞尔维亚、保加利亚和希腊等国的关系，还使奥地利和意大利在一定程度上疏远了欧盟统一能源政策。

②俄罗斯与欧洲间石油管道

石油基础设施的状态是发展能源合作的最重要因素和条件，俄罗斯石油出口首先定位在欧洲。在石油基础设施领域，俄罗斯与欧盟的主要任务是石油运输管网的合作。为了增加俄罗斯在欧盟市场上石油的供应，修建的石油管道主要有：波罗的海石油管道运输系统（BPS）、友谊石油管道与亚得里亚管道、里海石油管道。

a. 波罗的海石油管道运输系统（BPS）

俄罗斯能源战略规定，“扩大能源出口、开发新的能源市场、开采他国领土上的能源资源，强化俄公司在国际市场上的地位”。俄罗斯能源战略的两大目标十分明确：一是控制尽可能多的国外资源产地；二是控制尽可能多的周边油气输送管网。控制周边地区油气输送管网，既是为了保证本国油气外运的安全顺畅，也是为了对周边国家施加地缘政治影响。修建波罗的海海底管道是俄罗斯控制周边输送管网努力的一部分。

独立后的波罗的海三国对过境的俄罗斯原油制定了高昂的运费，俄罗斯为此每年损失数亿美元。为降低对爱沙尼亚、立陶宛和拉脱维亚等国输送管线的依赖，俄罗斯从1997年开始修建波罗的海管道运输系统。波罗的海石油管道系统的任务是将俄罗斯石油从蒂曼—伯朝拉地区、西西伯利亚地区、乌拉尔—伏尔加河流域地区外输，同时混输来自哈萨克斯坦等独联体国家的石油，经雅罗斯拉夫运至波罗的海港口普里莫尔斯克，然后跨波罗的海运至欧洲。

管道从雅罗斯拉夫到普里莫尔斯克港，长709公里。一期工程于2000年5月破土动工，2001年12月投入使用，它将地处俄罗斯西伯利亚的油田与芬兰湾的普里莫尔斯克海港相连接。该石油管道在竣工后年输油量为1200万吨。二期工程于2002年6月开工，2003年7月投入使用，年输送能力达到了3000万吨，2004年达到到了5000万吨。三期工程于2006年4月完工，年输油量达6500万吨。①

波罗的海石油管道运输系统有助于维护俄罗斯的经济和战略利益。它的建成使俄罗斯可以通过本国港口出口原油，减少了俄原油出口对相关国家的过境依赖。

b. 友谊管道系统

俄罗斯向欧洲出口的石油中，平均约60%是通过海运方式出口的，其余40%则通过“友谊”石油管道输送。“友谊”石油管道是苏联时期修建的向欧洲输送石油的主要通道。1959年，苏联与捷克斯洛伐克、匈牙利、波兰、德国签署了共同修建友谊管道的协议，并于1965年建成。友谊管道主干线从俄罗斯中部伏尔加河沿岸开始向西延伸，在白俄罗斯境内的莫济尔分为两支，北线经布列斯特通到波兰和德国，南线经乌克兰西部通往匈牙利、捷克斯洛伐克。南北两线将俄罗斯的石油输送到中欧和东欧。

俄罗斯联邦时期，随着石油出口量的增加，友谊管道进行了改建。实施了将“友谊”管道与亚得里亚管道对接的计划。亚得里亚管道连接了克罗地亚的奥米沙利港、亚得里亚海和匈牙利，因而使两国统一了输送体系。2002年12月16日，两条管道的沿途各国一起签订了一份为期10年的“友谊”管道和亚得里亚管道一体化的协议。按照协议规定，两条管道在合并之初的输送能力为每天10万桶，在未来的10年内到达每天30

① Ю. Н. Глущенко, *Европейский вектор нефтяной отрасли россии*, Москва, 2007, с. 134.

万桶。管道建成后预计年输送量达500万吨。[①] 2003年12月在奥米沙利港第一批石油已经沿着友谊—亚得里亚管道运出。友谊管道的改建，使俄罗斯石油管道的运输量不断增加。2001年的输送量为7640万吨，2003年为9780万吨，2004年为11670万吨。2004年670万桶/日的石油出口约2/3都通过友谊线及其支线输送到中欧及东欧国家，另外1/3则通过水运出口其他能源市场。该管道网的改建可使俄石油出口量增加5%—7%。

在友谊石油管道输送俄罗斯石油途径中，白俄罗斯具有关键的作用。白俄罗斯石油企业向西部边界的德国和波兰、立陶宛及拉脱维亚炼油厂供油。管道主要由两个平行的支线组成，在莫济尔分为两个方向，一个向乌克兰输送石油，年输油量2000万吨；另一个向波兰和德国方向输送石油。[②] 友谊石油管道可以补充运输拉脱维亚、立陶宛和波兰等港口的石油，据估计2005年共运输石油1000万吨，[③] 但在2006年之后友谊石油管道的波罗的海石油管道系统几乎停止了输油。2006年6月以后，俄罗斯中断了经过拉脱维亚到立陶宛炼油厂的石油供应，俄方给出的理由是惩罚立陶宛将自己的炼油厂Mazeikiu卖给了波兰的炼油厂PKNorlen，而没有卖给亲克里姆林宫的另一家炼油厂。

c. 里海管道集团石油管道

俄罗斯南部石油出口主要是通过黑海港口。这不能不触及达达尼尔海峡和博斯普鲁斯海峡。近些年土耳其政府出于生态安全的考虑，对经过海峡的油轮进行限制。这首先影响到俄罗斯南部石油的出口。对于俄罗斯来说，脱离土耳其黑海海峡建立新的输油管道的任务显得非常迫切。另外，从20世纪90年代开始，美欧就加紧了对中亚和里海地区的渗透，一方面要削弱俄罗斯复兴的地缘战略基础，另一方面则力图使中亚里海的油气资源绕过俄罗斯直接输入欧洲，减少对俄罗斯油气的依赖。"巴库—第比利斯—杰伊汉"石油管道和"巴库—第比利斯—埃尔祖鲁姆"天然气管道的建成是美欧实施里海能源战略取得的重大进展。面对美欧的步步紧逼，俄罗斯加紧实施"大围栅"计划，其核心是在欧洲能源供应方面建成一个"大围栅"，使其他任何国家都无法在没有俄罗斯参与下向欧洲出口能

① М. А. Яценко, *Нефтъ во внешнеэкономических связях России*, Москва, 2006, с. 118.

② Ю. Н. Глущенко, *Европейский вектор нефтяной отрасли россии*, Москва, 2007, с. 137.

③ Ю. Н. Глущенко, *Европейский вектор нефтяной отрасли россии*, Москва, 2007, с. 138.

源。为了实施这个计划，俄罗斯提出了修建多条新的管道和现有管道升级方案。2007 年 12 月，俄罗斯与哈萨克斯坦、土库曼斯坦签署修建“沿里海天然气管道”政府间协议，并计划改造“中亚—中央”管道系统，以对抗美欧主导的纳布科天然气管道项目。2008 年俄罗斯能源部和哈萨克斯坦的能源与矿产资源部签署了里海输油管道扩建原则备忘录，至此，里海管道财团的股东达成原则协议，将里海输油管道的年输油量 3300 万吨提高到年输油量 6700 万吨。

俄欧油气管道作为向欧盟能源供应的大动脉，有利于改善俄罗斯与欧盟的伙伴关系。对俄罗斯而言，这些管道作为能源安全的载体，有利于加强欧盟对俄能源的依赖；另外，俄罗斯依靠这些管道出口油气换回“石油美元”为经济建设提供资金支持。对欧盟来说，通过对管道基础设施的投资，一方面可以通过控股来获得利润，参与油气价格的制定；另一方面保障本地区的能源供应，以达到确保能源安全、经济安全的目的，从而促使俄欧关系更加牢固和持久。对俄欧来说符合双方的利益，“在许多情况下，地缘政治利益和对外经济利益是交织在一起的”。[①]

3. 俄罗斯与欧盟成员国的能源关系

进入 21 世纪，随着欧盟一体化进程的加快，不论在欧盟内部还是打算加入该集团的其他国家都在加速制定和推行统一的能源政策。“这些国家与俄罗斯和其他能源生产国进行着各种不同的能源对话。值得注意的是，俄罗斯与多数西欧和东欧国家只建立双边能源关系。”[②] 在对话的过程中，俄罗斯针对不同的国家采取了不同的合作态度。对西欧强国强调公平、平等合作，反对歧视政策；对待中东欧“过境国”态度暧昧，努力争取；对待新加入欧盟的波罗的海三国则采取“拉闸断气”、“家长制”式的强硬手段。

(1) 俄罗斯与西欧国家能源关系

欧盟成员国在未形成统一的能源政策前，均从各自的国家利益出发，奉行独立的对外能源政策。西欧强国的能源外交政策对世界能源政策能够产生实质性影响。因此，俄罗斯加强对西欧国家的能源对话与合

---

① С. З. Жизнинь, *Энергетическая дипломапия России*, Москва, 2006, с. 98.

② “Основые положения энергетической стратегии России на период до 2020 года”, *Правительствοм Росийской федерации спротокол*, №39, то23, 11, 2000.

作就显得特别重要。其中，俄罗斯与德国、法国在能源领域的合作成果尤为突出。

①俄罗斯与德国能源关系

历史上，德国不论在地缘政治上还是在经济上都与俄罗斯有联系。早在冷战时期，德国就与苏联进行天然气贸易。苏联解体后，随着柏林墙推倒及经济全球化浪潮推动，两国经济贸易频繁，德国是俄罗斯的第一贸易对象和第一贷款大国。在能源外交方面两国之间发展的空间很大。原因在于俄罗斯拥有丰富的油气资源，但缺少对能源设备的资金投入，而德国却是能源依存度很高的国家。21 世纪初，德国探明石油储量不足 7000 万吨，天然气储量约 2100 亿立方米。2004 年，德国开采石油约 400 万吨，天然气 180 亿立方米，而进口石油 1.25 亿吨，天然气约 600 亿立方米。2004 年，德国从俄进口石油和天然气分别占进口总量的 32% 和 41%[①]，其对外能源需求依存度为 65%。[②] 德国对外能源政策和能源外交非常重视进口能源的多元化，增强能源外部供应的安全性和可靠性，以及保障德国公司获得国外能源基地。

“开展燃料—动力系统方面的相互协作是俄罗斯与德国政治和经贸关系的重点。两国在此领域的互补性强，都希望进一步加强这方面的关系。能源合作是双方日益发展的战略伙伴关系的主要支柱之一，从更为广泛的范围看，也是俄罗斯与欧盟战略伙伴关系的主要支柱之一。”[③] 根据俄罗斯联邦总统和德国总理的倡议，2000 年 7 月成立了经济与金融合作战略高级工作组，能源领域合作中的问题是其工作的重点。2004 年 8 月，俄总统普京与德国总理施罗德签署《俄罗斯联邦和德意志联邦共和国关于扩大能源领域务实关系的声明》，发展两国天然气领域的合作。

德国十分重视加强与俄罗斯在天然气领域的合作。自 1972—2004 年，俄罗斯向德国市场提供了 6600 多亿立方米天然气。俄“天然气工业公司”和德国“鲁尔天然气公司”签订的合同规定，俄每年向德国出口 208 亿立方米天然气。根据两公司 1998 年 5 月签订的协议，2008—2020 年俄

---

① Энергетический диалог, “Россия – Европейский союз”, – прил. к. ж*Энергетическая политика*, 2001.

② Ю. Н. Глущенко, *Европейский вектор нефтяной отрасли россии*, Москва, 2007, с. 71.

③ Россия – Европа, Стратегия энергетической безопасности – СБ – РФ, 1995.

每年将增加对德出口天然气 130 亿立方米。由于向德国出口天然气主要通过管道输送，因此，俄罗斯在《2020 年前俄罗斯能源战略》中提出，为了提高向欧洲消费者，特别是向德国出口天然气的可靠性，制订铺设从俄罗斯经过波罗的海到德国北部的“北欧天然气管道”计划。2005 年 9 月，俄罗斯天然气公司与德国巴斯夫公司和德国能源电力公司签署了共同建设北欧输气管道的原则协议。根据协议，俄德双方建立了北欧输气管道建设合资公司。“管道建成后，俄罗斯每年向德国输送 550 亿立方米天然气，使德国从俄罗斯进口的天然气份额从 2005 年的 32% 增至 40% 。”[①] 北欧天然气管道的铺设对德国有历史意义，它使德国在十年内得到稳定的能源供应。

另外，德国 98% 的石油需求依靠进口，如 2004 年德国石油公司从俄净进口 3100 多万吨石油和约 200 万吨石油产品。另外，俄罗斯是德国什维特市和洛伊纳市两家大型石油加工厂唯一的石油供应者。按照德国与俄罗斯至 2010 年前的合同，俄公司通过“友谊”管线每年向这两家石油加工厂提供 1000 万吨石油。而在 20 世纪 90 年代后半期，“斯拉夫石油公司”和“俄罗斯石油公司”没有实现对洛伊纳市石油加工厂的重组计划，失去了俄公司大规模进入德国石油加工业市场的有利时机。

目前，俄德能源合作的障碍在于欧盟统一能源政策的规定中的欧盟从非能源国进口能源不能超过总进口量的 30% 。因此，2002 年 4 月 9 日俄总统普京在德国魏玛举行的“圣彼得堡对话”论坛上严厉指出：“如果欧洲仍把俄罗斯视为异类，那么，理所当然，我们也将构筑这种相互协作道路上的障碍。如果欧洲把俄罗斯当做平等伙伴来对待，那么，对俄罗斯将取消这条已经生效的原则，它会限制我们的合作，将导致欧洲和德国能源价格上涨，也会影响到普通消费者的利益。反之，如果我们在长期的基础上理顺这一问题，并取消对俄罗斯的不合理原则，那么，俄罗斯将会保证高质量、按时履行自己的责任。”[②]

德国在一系列国际关系重大问题上不同于英国按照美国的指示行事，这在一定程度上迎合了俄罗斯的意愿，为双方在能源领域的合作开辟了广阔的前景。如在对伊拉克动武方面德国投了反对票。在对伊拉克重建上要

① 韩立华：《能源博弈大战》，新世界出版社 2008 年版，第 101 页。

② Пресс - служба Министерства энергетиги РФ，2002 - 10 - 04.

充分发挥联合国的作用等。俄罗斯的目的很明确，与德国进行能源领域的合作不仅可获得外汇收入，而且可以借德国在欧盟中的地位发展俄欧的关系，提高俄在欧洲的政治影响力。

②俄罗斯与法国能源关系

俄罗斯与法国的关系，冷战结束后一度紧张，主要由于法国对俄罗斯车臣问题持批评态度。普京出访欧洲各国时，曾经有意绕开巴黎。但到2002年10月底，普京借巴黎欧盟—俄罗斯峰会之机修复了与法国的关系。俄法关系修复的前提是对建立多极世界格局的共识。在巴黎会议期间，两国领导人多次强调俄法传统的“特殊关系”。在政治关系的基础上发展俄法经济关系。

在经济外交方面，早在苏联时期，法国与俄罗斯就有互相依存的贸易和投资关系。法国是个能源匮乏的国家，对外能源依存指数高达54.5%。[①] 2004年法国进口石油1亿吨（约占需求量的96%），进口天然气约300亿立方米（约占总需求量的85%）。法国主要从挪威、沙特阿拉伯、俄罗斯和英国进口石油，天然气则通过管道从挪威、俄罗斯和阿尔及利亚进口，进口的液化天然气来自阿尔及利亚和尼日利亚。据统计，2010年法国进口油气比例从2000年的48%提高到55%。法国能源政策的重要目标是保障能源供应安全，实现油气供应多元化渠道，提高能源生态标准。法国政府有时为了获取能源供应地，不但很少看美国的眼色行事，而且还违背美国的利益，因此经常受到美国官方的指责。最明显的例子是1997—1998年道达尔公司和俄罗斯天然气工业公司及马来西亚国家石油公司共同参与波斯湾伊朗海域南帕尔斯大型天然气田的开发，美国对此进行了外交干涉。

法国为保障能源进口的多元化，加强发展与俄罗斯的能源贸易。1995年12月20日俄罗斯政府和内涅茨克自治州政府与法国的道达尔公司签订了开采哈里亚格油田的协议，按照产品分成协议，法国获得了该项目的50%以上的股份，协议于1999年1月1日开始生效。从1996年9月起，道达尔公司开始成为巴伦支海大陆架施托克曼诺夫气田开采、运输和销售财团的成员。

2003年2月，在巴黎召开的俄法峰会标志着双边能源合作进入重要

---

① Ю. Н. Глущенко, *Европейский вектор нефтяной отрасли россии*, Москва, 2007, с. 70.

的发展阶段。峰会通过了俄法能源领域合作的联合声明，俄总统普京和法国总统希拉克商定在有关部委的领导下，积极开展双边能源对话，确定了能源合作的基本方向，其中特别提及油气供应和生态安全等具体合作方向。在双方政府高层的指导下，2004 年双边贸易额比 2003 年提高了近 1/3，达到 75 亿美元，其中俄罗斯出口的主要产品是天然气、石油和石油产品。“道达尔公司”是俄罗斯石油和石油产品的最大买家，占俄出口总额的 20% 以上。而法国加大了对俄罗斯的投资力度。2004 年总投资额达 50 亿美元，其中 1/3 以上投向俄罗斯的石油天然气工业。在法国商界提议下，依据法国经济部、财政部和工业部制订的《2003—2005 年加强法国与俄罗斯经贸活动的行动计划》，建立了国家支持企业在俄开展经营活动的机制，成立了协调委员会和专家小组，负责调研在俄能源领域的合作项目和投资进展状况。

③俄罗斯与英国和意大利能源关系

俄罗斯发展同英、意两国的能源关系，其目的在于：一是吸引两国公司的投资、先进技术工艺和管理经验；二是通过加强与两国的能源合作，以此扩大俄罗斯在欧盟的影响和地位，改善和巩固与欧盟其他成员国的外交关系。英国和意大利发展同俄罗斯能源合作的利益在于：一是扩大两国公司的资源原材料基地，保障俄罗斯对本国的油气供应；二是有助于加强两国在里海地区和欧洲的地缘政治和经济地位。

后冷战时代，俄罗斯与英国的关系虽然受到一定程度政治观念的影响，但英国首相布莱尔是最早支持普京的西方领导人，甚至在俄罗斯大选之际还出访俄罗斯，表示支持普京。另外，英国对车臣问题反应相对较为和缓，因为英国国内同样存在着尖锐的北爱尔兰问题。为对英国外交的示好，俄罗斯回报以相同的外交。普京当选总统后出访的第一站便是伦敦。

在能源经济方面，英国油气资源优于欧盟的其他国家，国内具有较少的耗能工业，主要是以世界金融中心而著称，所以对俄罗斯能源依存较低。“2005 年对外能源依存指数为 13%，而当时爱尔兰对外能源依存指数为 90.2%。”[①] 2004 年时英国还是天然气出口国，到 2005 年它便成了天然气进口国。尽管英国首相布莱尔在 2005 年 11 月提出要增加核电的生

① Ю. Н. Глущенко, *Европейский вектор нефтяной отрасли россии*, Москва, 2007, с. 70.

产，以期减少英国对外部能源的依赖，但天然气在英国的能源消费总量中占40%，依然是英国主流的能源品种。随着北海油气资源的日渐枯竭，英国从俄罗斯进口石油和天然气；同时，投资俄罗斯的能源工业。

英国对俄罗斯的能源抱有浓厚的兴趣。英荷皇家壳牌集团和英国石油公司在俄罗斯的活动相当活跃。1998 年，英国 BP 石油公司购买了西丹科公司 10% 的股份，同时也成了鲁西亚石油公司的主要股东之一，而后者拥有伊尔库茨克州极有前景的科维克金气田的开采权。2003 年 9 月，“英国石油公司”和俄罗斯“阿尔法集团”共同与“阿列克斯—列诺瓦公司”签署了关于建立合资企业“秋明—英国石油天然气控股公司”的协议，英国石油公司购得秋明石油公司 50% 的股份，创下外国公司在俄罗斯一次投入 77 亿美元的最高纪录。这 77 亿美元中还包括英国石油公司用来购买斯拉夫石油公司 25% 股权的 13.5 亿美元。秋明—英国石油天然气控股公司成立后，英国石油公司也把这些股权带到了新公司。

尽管在国际能源机构中英国经常支持美国的立场，企图在国际关系中削弱俄罗斯的地位，并在能源贸易过程中对俄公司往往带有政治偏见、歧视和不公平竞争的倾向，但这并不影响英国对俄罗斯的投资额呈增长态势。2004 年，英国累计对俄投资超过 70 亿美元，主要投向英国大油气公司在俄参与的能源项目上。英国资金与俄罗斯石油资源互为需求，密切了俄罗斯与英国的经济外交关系。2004 年，俄罗斯向英国出口 500 万吨石油。2005 年俄罗斯石油占英国石油进口总额的 12%。① 俄英两国在能源领域的合作对欧盟能源政策的决策以及国际能源格局产生了重要影响。

意大利是个贫油气的国家，能源消费在很大程度上依靠进口。1996 年能源进口额占全国能源总消费的 2/3 以上，2005 年对外能源依存指数为 86.8%。② 意大利主要依靠进口俄罗斯的油气，这是由于西欧天然气来源地，北海地区天然气生产正在萎缩，而非洲及中东的替代能源又无法满足欧洲不断增长的需求，唯一可指望的就是俄罗斯。俄意两国在 1994 年签订的《俄罗斯联邦和意大利共和国友好合作条约》框架下，于 1996 年成立了经济、工业和外汇金融合作理事会，能源合作委员会等机构，负责在政府层面上协调双边能源合作。2003 年 11 月 6 日，俄总统普京进行国

---

① Ю. Н. Глущенко, *Европейский вектор нефтяной отрасли россии*, Москва, 2007, с. 78.

② Ю. Н. Глущенко, *Европейский вектор нефтяной отрасли россии*, Москва, 2007, с. 70.

事访问时接见了意大利主要企业家，并指出两国在天然气和电力领域的合作对发展俄欧能源对话具有重大意义。[①] 普京的访问促使两国贸易的进一步扩大，2004 年贸易额为 150 亿美元，比 2003 年增长了 40%，而俄罗斯出口的 80% 是天然气、石油和石油产品。根据“俄天然气工业公司”和“意大利石油公司”签订的合同，2008 年后，每年向意大利供应的天然气将达到 290 亿立方米。俄意两家公司在 1998 年签订的战略联盟框架下，实施铺设从俄罗斯经过黑海海底到土耳其的“蓝流”天然气管道工程项目，总投资约为 20 亿美元，“意大利石油公司”在该项目的财政和技术方面发挥了决定性的作用。截至 2004 年，意大利向俄罗斯累计投资已超过 15 亿美元。[②] 2006 年 11 月，意大利能源巨头埃尼集团（ENI）与俄罗斯天然气工业公司组建战略联盟，以促进俄罗斯天然气对意大利的出口。

俄罗斯与西欧国家能源关系的发展，相当大程度上取决于俄罗斯与欧盟主要国家的双边关系。后冷战时代，俄罗斯对外经济政策，虽然脱离了意识形态因素的羁绊，但政治因素仍在起作用。俄罗斯、法国、德国在对伊拉克政策上采取共同的立场，反对美国单方面对伊动武。这反映出俄罗斯与西欧四国的能源合作中，俄罗斯与德、法两国能源合作发展比较顺畅，俄罗斯目的在于通过与德、法两国的能源合作发展俄罗斯与欧盟关系，扩大和强化俄罗斯在国际政治格局和能源格局中的影响。

（2）俄罗斯与中东欧“过境国”关系

随着世界能源贸易规模的扩大，能源从生产国输往消费国将越来越多地穿过他国国境，国际过境运输问题在能源外交中越来越频繁地出现，对能源安全的影响越来越大，在过境国能源外交的地位显著上升。因而，发展与过境国的能源关系，成为俄罗斯能源外交的重要内容。

苏联时期很早就建立了油气输送管网系统，形成了油气生产、输送和供应的完整体系，这成为苏联当时控制东欧国家、调节与欧洲关系的重要工具。苏联的解体使俄罗斯地缘政治发生了极大的变化。苏联解体后，“超过 60% 的海洋出口需要经过外国港口。主要是维尼斯比尔斯（通行能

---

① 2003 年 11 月 6 日俄罗斯总统普京接见意大利主要企业家时的讲话，罗马，俄罗斯外交部，《外交通报》，2003 年（http://www.mid.ru）。

② 俄罗斯联邦经济发展和贸易部资料。

力为每年1600万吨）和奥杰萨（通行能力为每年1000万吨。）石油管道输出也受到独联体国家的牵制，石油出口经过俄罗斯港口或者俄境内出口站点所占的份额只有30%”①。解体后，其周边国家出于各种原因铺设新的油气管道，已有约6条绕过俄罗斯的输油管线铺设完毕，因而使莫斯科失去了其部分的政治与经济影响力。在这种境遇下，俄罗斯与独联体国家之间达成协议，管道运输系统整体使用，运输费用和税率需要进行协商，俄竭力将本国石油资源优势转化为地缘政治影响力。

过境运输国的经济利益在于获取提供能源过境运输服务的费用。在实践中，过境运输国与能源出口国的利益冲突主要表现在对过境运输服务的收费标准上。此外，进口国与过境运输国在保证过境运输的自由和安全方面也可能发生利益冲突，其中包括人为地封锁或减少能源供应。

根据国际能源机构和能源宪章秘书处的资料，国际能源过境运输出现问题的事例不胜枚举。在许多情况下，是由政治原因造成的。1992—1995年间，在前苏联的领土上发生过近30次大幅减少天然气过境运输的事件。为此，在《能源宪章》及其条约中对过境运输问题给予了极大的关注，并规定，各国应促进过境自由和创建新的过境运输能力。这在很大程度上有助于过境运输问题的解决。能源宪章秘书处在对国际能源具体问题进行分析后，制定了满足下列条件的国际法准则。其中主要有：不应将过境运输作为政治施压的工具，即过境运输国不应利用过境运输达到政治目的；即使出现争端，也不应停止过境运输，应由仲裁机构来裁决；保证运输和过境收费的透明度，确定计费标准的原则和办法等。为此，俄罗斯与中东欧过境国保持良好的能源合作关系，以保障俄罗斯油气顺利输往西欧国家。

俄罗斯油气外输过境国主要集中于独联体和中东欧国家。中东欧诸国油气资源贫乏，根本无法满足自身需求。中东欧国家占俄罗斯天然气出口量的30%、石油出口量的25%以上。因而，俄罗斯在中东欧国家天然气市场占有实际垄断地位。俄天然气工业公司在中东欧最大的客户是斯洛伐克，2000年购气79亿立方米，匈牙利为78亿立方米，捷克75亿立方米，波兰、罗马尼亚和保加利亚，分别为68亿立方米、32亿立方米、32亿立方米。总之，俄天然气占中东欧国家市场60%的份额，其中在保加利亚

---

① М. А. Яценко, *Нефть во внешнеэкономических связях России*, Москва, 2006, с. 77.

占 99%，捷克和斯洛伐克占 95%—96%。[①]

俄罗斯在中东欧天然气贸易领域的牢固地位依赖于 20 多年合作所积累的经验。俄天然气工业公司在中东欧确立了“供气可靠、履约严谨”信誉。这主要是由于苏联与中东欧国家之间，在共产主义协作精神之下共同修建的 8 条油气管道，把苏联与中东欧连成一体。而中东欧国家油气管道的特点是，不仅把个别国家与俄罗斯相连，而且还发挥着向西欧过境运输天然气的功能。俄向西欧出口 80% 的天然气需过境捷克和斯洛伐克，同时，罗马尼亚和保加利亚也能获得巨额的过境费。

俄罗斯在世界天然气产量和出口量方面居于领先地位，有足够的资源潜力来长期保持自己作为能源主要供应国的地位。根据预测，中东欧的天然气需求增长速度要快于西欧。为了保证长期稳定的出口，俄天然气工业公司与大多数中东欧伙伴签署了长期的供货合同。与匈牙利签至 2015 年，与斯洛伐克签至 2008 年，与波兰签至 2020 年，与保加利亚签至 2011 年等。其中，增量最多的国家是波兰，其消费量将从 1996 年的 105 亿立方米增长到 2010 年 220 亿—270 亿立方米。为了保障油气供应，1993 年组建了“俄波天然气有限公司”，波兰政府投入了大量的资金修建天然气管道。“欧波天然气公司”是俄罗斯与波兰在能源领域一次成功的合作，正是这种合作促使亚马尔—欧洲天然气管道第一期工程如期顺利完工。

中东欧国家在与俄罗斯保持密切合作的同时，积极寻求新的天然气供应国，追求能源进口渠道的多元化。除了出于保障本国能源供应安全的目的之外，还有政治因素的考虑。如波兰能源进口严重依赖俄罗斯，但是在政治和安全政策上却对俄罗斯采取强硬政策。为了尽量减少对俄依赖，2006 年年初，波兰在美国支持下，向所有北约及欧盟成员国提出一项计划，倡议订立《欧洲能源安全条约》。该条约要求所有北约及欧盟成员国在对俄能源谈判中统一立场，共同进退，在发生能源进口中断的情况下，要互相支持，以便借重集体力量抗衡俄罗斯。波兰还建议建立共同能源储备，进一步实现天然气、石油、电力的网络连接等。波兰在 2006 年 3 月向欧盟理事会提交了该建议，得到维谢格拉德集团国家（捷克、斯洛伐克及匈牙利）的支持，但遭到法德的反对。法国和德国等国家不主张在

---

① 庞昌伟：《俄罗斯能源外交：理论与实践》，博士论文，中国社会科学院，2002 年，第 136 页。

能源领域对俄采取对抗政策，强调与俄对话协商。德国与俄罗斯合作铺设波罗的海天然气管道，极大地削弱了波兰利用其能源过境国的地位与俄罗斯抗衡。同时，出于能源市场竞争的需要，西方国家的能源公司进入中东欧能源市场，对俄能源在当地的垄断地位提出挑战。许多跨国公司在中东欧国家设立了办事处，积极发展终端加油网站，参与中东欧能源公司的股份制改造。

上述情况表明，俄罗斯与油气过境国之间的合作与竞争，显示了地缘政治对能源市场的重大影响。尽管俄在中东欧市场的份额还将长期占据主导地位，但俄罗斯油气独家统治的时代已结束，未来俄油气出口需采取更加灵活的价格政策来应对市场竞争。

（3）俄罗斯与波罗的海三国的能源关系

波罗的海国家地处俄罗斯与欧盟各国之间，拥有苏联时期主要的原油出口港口。随着俄罗斯和欧盟油气合作的不断加深，波罗的海国家积极与俄罗斯进行能源合作，欲通过参与过境油气运输和加工，从中获利。俄罗斯方面，随着波罗的海管道系统的启用，开始利用波罗的海三国的港口设备出口石油。同时，俄罗斯各大型油气公司也积极参与波罗的海国家过境运输系统的改造，并期望获得更多的监控权力。

①俄罗斯与立陶宛的能源关系

立陶宛对进口俄罗斯能源产品的依赖性非常大，其进口油气产品的99%来自俄罗斯。2005年国内石油总需求量为780万吨；石油生产量300万吨；石油进口480万吨，在欧盟25个国家中其能源依存度指标为63.1%。[①] 1993年11月签署的《经贸关系协定》构成了俄罗斯与立陶宛两国经贸合作的基础。2004年，两国经贸额为20多亿美元。在俄罗斯出口产品中，油气资源占有主要地位。

在波罗的海地区，立陶宛是俄罗斯石油和石油产品过境转运枢纽之一。立陶宛通过友谊石油管道支线从俄罗斯进口石油，有两条石油干线管道和一条成品油管线通过立陶宛领土。其中一条石油管道通向立陶宛最大的马热依盖伊炼油厂，另一条原油管道和成品油管道是向立陶宛的方茨皮尔斯港口输油。马热依盖伊国有公司是立陶宛境内最大的石油加工厂，其年石油加工能力为1400万吨，公司由马热依盖伊炼油厂、布金格石油终

① Ю. Н. Глущенко, *Европейский вектор нефтяной отрасли россии*, Москва, 2007, с. 70.

端和立陶宛石油管道公司合并而成。1999 年，美国威廉姆斯公司（Williams lnternational Company）获得马热依盖伊炼油厂 33% 的股份，并获得该公司的管理权。为获得马热依盖伊炼油厂的控制权，俄罗斯卢克石油公司与美国公司进行了激烈的竞争。俄罗斯卢克石油公司、尤科斯公司和秋明石油公司都参加了炼油厂股份的竞争。尽管美国公司获得了炼油厂控制权，但是它却无法解决原油供应方面对俄罗斯的依赖问题，俄罗斯公司可以中断原油供应来施压。最终，威廉姆斯公司不得不作出妥协，争夺战以签署对俄罗斯有利的协议而告终。根据协议条件，尤科斯公司以 7500 万美元购得立陶宛国有马热依盖伊公司 26.85% 的股份，同时提供 7500 万美元的贷款用于改建炼油厂，而且尤科斯公司保证在 10 年的期间内每年向该炼油厂提供 480 万吨石油、每年过境布金格港口 400 万吨石油。①

天然气消费方面，立陶宛也完全依赖俄罗斯。俄罗斯向立陶宛供应天然气的价格比向其邻国（芬兰和波兰）供气价格要低得多。俄罗斯天然气工业公司是向立陶宛提供天然气的主要供应方，占据了立陶宛天然气市场近 40% 份额。从 1999 年起，“伊杰拉公司”开始向立陶宛供气。为购买天然气，成立了两家子公司：“伊杰拉里特公司”和“伊杰拉列图瓦公司”。“伊杰拉公司”在与俄罗斯天然气工业公司协商后确定这两家企业的配额。

②俄罗斯与拉脱维亚的能源关系

拉脱维亚对进口俄罗斯能源产品的依赖性比立陶宛还要大，其国内所需的天然气全部来自俄罗斯。2005 年国内石油总需求量为 350 万吨；石油生产量 30 万吨；2005 年石油进口 320 万吨，在欧盟 25 个国家中其能源依存度指标为 94%。② 俄罗斯和拉脱维亚的政治交往有限。根据 1992 年 10 月 28 日签署的《俄罗斯联邦和拉脱维亚共和国关于经贸关系的原则协定》以及双方经济主体签订的年度合同，两国开展燃料能源领域的合作。1994 年，两国根据对等原则相互给予贸易最惠国待遇。2004 年，双边贸易额为 10 亿多美元。在俄罗斯出口商品中主要是燃料能源资源。

在能源贸易中俄罗斯油气过境运输对拉脱维亚的经济发挥着重要作用，拉脱维亚预算收入的 1/4 来自俄罗斯原油过境收入。拉脱维亚有 3 个

---

① А. Матвеева.，“ЮКОС своего добился”，*Эксперт*，№. 23，2002，с. 38.

② Ю. Н. Глущенкоm，*Европейский вектор нефтяной отрасли россии*，Москва，2007，с. 70.

港口，都建有石油和石油产品转运终端站，其中最大的不冻港——文茨皮尔斯港，其原油运输能力每年达5000万吨，该港口可停靠12万吨油轮，是波罗的海沿岸最大的原油和成品油的港口终端。俄罗斯原油和成品油管道经白俄罗斯的波洛茨克直达该港口。经过拉脱维亚的另一条石油管道将石油从波洛茨克输往立陶宛的马热依盖伊石油加工厂，这条管道的年输油能力约为1600万吨石油。还有一条萨马拉—文茨皮尔斯运输管道经过拉脱维亚，年输送能力约为500万吨。20世纪90年代末期，俄罗斯积极参与拉脱维亚港口设施的改造和控制，在拉脱维亚和俄罗斯政府协议的基础上，俄罗斯石油运输公司与拉脱维亚文茨皮尔斯纳夫达国有公司成立了拉俄合资运输公司。该合资公司掌管所有经拉脱维亚国土的原油和成品油管道，其中俄罗斯石油运输公司占34%的股份，文茨皮尔斯纳夫达公司占66%的股份。

在天然气贸易方面，拉脱维亚所需的天然气全部从俄罗斯进口。拉脱维亚天然气公司负责国内天然气销售。2000—2002年，该公司实行私有化，俄罗斯天然气工业公司占25%的股份，德国鲁尔天然气公司占47.1%股份，伊杰拉—拉脱维亚公司占25%股份，剩余的2.9%股份属于小股东。此外，拉脱维亚有储量达5000万立方米的地下储气库，拥有过境运输俄罗斯天然气的巨大潜力。早在苏联时期，就曾使用这些储油库。俄罗斯天然气工业公司也部分地使用拉脱维亚的储油库，在夏季注入备用天然气，以便解决冬季天然气用量高峰的供应问题。

③俄罗斯与爱沙尼亚的能源关系

爱沙尼亚2005年石油生产量310万吨；国内石油总需求460万吨；石油进口150万吨，在欧盟25个国家中其能源依存度指标为33.9%。[①] 爱沙尼亚能源政策的国际优先方向是：确保俄罗斯可靠地提供天然气，实现天然气供应多元化。为此，经济和通讯部正在对爱沙尼亚加入利用拉脱维亚地下储气库的“诺尔季克”天然气管道系统和欧洲天然气管道联合系统的可行性进行研究，这将大大提高爱沙尼亚天然气的供应潜力。

根据1997年7月16日签署的《俄罗斯燃料动力部与爱沙尼亚经济合作部协定》以及双方经济体签订的年度合同，俄罗斯与爱沙尼亚开展燃料—动力系统领域的合作。俄罗斯在爱沙尼亚的投资重点集中在天然气领

---

① Ю. Н. Глущенко, *Европейский вектор нефтяной отрасли россии*, Москва, 2007, с. 70.

域，“天然气工业公司”和“列宁格勒州天然气运输公司”共同持有“爱沙尼亚天然气公司”37.02%的股份，“德国鲁尔天然气公司”持有32%的股份，“福尔图姆公司”持有10%的股份，其他股份分散在私人小股东手中。与在其他波罗的海国家一样，俄罗斯“天然气工业公司”在爱沙尼亚享有战略供气者的地位。

在石油贸易方面，爱沙尼亚境内没有石油管道，石油运输以铁路和海运为主。卢克石油公司在爱沙尼亚的塔林港设立了自己的终端和炼油厂，通过铁路—油轮方式每年可从此出口500万吨原油，并具备200万吨成品油的加工能力。同时，卢克石油公司不断扩大在爱沙尼亚的配给网络，基本上控制了该国的油品市场。

能源因素在波罗的海过境国内外政策中发挥着重要的作用，俄罗斯对外能源政策主要是：实施与波罗的海三国签订能源领域战略合作协议，发展与波罗的海国家双边能源合作关系。

（三）俄欧能源关系中的影响因素

俄罗斯除了与欧盟进行能源合作外，还与欧佩克、美国和东亚国家进行着不同程度的能源合作。在处理与这些地区的能源关系时，俄罗斯始终以能源政治经济化为原则，实施立体多元的能源外交。

1. 俄欧能源合作中的欧佩克因素

1960年苏联原油以比西方石油公司“七姊妹”更低的价格大量进入世界市场，为了应对苏联的竞争，“七姊妹”开始削减油价。为保护油价，1960年9月10日沙特阿拉伯、委内瑞拉、科威特、伊朗和伊拉克五国代表在巴格达举行会议并通过决议，决定成立一个永久性组织——石油输出国组织，成员国之间定期协商以协调和统一政策，这样，对国际政治经济产生重大影响的石油输出国组织正式宣布成立。石油输出国组织英文缩写为OPEC，简称为欧佩克。OPEC的主要任务是与石油业界接触，收集情报资料，决定和操纵石油价格。长期以来，OPEC实行“限产保价”政策，以确保其成员国的“乌金”收入。

俄罗斯和欧佩克都是能源输出国，双方不仅有着共同的利益，同时也存在着能源输出价格和对世界能源市场份额的竞争。双方的共同愿望是促使能源市场的稳定和能源出口的高价位，以获得较丰厚的外汇收入。双方的竞争主要表现在：首先，由于欧佩克成员国的石油存储量和出口量最大、油质好、成本低，并决定和操纵着国际油价，因此一直保持着世界石油市场“垄断供应者”的地位。而相对国际能源格局中后起之秀的俄罗斯而言，在油质、开发和运输成本、出口价格、所占国际市场份额等方面处于劣势地位。如俄石油的平均开采成本就比欧佩克产油国每桶高达3.6美元。其次，在俄罗斯与欧佩克的竞争过程中，俄有两方面的优势：一是天然气的存储量占世界总量的34%[①]，且天然气的利用率逐年上升；二是与欧佩克“限产保价”政策相比，俄能源政策更趋灵活和务实。欧佩克的“限产保价”政策存在两大缺陷：一方面，一些成员国为了弥补油价下跌的损失而往往超限额生产；另一方面，高油价刺激了北海、俄边疆地区等高成本油田的开发，非欧佩克成员国原油产量占世界总产量的比重越来越大，这些国家利用其“限产保价”之机扩大生产，并以低于欧佩克官价投放国际能源市场，抢占国际市场份额。此外，欧佩克的“限产保价”政策以及中东局势的不稳定引起了欧盟、美国等大多数能源进口国普遍关注，能源进口国纷纷转向俄罗斯，这不仅促使了俄能源外交的顺利开展，而且使俄在能源领域的影响不断扩大。

俄罗斯与欧佩克在油气领域的合作是在“9·11”恐怖事件后，世界经济增长放慢的情况下开始的。受需求疲软的影响，2001年11月初，国际市场原油价格比一个月前每桶下降了2美元。11月14日在维也纳举行的欧佩克会议上推出了“限产保价”措施，决定把原油日产量减少150万桶，以确保油价保持在每桶22美元以上。尽管欧佩克成员国约占世界石油储量的80%，但是它不能忽视已成为第二大石油生产国的俄罗斯（第一为沙特，第三为挪威），决定号召所有石油生产国一起“限产保价”。[②] 2001年11月，俄罗斯副总理赫里斯坚科与来访的沙特阿拉伯石油和自然资源部长纳伊米举行了会谈，沙特代表欧佩克为防止非欧佩克成员国挤占由“限产”所空出的市场份额，要求俄罗斯等非欧佩克成员国减少产量，以确保油价的稳定和走高。但俄对欧佩克的“减产保价”措施反应冷淡，石油出口创汇是事关俄罗斯经济增长的战略性问题，近年来俄

---

① А. Е. Лихачев, *Экономическая дипломатия России. Новые вызовы и возможности в условиях глобализации*, Москва, 2006, с. 397.

② Светлана Строженко, “Нефть под знаком нессимизма”, *Экономика России : XXI век* №1, март, 2002 г.

经济靠石油业来支撑，工业增长取决于石油美元流入的增加，国家财政预算也以油气出口为基础。因此，俄罗斯在油价下降时不是缩减出口，而是用增加出口的方式来弥补低油价而造成的收入减少。且俄石油公司满意的价位是每桶 18—20 美元。因此，俄坚持自己的立场，11 月 16 日卡西亚诺夫总理再次强调，俄不会对外部的压力让步，将继续执行独立的石油出口政策。在欧佩克限产的情况下，俄日出口量从 220 万桶增至 270 万桶，估计全年石油出口增收 30 亿美元。

尽管从 2002 年 1 月 1 日起欧佩克日产量减少了 150 万桶，但当天油价下跌（布伦特）1.8 美元，达 19.85 美元/桶。在此情况下，如果俄罗斯不限产，将遭到所有石油出口国的怨恨，如果减产势必影响本国外汇收入。针对欧佩克要求俄限制出口以稳定油价的建议，俄能源部长建议欧佩克用一种完全独特的方式缩减俄石油出口，即对缩减石油出口有兴趣的国家需为此向俄投资 500 亿美元，以便使俄石油不过多地流向国外。尽管俄的要求没有实现，但俄石油公司发行了价值 1.5 亿美元的欧洲债券。从此，俄与欧佩克达成默契，支持欧佩克的减产决定，象征性地宣布日减产 3 万桶以遏制油价的下滑。俄象征性减产决策，引起欧佩克的强烈不满，欧佩克认为，俄是仅次于沙特阿拉伯的第二大石油出口国，应按比例将原油日产量减少到 6.5%，每日减产 3 万桶仅占其日产量的 0.7%。欧佩克总裁罗德里格斯再次呼吁独立的产油国切实采取措施限产保价，以预防油价的崩溃。俄政府总理经过与全国五大油气出口公司的紧急磋商后，在已无退路的情况下正式宣布 2002 年第一季度每日削减出口 15 万桶的决定。其他非欧佩克成员国也随之作出了减产的决定，有效地遏制了油价的继续下滑，于 2002 年 3 月 4 日布伦特原油价格上涨到每桶 23.33 美元。

此外，俄罗斯邀请阿尔及利亚加入天然气联盟。2002 年 3 月 1 日，俄罗斯能源部长伊戈里·优素福（Игорь Юсув）在会见来访的阿尔及利亚能源部长、上届欧佩克会议主席哈里勒时，又重提 2001 年夏季的话题。但鉴于阿尔及利亚已加入欧佩克，俄部长改变语气，不再说“建立由俄罗斯庇护下独特的制衡欧佩克的联盟”，而是提出建立双方市场结成的统一阵线，协商向欧盟天然气供货问题。俄部长把这一建议与普京发起的成立独联体四国欧亚天然气联盟相联系，而阿尔及利亚能源部长反应平淡，但答应考虑俄的建议，同时游说俄在 2002 年第二季度继续限产。为笼络阿尔及利亚，俄做出了第二季度继续减产的决定。

另外，俄罗斯与阿尔及利亚展开天然气管道领域的合作。2001 年 4 月俄石油公司与天然气管道公司共同成功中标阿尔及利亚 245 - South 油气田的开发权，并与阿尔及利亚国营公司签约，俄方占 60% 的股份，计划 2002 年投资.500 万美元，2003 年开钻第一口井。这一成果表明，俄罗斯有效地拉近了与欧佩克成员国的距离。

总之，一方面，俄罗斯与欧佩克成员国发展长期的“能源”关系，这对国际能源市场的稳定和可预见性方面具有重大的意义；另一方面，双方为了获取高额的对外经济利益和政治资本，在占领能源需求领地范围方面的竞争将会更加激烈。正确处理俄罗斯与欧佩克国家能源关系，不仅是俄罗斯能源政策中的重要部分，而且涉及双方对能源消费大户欧盟能源市场的争夺。为保障对欧盟能源出口市场的稳定，俄罗斯协调与欧佩克的关系。

2. 俄欧能源合作中的美国因素

美国是目前世界上最大的能源消费国，能源消耗量占全球的 1/4。从能源供应来看，美国拥有丰富的能源资源。其中，石油储量占世界总储量的 2. 9%，石油生产量占世界总生产量的 22%；天然气储量占世界总储量的 3. 3%，天然气生产量占 27%。在美国能源消费总量中，运输领域的能源消费约占 26%（其中石油占 2/3），工业领域约占 37%（其中石油直接消费占总消费量的 70%）。尽管美国能源的供应和生产量大，但却无法满足其经济稳定发展需要和保证居民远期的高消费水平，其中石油的供需缺口最大。据英国石油公司统计，1996 年美国进口石油 4. 656 亿吨，占其国内总消费的 55. 89%。据美国能源部预测，2015 年油气进口比例将达到 68%。

进入 21 世纪，美国的石油进口量逐年上升，已经超过其总消费量的一半，进口主要来源于中东地区。2001 年，从海湾国家和伊拉克日进口石油总量达 270 万桶，占原油进口量的 30%；沙特是美国最大的石油输出国，平均每天向美输出石油 160 万桶，占进口量的 18%。因此，控制能源产地对保障国内能源的长期稳定供应就显得格外重要。尤其在“9 · 11”后，美国借反恐名义对阿富汗和伊拉克进行“民主自由改进行动”，其目的不言而喻。对此，俄罗斯政治家认为，布什全球反恐战略的根本目的是为了中东的油气资源，美国试图通过控制这一战略资源来遏制俄罗斯、欧盟、中国和阿拉伯等国的发展，遮掩其推行世界能源霸权的面纱。[①] 美国陷入伊拉克战争的泥潭而不能自拔，使其不得不做出调整，制定出新的对外能源政策。

美国的新能源政策旨在保障美国日益增长的能源需求，使美国经济继续保持世界强国地位，减少美国及盟国对不可靠能源国的依赖。同加强与发展全球能源安全体系一样，提高国家的能源安全是对外能源政策的主要目标，防止能源供给中断和世界能源价格的暴涨暴跌，同时保持本国的能源储备，主要指的是石油储备。为了提高能源供应的可靠性，促使能源来源多元化，必须加强与能源供应国的对话与合作。同时，小布什的对外能源政策规定了美国实行单方面制裁和国际制裁（包括联合国授权）的可能性，同时也考虑到了制裁对本国能源安全可能造成的影响。

美国新能源政策是在俄罗斯与欧盟能源合作和对话的背景下出台的。显然，俄欧能源合作关系的发展激发了美国通过外交途径来推行新能源政策的积极性。因此，在加拿大担任八国集团轮值主席国期间，美国倡议2002 年在美国举行八国集团成员国能源部长会晤，并向主要伙伴国提出加强能源领域协作的建议。此外，美国还建议讨论俄、欧、美三方能源战略伙伴关系问题。很明显，全球能源问题在俄、美、欧多边“能源关系”中处于举足轻重的地位。在俄总统普京和美总统布什共同签订的《关于俄美新能源对话的联合声明》中称，俄美能源对话的主要目的之一就是要进一步加强世界能源安全和国际能源稳定。[②]

俄罗斯、美国、欧盟在能源合作关系上也存在着利益分歧。冷战结束后，地缘政治竞赛从未停止过。其中，在能源地缘政治的真空地带（如俄的东西伯利亚和远东、东北亚、里海地区）的争夺异常激烈。这一点在里海地区表现得最为突出，尤其是美、俄、欧在里海地区利益的角逐。

美国在里海地区的战略目标是：第一，力促里海地区各国建立亲西方的民主政体和市场经济体制；第二，在开发能源的同时，解决和防止地区

---

① Алекей Тива, Американский идег в мирную гегемонию независ мая газета. 2003 - 01 - 28.

② 普京和布什总统：《关于俄美新能源对话的联合声明》，莫斯科，2002 年 5 月 24 日，俄罗斯外交部，《外交通报》2002 年（http：//www. mid. ru）。

冲突，更多赢得油气资源开采权和运输权；第三，培养和保护该地区各国对俄罗斯的离心力；第四，阻断俄罗斯南下印度洋和波斯湾的咽喉，使俄在西、南两个重要战略方位上受制于西方；第五，防止宗教激进主义向中亚蔓延，削弱伊朗在该地区的影响。当然美国也有控制里海能源运输和分配的意图。

俄罗斯在里海地区的主要战略：第一，中亚极具地缘战略意义。它不仅是俄南下印度洋，西取中东的战略桥头堡，而事实上该地区是俄的“软肋”，通过该地区可以直插俄的心脏，地理条件对进攻者极为便利。第二，俄在中亚地区有巨大的经济利益。该地区不仅是俄重要的工农业原料供应地和商品市场，而且原油具有品质优、成本低等优势，西伯利亚和远东原油无法与之竞争，一旦里海原油进入国际市场，必将使俄的油气出口受到挑战，延缓经济复兴进程。因此俄竭力保持对里海能源出口管道路线的控制，掌握里海能源的开发权，力保西伯利亚油田开发不受影响，同时从里海油气开发和出口中获取经济利益。第三，保护该地区俄罗斯族人的利益，俄已同中亚几个国家签订了有关该地区俄族人的双重国籍、自由迁徙、保障权益等方面的协定。然而，一旦双边关系不稳定时，该问题将成为俄罗斯介入的借口。

欧盟在能源战略中非常重视同里海地区国家发展区域合作，以获得该地区的能源资源，并建立向欧盟市场输送能源的可靠途径。“需要特别强调的是，欧盟和美国在黑海—里海地区的利益并不总是完全一致。美国在该地区利用土耳其推进自己的能源利益，而欧盟则借用希腊。这种利益冲突在关于里海石油外运线路的外交斗争中表现得尤为突出。”[①] 另外，由于一些地中海国家是欧盟的能源供应国，欧盟与这些国家不断发展合作以增进彼此间的相互依赖。首先是同“失宠”的伊朗的关系，在此方面欧盟时常违背美国的立场。例如，2000 年 11 月 12 日举行的欧佩克成员国部长会议期间，欧盟和欧佩克的代表在维也纳专门举行了会晤；在法国“道达尔公司”参与伊朗天然气田的开发问题上，欧洲人顶住了美国的压力；2004 年欧盟开始同海湾国家开展能源对话，同阿拉伯国家合作理事会代表进行了对话等等。但从俄欧能源合作的整体战略看，欧盟与这些国家和地区的对话与合作，对俄罗斯能源外交也提出了严峻挑战。

---

① С. З. Жизнинь, *Энергетическая дипломация России*, Москва, 2006, с. 105.

俄罗斯与美国发展能源合作伙伴关系的任务之一，是努力创造条件防止出现“能源冷战”，并为两国“能源关系”建立牢固的政治和法律基础。在能源领域的合作方面，俄罗斯丰富的油气储备、生产和稳定的供应潜力成为美国对外能源政策制定所要考虑的重点因素。尤其“9·11”后，双方加快了在能源领域的合作步伐。2002 年，阿以爆发了长达 2 个月的激烈冲突，使美对阿拉伯世界的信任度下降。俄罗斯加大油气生产和出口量，这客观上迎合了美对外能源战略，为俄美能源合作奠定了基础。2005 年 2 月 25 日在布拉迪斯拉发召开的俄美峰会使双方能源合作出现了新的进展，并指出了能源合作是两国关系中具有前景的合作领域之一。因此，美国总统国家事务助理康多莉扎·赖斯说：“我们再也不是敌人，“9·11”事件表明，美国和俄罗斯在能源安全领域有共同的利益。华盛顿没有制定旨在把俄从中亚排挤出去的秘密计划。作为独立的国家，中亚各共和国应该受到尊重，保持合作关系的最佳方式是贸易、经济和政治合作，绝不是恐吓和施压。”①

尽管俄美两国在能源领域的合作有了一定的进展，但是，2007 年 4 月，美国国务院公布了 2007 年至 2012 年的外交政策战略计划。文件中，美国政府公开表示今后五年的外交重点之一是遏制俄罗斯“在某些领域的负面行为”，并在人权和民主问题上对俄罗斯大加指责，措辞强硬、咄咄逼人。指责俄罗斯在政治和经济上向邻国施加影响力，利用俄在能源领域的优势“试图控制这些国家的基础设施和战略资产”，借助“能源杠杆”促使这些国家继续保留在独联体中。② 俄罗斯随即予以猛烈还击，指责美国粗暴干涉俄内政，损害其主权完整。为此，俄罗斯《生意人报》记者谢尔盖·斯托坎指出，美国和俄罗斯的关系今后将长期以“合作”和“遏制”的形式存在。③ 从整体上看，虽然俄、欧、美在对外经济利益和对外政治利益方面存在矛盾和分歧，但俄罗斯经常借助俄欧能源战略伙伴关系强化欧美间的矛盾与分歧，旨在拉大美欧之间的距离，从而达到实现其政治战略目标的目的。

3. 俄欧能源合作中的东亚因素

东亚是指亚洲东部的国家，包括中国、日本、蒙古国、韩国和朝鲜。

---

① ИЗВЕСТИЕ, 2001 - 10 - 15.

② 《美国宣布未来五年外交战略》，《环球晨报》2007 年 4 月 19 日。

③ *Газета торговецы России*, 15 апрель 2007.

从俄罗斯地缘政治和经济利益出发，发展同这一地区的能源多边合作具有重大的现实意义。俄罗斯为了实现自身的国家利益，必然会在对外关系中充分利用“油气资源”因素。从战略上看，俄正在谋求其能源出口的多元化结构框架，在与欧盟保持着传统合作关系的同时，又与东亚等国进行着密切的能源合作。

第一，东亚诸国经济发展速度快，能源需求持续增长。经济发展速度快表现最为突出的是中国，21 世纪初 GDP 年平均增长率为 7%—8.5%。据多方预测，在 21 世纪前 20 年中国经济将保持高速发展。在 20 世纪 90 年代后半期，中国对能源进口的依赖开始增加，本国的能源生产量已无法保障经济发展所必需的能源需求。此外，日本和韩国经济的快速发展，能源需求量也持续上升。援引《2020 年前俄罗斯能源战略》的估算，东亚国家进口俄石油的份额将由目前的 3% 增至 2020 年的 30%，成为世界上能源消费量最大的地区之一。[①]

第二，资源存储匮乏，急需大量的能源进口。如日本能源消费量仅次于美国，国内能源保障水平极低。日本 2004 年石油进口总量超过 2.8 亿吨，2/3 以上的“乌金”来自海湾地区（阿联酋、科威特、沙特、卡塔尔和伊朗），2004 年天然气进口约 600 亿立方米，主要来源地为东南亚国家（印尼、马来西亚、文莱）、阿联酋、卡塔尔、澳大利亚和美国（阿拉斯加）等地。韩国、朝鲜和蒙古国实际上没有石油和天然气资源，维持经济发展所需能源全部靠进口，主要来源地是海湾地区、东南亚和卡塔尔、印尼、马来西亚和阿曼等国家。

第三，为摆脱对海湾地区的能源依赖，寻求能源进口渠道多元化。由于伊拉克战争的爆发、海湾地区产油国的政治形势不稳定和国际恐怖分子对油气管道的破坏，东亚各国极力摆脱对海湾地区的能源依赖，以寻求新的能源供应地，从而促使能源进口渠道的多元化。

第四，以能源外交为手段，努力实现其政治目标。如日本与俄罗斯由于北方四岛存在着争议，双方关系一直处于紧张状态，日本力图通过与俄罗斯的能源合作，从而达到改善双边关系的政治目的。此外，日本极力摆脱美国对其政治、经济控制和影响，与俄进行能源合作有利于推行对外能

---

① *Энергетической стратегии России на период до* 2020 *года*, Москва, Российской энергетический отдел, Синтяблъ, 2003, с. 50.

源政策的“独立性”。而中俄能源合作的加强和双边关系的密切，对实现国际政治多极化发展趋势也将产生积极的影响。俄与韩、朝的能源合作，起到了稳定朝鲜半岛局势的作用，同时也有利于朝核问题的和平解决。

其次，俄罗斯对发展与东亚国家能源合作抱有浓厚的兴趣，这主要基于以下因素。

其一，俄罗斯和东亚诸国均属于亚太经合组织成员国，与其发展双边和多边能源合作可以在亚太经合组织框架下进行，便于政府间建立地区能源合作机制。如俄中首脑、总理定期会晤机制下设立的能源分委员会；俄韩“圆桌会议”和定期能源论坛的召开，有力地推动了双方能源合作的进程。在国家杜马主席卢金的倡议下，俄罗斯对建立“东亚能源委员会”和“亚洲能源共同体”的可能性进行了研究，并准备付诸实施。其二，东亚各国能源需求的持续增长，能源销售市场迅速发展，俄天然气、石油和石油产品的销售潜力巨大。因此，俄能源在这一地区有巨大的销售市场潜力。其三，由于双方地理位置相邻、互补性强、能源运输便利、成本低、风险小等特征，俄能源进入该地区的竞争力强。俄罗斯拥有丰富的油气资源，与东亚能源供应国的海湾地区、东南亚地区、卡塔尔、澳大利亚相比有着得天独厚的地缘优势。如最近几年，俄“尤科斯石油公司”通过铁路经二连浩特和满洲里向中国供应原油，2004 年供油量超过 500 万吨，目前正在研究通过铁路向中国石油出口量增至 3000 万吨的可行性。另外，“伊尔库茨克方案”计划修建从伊尔库茨克经中国到日本和韩国的天然气管道，该管道的经济技术论证已完成，修建完工后，俄可以每年向日本和韩国提供 100 亿立方米的天然气。2003—2004 年俄通过“萨哈林”油气田已向日本提供了大约 200 万吨石油。其四，东亚地区是世界上最大的资本市场之一，可以利用其资金实施俄东西伯利亚和远东地区大型国际能源的开发项目。俄罗斯东西伯利亚和远东大陆架油气资源十分丰富，由于缺乏资金，已探明的大型油气田尚未投入开发。中国、日本、韩国作为资金实力雄厚的国家在《产品分配协议》框架下，对东西伯利亚、远东和萨哈林地区的油气田开发、基础设施建设和管道修建投入了大量的资金。1999 年至 2002 年，一些外国媒体报道了美国、日本和韩国正在讨论铺设从萨哈林天然气田经朝鲜至韩国的天然气管道方案。尽管这一消息未得到官方证实，但不排除这一方案有可能在调节“朝核问题”的某一阶段以引起人们的关注。

总之，从地缘政治、资金实力、能源市场、经济发展速度、国际影响力等方面，东亚国家并不亚于欧盟。后冷战时代，随着东亚诸国经济的快速发展和能源需求量的进一步加大，势必与欧盟对俄能源供给方面的竞争会更加激烈。这从另一方面来说也迎合了俄能源出口多元化的发展方略。俄罗斯能源外交的重点有望向东亚区域倾斜，这主要基于俄与东亚诸国的能源合作是建立在平等、互利基础之上。

三 评俄罗斯对欧盟的能源外交

在国际能源供需关系持续紧张的背景下，作为世界上最大的能源输出国和进口地区的俄欧之间的能源战略合作，不仅对其自身能源安全和经济增长具有重要意义，而且对于国际能源战略格局和国际关系格局的演变都将产生重大的影响。

（一）俄罗斯对欧盟能源外交的特点

后冷战时代，俄罗斯与欧盟间的经济关系在一系列因素影响下不断发展，双方的经济关系可以归结为“合作与竞争”的模式。[①] 在这个模式框架下，俄罗斯与欧盟能源外交呈现出如下的特点。

1. 能源经济推动能源外交

后冷战时代，俄罗斯与欧盟在能源领域合作不断推进，这与双方在国际关系格局和国际能源格局中地位稳步上升有紧密的联系。尤其在“9·11”事件后，普京借助国际能源格局的新变化，在能源外交舞台上纵横捭阖，大打“能源牌”。通过与欧盟的能源合作，实现了其能源政治经济化的战略目标，达到了赚取大量外汇以促进经济复苏。

首先，“能源经济”对于俄经济的增长功不可没。以 2002 年为例，据统计，该年俄罗斯能源出口总量占其出口总量的 55%，占 GDP 的 20%，占外汇收入的 50% 以上，占财政收入的 40%。[②] 2004 年年末，国际能源组织报告中指出，俄罗斯在保证能源安全方面起到领袖作用。俄石

---

① Н. Н. Емельянова, *Россия и Евросоюз соперничество и партнерства*, Москва, 2009, с. 5.

② 罗英杰：《俄罗斯与欧盟的能源合作》，《国际经济评论》2005 年第 7—8 期，第 56 页。

油储量居世界第七位，石油开采量和出口量居世界第二位。2006 年石油出口获得外汇总额为 976 亿美元。[①] 俄能源出口一直稳占 GDP 的 20% 以上和外汇收入的 50%—60%，能源出口创汇已经成为推动俄经济复苏的重要因素。在俄罗斯的能源出口中，欧盟是最重要区域，2005—2006 年向欧盟国家石油出口量占俄罗斯石油出口总量的 85%。[②] 此外，为了解决向欧盟出口油气的瓶颈问题（老油气田的改造、新油气田的开发和油气管道的建设）以保障稳定的油气供应，欧盟国家还对俄能源部门投入了巨资，其中仅参与修建通往欧洲大陆的 3 条天然气管线，欧盟的总投资高达近 500 亿美元。可见，开展与欧盟的能源合作对保持和提高俄能源出口创汇水平，促进俄经济复兴和发展具有重要意义。

其次，受国内经济形势的好转和国际油价持续攀升的双重推动，俄罗斯正逐步恢复其能源大国的本色。但从整体上来说，与美国和欧佩克相比，俄还缺乏调控国际能源市场的综合实力。相比之下，伊拉克战争后，美国有望直接控制中东石油并使其成为调控国际石油市场的重要杠杆，而欧佩克近年来虽然影响有所减弱，但由其长期主导的国际石油价格运行机制仍然是平抑国际油价、稳定国际能源局势的最主要手段。目前，俄能源安全面临着的一个重要问题是如何“使俄从一个单纯的原料供应国转变为可在国际能源市场执行独立政策的重要参与者”[③]。为此，俄需要通过灵活有力的外交运筹使自己成为国际能源市场规则的制定者，成为国际能源格局中真正的“操盘人”。[④] 而与欧盟合作则有利于俄这一目标的实现，通过与欧盟的合作能够达到间接控制欧洲能源市场目的，拥有欧洲这一重要筹码对于增加与美国和欧佩克在能源问题上讨价还价的能力无疑是有益的。

此外，俄罗斯通过对其他地区和国家的能源外交有利于改善外部环境，扩大其国际影响。以美国为首的西方奉行遏制和削弱俄罗斯的政策，俄在政治、军事安全和国际事务中备受西方挤压，手中的外交资源有限。

① Ю. Н. Глущенко, *Европейский вектор нефтяной отрасли россии*, Москва, 2007, с. 36.

② Ю. Н. Глущенко, *Европейский вектор нефтяной отрасли россии*, Москва, 2007, с. 37.

③ *Энергетической стратегии России на период до 2020 года*, Москва, Российской энергетический отдел, Синтяблъ, 2003, с. 87.

④ 冯玉军：《国际石油战略格局与中俄能源合作前景》，《现代国际关系》2004 年第 5 期。

用能源资源补充外交资源，改善和发展俄与各国关系，这在俄罗斯能源外交中非常显著。俄承诺不会减少对欧盟的能源供应，是为稳定俄欧关系。俄应美要求允诺到2010年将对美原油供应从现在占进口总额的2%提升到11%，是为促美改善对俄关系。俄决定开发东西伯利亚和远东的油气资源并向东亚国家出口，则是为了拓展亚太区域外交，提升俄罗斯在亚太地区地缘政治和地缘经济格局中的地位。

总之，能源外交是俄罗斯营建有利的国际环境、扩大国际空间和提高国际地位的一张王牌。随着能源经济与能源政治的良性互动，俄罗斯的综合国力和国际影响力势必增强和扩大，因此，俄罗斯对欧盟的能源外交带有浓重的政治色彩。

2. 经济利益与政治利益兼顾

“世界各国在国际关系体系能源方面的利益可区分为对外经济利益和对外政治利益。”[①] 经济利益与政治利益关系兼顾作为俄罗斯对欧盟和其他国家和地区能源外交的特点，主要是与苏联对中东欧社会主义国家推行的“利他主义”相比较而言的。

冷战时期，苏联为了笼络盟友、壮大阵营实力与美国争霸，在经互会成员国推行了“利他主义”的能源政策。即经互会成员国能够按比世界市场低得多的价格从苏联获得能源，并共同开发其油气田、修建管道、向这些国家提供援助等。“能源因素在苏联外交中往往侧重于政治而不是经济，并且缺少完整的国际能源合作计划。”[②]

苏联解体，冷战结束，无论俄罗斯燃料—动力系统，还是能源外交都面临一些新的现实问题。在这些问题中，有俄罗斯丧失大型海上输油终端，以及主要输油管线控制权转移到新独立的国家等问题。[③] 因此，在经济全球化背景下，在俄罗斯对欧盟制定和实施能源外交的过程中，不仅要从经济，还要从政治角度去考虑。“在许多情况下，地缘政治利益和对外经济利益是交织在一起的，其中包括俄罗斯与欧盟、俄罗斯与美国的能源

---

① А. В. Кружков, *Местное самоуправление и развитие гражданского общества в россии*, Москва., 2004.

② В. Д. Граждан, *Теория управления*, Москва, 2005.

③ Методика формировфния, *Энергетической стратегии России на период* 2000 – 2020 *г*, – М: ИЭС Мингопэнерго России, 1999.

对话，以及实施远东和东西伯利亚的大型能源开发方案。”① 一方面，俄希望步入主要工业发达的国家行列，欧盟国家不仅工业发达，而且是俄能源的消费国，这就使俄必须促进、加强与这些国家的能源合作关系；另一方面，俄是油气主要输出国之一，希望与其他油气出口国（如欧佩克）实现互动，以保持国际能源格局和能源市场价格的稳定，实现国家对外经济利益的最大化。因此，正确认识与工业发达国家以及油气出口国的利益平衡，理智灵活地处理与这些国家的能源关系，将有力地促进俄罗斯地缘政治的影响力。

俄罗斯与欧盟在能源领域的合作，有益于俄罗斯对外经济利益。这不仅由于欧盟国家是俄罗斯传统市场与能源设备和技术的供应者，而且欧盟拥有俄罗斯油气工业实现现代化所必需的雄厚资金。在油气出口日益增加的情况下，俄罗斯能源保持在欧洲市场的竞争力对俄来说至关重要。欧盟能源市场的不断扩大和统一，对俄能源公司具有巨大的吸引力，俄希望在欧洲市场上占据符合其能源潜力的位置。为保障向西欧过境输送能源的稳定性和赢利性，俄罗斯实施管道外交，“友谊”石油管道和“亚得里亚”输油管道对接；将波罗的海的管道网的输油量提高到设计能力；以及实施沿波罗的海海底输送天然气的北欧输气管道项目等。

在能源领域中，各种对外政治利益纷繁复杂、相互交织。如欧盟的对外政策旨在实现油气供应多元化，其中包括从里海国家进口油气资源，这有悖于美国在黑海和里海地区的地缘政治利益。美国力图控制里海能源的开发和运输，并为此展开积极活动，这令欧洲人感到不悦，因为他们希望按照自己的设计方案获得里海能源而不受美国的限制。此外，在伊朗、伊拉克和利比亚问题上，美国和欧洲的国家利益也并非一致。欧盟与美国在一些国际问题上所产生的分歧，既为俄罗斯对欧盟实施能源外交提供了空间，也是俄罗斯对欧盟能源外交实施的后果。俄罗斯对欧盟能源外交的政治色彩主要表现在三方面：一是加强与欧盟的能源合作以提高俄的国际地位；二是分化欧盟国家与美国的关系以增加俄在国际事务中的发言权；三是能源外交与双方的经济利益和政治战略相一致。

俄罗斯有着自身的对外政治利益。为遏制美国的单边主义态势，促进

---

① *Заключение экспертной комиссии Экспертного совета при правительстве Российской федерации по проекту*, Москва: октябрь, 2002.

世界朝着多极化的方向发展，俄罗斯对欧盟实施能源外交，以达到“联欧限美、借欧制美”的政治目的。在与欧盟、美国、欧佩克和亚太国家的能源合作过程中，“在解决各种国际政治经济问题时，外交政策充分利用能源这一强有力的工具来维护俄罗斯的国家利益”，[①] 最终实现其能源政治经济化的战略目标。“这决定了它不仅在与一些国家和地区的关系中，而且在全球层面的国际关系中都要利用能源因素。”[②]

3. 合作与竞争关系并存

苏联解体后，在经济全球化的推动下，俄罗斯与欧盟之间的经济关系不断发展，发展的模式可以归结为“合作与竞争”的模式。俄欧能源关系走势完全遵循这个模式框架主旨方针。双方合作主要表现在 1994 年俄罗斯和欧盟签署合作和伙伴协议，该协议在 1997 年 12 月 1 日生效。这个协议是双方关系的根本性文件。2007 年“合作伙伴协议”到期，考虑到欧盟对俄罗斯的新的政策，在世界经济不断变化背景下双方签署了新的协议。在俄罗斯—欧盟 2008 年峰会的总结文件中指出：“新协议是俄罗斯与欧盟之间发展各方面关系的基础。”[③] 21 世纪初开始，世界油气价格上涨，一方面使欧盟能源问题变得尖锐，另一方面推动了能源出口大国俄罗斯的经济增长。俄罗斯对外贸易的顺差降低了其经济对外部投资的依存度。2004—2006 年俄罗斯进口欧盟产品的份额低于出口的份额。[④] 俄罗斯是欧洲能源市场的主要供货人，欧盟主要对俄的能源感兴趣。根据欧盟预测，2030 年欧盟对外天然气需求将达到 81%，而石油对外总需求达到 93%。[⑤] 俄罗斯对于欧盟的经济稳定和长期增长有重要影响。

与此同时，俄罗斯和欧盟之间的经济合作也有政治方面的诉求。俄罗斯与欧盟在地缘政治方面的竞争从来没有停止过。北约和欧盟东扩主要是挤压苏联解体后俄罗斯地缘政治空间。由于地缘政治的变化，俄罗斯与欧

---

① М. Б. Булгаков, *Государственные службы посабских любей вXVII веке*, Москва, 2004.

② Социология безопасности учебник, *Кузнецов В. Н.* 2003. *Институт социально – политических исследований РАН.*

③ Н. Н. Емельянова, *Россия и Евросоюз соперничество и партнерства*, Москва, 2009, с. 5.

④ Ibid. .

⑤ Н. Н. Емельянова, *Россия и Евросоюз соперничество и партнерства*, Москва, 2009, с. 83.

盟的力量对比也相应地发生变化。扩展后的欧盟不但在经济实力、国民生产总值和人均产值高于俄罗斯，而且在居民总数上也超过，只是领土面积上俄罗斯比欧盟大。后冷战时期，俄罗斯在能源外交方面，对欧盟不同的成员实施不同的政策。体现了俄罗斯能源外交的灵活性，还体现了俄罗斯与欧盟在能源关系方面合作与竞争共存。

欧盟国际关系委员会《俄罗斯—欧盟关系影响评估》报告认为，欧盟内部的成员国可分为五类，在和俄罗斯的关系中处于不同的地位。第一类欧盟成员国和俄罗斯在文化、地缘政治和经济上有联系的，像希腊、塞浦路斯，是与俄罗斯关系友好的国家。第二类为德国、法国、意大利和西班牙，它们与俄罗斯有特殊的战略伙伴双边关系。它们不考虑政治因素和价值观念的对立，与俄罗斯有长期和大规模的经济联系，它们在苏联时期就开始有相互依存的贸易和投资联系。这些国家的经济特征是工业发展有大量的能源需求。正因为如此，它们有时破坏欧盟的统一，与俄罗斯在能源方面进行合作。第三类为奥地利、比利时、保加利亚、芬兰、匈牙利、卢森堡、马耳他、斯洛伐克、斯洛文尼亚和葡萄牙。它们把和俄罗斯的贸易关系放在第一位，与俄罗斯的关系又称为实用主义的友好国家。第四类冷漠的实用主义国家，包括捷克、丹麦、爱沙尼亚、爱尔兰、拉脱维亚、荷兰、瑞典、罗马尼亚。它们和俄罗斯的关系处于转折阶段。最后一类是公开敌对的关系。包括英国、波兰和立陶宛。波兰企图借助欧盟在与俄罗斯关系中提升自己的地位，因其是过境国在与俄罗斯的油气贸易中想增加运输价格。经济关系是与政治关系联系在一起的，英国与俄罗斯的贸易和投资联系不很密切，主要原因是英国工业化水平比欧盟主要国家高，其次英国国内有自己的油气资源，所以其对俄罗斯的能源依存度较低。英国前首相布莱尔在2007年说："如果没有任何共同的价值观，那么欧洲与俄罗斯的关系降到最低。"①

后冷战时代，俄罗斯与欧盟能源外交合作与竞争的特点既受时代经济政治发展的制约，也是后冷战时代国际关系在世界能源外交中的客观反映。

---

① Н. Н. Емельянова, *Россия и Евросоюз соперничество и партнерства*, Москва, 2009, с. 89.

（二）俄罗斯对欧盟能源外交的影响

俄罗斯通过对欧盟能源外交的全面实施，取得了显赫成就，国民生产总值逐年增长，达到了俄能源外交战略所制定的恢复经济和提高国际地位的双重目标。2001年下半年至2002年上半年GDP达到336亿美元，比1999年年底的110亿美元增加了2倍，到2002年年底进一步增加到478亿美元，2003年又猛增到644.3亿美元。[①] 因此，能源外交对国际政治经济和国内政治经济都产生了重大影响。

1. 对国际政治经济的影响

“没有什么比俄罗斯这一能源超级大国的出现更能说明国家间关系的转变了，该国有能力将本国惊人的资源储量转化为巨大的地缘政治影响力。”[②] 俄罗斯领导人运用其作为能源供应者的影响力，开始在处理国际事务中要求更多的话语权。在俄罗斯大力拓展对欧盟的能源外交过程中，还分别与美、欧（佩克）、中、日等国家和地区发展双边和多边能源外交，并在一定程度上取得了进展，不仅改善了与西方国家的关系，而且与亚太国家建立了“能源合作战略伙伴”关系。在这些能源合作关系中，俄欧能源合作居主导地位。在能源合作的过程中，俄罗斯力图获取国家利益的最大化，利用“能源武器”，提高俄罗斯在国际关系中的地位。俄罗斯与欧盟的能源外交，对国际政治经济的影响主要表现在以下几个方面。

第一，从国际关系格局看，俄罗斯借助能源优势对恢复大国地位，平衡美国单边主义的态势起到了抑制作用。通过与欧盟的能源合作，使其综合实力不断增强，国际地位明显提高，在国际事务中的影响力日渐增大，有力地促进了国际社会朝着多极化方向发展。如在解决国际重大问题时俄罗斯和欧盟的影响力日渐增强，在实现中东和平“路线图”计划、伊拉克重建、伊朗核问题的解决和“朝核危机”的谈判等重大国际问题上，双方均发挥着越来越重要的作用。

第二，从国际能源格局看，俄罗斯与欧盟相互依存、互利共赢，有助于保障国际能源格局的稳定。随着21世纪人们对“温室效应”的普遍关

---

① 冯绍雷、相兰欣：《普京外交》，上海人民出版社2004年版，第191页。

② ［美］迈克尔·克莱尔：《石油政治学》，孙芳译，海南出版社2009年版，第87页。

注，纷纷转向用环境污染小的天然气做燃料。俄罗斯丰富的天然气资源不仅满足欧盟经济发展所必需的天然气供应，而且促进了俄欧双方能源进出口渠道的多元化，为打造和谐、共赢的国际能源格局和国际关系格局奠定了基础。

第三，从国际能源市场上看，俄罗斯对欧盟能源外交是以能源出口为前提，必然加大油气开发量，这不仅能够满足国际能源市场需求，而且起到了稳定油价的作用。随着世界经济一体化的不断发展，欧盟成员国经济发展对能源需求的程度不断增强。由于世界能源分布的不均衡，导致个别实力雄厚的国家对能源产地的争夺日渐明朗化，造成国际油价居高不下、不断攀升。俄罗斯为了快速发展本国经济，不断加大石油产量出口欧盟以换取巨额外汇。如俄将石油日产量由 2001 年的 650 万桶增长到 2005 年的 840 万桶，按年度产量来计算，原油日出口量将从 2001 年的 300 万桶增长到 2005 年的 385 万桶。[①] 俄罗斯不仅获得了销售市场的份额，而且在一定程度上满足了欧盟成员国的能源需求，同时确保了国际能源市场价位的稳定。

2. 对国内政治经济的影响

俄罗斯通过对欧盟、美国和亚太国家等多方位能源外交的展开，国内政治形势稳定，经济形势逐年好转，居民生活水平明显提高，失业率明显下降。

从社会经济发展的角度看，俄罗斯油气出口是刺激其经济增长的一个重要因素，它巩固了俄罗斯在世界市场中的地位，增强俄罗斯在国际社会的政治影响力。油气出口为俄罗斯的经济转型创造了条件，促进俄从燃料指向型模式向技术密集型模式发展。经济的恢复和发展，综合国力的增强，有力地推动了社会经济的发展。外汇收入的增多和外资的大量投入，不仅使能源产业得到迅猛发展，而且带动了与之相关的交通、运输和能源服务等行业，国民生产总值持续增长。如俄 GDP 1999 年为 2%，2001 年为 5.5%，2002 年为 4.3%，2004 年增至 6.8%。

从居民生活水平看，国内居民生活水平明显提高，实际收入状况有所

---

① *Энергетическая стратегиия России на период до* 2003 *года*, http：//www. lnterfax, ru/r/A/search/o. html.

改善，多年未解决的拖欠养老金问题已得到解决。俄中央银行的统计数据表明，2002 年居民工资的实际收入增长了 7.6%，失业人数减少了 15%。[①] 如今，国内经济界所争论的话题已不再是如何摆脱经济衰退，而是经济增长速度快慢问题。

总之，通过对欧盟能源外交的实施，俄罗斯经济增长势头强劲，国际威望大大提高，达到了能源外交战略的预期效果。

（三）影响和制约俄罗斯对欧盟能源外交的因素

俄罗斯对欧盟能源外交实施以来，已经取得了举世瞩目的成果。但是，由于俄油气工业本身存在一些缺陷和不足、能源法规的不健全、国际市场能源价格变动都将直接影响能源出口。因此，在实施对欧盟能源外交过程中还将面临一定的问题与挑战。

1. 俄罗斯对欧盟能源外交的局限性

从表面上看，俄罗斯对欧盟能源外交成绩显著；但从长远看，仍存在一定的局限性，再加上本身固有的体制结构缺陷，势必影响俄罗斯社会的健康发展。

首先，尽管资源丰富，但毕竟有限。从长远看，用消耗固定资产以换取经济快速发展的方式必将导致严重生态失衡，国家可持续发展链条必遭破坏。随着能源开采量的不断增加，再过数十年甚至百年后，能源储备枯竭，生态失衡、环境恶化，难以想象以后的俄罗斯经济能够可持续发展。最近，俄政府一份报告中提到，如果仍然照目前的水平开采石油，那么，到 2040 年俄目前的石油储备将枯竭。[②]

其次，由于只注重能源产业，忽视对其他行业的投入，必将导致经济结构畸形化加剧，潜伏着社会不稳定因素的存在。2000—2002 年上半年，俄在工业总投资中对石油业的投资占 33%，天然气占 11%，机器制造业占 7%，而轻工业只占 0.5%。[③] 卡西亚诺夫总理曾表示对过度依赖能源资源出口的担心，他说，俄罗斯一旦失去能源资源优势，进口就会大大超

---

① 俄罗斯中央银行：《俄联邦 2003 年社会经济预测》，第 6 页。

② *Правительство затягивает одобрение проекта восточного нефтепроведа*，http：//www.lnterfax，ru/r/A/search/o. html.

③ 姜毅等主编：《重振大国雄风》，世界知识出版社 2004 年版，第 92 页。

过出口，这将导致严重的财政危机、社会危机。[①]

2. 俄罗斯油气工业的结构性问题

首先，石油产量增长的陷阱。目前，在世界石油价格行情看好的情况下，各石油公司正全力以赴地进行原油开采。虽然，俄原油开采量将继续保持一定的增幅，但这种增长将接近极限，其原因在于矿产资源使用效率低以及对油田的勘探投入不足。当前，俄主要的产油地区西西伯利亚大部分储量的开采率已达 80%，其石油产量正在下降。当时预测，西西伯利亚目前的石油产量将在 2005—2010 年达到顶峰，接着这一产量将保持一段时间，然后就会逐渐下降。

其次，税收增长太快影响石油产量的增长。俄开始实行新的有关能源开采的税收政策，改变了资源出口关税的衡量尺度，大幅提高了资源开发税。最近几年来，俄政府多次提高原油出口税，最高时达每吨 180 美元。[②] 这样，投资石油开采将变得无利可图，或者投入大而回报小。一些石油公司也只能把自身的投资集中在一些易开采和收回成本较快的油田上，对那些开发需要巨额投资的油田却无人问津。

最后，管道运输基础设施不足，造成石油运输成本增高。现有的出口管道已在满负荷运营，为此，在国际油价走高的情况下，石油生产商只能将大量的石油通过铁路运出。但铁路运输成本高，易受限制，运输起来也不方便。因此，只能依靠石油管道运输公司的管道网络把原油运到铁路网络中心，限制了铁路出口石油的其他选择。此外，要扩大石油出口市场，就必须建设能停泊超级油轮的大型深水港（如摩尔曼斯克港），而这方面的建设项目需要大量的投资。据美国情报局专家估计，开发摩尔曼斯克港码头，使其能与超级油轮和输油管道配套，将要花费 70 亿美元，而要彻底解决现有管道问题，将要在今后 30 年里投资不少于 1570 亿美元。[③] 而俄不具备如此巨额的资金来完善这些基础设施。苏联解体后，俄罗斯油气工业所面临的基础设施、设备老化等问题严重，如果这些问题得不到妥善解决，最终将影响俄罗斯对能源外交的实施。

① ［俄］伊·伊万诺夫：《俄罗斯新外交》，陈凤祥、于洪君、田永祥、钱乃成译，当代世界出版社 2002 年版，第 150 页。

② 崔培炎：《俄罗斯将降低原油出口税》（http：//www. sina. net）。

③ 《新的能源方程式》，［英］《简氏外事报道》2002 年 10 月 10 日。

3. 俄罗斯能源法规的不健全

俄政府对能源领域相关法律的制定不得力、改革目标不明确，有时甚至朝令夕改，致使国内投资环境不利于吸引外国投资。俄税法和出口条例制定后，几乎总有变动，这明显不利于外资的引进。而旨在吸引外资的《产品分成协议法》（PSA）自1995年颁布实施以来，已于1999年、2000年、2001年和2003年进行了4次修订。美国康菲石油公司前任总裁阿奇·唐纳姆等外国投资者认为，俄的立法、税收体系和调控体系还不明确，特别是《产品分成协议法》迫切需要改进，以保护投资人的利益免遭税制变更的损害，并允许外商尽快收回对项目的投资，为私人企业创造良好的竞争环境。如果做不到这一点，俄的《产品分成协议法》就不能营造出良好的投资环境，因而就会在与其他产油国的竞争中败北。为了更有效地捍卫国家利益，俄政府于2003—2005年经过长时间的辩论最终通过了新的《地下资源法》，地下资源的使用主体只能是俄罗斯公民或法律确定的法人。因此，在俄从事油气田开发的外国公司必须在俄领土上注册自己的子公司。新的法律还明确规定了地下资源使用准则和获得许可证的规则，这大大限制了地方权力机关在这些问题上的作用。“尽管形势有了很大的变化，但是，所有这一切都使俄油气田对国外投资的吸引力下降。显然，今后很多方面取决于俄罗斯油气法律的发展，《产品分成协议》在吸引国外投资者开发油气田方面仍将起到重要的作用。”①

4. 俄欧能源合作面临的问题与挑战

能源合作已成为俄欧关系发展的重要方面，它既属于双边经贸合作中的核心内容，同时也受到国际国内政治因素的制约。从总体上看，俄欧能源外交有利于双方的能源安全和经济增长；俄欧能源合作与俄欧伙伴关系形成了良性互动，起到了“少些摩擦，多些润滑”的作用。但是，尽管俄欧建立了稳定、健全的对话机制，签订了一系列的文件和协定，但俄罗斯对欧盟能源外交还存在一些问题，面临一定的挑战。

（1）俄欧能源合作存在的问题

首先，双方对能源的相互依赖没有安全感，都在实施能源多元化战略，在防范中合作。拉夫罗夫曾说过：“有人认为俄利用天然气出口问题

---

① С. С. Маилян, *Единоначалией коллечиальноть в управлении органами внугренних дел*, Москва, 2002.

来制约欧洲，考虑到欧洲占俄天然气出口量的 90%，可以说……是我们在依赖欧洲。”① 其实，制约和依赖是相互的，合作双方都是在“制约中除分歧，依赖中谋发展”，是一个相互促进的过程。俄总统普京 2002 年 4 月在德国举行的“圣彼得堡对话”论坛上指出了俄与欧盟能源合作所面临的问题，他说，鉴于近来正在激化的巴以冲突，我想指出的是，甚至在俄历史上最紧张的时期——苏联解体时期，俄罗斯一天也未中止履行在能源领域中对我们外国伙伴所尽的义务。这一事实表明，苏联所创立的能源体系多么牢靠，它得以保存下来并正在发展。旨在消除欧盟对俄能源供应的不信任感。

其次，对独联体实行“油气胡萝卜加大棒”政策，不利于俄欧的能源合作。“油气胡萝卜加大棒”政策是指，对亲西方的乌克兰、阿塞拜疆等独联体国家运用“能源大棒”，采取“关油断气”的方式进行打压；而对关系密切的白俄罗斯等国，用各种优惠条件作为“胡萝卜”，采取“油多价廉”的方式进行拉拢。由于乌克兰和白俄罗斯均是俄向欧盟能源输出中最重要的过境国，如果与之关系恶化将直接影响对欧盟的能源输送。因此，《欧洲能源宪章条约》关于能源运输和争端解决程序中专门做出规定，在发生争执时，各缔约方应首先通过争端程序协商，而不应采取极端措施影响能源运输。《能源宪章条约》明显是针对俄在独联体能源领域的政策而制定的。俄在 1994 年就签署了该宪章，但杜马担心失去对能源的监控而未批准。因此，欧盟委员会正式发布《欧盟能源战略绿皮书》，提出建立能源单一市场和能源共同体，以此来削弱俄在油气领域的垄断地位。

最后，欧俄能源执行标准不一，致使双方分歧不断。由于欧洲执行着严格的生态标准，对进口的石油产品和气体排放中的有害物质含量的要求十分严格，以及欧洲停建和预防性改造炼油厂等消极因素的影响，严重影响了俄能源出口。俄指责欧盟在市场准入制度、技术指标等方面实行歧视政策，并抱怨说，欧盟对俄商品的 20 项限制措施中有 14 项与反倾销有关，为此，俄罗斯每年遭受的损失达 2.5 亿美元。因此，要求欧盟在对俄商品方面应该更放开、更便捷。而欧盟认为，对俄最重要的不仅是接受明确的市场基本规则，如透明度和法律上的确定性，还应符合标准进入市

① 《俄德商讨铺设北欧天然气管道问题》(http://rusnews.cn/eguoxinwen/)。

场。欧盟特别强调，俄罗斯国内的天然气和电力价格太低（前者仅为世界价格的1/6，后者为1/2），形成对工业品的限制性补贴，在国际能源市场上形成不公平的竞争，要求俄在3—5年内消除这种差距。俄坚持不让步，担心能源大幅度提价会导致恶性通胀，引起政局动荡、社会混乱。

此外，俄罗斯与欧盟双方的能源合作还取决于一定的政治因素。国家之间关系的好坏将直接影响到双方的能源输出的数量和价位。因此，上述问题将直接影响俄欧能源外交的顺利实施。

（2）俄欧能源合作面临的主要挑战。

俄欧能源合作面临的主要挑战来自外部，即国际能源形势的变化。

挑战一，欧洲经济与美国和亚太经济的竞争将导致国际能源格局的变动。2001年以来，欧盟经济的持续低迷使其对能源的需求远远落后于经济迅速发展的亚太地区。根据世界能源机构预测，在不发生重大突发事件的前提下，按照21世纪初的经济发展状况，亚太地区仅中国到2010年的石油进口需求将达1.5亿吨，2020年将达4亿吨。[①] 除中国外，东北亚地区的韩国和日本对能源的需求也将稳步增长。2004年12月俄远东石油出口管道“泰纳线”方案的出台，意味着东北亚能源合作即将拉开序幕。于是如何平衡亚欧之间的能源合作关系将成为未来俄罗斯所面临的一个主要课题。

挑战二，里海能源进入欧洲市场是大势所趋，这将在一定程度上削减俄在欧洲的出口份额。苏联解体后，里海为俄罗斯、伊朗、哈萨克斯坦、土库曼斯坦和阿塞拜疆共管，俄丧失了对里海油气的绝对控制权。特别是哈、土、阿出于本国经济复苏的原因，纷纷制定了各自的能源外交政策，其中扩大对欧洲市场的出口份额已成为主要战略目标。与乌拉尔等地的石油相比，里海石油具有油质好、开采易、成本低等特点，因此，里海石油向欧洲市场出口无疑将加剧与俄石油的竞争态势。将来如何在环里海的能源博弈中占到上风，是俄罗斯对欧盟能源外交的又一个重要考验。

挑战三，俄在西欧天然气市场面临着液化天然气（LNG）的排挤。由于其他国家对西欧天然气市场增加出口液化天然气，在一定程度上使俄丧失自己传统的西欧市场。液化天然气工业近年来发展迅速，正在进军许多新的能源进口国市场。俄罗斯尽管已制定了在萨哈林岛修建液化天然气

---

① 冯绍雷、相兰欣：《普京外交》，上海人民出版社2004年版，第182页。

加工厂和终端的方案，但至今仍未进行该项目的开发和生产。而土库曼斯坦已计划用液化的方式出口天然气，并经里海运往伊朗港口涅卡。据资料获悉，近五年世界天然气贸易额增长的1370亿立方米中1/3是由液化天然气的出口增长所拉动，而意、法、西、荷等国分别加大了对液化天然气的进口和技术引进。因此，对液化天然气项目的开发和加工是俄罗斯当前所面临的和急需解决的问题，如果得不到妥善解决，也将直接影响俄罗斯对欧盟的能源出口。

尽管俄欧能源合作面临着诸多问题和挑战，但这并不能从整体上改变双方能源合作的未来发展趋势。21世纪初，俄欧能源合作的一些重大项目正在有条不紊地进行着，这些项目的实施将给俄欧战略关系增添强有力的物质基础，双方战略关系的稳步发展必然会对能源合作的不断深入提供更为有效的政治和政策保障。可以预测，在短期内，俄罗斯与欧盟已形成良性互动发展态势，合作关系将日益发展。从长时期看，如果俄不能消除能源外交中存在的不足与缺陷，不谨慎地面对国际能源形势的挑战，俄罗斯对欧盟能源外交也会遭遇险滩。

综上所述，从俄罗斯对欧盟的能源外交中，我们可以清楚地看到“地缘政治利益和对外经济利益是交织在一起的”。[①] 俄罗斯对欧盟能源外交的目的不外乎在能源合作过程中获得国家经济与政治利益的最大化。经济利益主要表现在：首先，借助对欧盟能源外交获得的资金恢复国家的经济实力。欧盟能源消耗大，是俄罗斯油气出口的主要市场。其次，欧盟国家是俄罗斯先进能源设备及技术的提供者。再次，欧盟拥有俄罗斯油气工业现代化所需的雄厚资金。政治利益主要表现在：首先，加强与欧盟的能源合作不仅可以密切俄欧战略合作伙伴关系，而且可以提高俄的国际影响力。其次，俄罗斯通过对欧盟的能源外交，形成对美国在后冷战时代企图建立“单极”世界制约，达到“联欧限美、借欧制美”的政治目的。最后，俄罗斯能源外交促进国际社会向多极化方向发展。

欧盟对俄罗斯能源外交的经济利益在于：保障获取国家经济发展的油气资源，扩大能源进口多元化渠道，减少对海湾地区国家的油气进口的依靠。政治利益在于：扩大欧盟在欧洲的影响力，摆脱美国在欧洲乃至世界范围内对欧盟的各种制约，提升欧盟在国际关系格局中的地位。如，欧盟

① С. З. Жизнинь, *Энергетическая дипломатия России*, Москва, 2006, с. 105.

不顾美国的批评和反对，与美国指责的“无赖国家”（伊朗和叙利亚）进行能源合作。另外，在里海能源的开发和输气管道走向上，欧盟反对美国提出修建的巴库—第比利斯—杰伊汉方案。

在21世纪的最初十年，欧盟进口俄罗斯的石油占其进口总额的64.4%；俄罗斯提供给欧盟的油气占其出口总额的27.5%。[①] 2000—2020年，欧盟对俄罗斯天然气的依存度还在增长。因此，俄罗斯在长期保证欧盟的能源需求方面具有重要的作用。俄罗斯是欧盟天然气的不可或缺的供货人。另外，随着6条横跨欧洲大陆的油气管线全部投入使用，俄欧能源合作关系将更加密切。这不仅对俄欧双方的能源安全和经济增长具有重要意义，而且对国际能源格局和国际关系格局多极化产生深远影响。

---

① Н. Н. Емельянова, *Россия и Евросоюз соперничество и партнерство*, Москва, 2009, с. 102.

第三章

俄罗斯对中亚能源外交

一　俄罗斯对中亚能源外交的背景

（一）俄罗斯对中亚能源外交的历史背景

中亚地处欧亚大陆的“心脏地带”，为重要的国际贸易交叉通道；宗教文化结合处；具有丰富的能源和矿产资源。中亚的战略地位、地缘政治和经济价值历来为世界大国所青睐。20 世纪初，英国地缘政治学家哈尔福德·麦金德提出“大陆腹地”理论。麦金德认为，中亚的山地是海权势力很难达到的地区，以此为中心，控制东欧，就可以排斥海权势力。他把欧亚大陆，甚至包括非洲大陆称为“世界岛”，认为谁统治心脏地带，谁就控制世界岛，谁统治世界岛，谁就控制世界。[①] 俄罗斯在中亚有重要的战略利益，中亚可直接影响俄罗斯的国内局势。苏联解体后，俄罗斯一直把中亚视为传统的“势力范围”，对西方大国染指中亚十分敏感。俄罗斯对中亚能源外交有其特定的经济、政治及国际关系历史背景。

1. 俄国时期的中亚政策

中亚地区历史上曾屡遭外族侵略。蒙古人对俄罗斯控制的减弱以及莫斯科公国在 16 世纪的崛起为中亚与俄罗斯之间未来的关系铺平了道路。蒙古帝国的崩溃与伊朗的削弱制造了一种政治真空，使中亚的可汗国获得了独立的机会。1594 年，为与俄国建立友好关系，哈萨克汗国向莫斯科派出了外交使团，中亚开始与俄罗斯正式接触。17 世纪末至 18 世纪前期，俄国正是彼得大帝在位的时期（1689—1725 年），彼得大帝在西方力

---

① ［英］杰弗里·帕克：《20 世纪的西方地理政治思想》，解放军出版社 1992 年版，第 20—23 页。

图打入波罗的海的出海口，在东方则企图通往中国和印度，并攫取中亚以南地区和叶尔羌的金矿。18 世纪后半期，俄国对中亚的政策及其同中亚地区的关系，是以开展通商贸易为主，其目的也是为了通往中国和印度，并企图攫取叶尔羌和阿姆河的黄金。1753 年，萨马拉的商人鲁卡维什尼可夫派了一个商队南下。以后，由于给予中亚商人一些特权，遂与中亚建立了商业关系。

19 世纪前期，欧洲主要国家已经发展到资本主义的上升时期，对原料和市场的需求不断扩大。随沙皇俄国的不断扩张，中亚政策在其对外政策中占有重要的地位。沙俄一方面从哈斯克斯坦南下以征服中亚，另一方面从高加索南下以侵略伊朗。如占有了高加索和多瑙河口，就能占有黑海，而控制了高加索和伊朗，就能占有里海。如里海在俄国手中，便能征服中亚，并能进而向阿富汗和印度扩张。

19 世纪前期，英、法等国，则尽力利用中亚、伊朗和土耳其等国作为遏制俄国的缓冲国。英国的对手法国以本国利益为出发点，时而联合俄国反对英国，时而又利用伊朗来反对俄国。中亚各国由于长期以来受到列强的侵略，又因崇信伊斯兰教，因此对俄国和西欧国家一概怀着敌意，但主要还是仇视俄国。

19 世纪，俄国征服中亚是为了在与英国角逐中取得地缘上的优势。

首先，地缘政治的缘故，使疆界成为俄国历史上一个处于支配地位的主题，疆界在俄国历史进程中是一个主要因素。19 世纪，俄国在欧洲已完成了对波罗的海出海口的征服，其疆界北达波罗的海，南抵黑海，虽在近东巴尔干还没实现瓜分奥斯曼帝国遗产的目的。在亚洲，俄国欧洲部分同亚洲部分之间没有天然屏障。没有天然屏障的地缘条件将在两个方面发生作用，一是没有天然屏障保护俄国的安全，二是也没有天然屏障阻挡俄国向亚洲的推进。俄国征服中亚，正是为了取得竞争中地缘上的优势。

位于亚洲腹地的中亚，是古代欧亚大陆东西、南北几大文明区政治、经济和文化交流的交会点，军事上是控制欧亚大陆的要地。俄国欲以中亚为依托向南推进，开辟一条通向印度洋的出海口。19 世纪 30 年代，俄国在哈萨克小玉兹和中玉兹废除汗制，强行建立军政制度。因此，从地缘政治层面来看，征服中亚是俄国安全和扩充疆界所使然。

其次，经济利益是俄国征服中亚的主要因素。19 世纪上半期，正值俄国工业革命期间，由于农奴制的存在，国内市场无法扩大，只得寻求国外市场。又因俄国工业品不具备与英、法工业品在欧洲市场的竞争力，于是将视线转向毗邻的亚洲市场。尼古拉一世借助军事武装的扩张，在东方为俄国商业开辟了新的道路。19世纪中期，中亚作为俄国工业产品销售市场的重要性日益显著，“1840年至1850年，俄国与中亚的商品贸易几乎增加了40%”，① 从19世纪60年代起，俄国工商业资产阶级已表现出对中亚问题的极大兴趣，并积极参与政府的中亚政策。1869年，在俄国工商业促进会召开的会议上，会长格鲁霍夫斯基强调指出“阿姆河流域处在波斯、阿富汗、中国的土尔克斯坦、浩罕之间的这一地理位置就使它在政治上及商业上具有头等重要的意义”。② 对于中亚，当时的沙皇亚历山大二世也深有感悟，认为“必须加强在中亚的地位，对于处于资本主义发展过程的俄国来说，控制这一地区连同其市场和丰富的资源，是非常重要的”。③ 从地缘政治战略考虑，俄国在克里米亚战争失败后，收缩了在巴尔干近东地区的扩张，把战略目标转向了中亚。

最后，为与英国争夺霸权，俄国确立中亚扩张政策。克里米亚战争后，国际关系中心东移，中亚成为俄英争夺剩余不多空间之一。此时，英国已在印度站稳了脚跟，视线转向中亚，而俄国也把中亚视为与英国角逐的战场。19世纪60年代即将开始的农奴制度改革要求政府在财政上作出极大的努力，而政府此时是无力为对外扩张支付任何费用的。从这方面来说，此时夺取中亚是合乎时机的。因为根据预算，在中亚进行的初期战役是有利可图的。在这种形势下，俄国重新启动了中亚政策。

19世纪60年代，哈萨克全境陷入俄国的统治之下。1865年，俄国攻占塔什干等地，1868年1月和6月，俄国先后与浩罕汗国和布哈拉汗国签订“商务条约”，使这两个汗国沦为俄国的藩属。1873年5月，俄军攻下希瓦城，8月，强迫希瓦汗国签订了承认附属俄国的条约。1876年年初，沙俄宣布取消浩罕汗国，将其改名为费尔干纳省并入俄国。1876—1877年，吉尔吉斯全部被并入俄罗斯。1869—1884年期间，俄国最终以武力占领了土库曼斯坦的游牧民居留地。1891年俄军开进帕

---

① ［美］亨利·赫坦巴哈：《俄罗斯帝国主义》，吉林师范大学历史系翻译组译，生活·读书·新知三联书店1978年版，第427页。

② 同上书，第471页。

③ 同上书，第306页。

米尔。这样整个中亚并入俄国版图。沙俄逐步吞并中亚后，设立土耳其斯坦总督区和一系列行省等机构，对中亚实行殖民统治。

2. 苏联及俄罗斯联邦时期的中亚政策

苏联时期，中亚各加盟共和国对苏联的重要性，不仅在政治和军事方面，而且在经济方面。十月革命后，中亚出现了苏维埃政权，苏俄红军进入中亚地区后，苏俄政府先在中亚成立了几个自治区域。根据1924年俄共中央确定的民族划分的原则，中亚地区先后组成了五个民族共和国，在20世纪20—30年代作为加盟共和国加入苏联。

十月革命后，列宁提出加快少数民族落后地区的经济建设。为了贯彻列宁这一经济发展方针，苏维埃政府以及后来的联盟中央对中亚地区曾采取过某些优惠政策，以促进该地区经济的发展。但是在苏联推行“劳动分工”政策的长期影响下，该地区始终未摆脱原材料供应基地的地位。按照苏联的“劳动分工”，中亚各共和国的经济建设主要是为了满足苏联的农业需要，其次是能源需要。在农业方面，莫斯科将中亚富饶的土地主要用于棉花种植，将单一的农业模式强加给中亚国家。沙俄和苏联政权高度重视棉花种植，这使中亚用于棉花种植的土地激增。从1913年至1986年，用于棉花种植的土地由64.8万公顷猛增至710万公顷，这使中亚棉花产量占苏联棉花总产量的90%。[①] 塔吉克斯坦在苏联“劳动分工”中主要发展植棉业和畜牧业。在80.1万公顷的农作物播种面积中，棉花播种面积占40%，粮食作物占23%。[②] 在能源方面，能源资源丰富的中亚在苏联的能源战略格局中占据着重要的地位。位于哈萨克斯坦加盟共和国西部的曼格什拉克油区在20世纪60年代就成为苏联新兴石油产区，这里原油储量大，开采前景好，被称为“第四巴库”。当时中亚地区的天然气产量也仅次于西西伯利亚，占全苏产量约1/4。包括土库曼斯坦的沙特雷克气田、阿查克气田等；乌兹别克斯坦的加兹利气田、穆巴列克等气田。

作为苏联重要的工农业原料基地，中亚地区丰富的油气资源给苏联带来巨额的利润，对苏联工业的发展起了重要的作用，而且中亚地区向来是苏联传统的棉花、粮食产地和供应地。冷战时期，中亚的地缘政治和资源对苏联的支撑作用是可想而知的。但另外，由于苏联长期推行“劳

① ［美］胡曼·佩马尼：《虎视中亚》，王振西主译，新华出版社2002年版，第157页。

② 《1995年独联体统计年鉴》，第58、59页。

动分工”政策，导致中亚各国经济结构单一，对苏联存在严重的依附性。

苏联解体后，中亚五国与俄罗斯皆为独联体成员国。但由于战略上的需要和经济利益的考虑，俄罗斯与中亚地区无法割断长期以来形成的密切联系。独立之初的中亚五国与俄罗斯在相互关系的处理上，走过不寻常的路程。

俄罗斯与中亚国家之间的关系经历了两个阶段。第一阶段是中亚国家独立后大约一年的时间。在这一阶段，除了塔吉克斯坦以外中亚各国都非常注重与土耳其的关系。而俄罗斯与中亚关系比较低调，原因其一，俄罗斯国内占主导地位的大西洋政策阻碍俄与中亚国家发展广泛的关系。另外，独立后的中亚人存在着对俄罗斯的疑虑。其二，俄罗斯正在恶化的经济形势使俄没有经济能力与中亚国家发展经济关系，这一时期俄罗斯主要致力于改善与那些能够帮助其应付越来越多的国内问题的国家，而将与中亚国家的关系限制在独联体国家均认可的范围内。因此，基于上述原因，俄罗斯并不愿意卷入中亚。

第二阶段从 1992 年年末开始。俄罗斯与中亚关系在经历了一个短时间的冷淡期后，双方都认识到，更为密切的经济关系是它们生存所必需的。

从中亚国家方面来看，首先在政治上，1993 年以后，随着中亚国家体制的逐步成型，各种极端势力被遏制住。于是中亚国家开始与俄罗斯发展一种积极的国家关系。其次在经济上，中亚国家发现，西方国家帮助它们发展经济并不怎么热心，而俄罗斯是其必不可少的经济伙伴。土耳其经济明显的局限性，使中亚经济关系多元化更加必要。此外，中亚各国与俄罗斯经济的互补性，也决定了发展双方关系的必要性。中亚和俄罗斯互相为对方供应不同的矿物能源；俄罗斯的地理位置也使得双方有必要开展合作，因俄罗斯为中亚提供了通往其他独联体国家及东欧国家的主要贸易路线。另外，独立后的中亚国家面临着严重的经济问题，经济上对俄罗斯高度依赖、以农业经济为主而工业不发达，以及从计划经济向市场经济过渡中层出不穷的问题。为解决上述问题，必须使地区经济在生产和贸易伙伴方面实现多样化。所有中亚国家在能源方面都互相依赖，或者依赖俄罗斯提供能源，因为它们不是缺少足够的能源，就是能源工业有待开发，为此需要大量投资。因上述因素，中亚国家执行了平衡外交。第二阶段所有中亚国家都明确表达了要改变一边倒的外交政策的愿望，在保持与土耳其的良好关系的同时，中亚国家开始努力与伊朗和俄罗斯发展更密切的关系。

从俄罗斯方面来看，首先，发展与中亚国家的关系是战略的需要。在地缘政治和地缘经济方面，中亚地区对俄罗斯的国家利益具有重要的战略意义。可以说，中亚地区出现任何波动都会影响到俄罗斯，因为在地理方面，俄罗斯与中亚之间没有任何可靠的屏障。苏联解体后，俄罗斯地缘政治重新收缩为几个世纪前的版图，与中亚的边界回到19世纪中期的状况，传统的势力范围受到严峻的挑战。其国力衰弱，国际地位下降，影响范围收缩，几乎已从昔日欧亚中心腹地收缩到更为内陆化的欧亚一角。因此。俄罗斯独立之初，就确定外交政策决策必须考虑“地缘政治因素”。俄罗斯一直将中亚视为传统势力范围，该地区不仅是俄南部边界的天然屏障，而且作为缓冲地带，还能使俄有效抵御美国施加的地缘政治压力。地缘经济方面，俄罗斯认识到中亚对其自身经济重建和增长的重要性，它需要中亚继续充当俄罗斯的廉价能源、原材料和农产品生产者的角色。面对长期的经济转型，俄罗斯需要确保廉价能源和原材料的稳定供应。

其次，发展与中亚国家关系是保障能源安全的需要。冷战结束后，几个大国为控制中亚而布局，以填补苏联留下的真空。在中亚新博弈的格局中，美国取代了大英帝国的领导地位。如今的大牌局与过去最大的区别就在于争夺矿藏。在维多利亚时代的斗争中，伦敦与圣彼得堡争夺的是印度的财富，而在新大牌局中争夺的焦点则是中亚与里海的能源，主要是油和气。在里海沿岸和海底蕴藏着世界最大的未开采的矿物燃料宝藏。高加索和中亚之所以能引发外界关注，与它们在全球能源安全中的重要地位有关。阿塞拜疆、乌兹别克斯坦、土库曼斯坦和哈萨克斯坦皆为主要的能源输出国。维护能源安全是俄罗斯外交政策的重要目的之一，因此，俄罗斯与中亚国家合作也越来越聚焦在能源领域，得到政府支持的俄罗斯能源公司寻求对这些国家的石油生产和运输进行大量投资。

在很多情况下，地缘政治地位与经济利益是紧密的互为联系的。俄罗斯地缘政治地位的下降给能源工业和能源外交带来了新的问题。苏联各加盟共和国之间的经济联系随着联盟的解体而中断，统一的能源工业的运作受到了严重的破坏。俄罗斯过去的工业体系，主要取决于原料的供应，独联体国家半成品原料的供应，其中包括哈萨克斯坦和中亚五国。由于苏联解体，使俄罗斯原料领域的供应不稳定。在这种形势下，虽然俄罗斯在自己的领土内保存了巨大的矿区，但在某些重要战略原料领域也显得不足，主要是以前共和国之间的资源供应系统受到限制。因此，锰、铬、铀、钛等原料主要依靠哈萨克斯坦和中亚国家。20 世纪 90 年代中期，俄罗斯专家推断，在赤塔地区巨大的铀矿区在 2—3 年内将耗尽，国有原子能源将没有自己的原料基地。现在俄罗斯国有铀的开发将不超过需求量的 20%。[①] 这就要求发展俄罗斯与哈萨克斯坦、塔吉克斯坦、吉尔吉斯斯坦在铀开采、加工和向俄罗斯提供铀等领域的合作。在经济贸易方面，90 年代初，中亚国家原料的 90% 供给俄罗斯。另外，中亚地区向来是俄罗斯传统的棉花、粮食产地和供应地，中亚还是俄经济发展的近邻，便利的传统外部市场，而且经济上的联合是俄控制中亚国家的最坚实的基础和最便利的手段。

在对中亚政策问题上，俄罗斯外交及舆论界曾存在不同的观点。西方派认为，中亚国家是俄罗斯经济复兴的“包袱”，是阻碍俄罗斯尽快回归西欧文明进程的累赘，[②] 主张俄罗斯将在中亚的存在减少到最低限度，直到将来“撤出”中亚地区。[③] 欧亚派认为，中亚是俄罗斯的势力范围，俄应该与该地区国家建立密切关系，继承苏联在中亚的政策，保障中亚的和平与稳定，使中亚地区避免伊斯兰化、冲突和其他灾难的威胁。[④] 双方争论的结果是西方派占据了上风。因此，在苏联解体初期，俄罗斯政府采取了经济上“甩包袱”和军事上谋求建立集体安全体系的政策。但在俄罗斯与中亚关系经历了冷淡期之后，俄对中亚的政策有了转变。1995 年 9 月 14 日，叶利钦总统批准《俄罗斯联邦对独联体国家的战略方针》（以下简称《战略方针》），俄罗斯对中亚的政策有了新的转变。该《战略方针》的主要内容为：第一，将中亚由俄罗斯外交的“次要”方向转变为

---

① Э. М. Иванов, *Экономические отношения россии со странами центральной Азии*, Москва, 2006, с. 46.

② А. В. Торкунов, *Современные международные от ношення*, Москва, 1998, с. 438.

③ Д. Мальшева, “Центральная Азия – мусульманский вызов России?” *международная экономика и международные от ношення*, №12, 1993.

④ Д. Мальшева: “Центральная Азия – мусульманский вызов России?” международная экономика и международные от ношення, №12, 1993. “Стратегический курс России с государствами – участниками Содружества Независимых Государств”, *Российкая газета*, 23 сентября 1995г.

“优先”方向，明确宣布俄罗斯的“切身利益”存在于包括中亚在内的独联体范围内，必须使“第三国和国际组织”“认识到这一地区首先是俄罗斯利益的所在地”。[①] 第二，主要目标是联合中亚国家，实现独联体的政治和经济一体化。第三，保障中亚国家的政治和经济稳定，使之成为对俄奉行友好政策的国家。第四，发展经济合作，加快中亚国家与俄的经济一体化进程。第五，发展同中亚国家的外交协作和人文合作。

《战略方针》发布表明，俄罗斯为恢复大国地位，将中亚作为其战略依托和战略基地。这个《战略方针》在当时被一些西方国家解读为莫斯科要么企图重建类似苏联这样的帝国，要么企图恢复两极世界秩序。莫斯科实际上给予了自己掌控独联体邻国安全的权力。

1996 年 1 月 20 日，俄罗斯、白俄罗斯、哈萨克斯坦三国签署海关联盟协议，并责成三国政府副总理领导的三边委员会负责具体事宜。3 月 29 日，俄、白、哈、吉四国签订了《关于加深经济和人文领域一体化条约》，并确认成立区域合作组织“海关联盟”。1999 年 2 月 26 日，塔吉克斯坦加入海关联盟，并同其他成员国一起签订了《海关联盟和统一经济空间条约》。五国准备首先取消关税和数量限制，统一贸易制度，对组织外的第三国实施统一的关税和非关税措施，在此基础上合并各成员国的海关辖区，建立统一关税，实现关税同盟。2000 年 10 月 10 日，五国总统在哈萨克斯坦首都阿斯塔纳举行会晤，决定将“海关联盟”发展为“欧亚经济共同体”，目的是在海关联盟基础上建立统一的经济空间，把一体化提高到一个新的水平。2005 年 10 月 6 日，中亚合作组织在俄罗斯圣彼得堡举行成员国元首会议，决定将该组织与欧亚经济共同体合并，同时，乌兹别克斯坦提出加入欧亚经济共同体的要求。

欧亚经济共同体确立了 11 项优先合作领域，包括：法律、经济政策、海关、交通运输、服务贸易、能源、金融保险、财政税务、经济技术合作、农业、人文和移民。

俄罗斯重视发展独联体框架内的能源合作，在其经济倡议和努力下，建立了发展能源合作的国际组织。由俄罗斯、哈萨克斯坦、白俄罗斯、吉尔吉斯斯坦和塔吉克斯坦组成欧亚经济共同体。此外，乌兹别克斯坦、哈

---

① “Стратегический курс России с государствами – участниками Содружества Независимых Государств”, *Российкая газета*, 23 сентября 1995г.

萨克斯坦和吉尔吉斯斯坦成立了中亚经济共同体。在这些组织中，能源因素发挥着优先的作用。

2003 年 2 月 28 日，欧亚经济共同体制定并批准了《欧亚经济共同体成员国能源合作纲要》和《2003 年—2005 年成员国为建立共同能源市场的共同行动计划》。[①] 纲要和行动计划合作涉及石油、天然气和煤炭主要能源产品，并确定了成员国能源领域合作的重点在于制订指导成员国合作的各项协议和计划，以加强区域协调。

俄罗斯在中亚地区的能源战略目标，已不仅将能源视为一种单纯的商品，更将其视为一种重要的外交与地缘政治手段。在这种背景下，俄罗斯与中亚国家的能源合作已经将能源因素与地缘战略紧密地结合起来了，俄罗斯利用与中亚国家的能源合作巩固其在中亚的地缘战略地位，同时借其在中亚的战略影响使中亚国家的能源资源服务于俄罗斯的国家利益和对外战略。

正如俄罗斯外交部高级顾问日兹宁所强调："在国际关系体系中军事因素作用下降的情况下，俄罗斯燃料能源综合体的加强可以长远地加强国家对外政策地位。这在苏联解体后实际上已形成的单极世界中具有特别的意义……因此，在制定对外政策的基本原则、优先方向、目标的时候，重要的是要考虑与其他双边和多边关系中能源因素的地缘政治意义。"[②]

（二）中亚国家概况和油气资源

1. 中亚国家社会政治概况

作为政治地理概念的中亚泛指哈萨克斯坦、吉尔吉斯斯坦、乌兹别克斯坦、塔吉克斯坦、土库曼斯坦五个主权国家。其中哈萨克斯坦、土库曼斯坦和乌兹别克斯坦三国是资源国，生产的石油天然气部分用于出口，而吉尔吉斯斯坦和塔吉克斯坦两国则是能源净进口国。

进入 21 世纪后，由于国内经济好转及国际市场油气资源价格上涨，拉动了中亚国家的能源出口，尤其是哈萨克斯坦和土库曼斯坦这两个油气

---

① Основы энергетической политики государств – членов Евразийского экономического сообщества. Утверждены Решением Межгоссовета ЕврАзЭС от 28 февраля, 2003, №103.

② С. З. Жизнин, "Формирование энергетической дипломатии России", *Дипломатический весник*, №4, 2002.

资源丰富的国家。中亚国家的能源政策与国际政治和国际关系联系紧密，并受到21世纪国际政治和国际经济的制约。

独立后，中亚国家之间，由于民族问题复杂，边界问题悬而未决等原因，各国间的政治关系非常紧张。乌兹别克斯坦与土库曼斯坦和吉尔吉斯斯坦存在着发生冲突的可能。另外，中亚国家的战略地位随着国际环境的变化而不断提升。20世纪90年代初苏联解体和2001年“9·11”事件，使中亚成为大国势力角逐的区域。美国及许多西欧国家、日本、土耳其、伊朗以及其他一些国家不断加强在中亚地区的影响。而外国公司更是对中亚的油气资源表现出极大的兴趣。在此国际环境下，中亚国家在实施能源外交时面临着选择大国集团的难题。2005年吉尔吉斯斯坦发生的“3·24”事件，其中就有美、俄争夺的背景。另外，在油气运输方面，哈萨克斯坦的石油是通过俄罗斯管线还是通过西方控制的巴库—杰伊汉管线出口到欧洲，其中涉及的不仅是经济利益，而且触及敏感的与大国关系问题。

中亚与俄罗斯的关系是建立在从联盟时代形成的联系的基础上的，同俄罗斯有不同于其他国家的特殊关系。出于安全利益和经济上的需求，中亚国家主张维护独联体的存在，并通过独联体一体化加强自身的经济和安全地位。另一方面，中亚国家为维护主权和独立，避免受制于俄罗斯。为此，它们同西方大国加强经济合作，使自己在外交上有更多的回旋空间。背靠俄罗斯，亲近伊斯兰国家，面向西方，是中亚各国对外关系的基本框架。

中亚五国为了保障自身生存和维护主权独立，借助自身地缘政治与油气资源的优势，在对外关系上推行全方位外交。中亚五国在各种外部势力间谋求平衡，奉行“大国平衡”的政策，这种政策是受到冷战结束后，国际政治、经济格局及国际关系格局深刻变化制约的。

2. 中亚油气资源

中亚地区蕴藏着丰富的资源，特别是石油等能源产品。中亚与近东和中东、南亚、中国和俄罗斯接壤。可以说，它直接与那些能源匮乏的国家或毗邻、或距离很近，因而，中亚地区具有重要的地缘战略意义。中亚地区的自然环境虽然非常严酷，在辽阔的中亚大地，除少数绿洲之外，绵延几千公里的地区大多被戈壁和草原所覆盖。中亚地区气候干燥，经济落后，但是其蕴藏着十分丰富的战略资源，除黄金、铜、铀等的储量位居世界前列外，还拥有储量极为丰富的石油和天然气资源。在当今世界的能源地图上，中亚里海与海湾和西伯利亚并驾齐驱，被称为“能源三角”或“能源椭圆形地区”。根据俄罗斯2002年勘探资料，世界动力资源储备结构，中亚地区天然气储量占世界天然气总储量的4.5%，石油储量占世界石油总储量的2%。[①]

中亚地区的天然气探明储量达79000亿立方米，排在俄罗斯和中东地区之后居世界第3位。[②] 另据美国能源部能源信息局（EIA）的数据表明，中亚—里海地区已探明的天然气储量超过232亿立方尺（TCF），占世界储量的4%，与沙特阿拉伯相当，可能的总储量最高为560亿立方尺。已探明的石油储量在170亿桶到330亿桶之间，占世界储量的3%左右，可以与北海和阿拉斯加的石油储量媲美。该地区石油的总储量可能高达2118亿桶，如果该数字最终被探明属实的话，这一地区将是除波斯湾之后，世界第二大未开发的石油产地。[③]

中亚里海石油具有分布广、品位高、杂质少的特点。另外，中亚人口稀少，工业在国民经济中所占比重比较低，能源需求不大，因而，中亚石油出口潜力巨大。

据有关地质勘测，哈萨克斯坦油气远景区面积达179万平方公里，占国土面积的66.3%。目前已经发现的油气资源蕴藏在153个区块之中，其中包括104个原油产区，26个凝析油产区和19个气田。1981年发现的田吉兹油田是当时世界上最大的油田之一。据哈萨克斯坦能源矿产资源部评估，目前哈萨克斯坦境内（包括哈萨克斯坦属的里海地区）天然气远景储量可达60000亿—80000亿立方米，目前已探明储量为33000亿立方米，其中陆地23000亿立方米，里海大陆架10000亿立方米。

哈萨克斯坦从1995年开始石油开采量快速增长，开采量在俄罗斯之后位居第二位。1990年石油开采量为2580万吨占俄罗斯石油开采量的5%，到2004年上升到12.9%，比1990年增加2倍多。根据俄罗斯2002年勘测资料，2004年哈萨克斯坦开采石油5940万吨。2015年预计石油开

---

① Э. М. Иванов, *Экономические отношения россии со странами центральной Азии*, Москва, 2006, с. 25.

② О. Резникова, *Центральная Азия и Азиатско－Тихоокеанский регион Мировая экономика и международные отношения*（*Росся*）, 1999. 4.

③ 石油和天然气的数据主要来自美国能源部能源信息局，参见EIA，http：//www. eia. doe. gov/。

采量为15000万—17000万吨。[①] 哈萨克斯坦石油天然气矿大部分分布在国家的西部地区，其中杰尼克兹巨型油田，其石油储量约为10亿吨；卡拉恰加纳克的天然气储量为13000亿立方米，其天然气储量占哈萨克斯坦全国总储量的25%。2000年在里海大陆架开发了卡沙甘石油田，据估计其石油储量为14亿吨，[②] 哈萨克斯坦的原油储藏大部分未被开发，因为其境内所有超大型油田都是新近发现的，而且里海海域的勘探工作还没有全部结束。

土库曼斯坦拥有的石油和天然气储量占世界的30%，1990—1995年期间，土库曼斯坦石油开采量增加75%。乌兹别克斯坦1995年的石油开采量为1990年的2.7倍。[③] 其主要原因是外国直接投资的增加。乌兹别克斯坦天然气存储量约20000亿立方米，占世界天然气存储量第13位，比挪威、加拿大、荷兰的天然气资源还丰富，是世界巨大的氮氢化合物出口国。现在，乌兹别克斯坦约有160个石油矿区，主要分布在国家的五个区域内。

表3—1　1990—2004年俄罗斯、中亚国家和阿塞拜疆石油开采量情况

	总计　　（百万吨）							从1990年到2004年的增长（%）
	1990	1995	2000	2001	2002	2003	2004	
哈萨克斯坦	25.8	20.5	35.3	40.1	47.3	51.4	59.4	230
吉尔吉斯斯坦	0.2	0.1	0.1	0.1	0.1	0.1	0.1	50
塔吉克斯塔	0.1	0.03	0.02	0.02	0.02	0.02	0.02	20
土库曼斯坦	5.7	4.5	7	8	9	10	10	175
乌兹别克斯坦	—	7.6	7.5	7.3	12	7.1	6.6	235
俄罗斯	516	307	324	348	380	421	459	89
阿塞拜疆	12.5	9.2	14.0	14.9	15.3	15.4	15.5	123

资料来源：СтатбюллетеньСНГ. 2004. –№10. с. 173；

Нефтегазовая вертикаль. –2005. –№5. –с. 45 –46，53，58.

① Э. М. Иванов，*Экономические отношения россии со странами центральной Азии*，Москва，2006. с. 26.

② Ibid. .

③ Э. М. Иванов，*Экономические отношения россии со странами центральной Азии*，Москва，2006，с. 27.

表 3—2　　　1991—2004 年中亚国家和俄罗斯天然气开采状况

	1991	1995	2000	2003	2004	从 1991 年到 2004 年的增长（%）
哈萨克斯坦	7.9	5.9	11.5	16.2	21.9	277
吉尔吉斯斯坦	0.1	0.04	0.03	0.03	0.03	30
塔吉克斯塔	0.1	0.04	0.04	0.03	0.035	35
土库曼斯坦	84.3	32.3	43.0	59.1	58.6	69.5
乌兹别克斯坦	41.9	48.6	56.4	57.7	59.9	143
俄罗斯	643	595	584	620	632	98.2

资料来源：Содружество Независимых Государств в 2003 г. Статистический ежегодник. – М, 2004. – С. 61；

Нефтегазовая вертикаль. – 2005. – №5. – с. 45 – 46，53，58，59；Общество и экономика. – 2005. – №4. – с. 182.

中亚五国在原料和能源生产和出口方面制订了计划，主要包括：

首先，以能源资源吸引外国先进的工艺、生产技术和外资，如哈斯克斯坦同国际上的主要石油公司建立了长期合作关系，签署了一系列大型合同。

其次，建立石油天然气出口的管理系统和国家专营公司，形成合作国家的多元化，避免只依赖于某一个国家。

最后，原料和能源的输出旨在引起国际社会对中亚国家经济地位的重视，增强本国的国际威信，为保护国家安全寻求更多的保证。

中亚国家的能源出口，由于历史的原因造成了只能使用俄罗斯的港口或管道，受俄罗斯的控制较多，处于不利地位。俄罗斯不仅可以提高过境运费使中亚国家在经济上蒙受损失，而且经常以切断道路、关闭管道来“处理”同中亚国家的争议问题。因此，俄罗斯与中亚国家的能源关系处在一种既合作又有冲突的关系。

（三）俄罗斯对中亚能源外交的国际背景

1. 俄罗斯与美国在中亚的角逐

中亚作为联结亚洲和欧洲地区的桥梁，在过去的几千年间一直是世界大国和地区争夺的焦点。大国在中亚的利益主要体现在政治、经济和安全三个方面。在安全领域，美国、俄罗斯都要控制这个地区，导致利益冲突不断。在政治领域，美国在中亚推行西方的价值观，受到不同价值观国家的抵制。在经济领域，体现在对中亚能源资源和市场的争夺。要确定主要西方国家在中亚地区（苏联的中亚地区）全部的经济利益，重点要分析他们的经济活动。许多外国企业家以投资的方式，开始对中亚能源外交的涉足。西方国家在中亚主要角逐的对手便是俄罗斯。

西方经济扩张计划，是在 1901 年真正开始的。在西伯利亚的美国参议员洛德热姆（Лоджем）和知名的政治家别德里德热姆（Бевериджем）进行考察研究，回到美国，他们宣布：伊尔库茨克其全部东部领土是“自然的市场”，可以激发和加强美国政府对俄罗斯的热情。[①] 美国后来在俄国有大的租让合同的格贝尔特 · 古维尔（Герберт Гувер）与他们的观点相同。格贝尔特 · 古维尔与乌尔卡瓦特（Уркварт）一起创建了“俄国亚洲联合股份公司”，主要在俄国经营开采业，古维尔增加从俄国的出口量，仅仅叶卡捷琳堡克珀特一个租让企业就使古维尔得到百万卢布的收入。十月革命后丧失了这一美景，外国企业家运用全部可能尝试恢复以前的地位，如财务的保障，白匪的帮助，协约国军事干涉的援助等。

在新经济政策期间，苏维埃共和国实施外国人租让法，并向外国大公司和某些企业家提出建议，如果在 1921 年说服 5 个公司缔约的话，那么，到 1925 年中期，苏联已有 66 家公司采取行动缔约，其中 22 家是采矿公司和其加工业。

苏联解体后，在其领土上建立了新独立国家，西方主要国家工商业不仅可能恢复它们在欧亚大陆早期失去的大部分经济地位，而且还使其加强了很多。

俄罗斯仍旧保留了强大的原料潜力，包括西方产品巨大的销售市场；新技术等。经济扩张计划在以乌 · 米德（У. Мид）为首的美国著名地缘政治学家等人 20 世纪 90 年代初的勘察可以看出。在这份专门为美国行政部门提供的报告中，米德提出用 30000 亿美元赎买俄罗斯的西伯利亚。不考虑建筑和楼房的成本，平均 1 英亩（4047 平方米）为 1000 美元。他计算按每年偿还 2000 亿美元的方法，在 20 年内可以实现。根据他的建议，其中一半可以美国提供给俄罗斯的商品和服务支付，而剩余的部分行政管

---

① Э. М. Иванов, *Экономические отношения россии со странами центральной Азии*, Москва, 2006, с. 71.

理机关准备以美国西伯利亚地方居民的税偿付。[1]

这些租金和进款中，有出售西伯利亚石油、木材、金刚石的收入，适当补偿美国国家的经费。乌·米德在报告的基础上编制了美国新的地图，包括西伯利亚，新国旗有 57 颗星（计划添购大洋以外的领土，扩大 7 个新州）。

美国在中亚区域的战略，主要关注的问题是掌控油气生产地，特别是建设油气管线，降低俄罗斯作为从中亚国家运输油气能源的重要作用。另外，允许美国从中亚购买油气燃料。20 世纪 90 年代初，美国力求获得更多的石油天然气的储备。为此采取积极参与哈萨克斯坦和其他中亚国家的油气开采与销售，在私有化过程中得到俄罗斯国有企业的资产。所有这些，被华盛顿认为是其总体战略计划的一部分。

苏联解体后，中亚之所以与俄罗斯和美国等外部强国的重要战略利益息息相关，主要的原因是伊斯兰激进主义和能源。苏联从阿富汗撤军，后来苏联在中亚的统治又轰然瓦解，随之出现的权力真空为建立在虚构的部族忠诚基础之上的政治发展提供了温床。

苏联解体后，中亚五国相继独立，改变了欧亚地区的地缘政治格局。随着中亚安全形势的恶化和对该地区能源争夺的白热化，中亚地区形势日趋国际化。美国等西方国家对中亚的政策与其对俄罗斯的政策密切相关。苏联解体之初，由于美国对独联体政策以俄罗斯为重点，因此当时美国虽然意识到中亚地区的地缘战略意义，但其对中亚的具体政策并不明确。随着美俄关系的趋冷和民族、宗教、毒品与跨国犯罪等问题使中亚地区安全受到严重威胁，加之里海油气资源日益引起各国的注意，美国的中亚政策开始渐趋明朗。自 20 世纪 90 年代中期以来，美国已经成为中亚地缘政治竞争中的一个关键角色。1997 年，美国出台了具体的在中亚地区战略构想，7 月底美国参议院外交委员会通过决议宣布中亚是对美国具有切身重要意义的地区。[2] 总体上，美国在中亚的主要战略目标为：尽力保持中亚地区的稳定，阻止伊朗对该地区的渗透；在中亚打造一种有利于美国的态势，使俄罗斯难以成为重要的地缘政治力量，遏制俄罗斯复兴“欧亚帝

---

① Э. М. Иванов, *Экономические отношения россии со странами центральной Азии*, Москва, 2006, с. 73.

② 薛君度、邢广程：《中国与中亚》，社会科学文献出版社 1999 年版，第 210 页。

国”的企图；加强对中亚的经济和政治影响力，积极插手里海油气资源的开发和分配。

美国是世界能源生产大国之一，也是世界最大的能源消费国和能源进口国之一。从能源的供求和价格来看，美国能源市场有两个主要特征，一是国内能源供不应求，需要进口大量的石油和天然气等能源，对外国能源，尤其是石油形成了较大的依赖；二是能源价格与国际价格的变动基本一致。这两个特征不仅是美国制定国内能源政策的出发点，也是其国际能源政策的出发点和重要依据。20 世纪 90 年代初，克林顿政府形成了较为完整针对里海地区的能源政策。美国在中亚地区能源政策的主要目标是，支持中亚国家的独立，使这些国家与西方形成更为紧密的关系，打破俄罗斯对该地区石油和天然气外运路线的垄断，支持不同外运管道的建设，防止伊朗扩大其对中亚经济体的影响。其中，重点是支持该地区能源外运管道多样化，建设各种绕开俄罗斯和伊朗的管道，使这里的石油和天然气直通世界市场。

在地缘政治方面，为了有效进入独联体国家空间内，美国制订了“大中亚”方案。“大中亚”方案的实质是在美国的扶植下建立没有俄罗斯和中国参加的新的一体化区域，从而取代以前的欧洲经济合作组织、统一经济区和上海合作组织。美国国务卿赖斯在 2006 年访问中亚国家时正式提出此方案。①

深入研究美国在中亚战略的新动向，包括对与俄罗斯离心力的援助，以保障美国监督这个地区动力资源为目的（作为国家的俄罗斯和作为国际组织的欧盟），遏止俄罗斯和伊朗在这个地区的影响。关于这一点，国际关系研究专家指出：“美国用政治和经济手段把中亚作为美国能源供应地和销售市场。”② 美国与有利害关系的欧盟国家不同，其不仅打入中亚地区油气资源领域，而且打入农业生产一系列特殊商品领域，包括棉花、纺织产品、丝织原料和羊羔皮领域。他们甚至把这个领域视为自己产品有潜力的市场。

---

① С. Г. Лузянин, *Восгочная политика владимира путина – возвращение россии на《большой восток》（2004 – 2008гг）*, Москва, 2007. с. 194.

② Э. М. Иванов, *Экономические отношения россии со странами центральной Азии*, Москва, 2006, с. 74.

美国和西方国家对中亚的兴趣，主要是由于中亚地区特殊的战略地理位置决定的。中亚是欧洲与远东和南部国家和西亚南部联系以及使印度洋和地中海出海口得到保障的有发展潜力的重要的交通线。

在20世纪90年代中期，油气能源外交在一系列能源公司的战略中表现出来。在投资方面，美国的一些主要石油公司（如谢夫隆、莫比尔和德士古公司）向中亚地区投资，据估计，美国向中亚五国的直接投资大约有20亿美元，其中大多数在哈萨克斯坦。如美国的“谢夫隆”石油公司对开采和运输哈萨克斯坦田吉兹油田的石油进行投资。根据哈美协议，“田吉兹—谢夫隆”公司合资期为40年，美方将投资200亿美元。[①] 1995年田吉兹油田的产量已达400万吨，油田收入80%归哈方，20%归美方。另外，美国“莫比尔石油公司”和“壳牌石油公司”还与哈萨克斯坦里海大陆架石油公司一起组建了一家新公司，参与里海大陆架开发。美国国际石油公司和潘代克公司参加修建年加工能力达1100万吨的阿克纠宾斯克炼油厂。哈美两国还商定，合作开发里海海底资源。该项目投资总额为280亿美元。计划可分配的收入为6900亿美元，哈萨克斯坦方面占80%。

在油气管道运输方面，为了将天然气和石油从中亚境内经阿富汗和巴基斯坦输送到印度洋港口，预定要建设庞大的管线系统。美国和巴基斯坦在许多方面表示支持。1995年3月，土库曼斯坦和巴基斯坦的代表在伊斯兰堡签署关于经过阿富汗建设天然气管道备忘录。

深入研究该计划，其中主要建设项目与美国“尤诺卡”（Unocal）石油公司联结在一起，为实施此方案创立专门的银行团，占全部费用（投资）的54.1%。同时，在这一时期援助大约价值20亿美元的天然气管道。在计划中的到印度洋沿岸巴基斯坦石油管道建设，计划价值40亿美元。但是，由于阿富汗阿利—凯德（Аль－Каиды）部分恐怖活动的活跃和美国轰炸这个国家恐怖主义者主要基地，使局势严重化，致使计划停止实施。

某些专家认为，恰恰是反对“塔利班”的军事行动和美国军队占领阿富汗，与希望在有保障的安定政治条件下，铺设横越阿富汗的管道联结在一起。

2001—2002年正值美国炸弹袭击阿富汗主要部分领土的军事行动期

---

① 孙壮志：《中亚五国对外关系》，当代世界出版社1999年版，第147页。

间，在阿富汗计划铺设横越阿富汗的天然气管道，从土耳其的达斡列达波（Даулетаб）出产地到巴基斯坦瓜达尔（Гвадар）港口。专家认为，它的建成能大大地改善土耳其石油天然气开采的潜力，使天然气开采数量增加约2倍。然而这却限制了俄罗斯在欧洲的能源市场。因为，这条天然气大管线，降低了欧洲国家对俄罗斯天然气供应的依赖关系。

2002年12月末，美国占领阿富汗后，天然气管道问题成为主要问题，以土耳其为首的阿富汗和巴基斯坦决定同意开始着手签署建设天然气管道协议。迄今为止计划天然气管道每年输送300亿立方米，输送22.5亿吨石油。当时拟从2003年开始，2005年完成。为了实现该计划，对此计划产生兴趣的国家组成了领导委员会。2004年1月初，计划会议在伊斯兰堡召开。但计划在进一步发展中，因某些原因而搁浅。

2. 俄罗斯与欧盟国家在中亚的角逐

在中亚的欧盟成员国及其他国家，对它们来说首先是获得油气综合体、黄金生产和其他稀有战略金属工业部门的优先地位。西方企业家和其他机构力求渗入这些部门。这不但有经济的意义，而且还有政治、军事和其他相互关联的意义。

深入研究欧盟成员国对外政策及安全领域总战略，在对中亚国家关系方面，欧盟成员国协同行动。欧盟委员会代表的目的是在哈萨克斯坦、吉尔吉斯斯坦、乌兹别克斯坦和土库曼斯坦查明区域政治、经济概况，调整与这些国家政府机构之间的关系，深入研究中亚国家与欧盟成员国合作能够达到的程度。1995年，欧盟委员会通过了《中亚国家关系方面实施欧洲集团战略》，目的是显示欧盟在中亚区域的重要地位。为了实施这个战略，还签署了《中亚国家与欧盟战略伙伴关系》及《中亚国家与欧盟合作协议》。哈萨克斯坦和吉尔吉斯斯坦1995年签署，乌兹别克斯坦1996年签署，土库曼斯坦1998年5月签署。

协议确定了欧盟成员国和中亚国家哈萨克斯坦之间发展经济关系的法律基础，附带规定在投资、企业家利润、跨边界调动的适用条件和保护工业、商业和财产所有权方面的措施。优先方向是，在动力运输和发展民主政治方面互助。[①]

---

① Э. М. Иванов, *Экономические отношения россии со странами центральной Азии*, Москва, 2006, с. 76.

开采规则和机构，是根据国际定额实行石油和天然气供给的办法，促进运输体系有效的经营。“ТРАСЕКА”跨高加索运输走廊，也与向欧洲输送石油天然气经过横越高加索和巴尔干走廊地带相联系，这些石油和天然气经过哈萨克斯坦的阿克套（Актау）、保加利亚的布尔加斯和瓦尔纳（Бургас、Варна）、希腊的阿列克谢耶夫卡（Александрополис）、阿尔巴尼亚的发罗拉（Влера）、罗马尼亚的康斯坦察（Констанца）、意大利的里雅斯特（Триест）港口。这使有可能根据哈萨克斯坦专家的意见，经过超载的博斯普鲁斯和达达尼尔海峡，增加从哈萨克斯坦输出石油供给欧洲的可能性。

除此之外，欧盟在中亚重要的战略方针是军事和政治方面的合作，加强欧盟国家在中亚地区的机构。2001 年 11 月，德国政府总理 Г. 施罗德（Г. Шредер）要求政府有关主管部门“转变在中亚的态度”，进入欧盟的战略区域和地缘政治利益区域，加强欧盟在中亚的地缘政治地位。①

为加强与欧盟的关系，2001 年 10 月，哈萨克斯坦总统 Н. 纳扎尔巴耶夫（Нурсултан Назарбаев）访问联邦德国，并与德国签署协议。协议确定了哈萨克斯坦与德国及其他欧盟成员国在军事范围进行紧密合作。纳扎尔巴耶夫认为，在阿斯塔拉（Астан）、布鲁塞尔与哈萨克斯坦具备许多战略合作条件，因为欧盟伙伴信赖哈萨克斯坦提出的加强和平援助和保障亚洲安全的建议。而另一方面，哈萨克斯坦也担忧美国的跨国公司及金融机构经济扩张的可能性。对此，哈萨克斯坦要运用政治手段制约美国，实施均势外交，确保哈萨克斯坦的国家利益与安全。

欧盟与美国在中亚的关系，这个时期美国和欧盟利益重合，这涉及在中亚发展绕道俄罗斯境域的运输走廊。修建巴库—杰伊汉管道，沿着这条管道，可以输送石油（而天然气可以沿着平行的管线，从里海西海岸经过阿塞拜疆和格鲁吉亚到地中海沿岸的土耳其）。西方与俄罗斯对里海地缘战略的争夺主要集中在沿岸国的油气外运通道。在石油管道方面，巴库—第比利斯—杰伊汉石油管道（BTC），从阿塞拜疆的巴库经格鲁吉亚的第比利斯，最终到达土耳其的地中海港口杰伊汉，全长 1760 公里，耗

① Э. М. Иванов, *Экономические отношения россии со странами центральной Азии*, Москва, 2006, с. 78.

资40亿美元，设计输油能力为5000万吨/年。西方国家希望通过从阿塞拜疆经格鲁吉亚到达土耳其的石油和天然气管道把产自里海地区的油气绕过俄罗斯输送到地中海，然后转运到世界市场，以此抗衡俄罗斯对这一地区的能源控制，实现原油供应多元化。

美国前任国务院助理У. 梅尔里（У. Мерри）强调指出：美国方案的主旨是为绕过经过俄罗斯和伊朗的重要运输线路，使石油和天然气从里海地区直接转运到任何一个油气能源输入国。这个目标服务于跨高加索运输走廊，在此基础上实施向独联体国家提供技术援助计划。

美国和欧盟在中亚的经济战略相近，尤其是在CHT液化石油气区域，在这些经济领域实施合作伙伴关系政策。因此，美国在中亚的经济活动并没有引起欧洲国家特别的不安，北大西洋同盟距离欧洲和美国的液化石油气区域很远；另外，也没有引起伊斯坦布尔企图与俄罗斯成为平等的军事合作国家的打算，因1999年4月，正值乌兹别克斯坦与西方加强关系时期。当时在美国的压力下乌兹别克斯坦拒绝俄罗斯的军事基地进入自己的领土，拒绝俄援助守卫乌兹别克斯坦—阿塞拜疆国境。

俄罗斯在中亚的利益很复杂，中亚可以直接影响俄罗斯的国内局势。俄罗斯把中亚视为传统的“势力范围”，从自身的利益考虑，不会无视中亚国家离俄罗斯越来越远或投入西方国家的怀抱。苏联解体后，原中亚的苏联五个加盟共和国变为俄罗斯的邻国。俄罗斯由最初在独联体政策框架下对中亚政策，逐渐形成目标明确的中亚政策。

1998年10月，俄罗斯、乌兹别克斯坦、塔吉克斯坦曾结成三国联盟，共同制止宗教极端主义的渗透。1999年，为了对付中亚地区的国际恐怖主义活动，俄罗斯与中亚国家加强了安全合作。1999年6月，哈萨克斯坦副总理兼外交部长托卡耶夫（Токаев）访问俄罗斯，俄领导人表示会继续巩固两国面向21世纪的盟友关系，哈则支持俄罗斯对国际问题的主要立场。①

“9·11”事件后，中亚区域对俄罗斯的安全具有关键的意义。一方面，伊斯兰恐怖事件的增长对俄罗斯南部边境和北部高加索区域造成严重

---

① Ф. Олегов, “Россия – Казахстан: сотрудничество продолжается”, *Независимая газета* (*Россия*), 30 июня 1999 г.

的威胁。[①] 另一方面，“9·11”事件后，面对美国咄咄逼人的中亚战略，俄罗斯意识到中亚地区在俄地缘政治战略中具有无可替代的重要作用，必须加强同该地区各国的合作。因此，为确保俄罗斯在中亚的战略利益，普京加大了对该地区的外交力度。普京执政后不久出访中亚国家，并且与各国首脑会晤，外交的中心议题是能源合作和地区安全问题。俄罗斯希望在独联体集体安全的框架基础上，把构建中亚统一地缘政治空间与安全战略空间作为构建更为广泛经济合作空间的重要前提。中亚国家是俄罗斯传统的能源利益之所在，其能源系统是由苏联各加盟共和国经过数十年的共同努力而建立起来的，庞大的天然气输送系统互相连接，俄罗斯在中亚地区能源供应中保持强大的影响力。因此，无论是从政治上，还是从经济上考虑，俄罗斯都会加强对中亚地区的能源控制。

二　俄罗斯对中亚能源外交的实施

（一）俄罗斯对哈萨克斯坦的能源外交

1. 俄罗斯与哈萨克斯坦签署的能源协议

哈萨克斯坦位于中亚心脏地带。俄国十月革命爆发后，1918 年 3 月在哈萨克斯坦建立起苏维埃政权。1920 年 8 月 26 日根据全俄中央执行委员会和人民委员会的命令，成立了吉尔吉斯苏维埃自治共和国，隶属于俄罗斯苏维埃联邦共和国。1924 年 4 月，由于苏联政府在中亚地区进行民族划界，将哈萨克人居住的其他地区也并入吉尔吉斯苏维埃自治共和国，由此，吉尔吉斯苏维埃自治共和国改名为哈萨克苏维埃自治共和国，仍隶属于俄罗斯苏维埃联邦共和国。1936 年 12 月 5 日，哈萨克苏维埃自治共和国升格为“主权”共和国，成为苏联的一个加盟共和国。

苏联解体后，哈萨克斯坦国土面积为 272.49 万平方公里，居世界第 9 位，人口 1540 万人（2007 年年初）。1990 年 10 月，通过了《哈萨克苏维埃共和国国家主权宣言》，要求与联盟中央明确分权。1991 年 12 月 16 日，该国苏维埃通过了《哈萨克斯坦共和国国家独立法》，宣布独立。同

---

① С. Г. Лузянин，*Восгочная политика владимира путина - возвращение россии на《большой восток》*（2004—2008*гг*），Москва，2007，с. 190.

年12月21日，以创始国身份加入“独立国家联合体”。

哈萨克斯坦是世界上拥有自然资源最多的国家之一，许多矿产资源储量在世界名列前茅。在哈萨克斯坦的能源资源中，最重要和最有影响的资源是石油。根据哈萨克斯坦统计署资料，“至1995年底，哈萨克斯坦已探明的石油（包括凝析气）储量约为30亿吨，石油预测储量达70亿吨”。[①]另据哈萨克斯坦能源和矿产资源部的统计资料，到2010年前，石油开采量达到9000万吨，天然气开采量达到525亿立方米；到2015年前，石油开采量达到15000万吨，天然气达到794亿立方米。[②]据有关地质勘测，哈萨克斯坦含油气远景区面积达179万平方公里，占国土面积的66.3%。目前陆上油田主要有两个：田吉兹和卡拉恰加纳克。里海水域的油田主要有两个：卡沙甘和库尔曼加泽。1981年发现的田吉兹油田是世界上最大的油田之一。哈萨克斯坦石油主要集中在西部和西北部地区。探明储量的主要部分在阿特劳州（占40%）、曼格斯套州（占35.3%）、西哈萨克斯坦（占9%）、克孜勒奥尔达州及里海。2000年哈萨克斯坦在里海发现的卡沙甘油田，据说该油田的储量可达70亿吨。但也有人对这个数字持保留态度。2002年，哈萨克斯坦总理说，该油田储量为10亿吨，只相当原来预测的1/7。这个数字比较接近实际。尽管如此，哈萨克斯坦还是世界上石油蕴藏量最多的国家之一。天然气的蕴藏地也主要集中在西部地区，共有140个气田，其中以卡拉恰加纳克为最大，约占全国天然气储量的70%。

哈独立前，基本上没有直接对外贸易权，对外贸易由联盟中央垄断。苏联解体后，作为独立的主权国家，哈萨克斯坦开始构建本国的对外经济贸易体系，发展对外经济关系。但在独立初期，哈的贸易伙伴仍然是苏联时期的各加盟共和国，其中主要是俄罗斯。独立后，哈萨克斯坦十分重视石油的开发利用。颁布了一系列政策法规，以吸引外国投资，促进本国经济的发展。石油出口成为国家财政的主要来源之一。另外，巨大的油气储量既是其发展动力，也是其外交政策的有利的工具。

哈萨克斯坦是俄罗斯在中亚地区主要的贸易伙伴，其份额占俄罗斯和

① 哈萨克斯坦统计署：《哈萨克斯坦统计评论》1999年第1期。

② 转引自朱显平《中国与中亚——国际区域能源及运输合作》，吉林人民出版社2008年版，第46页。

中亚国家贸易额的75%。[①] 俄罗斯与哈萨克斯坦两国之间存在着特殊关系表现在以下几个方面：其一，地缘关系。俄罗斯是哈萨克斯坦的最大邻国，两国共同边界线长达6000多公里。由于历史原因，两国边界基本上是透明的，不设防。其二，历史关系。受苏联时期“劳动分工”政策的影响，俄哈经济关系十分密切。苏联时期，两联邦共和国具有共同的石油开采及加工工业。两国交界区域的许多工业企业联系紧密。它们之间的运输合作关系一直保留至今。哈萨克斯坦东西部管道和俄罗斯连在一起。独立后，俄罗斯一直是哈萨克斯坦的第一贸易伙伴。其三，军事和安全关系。在军事和安全上，哈萨克斯坦需要俄罗斯的帮助和庇护。其四，民族关系。独立初期，哈萨克斯坦国内生活着600多万俄罗斯人，占该国人口总数的36%。哈萨克斯坦在处理与俄罗斯的事务时，不得不重视这一重要的因素。因此，“俄哈关系是保证中亚地区稳定的因素”。[②] 俄哈两国各领域的合作水平很高，发展也很快，并拥有很好的条约法律基础。哈萨克斯坦有利的地缘政治地位，巨大的经济和原料潜力，对俄罗斯意义重大的“拜科努尔”航天发射场，以及在哈萨克斯坦居住着600多万俄罗斯移民等因素决定了两国关系的战略性质。

俄哈两国签订的260多个双边条约和协定构成了彼此合作的法律基础。1992年5月25日，两国签署了《哈俄友好合作互助条约》，该条约成为双方发展新型国家关系的基础。该条约规定，一旦签约一方受到侵略，另一方应给予必要的包括军事上的援助。这个条约使两国在互相尊重主权和领土完整的基础上建立友好合作关系。1994年3月，努·阿·纳扎尔巴耶夫首次以哈萨克斯坦总统身份正式访问俄罗斯。此行哈俄两国共签署了22个文件，涉及军事、科技、经济和文化等各个领域，其中包括《哈俄关于进一步加深经济合作和一体化条约》。1995年1月，俄哈两国总统在莫斯科签署了《俄哈扩大和加深两国关系宣言》。1996年3月，俄罗斯与哈萨克斯坦、白俄罗斯和吉尔吉斯斯坦签署了《关于加深经济和人文领域一体化条约》。同年4月26日，俄总统叶利钦对哈萨克斯坦进行正式访问，双方签署了《加强开发里海资源合作宣

---

① Э. М. Иванов, *Экономические отношения россии со странами центральной Азии*, Москва, 2006, с. 57.

② Ibid..

言》。双方同意在解决里海法律地位以及使用里海矿物、生物资源等问题方面加强合作。1997 年 2 月，俄罗斯与哈萨克斯坦签署《俄哈政府关于技术和经济合作以及油气部门一体化协定》。1998 年 7 月 6 日，两国总统签署《永久友好和面向 21 世纪的同盟宣言》和《里海北部海底分界协议》。同年 10 月 12 日，叶利钦总统对阿拉木图进行国事访问，双方签订了《1998—2007 年经济合作条约》，确定双方在经济领域合作的主要方向。12 月，两国还签署了《俄哈能源动力综合发展协定》等文件，这为两国先前达成的《关于加快哈萨克斯坦与俄罗斯多层次合作发展速度协议》顺利实施奠定了基础。此外，两国边境州、市签订了 116 个经贸等领域合作的协定。

在上述一系列条约的基础上，俄罗斯与哈萨克斯坦在能源领域始终保持着频繁对话和接触。2000 年普京任职后，为加强和中亚各国的联系，保持俄罗斯在中亚地区的传统影响，展开了一系列外交活动。2000 年 6 月，普京总统邀请纳扎尔巴耶夫总统访俄，两国签署了联合宣言。2000 年 10 月，普京访问哈萨克斯坦，双方签署了关于在里海问题上进行合作的宣言、关于在燃料—动力综合体领域合作的备忘录。2000 年 6 月 7 日，哈俄两国在高层会晤中决定创办“哈俄天然气公司”，并签署了天然气领域合作协议。2002 年 9 月，两国合资的油气企业开始进行生产。纳扎尔巴耶夫总统还建议由俄、哈等国建立独立于欧佩克之外的石油输出国组织。

2. 俄罗斯与哈萨克斯坦的能源外交

俄罗斯主要从油气资源勘探开发和油气运输两个方面，积极拓展在哈萨克斯坦的能源市场。俄罗斯与哈萨克斯坦的油气合作的主要承担者是卢克石油公司，此外还有俄罗斯国家石油公司。卢克公司是世界最大的一体化国际石油天然气公司之一。1995 年卢克公司取得哈萨克斯坦库姆科尔北部油田的开发权，成为哈油气领域最活跃的外国公司之一。卢克公司积极参与大油田开发、地质勘探项目及管道项目。卢克公司参与勘探和开发的哈萨克斯坦油气项目主要有：卡拉恰加纳克油气田，探明原油储量约 12 亿吨，天然气储量约 13500 亿立方米，合同期共 40 年（至 2037 年）。2005 年生产原油 1030 万吨，天然气 115 亿立方米，产量约占俄境外总产量的 40%。卢克公司海外控股公司持股 15%。

2006 年 10 月，俄罗斯政府和哈萨克斯坦签署协议，俄罗斯天然气工业公司与哈萨克斯坦国家油气集团在俄罗斯的奥林布鲁克市建立天然气加工厂，预计2010年加工能力为80亿立方米，2011年120亿立方米，2012年达到150亿立方米。2007年俄哈双方又签署天然气购销补充协议，规定卡拉恰加纳克油气田将在2007年至2022年内，向天然气加工厂供气15年。

图卜卡拉干油田和阿塔什油田，位于里海哈萨克斯坦部分中部，图卜卡拉干油田的石油和凝析气储量3.24亿吨，阿塔什油田约2.49亿吨。由卢克海外控股公司和哈萨克斯坦国家油气集团下属的田吉兹石油公司共同开发，双方各持股50%，合同期2003—2043年。

阿里别克莫拉油田和科扎萨伊油田，位于阿克纠宾斯克州，石油储量约为7000万吨，另有凝析油1.3万吨，分别于2001年和2003年被哈萨克斯坦国家油气集团阿克托别石油公司勘探开发。2003年阿克托别石油公司将50%股权转让给加拿大尼尔森公司，2005年12月卢克公司完全收购尼尔森公司后，这两个油田的股权结构变更为卢克石油海外控股公司和哈国家油气集团各持股50%。油田2005年产油130万吨。

赫瓦雷油田和中央油田，位于里海北部的哈俄交界处，由哈国家油气集团和卢克公司共同开发。赫瓦雷油田石油储量约为3000万吨，中央油田蕴藏5.22亿吨石油和920亿立方米天然气。另外双方还计划在油田附近建立一个天然气化工厂，年加工能力140亿立方米。

俄罗斯天然气工业集团与哈萨克斯坦的合作主要是在管道建设方面。哈萨克斯坦由于其特殊的地理位置，是通往欧洲和亚洲的能源通道。

哈萨克斯坦虽然努力实现能源出口多元化，试图与美国等国开展合作，但俄利用苏联时期铺设的油气管道，控制哈油气经俄领土过境运输，以保证俄对哈管道运输的优势地位。

2000年3月，俄哈签署了关于使用巴库—马哈契卡拉—新罗西斯克管线输送哈石油协议，该管线每年可为哈输出石油300万吨。同年5月，俄罗斯天然气工业公司与哈天然气运输公司商定建立合资企业，俄罗斯帮助哈向欧洲出口天然气，并向其提供技术工程服务，修建从西部通向阿斯塔纳的天然气管道，共同开发中国天然气市场。2002年，俄罗斯天然气工业公司与哈国家石油天然气公司各出资50%建立哈俄天然气公司，俄罗斯在很大程度上垄断了哈天然气的出口。

此外，苏联时期的阿特劳—萨马拉石油管线和2001年建成的田吉兹—新罗西斯克石油管线，为哈萨克斯坦原油经俄罗斯出口的两条重要通道，其中第二条管线将哈萨克斯坦石油与俄罗斯黑海新罗西斯克连接起来，该管道全长1570公里，耗资24亿美元，是近些年世界最大的输油管道工程之一。俄罗斯拥有该管线24%的政府股份，卢克公司拥有5%的公司股份。田吉兹—新罗西斯克石油管线的建成，表明俄罗斯能源外交的胜利。政治上，它使哈萨克斯坦更加依赖俄罗斯。经济上，该管道预期40年运营期内，俄罗斯可获得200亿美元的过境费和税费。

2002年6月7日，俄哈两国又签署为期15年的运输协议，确定每年经俄管道外运哈石油1750万吨。2004年，哈俄天然气公司计划实施扩大哈天然气运输能力项目，将现有的天然气运输系统现代化，并在“中亚—中央”项目框架内沿里海修建天然气管道。2004年签订向俄罗斯奥伦堡天然气加工厂年供气70亿立方米的协定，协议期为15—20年。2005年3月底，奥伦堡天然气加工厂的管线改造，其年输送能力达到70亿—80亿立方米。2006年4月，纳扎尔巴耶夫总统访问莫斯科，双方签订的最重要的协议是扩充里海石油管道协议，使里海石油输送量从2800万吨扩充到6700万吨。[①] 关于里海石油管道的新协议可以增加哈萨克斯坦石油开采量约4000万吨。通常情况下，俄罗斯是压制哈萨克斯坦的石油开采量的，因为哈石油开采量增加便增加了黑海海峡的石油运输量。而黑海海峡每年限制俄罗斯石油运输量为1亿吨。2006年5月20日，俄、哈两国元首在索契举行会谈，对哈萨克斯坦天然气出口俄罗斯的价格达成协议，解决了双边关系中最为敏感的问题。普京同意俄罗斯收购哈萨克斯坦天然气的价格从原来的哈、俄边境交货47—50美元/千立方米，提高到138—140美元/千立方米。2005年，哈萨克斯坦产气140亿立方米，其中对俄罗斯出口80亿立方米。[②] 俄罗斯以同意天然气涨价来换取哈萨克斯坦允许俄罗斯天然气工业公司进入该国开采天然气。2007年5月，俄罗斯与哈萨克斯坦签署了修建里海天然气管道协议和改造苏联时期天然气管道协议。实际主要是为恢复和改建1970年建造的“中亚—中央天然气管

---

① С. Г. Лузянин, *Восточная политика владимира путина – возвращение россии на《большой восток》*（2004 – 2008*гг*），Москва，2007，с. 207.

② http：//www. newsru. com/finance/22may2006/kazgaz. html.

道”，以及1991年修建的土库曼斯坦至欧洲的管道。[①] 如果环里海天然气管道方案得以实现，那么哈萨克斯坦将成为土库曼斯坦天然气运往俄罗斯和欧洲的过境国。出口天然气将给其带来巨大的利润，而且可使哈利用北部的管道线向欧盟国家出口石油。

俄罗斯与哈萨克斯坦在能源外交的同时，还发展了其他经济与金融的交流。

2005—2006年，俄罗斯与哈萨克斯坦之间有两个重要的事件，一是2005年批准的俄罗斯和哈萨克斯坦边境民主协议；二是2006年俄哈签署了建立“欧亚发展银行”的方案。银行创立资本为15亿美元，俄罗斯出资2/3，哈萨克斯坦出资1/3。[②] 在两国的领域内将出现这个国际财政机构，银行免除任何的关税。按照纳扎尔巴耶夫总统的话说，“实现了另一个层次的欧亚合作”。[③]

普京对哈萨克斯坦的能源政策建立在政治信任基础上，俄罗斯的政策依靠出口拉动双边贸易的增长。2004年双边贸易额为70亿美元，2005年为100亿美元。俄罗斯出口到哈萨克斯坦的货物中燃料能源产品和机器设备占主要地位。俄罗斯从哈萨克斯坦进口许多战略性商品，包括石油、柴油、天然气、黑金属、铜、锌、铀和其他工业产品以及农业产品。俄罗斯出口到哈萨克斯坦的煤和铁矿石占其进口量的80%以上；化学和纺织工业品占50%以上；机械机床产品占50%以上；轴承占90%以上。[④] 在俄罗斯向哈萨克斯坦的出口结构中，原料商品的份额可能减少，制成品的份额在增加。

俄罗斯与哈萨克斯坦能源贸易当时存在两个问题：一是俄罗斯与哈萨克斯坦石油贸易的税费和运费问题。根据哈萨克斯坦的意见，俄罗斯从哈运输面粉及其他商品的运费需要降低，同时，哈萨克斯坦石油过境俄罗斯时的税费也应该降低。俄哈双方税费问题症结在于，哈萨克斯坦认为，俄

---

① Н. А. Добронравин, О. Л. Маргания, *Нефть газ модернизация общества*, Москва, 2008, с. 458.

② С. Г. Лузянин, *Восгочная политика владимира путина – возвращение россии на《большой восток》*（2004 – 2008*гг*）*Москва*, 2007, с. 204.

③ Ibid. .

④ Э. М. Иванов, *Экономические отношения россии со странами центральной Азии*, Москва, 2006, с. 57.

罗斯运输哈方石油的税费高于运送本国石油税费的70%。二是与税费相关的管道问题。哈萨克斯坦欲从俄罗斯获得过境俄罗斯输送1300万吨哈萨克斯坦石油到立陶宛炼油厂的许可证，因哈萨克斯坦石油公司想购买这个炼油厂的大部分股票。

审视和展望俄罗斯和哈萨克斯坦能源关系，问题及影响可归纳为三点：首先，俄罗斯与哈萨克斯坦石油贸易中的税费和运费问题。这个问题的解决是和以后两国经济差距的缩小，以及独联体一体化趋势的加强联系在一起的。同时要指出的是，此问题是战术上的而不是战略上的分歧，因俄罗斯和哈萨克斯坦是关系亲密的伙伴。

其次，在俄罗斯与哈萨克斯坦关系基础上巩固整个独联体区域的关系。实际上俄哈关系是独联体关系的轴心，莫斯科和阿斯塔纳将成为区域安全和独联体一体化的关键所在。互助依存的经济增长将加深俄罗斯和哈萨克斯坦在军事领域的合作。

最后，有可能加深的俄罗斯—中国—哈萨克斯坦的三边关系，通过合理的力量配置可保证欧亚的能源安全。另外，作为资源出口国，哈萨克斯坦十分强调能源出口的多元化和独立性。哈政府认为，俄罗斯、东欧、西欧和亚太地区都是哈未来天然气出口的主要市场。因此，哈不仅要加强与俄罗斯的油气合作，而且还要与西方大油气跨国公司合作，与中国、日本、韩国等亚太国家合作，全方位扩大油气管道建设，以实现油气运输现代化和多元化。据哈萨克斯坦中央银行透露，近15年来，哈石油部门从美国得到的投资超过100亿美元。2006年9月4日，韩国与哈签署了合作勘探开发里海油田的协议，根据协议，韩国国家石油公司将参与开发哈国位于里海的贾姆布尔油田，韩国可首先得到进口5亿桶哈原油的权利。

（二）俄罗斯对乌兹别克斯坦的能源外交

1. 乌兹别克斯坦油气资源及出口情况

乌兹别克斯坦位于中亚中部。十月革命爆发后，在布哈拉、费尔干纳、希瓦等地都掀起了脱离沙俄帝国统治的民族独立和解放运动。1918年4月，建立了土耳其斯坦苏维埃自治共和国，乌兹别克斯坦大部分地区归属土耳其斯坦苏维埃自治共和国，1924年10月27日，根据苏联政府在中亚地区的民族划界，将土耳其斯坦苏维埃自治共和国、布哈拉人民共和国和花拉子模人民共和国合并成立乌兹别克苏维埃共和国，成为苏联的一个加盟共和国。

苏联解体后，乌兹别克斯坦国土面积 44.74 万平方公里，人口 2670 万（2007 年）。该国南部与阿富汗相邻，北部和东北部与哈萨克斯坦接壤，东部及东南部和吉尔吉斯斯坦和塔吉克斯坦相连，西部与土库曼斯坦毗邻，其五个邻国也均无出海口，因此成为典型的“双内陆国”。尽管如此，乌的地理位置上却是一个沟通四方的十字路口。乌兹别克斯坦是中亚地区的油气资源大国之一。油气资源主要分布在五大区域：一是布哈拉—希瓦油气区；二是乌斯秋尔特油气区；三是吉萨尔西南油气区；四是苏尔汉河油气区；五是费尔干纳油气区。乌兹别克斯坦天然气储量居世界第 13 位，比挪威、加拿大、荷兰的天然气资源还丰富。[①] 其天然气开采量为中亚国家之首，1991 年天然气开采量为 419 亿立方米；2000 年达 564 亿立方米；2004 年达 599 亿立方米，2004 年比 1991 年增长了 143%。[②] 石油开采量 1995 年达到 769 万吨，1995 年的开采量为 1990 年的 2.7 倍[③]，其主要原因是国外直接投资的增加，乌兹别克斯坦国外直接投资每年约增加两倍。油气部门是乌兹别克斯坦国民经济最大和最重要的部门。乌兹别克斯坦生产的天然气基本自用，其中约 85% 用于电力和热力，只有 15% 用于工业生产液化气和丙烯。除自用外，乌国还有少量天然气用于出口，2006 年共出口 118 亿立方米。主要出口对象是俄罗斯、塔吉克斯坦和哈萨克斯坦等。从 2003 年开始，乌国开始向俄罗斯出口天然气，2004 年为 70 亿立方米，2005 年 80 亿立方米，2006 年 90 亿立方米，2007 年 130 亿立方米。[④]

乌兹别克斯坦是独联体国家中唯一的一个油气开采量大量增加的共和国。但是由于半封闭的自然地理条件，在建设和改造输油管道方面，急需外国投资和能源合作。

在俄乌关系方面，乌兹别克斯坦政府在莫斯科与华盛顿之间左右摇

---

① Э. М. Иванов, *Экономические отношения россии со странами центральной Азии*, Москва, 2006, с. 31.

② Э. М. Иванов, *Экономические отношения россии со странами центральной Азии*, Москва, 2006, с. 29.

③ Э. М. Иванов, *Экономические отношения россии со странами центральной Азии*, Москва, 2006, с. 26.

④ 张宁：《中亚能源与大国博弈》，长春出版社 2009 年版，第 65 页。

摆。在20世纪90年代的大部分时期，乌兹别克斯坦面临着后来演变为“乌兹别克斯坦伊斯兰运动”的叛乱活动。这一时期，乌兹别克斯坦在外交上走独立路线，摆脱俄罗斯顾问，抵制莫斯科建立更紧密关系的努力，寻求自身在中亚的优势地位。1999年，乌兹别克斯坦退出《独联体集体安全条约》。加入具有反俄性质的“古阿姆”联盟，部分原因是前者拒绝对正在浮现的来自伊斯兰激进组织的威胁采取强硬立场。即使在2001年和2002年俄美在中亚合作的高峰时期，乌兹别克斯坦政府依然有意识地在俄美两国之间寻求平衡，以最大限度地保持灵活和独立。

但随着中亚地缘战略形势的变化和乌兹别克斯坦与西方关系的恶化，乌从2003—2004年起加强了与俄战略、政治和经济合作，开始对俄在能源，首先是天然气领域的合作表现出浓厚兴趣。

2005年安集延事件①后，乌全面加强了与俄的战略关系，驱逐美军基地、与俄签署战略伙伴关系条约、加入欧亚经济共同体、重返独联体集体安全条约组织，并退出了“古阿姆”组织。俄则借机加强了对乌兹别克斯坦能源体系的渗透与控制。

2. 俄罗斯与乌兹别克斯坦的能源外交

俄罗斯与乌兹别克斯坦的能源关系与两国之间的政治与经济关系密切联系，其发展过程是同步的。

两国经济贸易关系可分为三个阶段：第一阶段1992—1995年，双方贸易额显著减少，俄罗斯在乌兹别克斯坦对外贸易中所占的份额从53.1%降到38.6%。② 主要原因是苏联解体后，西方国家开始进入乌兹别克斯坦，主要是欧盟和美国。在这个时期整个卢布区域出现危机，中亚各国形成民族货币体系，在对外贸易中开始使用相应的民族货币。在对外贸易中收缴关税和其他税费。第二阶段1995—2000年，俄罗斯与乌兹别克斯坦的关系有所好转，因塔吉克斯坦战争时期为了共同抵御反抗力量而调整了两国的政治关系。政治关系的调整促进了双边贸易关系的改善。俄罗斯在乌兹别克斯坦对外贸易中所占的份额从1996年的16.4%增加到1997

---

① 2005年5月12日午夜，位于乌兹别克斯坦东部的安集延市发生严重武装骚乱，事件中共有169人死亡，其中包括10名护法机关人员。称为“安集延事件”。

② Э. М. Иванов, *Экономические отношения россии со странами центральной Азии*, Москва, 2006, с. 60.

年的 18. 1% 。第三阶段 2000 年开始，普京任总统时期调整经济贸易领域内的能源政策，在此时期俄罗斯主动和乌兹别克斯坦在天然气开采、加工和向西方运输方面展开合作。这个时期俄乌之间的贸易额逐年增长，从 2000 年 16. 6% ，增长到 2003 年的 19. 9% 。[①] 这表明两国的经济关系开始改善。

俄乌的政治关系在苏联解体后经历了艰难的历程。对此 1990 年年末乌总统卡里莫夫（Каримов）进行了很好的描述："乌把外交方向定位在积极和美国方面接近。塔什干对俄罗斯的态度比较冷淡，有时还处于敌对状态。"[②]

"9 · 11"事件加强了美国和乌兹别克斯坦的关系，乌兹别克斯坦成为反对阿富汗恐怖主义的基地，在汗纳巴德建立美军军事基地。而乌兹别克斯坦从集体安全条约中撤离，忽视欧亚经济合作组织，并且参加民主化合作组织。2002 年卡里莫夫访问美国时，对和莫斯科的合作进行了谴责。很明显，在俄罗斯和乌兹别克斯坦关系恶化中美国起了重要的作用。然而在经济上，美国并没有按照乌兹别克斯坦所期望的那样给予援助，特别是美国财政以优惠贷款和以公债的形式给予扶植。西方的资金不能源源不断地流入塔什干。美国的失信也使卡里莫夫对西方国家的颜色革命深感不安，革命从格鲁吉亚开始，延伸到乌克兰。卡里莫夫明白和西方国家友谊游戏结束可能是在民主化变更上。

在中亚区域，俄乌关系稳定与否，其影响整个区域的经济一体化和区域的安全。此外，俄罗斯从 2000 年开始经济增长，客观上也提高了乌兹别克斯坦在俄罗斯的利益。俄乌双边关系缓和的第一步是 2003 年 8 月 6—7 日俄罗斯总统普京在萨玛尔卡尼特会见了卡里莫夫，主要源于美国对阿富汗的政策，同时俄罗斯和乌兹别克斯坦签署一系列在石油天然气领域合作的协议。很明显这次普京的访问距俄乌双边关系的完全改善还很远。一些研究国际关系专家认为，2004 年开始，卡里莫夫对俄罗斯政策转变主要出于经济动机，俄罗斯卢克石油公司和俄罗斯天然气工业公司与

---

① Э. М. Иванов, *Экономические отношения россии со странами центральной Азии*, Москва, 2006. с. 60.

② С. Г. Лузянин, *Восгочная политика владимира путина – возвращение россии на《большой восток》*（2004 – 2008*гг*），Москва，2007，с. 209.

乌兹别克斯坦方面达成协议，根据此条约卢克公司获得开采乌兹别克斯坦天然气 35 年；并投资天然气矿区 10 亿美元。[①] 俄罗斯能源公司在开发乌兹别克斯坦油气资源中发挥主要作用。

俄罗斯寻求恢复发展与乌兹别克斯坦的传统关系，主要是为了稳住同俄罗斯逆向而行的中亚地区强国。俄罗斯利用双方在反对极端宗教势力问题上的共同立场，推动双边政治关系的发展。经济因素的作用和影响致使塔什干对俄罗斯的政策有所转变，另外，卡里莫夫及其党派政治上主要是围绕着国家安全问题考虑的。2004 年 6 月 16 日俄总统普京访问乌兹别克斯坦期间，两国签署了《战略伙伴关系条约》。根据条约两国将在政治、经济、军事技术等领域建立平等的战略伙伴关系。并赋予对方使用本国军事设施的权力。参加此条约的还有上海合作组织的其他国家，俄罗斯利用俄乌关系的改善，平衡美国在中亚区域的影响。此外，俄罗斯天然气工业公司、卢克公司以及俄罗斯的其他一些油气公司均承诺要在乌兹别克斯坦进行大规模的投资。

乌兹别克斯坦能源外交的转变在很大程度上也是由于乌兹别克斯坦领导人打算加强与俄罗斯的军事政治合作，这在 2005 年春的安集延事件后表现得尤为突出。安集延事件发生后，乌兹别克斯坦与美国关系不断恶化，俄罗斯趁机拉拢乌兹别克斯坦，排挤美国在乌的影响。

2005 年 5 月 12 日，在乌的安集延市，一伙宗教极端主义者抢劫军营武器，攻占州政府大楼，公然提出卡里莫夫政府下台等要求。卡里莫夫派军队镇压了这场暴动。镇压引起西方舆论谴责。与欧美的谴责不同，俄罗斯迅速表明了支持卡里莫夫总统的立场。俄罗斯的支持使乌兹别克斯坦亲美外交开始转变。2005 年 7 月初，卡里莫夫总统访问俄罗斯时多次向普京总统致谢，并表示乌兹别克斯坦将外交政策取向由美国转到俄罗斯。同年 7 月 29 日，乌兹别克斯坦正式要求美军撤离汗纳巴德空军基地。在给美国使馆的逐客令中，乌方没有解释为何突然变脸，但这显然是对美国对乌兹别克斯坦政府镇压示威事件态度的反应。

当乌兹别克斯坦和西方颜色革命划清界限时便和俄罗斯以及其同盟者的关系接近。2005 年 10 月 7 日，在中亚合作组织圣彼得堡峰会上做出将

---

① С. Г. Лузянин, *Восгочная политика владимира путина – возвращение россии на《большой восток》*（2004 – 2008*гг*），Москва，2007，c. 213.

该组织与俄罗斯主导的欧亚经济共同体合并的决定后，卡里莫夫总统随即宣布乌兹别克斯坦加入欧亚经济共同体，并表示乌有意与俄罗斯发展同盟关系。

10 月 14 日，普京与卡里莫夫在莫斯科签署了《俄罗斯联邦共和国和乌兹别克斯坦共和国联盟关系条约》，这个条约成为 2004 年 6 月 16 日俄乌战略伙伴关系条约的继续。条约扩展了经济合作的内容，特别是能源合作。

能源合作方面，俄罗斯与乌签署产品分成协议，勘探开发乌油气资源。2004 年乌兹别克斯坦石油开采量为 660 万吨；[①] 天然气开采量 599 亿立方米。[②] 乌兹别克斯坦的天然气主要出口到邻国，以及经过俄罗斯境内出口到欧洲国家。俄罗斯在乌兹别克斯坦对外经济贸易中占有重要位置，尤其是能源贸易。

2002 年 12 月 17 日，俄罗斯天然气工业公司与乌兹别克斯坦国家石油天然气公司签署《天然气领域的战略合作的协议》，内容：2004—2012 年俄罗斯长期购买乌兹别克斯坦的天然气。2003 年 4 月 14 日，在塔什干签署俄天然气工业公司与乌国家石油天然气公司共同开发储量为 200 亿立方米的沙赫帕赫德气田，根据产品分成协议，双方各拥有所开采天然气的 50%，协议期限 13 年（2005—2019 年）。以及改造“中亚—中央”天然气管道和“布哈拉—乌拉尔”天然气管道。2004 年 6 月普京访问乌兹别克斯坦期间，卢克石油公司与乌国家石油天然气公司签订了一项合同，规定双方共同开发位于乌兹别克斯坦西南部的坎德姆—哈乌扎克—沙德油气田。为实施这一项目，双方组成财团，其中俄罗斯财政投资集团的石油天然气联盟占 90% 的股份，乌兹别克斯坦国家石油天然气公司占 10% 的股份。[③] 2006 年 1 月，乌加入欧亚经济共同体时，又与俄天然气工业公司签署了允许俄方开发乌斯秋尔特地区三个大型油气田的产品分成协议。随着这些气田的开发，俄罗斯从乌兹别克斯坦进口的天然气从 2007 年的 50 亿

① Э. М. Иванов, *Экономические отношения россии со странами центральной Азии*, Москва, 2006, с. 26.

② Э. М. Иванов, *Экономические отношения россии со странами центральной Азии*, Москва, 2006, с. 29.

③ Э. М. Иванов, *Экономические отношения россии со странами центральной Азии*, Москва, 2006, с. 66.

立方米增至180亿立方米。此外，俄罗斯联合石油天然气公司和其他投资者参与“乌兹别克斯坦公司”所属气田的开发，该气田的天然气预测储量为5000多亿立方米，而根据联合石油天然气公司与俄天然气工业公司签订的协议，天然气工业公司实际上是这一项目的主要投资者。

俄乌天然气管道合作方面：乌兹别克斯坦虽然是天然气生产大国，但乌是一个典型的“双内陆国家”，其周边邻国也是内陆国。这样的地理位置使得乌兹别克斯坦的天然气出口主要通过管道。1997年，乌向近邻哈萨克斯坦、吉尔吉斯斯坦和塔吉克斯坦累计供应了25亿立方米天然气。1998年，由于哈、吉欠款，不仅使出口天然气数量减少，而且还经常被迫中断向其他独联体国家的供货。俄罗斯是乌天然气的大买主。1999年，两国曾签署乌向俄罗斯供应32亿立方米天然气的协议。2001年5月，两国又签署了乌每年向俄罗斯输气50亿立方米的协定。

2002年12月，俄罗斯天然气工业公司与乌兹别克斯坦国家石油天然气控股公司签订了天然气领域的战略合作协议。该协议的一项主要内容为，2003—2012年乌方公司每年给俄罗斯供应天然气，最初为每年50亿立方米，然后逐年增加到200亿立方米。该协议的另一项主要内容为，双方共同开发乌兹别克斯坦共和国乌斯秋尔特石油天然气矿区的碳氢化合物资源。据估算，该地区石油的远景储量约为40亿吨。乌兹别克斯坦方面认为，与俄罗斯签订这样的合作协议不仅有助于扩大自己的天然气产量，最主要的是能够利用“中亚—中央”输送系统扩大天然气出口量及占领新的销售市场。

在油气管道方面，乌兹别克斯坦拥有一个较为完备和发达的天然气运输干线和支线网，全长约1.3万公里。但俄罗斯的管道系统在石油天然气运输方面比乌更具有优势。按照乌兹别克斯坦专家学者的建议，乌兹别克斯坦石油和天然气经过俄罗斯运往欧洲的利润明显超过了美国给中亚国家的财政扶持。2005年2月，俄罗斯天然气工业公司与乌签署了2006—2010年天然气运输协议，通过从乌过境的“中亚—中央”管道运输土库曼斯坦天然气。俄计划将“中亚—中央”天然气管道的运力提高至800多亿立方米，第二阶段还计划修建一条运力为300亿立方米的新管道。

俄罗斯与乌兹别克斯坦区域能源市场的发展前景很大程度上取决于双方的政治合作。在军事领域，2004年5月12日俄乌在塔什干签署军事合同，俄罗斯向乌军事委员会提供防御武器和弹药等，还为乌兹别克斯坦培养飞行员。

在其他商业贸易方面，俄罗斯大量地购买乌兹别克斯坦的棉花和其他商品，促进乌兹别克斯坦对外贸易的平衡。2002 年乌兹别克斯坦向俄罗斯提供棉花、纤维和其他纺织材料，价值 1460 万美元，还提供具有战略意义的原料，包括铜和铜制产品价值 300 万美元；锌和镀锌制品价值 310 万美元。① 俄罗斯与乌兹别克斯坦的能源关系既涉及经济领域；又涉及政治领域；另外，还涉及俄罗斯与其他中亚国家的关系。乌兹别克斯坦与中亚其他国家因各种因素而存在着冲突。俄罗斯参与调整这些冲突对俄罗斯中亚政策的推行有积极意义。

从俄罗斯与乌兹别克斯坦能源关系发展中可看到，两国能源关系受到多种因素的制约。首先，俄乌能源关系是受两国政治关系制约。2004 年两国建立战略伙伴关系后，莫斯科和塔什干便具有扩展经济合作的可能性。在乌兹别克斯坦加入集体安全和欧洲合作组织后，俄乌之间的经济贸易和能源合作顺利展开。能源合作也推动了独联体一体化进程。

其次，乌兹别克斯坦凭借其在中亚地缘政治和油气资源的优势，对外实施“大国平衡”政策。“卡里莫夫在 2006 年—2008 年与俄罗斯密切关系的同时，也保留了一定的空间恢复和华盛顿的政治关系。”② 乌兹别克斯坦利用美俄在中亚的博弈，适时维护本国的经济与政治利益，发挥能源资源的潜力为其对外政策服务。

最后，尽管莫斯科和塔什干在能源贸易方面签署了相应的协议，但俄罗斯在乌兹别克斯坦的政治与经济安全受到其他因素的影响，主要的不利因素是宗教激进主义活动的威胁、军事和政治环境不稳定。几年来，中亚地区宗教极端分子力图把乌东南部的费尔干峡谷建成宗教激进主义中心，这里已成了不稳定的政治策源地。他们大肆策划在中东及俄罗斯车臣等地进行以俄和西方为敌的宗教激进主义活动。因此，一致反对恐怖主义，成为俄乌合作的政治基础，政治合作也促进两国在能源方面的合作。

---

① Э. М. Иванов, Экономические отношения россии со странами центральной Азии, *Москва*, 2006, с. 119.

② С. Г. Лузянин, *Восгочная политика владимира путина – возвращение россии на《большой восток》(2004 – 2008гг)*, Москва, 2007, с. 220.

（三）俄罗斯对土库曼斯坦的能源外交

1. 土库曼斯坦油气资源及出口情况

土库曼斯坦是位于中亚西南部的内陆国家。1917 年十月革命爆发后，红军在土库曼斯坦地区建立苏维埃政权。1918 年 4 月土耳其斯坦苏维埃自治共和国成立，土库曼斯坦地区就归属于该自治共和国。1924 年根据苏联政府在中亚地区的民族划界，10 月 27 日成立土库曼苏维埃共和国，1925 年升格为主权共和国，并加入苏联。苏联时期，土库曼斯坦的经济得到很大的发展。棉花种植业在农业中占主导地位。石油天然气工业是联邦共和国的第二大经济支柱，1960 年联邦共和国开始为俄罗斯联邦共和国提供天然气。[①]

苏联解体后，土库曼斯坦国土面积 49.12 万平方公里，人口 684 万（2007 年）。该国北部和东北部与哈萨克斯坦、乌兹别克斯坦接壤，西部濒临里海东岸，南部与伊朗为邻，东南部与阿富汗交界。

土库曼斯坦拥有丰富的油气资源，截至 2006 年年初，美国《油气杂志》估计土库曼斯坦石油和凝析油的剩余已探明储量约有 8100 万吨。而据美国能源咨询公司（HIS）估计，土石油储量约有 2.7 亿吨，另外还有约 8.1 亿吨未探明储量，多集中在该国西部的南里海含油气盆地。土库曼斯坦政府曾于 2000 年宣布该国里海大陆架石油远景储量约有 110 亿吨。石油主要蕴藏在土西部沿里海地区，主要油田有卡杜杰别和巴尔萨克尔梅兹。

土库曼斯坦是继俄罗斯、伊朗和卡塔尔之后世界第四大天然气资源国。土库曼斯坦天然气地质储量约有 29 万亿立方米，已探明储量约 3 万亿立方米。截至 2007 年剩余可采储量 2.7 万亿立方米。陆上天然气主要蕴藏在土库曼斯坦的东部。另据土库曼斯坦油气工业与矿产资源部估计，在土库曼斯坦所属里海的 2000—7000 米深度集中了大量烃类资源：约有 120 亿吨石油和 6.2 万亿立方米天然气。土库曼斯坦已发现 149 个天然气田，其中陆上气田 139 个，里海大陆架气田 10 个。现有比较大的气田主要有：格泽尔古姆、欧尔杰克利、艾吉扎克、南埃克列姆；规模比较大的

---

① Н. А. Добронравин、О. Л. Маргания, *Нефть газ модернизация общества*, Москва, 2008, с. 464.

凝析气田有：卡杜杰别、鲍萨克贝梅兹、古伊杰克等。

独立后，土库曼斯坦的油气产量不断提高。石油开采量 1990 年为 570 万吨，2004 年为 1000 万吨，开采量增加了 175%。天然气开采量 1991 年为 843 亿立方米，2004 年为 586 亿立方米。[①] 在土库曼斯坦的出口结构中，天然气处于第一位，占出口总量的 45.4%；石油产品占出口总量的 27.1%；原油占出口总量的 10.5%。[②] 土库曼斯坦的天然气出口收入成为其重要的收入来源，天然气出口情况关系到国家的经济安全。

2. 俄罗斯对土库曼斯坦的能源外交

苏联解体后，土库曼对外推行中立政策，并疏远俄罗斯主导的独联体。俄土的关系，由于俄罗斯民族居民在土库曼斯坦国家受到严格的限制而紧张。为缓和两国关系，俄罗斯主要借助于“油气管道杠杆”向土库曼斯坦施加影响，维护俄罗斯在土的利益。

俄土的能源合作主要表现在天然气方面，土库曼斯坦的天然气几乎都出口到俄罗斯。土库曼斯坦和俄罗斯的天然气联系是从 1993 年开始。

1994 年 4 月，俄罗斯与土库曼斯坦签署了《关于在发展燃料动力系统方面进行合作的协定》。协定规定，俄罗斯参与土库曼斯坦的油气勘探、开发、加工以及其他国际项目，其中包括建设经伊朗和土耳其至欧洲的天然气管道。

1995 年，双方签署了《2000 年前经济合作基本原则和方向的协定》、《建立经俄罗斯和土库曼斯坦的“南北”运输走廊的协定》、《在发展燃料动力系统、天然气和石油领域进行合作的协定》等文件。

1996 年，根据土库曼斯坦政府与俄罗斯天然气工业公司签署的一系列协定，成立了“土俄天然气公司”，其中土库曼政府持有 51% 的股份，俄罗斯天然气工业公司占 45% 的股份，在美国注册的国际能源公司伊杰拉公司占 4% 的股份。“土俄天然气公司”合作的主要内容是：在土库曼斯坦及其国外寻找和勘探碳氢化合物原料；经营碳氢化合物开发项目；运输、加工和销售天然气、其他碳氢化合物及其加工产品。该

---

① Э. М. Иванов，*Экономические отношения россии со странами центральной Азии*，Москва，2006，с. 29.

② Н. А. Добронравин、О. Л. Маргания，*Нефть газ модернизация общества*，Москва，2008，с. 471.

公司基本任务之一是利用跨经土库曼斯坦、乌兹别克斯坦、哈萨克斯坦、俄罗斯和乌克兰的天然气管道干线，促进土库曼斯坦天然气在欧洲市场的销售。

但随着土库曼斯坦国防力量的增强，土库曼斯坦于 1999 年 9 月单方面终止执行 1993 年与俄罗斯签署的共同保卫土边界协议，俄罗斯边防军在同年 12 月撤出土库曼斯坦。土希望通过开辟绕过俄罗斯的新管线来降低天然气出口对俄罗斯境内输气管道的依赖程度。俄则通过积极的能源外交阻止土库曼斯坦实施新管线建设计划。

俄罗斯天然气工业公司为巩固本身在世界能源市场的优势，考虑土库曼斯坦地缘政治的特殊性，土是里海成员国，加强俄罗斯和土库曼斯坦的债务关系可以分配里海的油气资源并参与开发，2000 年俄罗斯改善与土库曼斯坦的能源关系。

2000 年 5 月普京访问土库曼斯坦，双方进行了会谈。对于这次会谈，客观来说，土库曼斯坦比较感兴趣的是恢复债务关系。原因在于俄罗斯天然气工业公司封锁土库曼斯坦天然气输送到欧洲，使其每年损失数十亿美元。[①] 在普京 2000 年试探性访问后，俄罗斯取消了对土的天然气输送的封锁。随后，俄罗斯大量购买土库曼斯坦的天然气。并且在天然气领域重新开始合作。2000 年俄土贸易额达到 10 亿 300 万美元。[②] 2001—2002 年俄罗斯与土库曼斯坦之间的贸易额重新开始减少到 1 亿 7800 万美元。减少的原因是两国间缺少战略性的文件调整商贸合作。

2002 年 1 月，土库曼斯坦总统 C. 尼亚佐夫（Сапармурата Ниязов）访问莫斯科签署加强两国在能源系统合作的协议。同时，在谈判过程中双方对土库曼斯坦天然气价格产生分歧，最终没有达成一致的方案。

2002 年 4 月，在阿什哈巴德举行了里海区域国家峰会，普京和尼亚佐夫签署了为期 10 年的《俄罗斯联邦和土库曼斯坦友好合作条约》，条约表达了双方在发展原料加工、运输和销售方面合作的愿望。

2002 年 9 月俄罗斯能源部长优素福访问阿什哈巴德，传递了克

---

① С. Г. Лузянин，*Восгочная политика владимира путина – возвращение россии на《большой восток》*（2004 – 2008*гг*），Москва，2007，с. 252.

② Ibid. .

里姆林宫打算和土库曼斯坦在能源领域长期合作的信息。

2003 年 4 月 10 日，尼亚佐夫访问莫斯科，双方签署了《俄罗斯联邦和土库曼斯坦关于至2028 年天然气领域合作协议》。该协议规定了俄罗斯每年购买土库曼斯坦天然气的具体数额。根据此协议，土库曼斯坦在 2028 年之前向俄罗斯提供 20000 亿立方米天然气，俄罗斯以供货方式向土库曼斯坦支付一半的进口天然气费用。同时，天然气工业公司还与土库曼斯坦石油天然气公司签署了长期合同，根据此合同，2004 年天然气工业公司从土库曼斯坦购买天然气 50 亿—60 亿立方米；2006 年购买天然气 100 亿立方米；2007 年购买天然气 600 亿—700 亿立方米；2009 年购买天然气 700 亿—800 亿立方米。[①] 尼亚佐夫对天然气价格进行了让步，价格是在天然气工业公司提案的基础上确定的。上述协议和合同为两国经贸关系各领域的发展奠定了坚实的基础，同时还促进土库曼斯坦的经济发展和一系列社会经济问题的解决。

俄罗斯天然气工业公司除购买土库曼斯坦天然气外，其子公司在 2005 年从土库曼斯坦购买 440 亿立方米天然气，并将其经天然气工业公司的管道系统运输至乌克兰，从 2007 年开始增加到每年 600 亿立方米，乌克兰支付该管道系统扩建的大部分费用。该协议实质上大大加强了俄罗斯在转运土库曼斯坦天然气问题上近乎垄断的地位。

同时，俄罗斯与土库曼斯坦还签署了《保护相应范围安全协议》，根据此协议俄罗斯与土库曼斯坦在安全领域进行合作，双方在打击国际恐怖主义、非法武装冲突以及偷渡问题达成了一致，协议的有效期限为 10 年。签署这个协议的背景是 2003 年美国对伊朗的行动，当时许多观察家指出，尼亚佐夫和俄罗斯签署的一系列协议主要源于美国对土库曼斯坦的强硬态度。

在管道运输方面：2003 年前，俄罗斯“伊杰拉公司”负责将土库曼斯坦的天然气向独联体其他国家供应。自 2003 年起，土经俄向乌克兰供气转由天然气工业公司承担。2003 年土经俄过境出口天然气 400 多亿立方米。2005 年年初，尼亚佐夫提高了对乌克兰供气价格，并试图修改与天然气工业公司签署的合同条款。尽管俄迫于形势，答应了土的涨价要

---

① С. Г. Лузянин，*Восгочная политика владимира путина – возвращение россии на《большой восток》（2004 – 2008гг）*，Москва，2007，с. 254.

求，但土的天然气出口管道仍控制在俄罗斯的手中。

管道运输合作涉及的有：首先，苏联的“中亚—中央天然气管道系统”，线路是土库曼斯坦—乌兹别克斯坦—哈萨克斯坦—俄罗斯—乌克兰—外高加索。该管道 1967 年开建，1974 年建成。设计年运输能力为 800 亿立方米。苏联解体后，这一管道提供了独联体国家所需天然气的绝大部分，其原料基地主要是土库曼斯坦的东部地区。目前，土库曼斯坦天然气约占俄罗斯从中亚进口天然气总量的 60%，全部通过此管道运输。因管道设备老化，目前实际年输气能力仅可达到 300 亿—400 亿立方米。2007 年 5 月 12 日，俄罗斯、土库曼斯坦和哈萨克斯坦三国总统发表声明，在新修一条沿里海天然气管道的同时，更新改造已有的“中亚—中央管道”。

其次，“土哈俄沿里海管道”。该管道沿里海岸边，从土库曼斯坦经哈萨克斯坦到俄罗斯。该管线全长约 1700 公里。2007 年 5 月 12 日，土库曼斯坦、哈萨克斯坦和俄罗斯三国总统发表声明，同意在原有管线旁平行铺设一条新管线。计划从土境内“别列克”加压站到俄哈边境“亚历山大德罗夫加伊”计量站，与现有的“中亚—中央”输气管道交会后进入俄境内。设计最大年运输能力为 300 亿立方米。2007 年 12 月 20 日，三国总统在莫斯科签署正式协议。该项目将由土库曼斯坦国家天然气集团、俄罗斯天然气工业公司和哈萨克斯坦油气集团共同完成。

俄罗斯与土库曼斯坦的能源关系在经历了几年的合作后，由于受到国际政治和经济因素的影响，出现不稳定。国际金融危机爆发后，欧洲天然气市场需求开始出现下滑，俄土伙伴关系也随之呈现急剧降温趋势。中亚地区和国际天然气市场形势发生了变化，土库曼斯坦政府制定并出台了条件苛刻的投资政策，这一系列客观因素迫使俄罗斯不得不调整已制订的俄土天然气合作计划。2007—2008 年，俄罗斯天然气工业公司每年在土库曼斯坦的天然气采购量都保持在 420 亿立方米水平，然而，2009 年仅从土库曼斯坦进口了 95 亿立方米，而不是合同规定的 410 亿立方米。2010 年天然气工业公司做出决定，将进一步压缩与土库曼斯坦在天然气领域的合作，不仅将土库曼斯坦天然气的采购量降到 2002 年水平，而且原本计划实施的天然气管道项目也推迟启动。因现有的中亚—中央天然气管道和布哈拉—乌拉尔天然气管道足以确保将土天然气经乌兹别克斯坦运到俄罗斯，这意味着原本计划新建的数条从土库曼斯坦到俄罗斯的天然气管道将无限期推迟开工。

为了应对能源关系的变化，土库曼斯坦采取了积极的措施。一是“在土库曼斯坦天然气对俄罗斯的供货前景方面，阿什哈巴德试图修改2003年与俄罗斯签署的协议价格，特别是俄罗斯天然气工业公司购买土库曼斯坦天然气的价格”①。二是积极开辟天然气运输多元管线，尤其是天然气管道修建不排除与欧美的合作。土库曼斯坦政府曾宣布，在选择能源合作伙伴时不带有任何政治倾向：可靠、能取得经济效益以及能获得与对方平等的利润是政府在选择能源伙伴时所依据的主要原则。对中亚国家的能源外交，虽俄罗斯在中亚地区仍占主导地位，但其他大国纷纷涉足能源市场，这符合中亚各国的利益，平衡俄罗斯对中亚油气资源的控制。

土库曼斯坦—伊朗天然气管道二线开工建设以及欧盟力主实施的“纳布科”项目的积极推进，都对俄罗斯对土库曼斯坦天然气管道的控制是一个挑战。“纳布科”项目股东之一德国公共事业巨头RWE公司在中间发挥重要作用。2009年，德国RWE公司与土库曼斯坦政府签署了关于开发里海23号海上区块的产品分成合同和长期合作备忘录。根据备忘录，双方将在建设天然气基础设施领域开展合作。对于欧洲来说，最重要的是在土库曼斯坦长期储备大量天然气，而俄罗斯在土库曼斯坦采购的天然气越少，留给欧洲的储备气就越多。

面对其他大国在中亚与俄罗斯的能源贸易博弈，2009年12月，俄罗斯与土库曼斯坦签署了在能源和机械制造领域扩大战略合作的政府间协议，除了参与土库曼斯坦里海天然气勘探开发外，协议还规定将规划和建设“沿里海天然气管道土库曼斯坦境内段”，实施“东方—西方”管道项目内容。

俄罗斯天然气工业公司一系列的应对措施表明，通过加强与土库曼斯坦的伙伴关系，削弱土库曼斯坦及其他大国在国际能源市场对自己的竞争与威胁。

综上所述，俄罗斯对土库曼斯坦的能源外交，呈现出两个资源国之间的合作与竞争的特点。形成这个特点的原因：其一，两国能源发展的互补

---

① С. Г. Лузянин，*Восгочная политика владимира путина – возвращение россии на《большой восток》（2004 –2008гг）*，Москва，2007，с. 261.

性。土库曼斯坦在天然气勘探、开发、技术、资金方面依靠俄罗斯。土库曼斯坦与俄罗斯之间有债务关系，天然气出口管道离不开俄罗斯。同时，土库曼斯坦是俄罗斯重要的天然气伙伴，运输土库曼斯坦的天然气对俄罗斯天然气工业公司来说既可获得一笔不菲的利润，又可巩固俄罗斯在世界能源市场的优势。其二，土库曼斯坦属里海成员国，又蕴藏丰富的天然气资源，其地缘政治的意义，使俄罗斯对其能源外交比较审慎。“增加俄罗斯与土库曼斯坦的债务关系，可以在分配里海油气资源开采里海油气资源中，收获更大的利益。”① 其三，俄罗斯与土库曼斯坦能源外交中受政治因素影响较大。在 2006 年俄罗斯与乌克兰天然气关系中，土库曼斯坦的政治作用在加大。另外，随着阿什哈巴德在独联体中的作用不断加强，俄罗斯与土库曼斯坦战略伙伴关系对中亚政治与经济形势的走向关系重大。

（四）俄罗斯对吉尔吉斯斯坦的能源外交

1. 吉尔吉斯斯坦油气资源概况

吉尔吉斯斯坦是位于中亚东部的内陆国。1924 年 10 月 14 日，根据苏联政府在中亚地区的民族划界成立卡拉吉尔吉斯自治州，即后来的吉尔吉斯自治州，隶属于俄罗斯苏维埃联邦共和国。1926 年 2 月改为吉尔吉斯苏维埃自治共和国，仍属于俄罗斯苏维埃联邦共和国。1936 年 12 月 5 日，吉尔吉斯苏维埃自治共和国升格为加盟共和国，并加入苏联。

苏联解体后，吉尔吉斯斯坦国土面积 19.85 万平方公里，人口 520 万（2007 年年初）。北部同哈萨克斯坦、西部同乌兹别克斯坦、东部同中国、南部同塔吉克斯坦接壤。

吉尔吉斯斯坦亦产石油天然气，但产量很少，主要依靠进口。吉尔吉斯斯坦的石油主要蕴藏在阿赖山北坡的费尔干纳盆地，有嘎兹利、乌尔塔布拉克、舒尔塔、泽瓦尔德天然气和凝析气田以及科克杜马拉克油田。在共和国南部，石油天然气勘探工作还在进行。奥什州和贾拉勒阿巴德州是吉尔吉斯斯坦的石油天然气产地。该国最大的迈利赛天然气田出产的天然气经迈利赛—贾拉勒阿巴德—奥什输气管道输出。根据不同的资料，吉尔

---

① С. Г. Лузянин, *Восгочная политика владимира путина – возвращение россии на《большой восток》(2004 – 2008гг)*, Москва, 2007, с. 251.

吉斯斯坦的碳氢化合物总储量为 4 亿—7.6 亿吨，探明天然气储量估计为 50 亿立方米，石油探明储量估计为 1 亿吨。

尽管采掘业是吉尔吉斯斯坦国民经济的支柱产业，但油气开采并不是其主要产业，每年产值不到工业总产值的 2%。虽然吉有近百年油气开采史，但产量极低，石油年产最高值为 32 万吨，天然气 3.8 亿立方米。1985 年以后，油气产量便呈现下降趋势。1990 年，石油开采量为 20 万吨；2000 年，石油开采量下降为 10 万吨；2004 年，石油开采量为 10 万吨。[①] 天然气开采量 1991 年为 1 亿立方米；2000 年为 3000 万立方米；2004 年仍为 3000 万立方米。[②] 吉尔吉斯斯坦是油气资源短缺的国家，所需油气及其制品几乎完全依赖从俄罗斯、乌兹别克斯坦和哈萨克斯坦进口。另外，吉尔吉斯斯坦境内有一条天然气管道，乌兹别克斯坦的天然气通过这条管道输往哈萨克斯坦。根据吉尔吉斯斯坦与哈萨克斯坦 2003 年 12 月 26 日签订的《联盟关系条约》，两国于 2004 年 3 月 25 日组建“吉哈天然气公司”共同管理吉北部的天然气管道。该管道从乌兹别克斯坦的布哈拉经吉尔吉斯斯坦到达哈萨克斯坦南部，为吉北部地区和哈江布尔州和阿拉木图州供气。尽管吉尔吉斯斯坦山地崎岖，严重影响了输油管道的输送能力，但它已承担起了在伊朗、土库曼斯坦以及哈萨克斯坦之间转运油气的任务。

吉尔吉斯斯坦对外贸易和工业部负责内外能源政策。该部设有国家能源局，直接负责燃料动力系统的协调和管理。2001 年通过了《国家能源纲要》阐述了能源政策的基本原则。1996 年通过了《能源法》，1997 年通过了《地下资源法》，1999 年通过了《石油和天然气法》。吉尔吉斯斯坦批准了《能源宪章条约》，参与了《能源宪章过境议定书》和《能源宪章条约投资议定书》的制定工作。

2. 俄罗斯对吉尔吉斯斯坦的能源外交

从地缘政治方面来看，吉尔吉斯斯坦本身的战略价值并不高，它的战略意义在于其特殊的地理位置以及能够由此操控的权力角逐。吉尔吉斯斯

---

① Э. М. Иванов, *Экономические отношения россии со странами центральной Азии*, Москва, 2006, с. 26.

② Э. М. Иванов, *Экономические отношения россии со странами центральной Азии*, Москва, 2006, с. 29.

坦是古丝绸之路的十字路口，苏联、欧洲、中东、南亚和中国等大市场都距此不远。在中亚地区的权力角逐中，吉尔吉斯斯坦将是一张重要的王牌。俄罗斯与吉尔吉斯斯坦的关系经历曲折的历程，美国在中亚的染指，直接影响俄吉关系。而两国的政治关系，直接涉及两国的能源关系。

对于俄罗斯来说吉尔吉斯斯坦是其在中亚地区的前哨。1992 年 6 月 10 日，俄罗斯与吉尔吉斯斯坦两国总统在莫斯科签订两国友好合作与互助条约。同时，还签订了一系列协议：关于两国国家银行合作协议，关于两国在能源、交通以及企业家活动方面，在文化、教育方面的合作协议等。

1994 年 2 月，吉尔吉斯斯坦总统阿卡耶夫（Акыев）访俄，与俄罗斯总统叶利钦举行会晤，俄罗斯答应向吉尔吉斯斯坦提供 750 亿卢布贷款，用于阻止吉尔吉斯斯坦境内居民外流。

2000 年 7 月 27 日，普京和阿卡耶夫在莫斯科签署了《友谊、联盟和伙伴关系宣言》。

2002 年 12 月 5 日普京访问比什凯克时正式确认，并发表了《比什凯克宣言》，俄罗斯将通过在卡尼特建立相应的军事基地，巩固两国的军事政治关系。

2003 年 9 月，俄罗斯国防部长与吉尔吉斯斯坦国防部长签署《俄罗斯在吉尔吉斯斯坦设置军事基地条约》，条约实际上确认比什凯克是俄罗斯继哈萨克斯坦之后的盟友。

与此同时，吉尔吉斯斯坦国内政治向右转，阿卡耶夫公开和西方国家交流。2003—2004 年以后，阿卡耶夫公开发展与西方的债务关系。2003 年秋，美国和吉尔吉斯斯坦签署了在马纳斯建立为期三年的军事基地协议，这一协议使莫斯科非常不满。马纳斯基地是美军在前苏联的中亚地区建立的第三个基地。阿卡耶夫维持美国和俄罗斯之间军事平衡政策影响了俄罗斯和吉尔吉斯斯坦的双边关系。

2005 年吉尔吉斯斯坦发生“3・24”事件（颜色革命），南方的市民聚集到首都，总统隐藏到俄罗斯。“3・24”事件影响到俄罗斯和吉尔吉斯斯坦的关系，包括军事、政治和经济关系。克里姆林宫与新政权进行了正式和非正式的接触，3 月 26—27 日莫斯科发表声明支持新政权，以保持吉尔吉斯斯坦和区域的稳定。3 月 27 日吉总统巴基耶夫（Бакиев）确认了吉与俄的战略伙伴关系；吉继续参加经济一体化和安全方案；保留俄罗斯在卡尼特的军事航空基地。

2005 年 4 月，吉尔吉斯斯坦外交部长访问莫斯科，确认保持俄罗斯在吉尔吉斯斯政府中具有优先的地位。

2006 年俄罗斯在比什凯克活动的主旋律是发展战略性和重要工业经济以及投资合作。2005—2006 年，俄罗斯是吉尔吉斯斯坦主要的贸易伙伴，在吉对外贸易中俄罗斯占第一位。

2006 年巴基耶夫总统访问莫斯科，使普京确信吉国内政治、经济已走上正轨。这对加深俄罗斯和比什凯克的关系有重要意义，特别是经济投资。

伴随着两国政治关系的发展，经济贸易和能源外交也同时进行着。俄罗斯出口到吉尔吉斯斯坦的商品为石油加工品、焦炭、石油沥青、黑色金属管和其他商品。而吉尔吉斯斯坦提供给俄罗斯电能、羊毛、棉纤维和其他商品。吉尔吉斯斯坦是油气资源短缺的国家，所需油气及其制品几乎完全依赖从俄罗斯、乌兹别克斯坦和哈萨克斯坦进口。吉尔吉斯斯坦独立后，受制于原有的苏联统一能源体系，长期依赖于乌兹别克斯坦天然气供应。但乌常以此要挟，迫使其实行有利于乌的政策。俄罗斯便趁此时机进入吉能源领域。

2003 年 5 月，俄罗斯与吉尔吉斯斯坦签署了 25 年天然气合作协议，俄将据此提高对吉天然气出口量，降低其对乌的依赖。同时，吉政府给予俄罗斯天然气工业公司开发新能源的权力。

2004 年 2 月 18 日，天然气工业公司称，俄将参与吉境内油气开采，并参加吉石油天然气股份公司国有股托管的招标。

2005 年年底，俄天然气工业公司总裁阿列克谢·米勒与吉总理费利克斯·沙尔申巴耶维奇·库洛夫达成了建立联合企业的协议，拟在吉境内联合开发新气田。双方约定，联合企业主要负责地质勘探工作，向吉油气领域投资、恢复和改善现有天然气运输设施。

2006 年 4 月，两国通过谈判确认了俄罗斯天然气工业公司、俄罗斯电力公司对吉尔吉斯斯坦投资方案。

俄罗斯对吉尔吉斯斯坦能源外交面临的挑战来自多方面：首先，西方国家的竞争。2006—2008 年，俄罗斯通过扩展经济合作使许多大企业在吉尔吉斯斯坦具有投资的可能。但由于阿卡耶夫时期奉行对外经济多元化政策，俄罗斯对吉能源外交面临着西方国家的竞争。其次，吉尔吉斯斯坦国内政局的影响。吉国内政局的不稳定，即反对派争夺政权的斗争。总统巴基耶夫和总理库洛夫的竞争很可能间接地影响两国关系，俄罗斯感兴趣的是保持和吉尔吉斯斯坦现有的关系，不破坏相应的平衡。2007—2008年俄罗斯支持吉国内的强硬派巴基耶夫总统。最后，与中亚能源出口国的竞争。2007—2008 年俄罗斯增加了在吉经济领域的投资，这或许说俄罗斯与哈萨克斯坦在吉的能源竞争更加激烈。

（五）俄罗斯对塔吉克斯坦的能源外交

1. 塔吉克斯坦油气资源概况

塔吉克斯坦是位于中亚东南部的内陆国家，其西部与乌兹别克斯坦，北部与吉尔吉斯斯坦、东部与中国、南部与阿富汗接壤。1920 年 10 月，塔吉克劳动人民在苏联红军的帮助下推翻了布哈拉封建汗国王朝，建立起布哈拉苏维埃自治共和国，隶属于乌兹别克苏维埃共和国。1929 年 10 月 16 日，塔吉克苏维埃自治共和国从乌兹别克苏维埃共和国分离出来，成立塔吉克苏维埃共和国，并升格为苏联的一个加盟共和国。

苏联解体后，塔吉克斯坦国土面积为 14.35 万平方公里，2007 年全国人口 710 万。2006 年，塔吉克斯坦的人均国内生产总值为 236 美元，塔吉克斯坦是苏联加盟共和国中最贫穷的国家，同时也是世界上最贫穷的国家之一。塔吉克斯坦在社会经济发展中落后于自己的邻国哈萨克斯坦和乌兹别克斯坦，客观上属于区域的外围。另外，在国内政治方面，塔吉克斯坦内部的权力倾轧使俄罗斯除了斡旋之外别无选择。

塔吉克斯坦的能源储量结构中，水利资源约占 90%。煤炭资源约占 9%，油气资源约占 1%。其石油储量约 1.17 亿吨，凝析油储量 2600 万吨。石油天然气主要分布在两个地区：一是西南部与阿富汗交界地区，其中深度 7000 米以内的石油储量约为 6800 万吨，凝析油 1600 万吨，天然气 2800 亿立方米。二是北部的费尔干纳盆地。其中石油储量 4700 万吨，凝析油 750 万吨，天然气 540 亿立方米。①

塔吉克斯坦的石油开采始于 1904 年，在北部费尔干纳盆地的谢礼罗哈 248 米深处打出第一口油井，日产 7 吨。从 1959 年到 2005 年，塔吉克斯坦共发现 25 处油气产地，其中规模较大的有：东阿里姆托伊、萨雷卡

---

① 张宁：《中亚能源与大国博弈》，长春出版社 2009 年版，第 99 页。

梅什、吉奇科别里、东苏别套、萨尔卡左等。

独立后，内战使生产力明显下降。1997 年结束长达五年的国内战争，技术熟练的专业人员大量流失、缺乏吸引外资所需的适宜环境，这些都是阻碍塔吉克斯坦经济发展的因素。1990 年石油开采量为 10 万吨；2004 年仅为 2 万吨。[①] 天然气开采量 1991 年为 1 亿立方米；2004 年仅为 0.35 亿立方米。[②] 国内需求只能依靠进口满足。塔吉克斯坦从乌兹别克斯坦和俄罗斯进口石油产品。

塔吉克斯坦能源部负责国家能源政策的制定与实施。为了研究有关能源政策的建议，2000 年塔吉克斯坦政府成立了由能源部长领导的跨部门能源协商委员会。2003 年，塔吉克斯坦政府通过了国家燃料动力系统私有化的方针。能源部制定了《能源企业非垄断化、结构改革和非国有化纲要》，以提高能源企业的效益。

2. 俄罗斯与塔吉克斯坦的油气合作

俄罗斯与塔吉克斯坦的油气合作是与两国的政治关系息息相关的。早在 1993 年，俄罗斯和塔吉克斯坦签署了《友好、合作和互助条约》，两国在此基础上发展政治关系。1995 年 9 月，塔吉克斯坦总统拉赫莫诺夫（Лахмонов）访问俄罗斯，与俄罗斯总统叶利钦签署《塔俄关于到 2000 年以前经济合作基本原则和方向的政府间协议》、《关于成立财政工业集团基本原则的协议》等文件。1998 年，塔吉克斯坦同俄罗斯达成共同对付极端势力的军事政治联盟。塔进口俄罗斯的武器装备，加强双方在国防和安全上的合作。1999 年，双方签订了《俄罗斯联邦和塔吉克斯坦共和国面向 21 世纪的同盟关系条约》。此外，两国政府还签署了一系列用于指导两国经贸合作的协定，其中包括燃料动力系统合作的协议。

莫斯科和杜尚别的政治关系在普京和拉赫莫诺夫执政时期，可以划分为两个阶段。

2000—2004 年为第一阶段，俄塔关系不稳定时期。

---

① Э. М. Иванов, *Экономические отношения россии со странами центральной Азии*, Москва, 2006, с. 26.

② Э. М. Иванов, *Экономические отношения россии со странами центральной Азии*, Москва, 2006, с. 29.

2002—2004 年期间，一方面，塔吉克斯坦积极参与中亚区域的安全和经济合作方案，发展和俄罗斯的伙伴关系。另一方面，双方也存在着很复杂的经济和边界问题。这期间，双方关系中存在一系列的对抗因素。

第一，2000—2001 年正是阿富汗战争期间，塔吉克斯坦的 90% 的领土上有塔利班分子。在政治和军事上莫斯科和杜尚别支持玛苏达。因塔利班的蔓延将影响到中亚整个区域的安全。在此形势下，杜尚别与北约、俄罗斯的领导人进行谈判。塔吉克斯坦在某种程度上成为玛苏达的后方军事基地，大多数军事专家认为，玛苏达将成为反塔利班的平衡力量。2001 年 10 月 21 日，普京访问杜尚别，与阿富汗总统拉巴尼（Лабани）和塔吉克斯坦总统拉赫莫诺夫讨论关于阿富汗的调停问题。因此，阿富汗因素促进了俄罗斯和塔吉克斯坦的接近。第二，美国“9·11”事件的影响。客观上说美国为俄罗斯、塔吉克斯坦和中亚区域其他国家消灭了塔利班分子，使宗教激进分子对区域内国家的威胁消除。同时，2002 年后华盛顿在杜尚别的影响加强，俄罗斯与塔吉克斯坦的关系开始变冷。塔总统拉赫莫诺夫访问美国，并与美国高级领导人会谈。美国试图在塔吉克斯坦实现乌兹别克斯坦方案。美国建议塔吉克斯坦对俄罗斯边防军进入塔吉克斯坦和阿富汗边境采取强硬的措施，以此来加强塔吉克斯坦在中亚区域内的影响。美国在乌兹别克斯坦和吉尔吉斯斯坦已经建立军事基地，也企图在塔吉克斯坦建立相应的基地，扩大其影响。在美国因素的影响下，2002—2004 年，俄罗斯和塔吉克斯坦的关系陷入低谷。第三，有关俄罗斯境内塔吉克斯坦移民的影响。每年在俄罗斯境内塔吉克斯坦的劳工约 50 万人，2002 年统计为 120 万人。从俄方的角度看，如果不进行限制，他们将和地方政权发生冲突。拉赫莫诺夫不止一次地对普京表示不满，指出俄罗斯限制了塔吉克斯坦公民的居住权利。第四，到 2004 年为止，俄罗斯和塔吉克斯坦还存在一系列尚未解决的问题。如：塔吉克斯坦对俄罗斯的债务问题；俄罗斯在塔吉克斯坦 201 师的设置问题；俄罗斯在塔吉克斯坦租赁军事战略工程努列克问题等。莫斯科很明白，根据其现有的财政经济状况，让塔吉克斯坦返还债务很不现实。同时，军事问题的谈判也非常困难。2004 年 6 月，塔吉克斯坦要求俄罗斯撤出苏联时期遗留下来的军事基地，并要求俄罗斯撤回部署在阿富汗边境地区的边防军。最终，俄罗斯以免除塔吉克斯坦部分债务并承诺向石油领域投资为代价保住了这块战略要地。

2004—2008 年为第二个阶段。2004 年是莫斯科和杜尚别关系转变时期。2004 年 6 月，在索契双方总统就存在的问题进行了协商，并解决了许多关键性的问题。其一，塔吉克斯坦大部分欠款用于俄罗斯对塔的大型能源工程的投资。其二，撤出俄罗斯在塔吉克斯坦和阿富汗边境的军队。其三，俄罗斯在 201 师的基础上，在塔建立军事基地。

2004 年 10 月，普京访问塔吉克斯坦继续完善索契的谈判。俄罗斯和塔吉克斯坦领导人签署了重要的协议。通过签署的军事和经济协议，俄罗斯取消了塔吉克斯坦 24200 万美元的债务。① 2006—2008 年俄罗斯与塔吉克斯坦关系进入关键时期。一是俄罗斯国有和非国有的大型公司进入塔吉克斯坦的能源市场。二是俄罗斯在塔吉克斯坦设置军事基地具有重大意义。俄罗斯在塔吉克斯坦的影响加强，影响俄罗斯与哈萨克斯坦、乌兹别克斯坦和吉尔吉斯斯坦的关系。俄罗斯学者 C. T. 索比尼认为“在塔吉克斯坦修建萨尼土基斯克和洛库尼斯克水电站具有重要的战略意义，水资源和相关资源把区域内相关国家联系在一起”。② 俄罗斯与塔吉克斯坦的关系的加强将缓和杜尚别和塔什干的关系。

2006—2008 年俄塔关系发展的重要内容之一，为安全问题。这不仅取决于俄罗斯与塔吉克斯坦之间的军事合作，也取决于美国和塔吉克斯坦的关系。2005 年美国国务卿赖斯访问塔吉克斯坦，传达了美国领导人试图访问这个国家的意图。美国欲在塔吉克斯坦建立军事基地。另外，美国不排除 2006 年，特别是 2007 年，在阿富汗和伊朗问题上对杜尚别施加更大的压力。

在加强两国政治军事关系的同时，俄罗斯也开始重视发展两国的经济关系和能源合作。1999 年 4 月，俄罗斯与塔吉克斯坦签署《政府间生产合作协议》和《政府间鼓励和相互保护投资协议》。俄罗斯与塔吉克斯坦的油气合作，主要合作企业是俄罗斯天然气工业集团。该集团一是占领塔吉克斯坦成品油市场。通过发展加油站和成品油仓库，2008 年已获得塔

---

① С. Г. Лузянин, *Восгочная политика владимира путина – возвращение россии на《большой восток》*（2004 – 2008*гг*），Москва，2007，с. 242.

② С. Г. Лузянин, *Восгочная политика владимира путина – возвращение россии на《большой восток》*（2004 – 2008*гг*），Москва，2007，с. 247.

约30%—35%的成品油市场份额。二是天然气公司帮助塔吉克斯坦开发本国的天然气，改造和建筑能源基础设施。2003年5月15日，俄罗斯天然气工业公司董事长阿列克谢·米勒与塔吉克斯坦能源部长签署了为期25年的《天然气领域战略合作协议》。按规定，天然气工业公司与塔在塔境内共同进行天然气勘探与开采，共同铺设、维修和使用管道与其他基础设施，以及净化、运输和销售天然气。天然气工业公司主要在塔萨雷卡梅什和沙姆巴雷等地进行天然气勘探。天然气工业公司还准备进一步更新中亚地区的管道系统，将该地区基础设施与俄罗斯天然气基础设施连接起来，建立俄与中亚天然气出口联合体系，以便必要时能够控制整个地区的供应。

俄塔两国能源关系，由于塔吉克斯坦是油气资源短缺国家，所需油气及其制品几乎完全依赖进口。所以，俄罗斯与其油气合作，俄罗斯处于优势地位。俄罗斯在获取经济利益的同时，政治、军事因素作用也不断显现。如在塔吉克斯坦的驻军和军事基地等问题，成为两国间经济合作和能源合作的条件。另外，不论是俄罗斯还是美国或者安全条约缔约国也不得不考虑塔吉克斯坦的威胁。塔吉克斯坦的国家经济很大部分和毒品交易联系在一起，这成为影响俄罗斯、塔吉克斯坦和中亚国家安全的一个因素。其次是经济利益因素，能源大国在中亚地区能源市场的博弈，俄罗斯和伊朗对塔吉克斯坦市场的争夺。

三 俄罗斯中亚能源外交的特点

1. 浓厚的地缘政治色彩

2000年11月，俄罗斯联邦政府正式批准《2020年前俄罗斯能源战略的基本原则》，强调要借助能源外交促进经济复苏、维护地缘利益。[①] 俄罗斯外交部高级顾问C. 日兹宁曾撰文指出："在国际关系体系中军事因素作用下降的情况下，俄罗斯燃料能源综合体可以从长远加强国家的对外政策地位。这在苏联解体后实际上已经形成的单极世界中具有特殊的意义……因此在制定对外政策的基本原则、优先方向、目标的时候，重要的

---

① *Основные положения энергетической стратегии России на период до 2020 года*, http://www.mte.gov.

是要考虑与其他国家双边和多边关系中的能源因素的地缘政治意义。”①俄罗斯把中亚看成是自己在国际政治中的从属力量，认为中亚国家在保持地区稳定方面可以与俄罗斯共同发挥作用。对俄罗斯来说，中亚地区的未来走向关系到国家稳定、经济发展，是不可或缺的“战略屏障”和“前进基地”。“9·11”事件后，美国在中亚地区的渗透触及了俄罗斯的传统势力范围。为应对美国对中亚的地缘政治攻势，俄罗斯充分利用自己的油气资源，运用能源武器实施外交政策。在21世纪，地缘经济正在取代地缘政治，它将国家竞争力推向前台。在地缘经济中，决定性因素包括市场容量及其中的份额，商品、资本、服务和劳动力的流动，经济一体化与协作关系。②

此外，中亚国家独立后，中亚地区同样是一个未被开发的消费品市场。许多经济发展迅速的或拥有经济实力的国家把中亚视为有很大潜力的伙伴和市场，希望掌握中亚的能源，在中亚找到更多的发展机会，利用中亚的地理位置、丰富的自然资源和劳动力资源，为自己在国际竞争中占据有利位置服务。在这种背景下，为恢复俄罗斯在中亚地缘政治格局中的主导地位，俄罗斯制定在中亚地区能源外交的战略重点为：影响中亚地区地缘政治架构，努力使中亚成为俄的安全屏障和经济“附庸”。俄罗斯通过能源和对能源输送管道的控制来扩大在中亚地区的影响。俄罗斯为加强对里海能源的开发，2002年2月26日，环里海五国就里海法律地位问题在莫斯科举行会晤，俄罗斯提出以“划分海底、水域共享”原则加速里海开发。6月9日，俄罗斯与阿塞拜疆就划分里海海底问题达成一致意见。2003年年初，俄罗斯呼吁独联体能源生产国建立“欧亚能源联盟”，并与哈萨克斯坦、土库曼斯坦及乌兹别克斯坦签署天然气合作协议。

俄罗斯与美国在追求中亚地缘政治的竞技场上，运用能源战略攻势的同时运用军事手段参与竞争。俄美两国都与里海国家保持着相当的军事联系，并且在该地区都建有军事基地：美国是在阿富汗、吉尔吉斯斯坦和乌兹别克斯坦；俄罗斯则在亚美尼亚、阿塞拜疆、格鲁吉亚、吉尔吉斯斯坦

① С. З. Жизнин, “Формирование энергетической дипломатии России”, *Дипломатический весник*, №9, 1999.

② 俄罗斯联邦工业和能源部部长维克多·赫里斯坚科于2006年2月6日在俄罗斯《消息报》上发表的文章（http：//www. vedomost. ru/newspaper/article. shtml? 2006/02/06/102474）。

和塔吉克斯坦。“两国领导人声称这些措施是针对特定安全威胁——特别是来自基地组织、塔利班及其他极端主义组织的威胁的明智之举。但这些措施与必要的军队部署、军事演习和联盟体系一样，都代表着两国在该地区的存在。”①

2. 博弈与合作并存

俄罗斯在中亚能源外交博弈与合作并存的原因：其一，后冷战时代，经济全球化进程决定了能源关系中相互依存的必然性。这既是世界经济发展的大环境所决定，也取决于中亚国家的政治经济的独立发展。摆脱苏联政治束缚的中亚国家，在油气资源发展方面由于技术和资金方面的缺乏，依靠俄罗斯和西方国家的外援。这就决定了中亚能源格局的多元化。这种多元化也决定了俄罗斯与美国在中亚的能源博弈与合作。这正如俄罗斯外交部长伊万诺夫所言：“没有必要把什么人排挤出该地区，或不允许什么人进入该地区，只能展开合作。”② 其二，能源，这种具有“一般性”和“战略性”双重属性的商品，在俄美关系中占有重要地位，在某种程度上，双方的能源关系成为两国关系的风向标。“9·11”事件后，美国为降低对中东国家石油的依赖性，积极展开与其他产油国的合作，并积极谋求世界石油资源格局的主导权。而俄罗斯作为世界产油大国，一方面，将美国在能源领域的需求视为改善对美关系、获得经济利益的契机；另一方面，对美国可能有损俄罗斯利益的行为保持着警惕，并不断调整战略。俄美中亚能源博弈与合作并存“正在形成一种悖论局面。俄罗斯愿意同美国展开合作（尤其是在各种安全领域），但必须是在绝对平等的基础上。这样的合作本来是突出莫斯科及其外交政策的新品质，然而，对自己一相情愿的回应，俄罗斯更多看到的是为遏制、封锁和限制自己而架构相互关系的各种企图”。③

俄罗斯中亚能源外交博弈与合作并存的表现：其一，俄罗斯与美国的能源关系，一方面，华盛顿一直渴望与俄罗斯能源公司确保能源输送合同，并促进美国能源公司在俄罗斯能源领域的参与（包括有权对俄罗斯

---

① ［美］迈克尔·克莱尔：《石油政治学》，孙芳译，海南出版社 2009 年版，第 129 页。

② Россия，газета《Известия》，10 июля 2002 года.

③ И. Сафранчук，Путешествие в разных лодках. Россия в глобальной политике，№5，сентябрь – октябрь 2008 г.

天然气工业公司进行投资）。另外，美国不断推动从里海到中亚绕开俄罗斯领土的输油管道的建设。而从更广泛的意义上说，事实上俄罗斯是一个能源生产国，而美国则是一个能源消费国，用俄罗斯国家杜马外事委员会主席米哈伊尔·马尔格洛夫的话说，美国和俄罗斯的关系便是“美国是俄罗斯能源产品的合作伙伴和竞争对手”。[①]

苏联解体后，美国的首要目标是把前苏联地区“巴尔干化”，以便对那里诱人的石油资源下手，哈萨克斯坦等中亚国家首当其冲。1993年，谢夫隆石油公司成为哈萨克斯坦首家外资企业，与哈国家石油公司和埃克森美孚石油公司合资组成了田吉兹谢夫隆公司。谢夫隆是第一家把手伸到前苏联境内的西方石油巨头，通过合资控制了田吉兹和科罗廖夫油气田。在政治军事方面，美国军队作为反恐战争的一部分出现在独联体境内，这更加激起了俄罗斯的反对。尽管普京本人在2001年年底批准在乌兹别克斯坦和吉尔吉斯斯坦部署美国军队，“实际上俄罗斯是尽力将糟糕的中亚局势变好，因为卡里莫夫和其他地区领导人已经清楚地表明，他们将不顾莫斯科的关切让美国驻军”。[②] 另外，莫斯科与华盛顿还是就美国的驻军期限多次发生争执。即使在2001年，虽然美国已经为在乌兹别克斯坦和吉尔吉斯斯坦驻军找到了合法理由，克里姆林宫仍坚持美国军队只能驻留确定的期限。俄罗斯此时对中亚的政策一般是等待时机，利用形势的发展强化自己在中亚的地位，而不是自己发动行动。俄罗斯外交的目标再次变为加强其全球地位，如果可能与美国合作，如必要时就与美国对抗。围绕美国军队在中亚地位的斗争以及俄罗斯的参与显示了俄美关系的状况，它在很大方面是由传统的地缘政治驱使的。在“9·11”事件后，美国已经比前十年更愿意积极投身于均势政治的关系中，特别是在反恐战争的关键地区中亚，而俄罗斯从未停止把整个苏联地区作为自己的势力范围。

其二，俄罗斯与中亚国家的能源关系上，能源合作的同时，中亚五国对俄罗斯又怀有戒心，俄罗斯国内经常出现的有损于中亚国家利益的言行令他们不满和担心。因而中亚国家在处理对俄罗斯的关系时，坚持从维护

---

① ［美］杰弗里·曼科夫：《大国政治的回归——俄罗斯的外交政策》，黎晓蕾、李慧容等译，新华出版社2011年版，第108页。

② 同上书，第106页。

本国国家利益和民族利益出发，反对俄罗斯对中亚地区的控制和不合理的要求，在国际交往中努力体现自己的独立性。

3. 政治因素对俄罗斯能源外交的制约

中亚地区是俄罗斯与美国政治对抗和经济利益争夺的核心地区之一。西方国家一直欲把东欧剧变的模式复制到中亚地区，形成一个针对俄罗斯的新地缘政治包围圈。而随着俄罗斯国家实力的恢复，俄为保持对欧盟天然气市场的垄断地位，对中亚地区的影响和控制也在加强。大国在中亚的角逐，增加了该地区的政治走向和政策制定的不确定性，影响了俄罗斯对中亚能源外交的实施。如乌兹别克斯坦与俄罗斯的关系一直比较特殊，以美国为首的西方国家的拉拢，增加了乌对俄的离心倾向，从 1994 年至 1996 年，俄乌关系虽然由疏远进入密切阶段，但从 1996 年至今又进入若即若离阶段。1997 年 7 月，美国的中亚战略出台，其目标是使中亚地区成为美国 21 世纪战略能源基地和制约俄罗斯扩大势力范围的地缘政治支点。美国推行其中亚政策表现之一是迅速发展与乌的关系，扩大对乌的出口，增加对乌的经济援助。据乌官方公布的资料，在乌的对外贸易中，70% 以上都是与独联体以外的国家进行的。目前，乌的石油工业和机器制造业几乎被西方投资者掌握着。另外，随着新的石油、天然气管道的开通及陆上交通的改善，乌兹别克斯坦与俄罗斯的经济联系还会进一步减少。另一个政治制约因素是俄罗斯与中亚国家的民族冲突问题。中亚地区是恐怖分子活动比较频繁的地区，存在着不同民族和教派的利益冲突，特别是毗邻该地区的阿富汗和伊拉克连年处于战争状态、伊朗与国际社会关系紧张。此外，车臣非法武装、俄罗斯和格鲁吉亚冲突均会对俄罗斯中亚能源外交产生不可低估的影响。

四 俄罗斯中亚能源外交的影响

1. 对俄罗斯外交政策的影响

俄罗斯中亚能源政策不仅对其恢复中亚地缘战略地位至关重要；而且是俄罗斯整体外交战略的重要组成部分。

苏联解体后，中亚从苏联的控制下游离出来，成为国际地缘政治争夺的热点。俄罗斯为应对西方国家，尤其是美国在中亚对其地缘政治空间的挤压，对中亚运用能源外交、军事外交并进的战略，确保俄罗斯对中亚的政治影响。

俄罗斯考虑到自己的战略利益，在中亚积极参与经济竞争，尤其是争夺石油天然气，俄罗斯最大的卢克石油公司在中亚竭力保持影响，参加了里海管道财团，在西哈萨克斯坦和吉尔吉斯斯坦建设现代化的汽车加油站网。该公司还希望在哈萨克斯坦田吉兹油田中占有份额。另外，俄罗斯天然气工业公司在哈萨克斯坦天然气田卡拉恰加纳克的国际财团中占有至少15%的份额，还同土库曼斯坦制定了大规模的合作项目。俄罗斯与中亚国家能源合作加快了独联体国家经济一体化的程度，1995 年 1 月 28 日，哈萨克斯坦与俄罗斯、白俄罗斯在莫斯科签订成立关税同盟议定书，吉尔吉斯斯坦也加入了该联盟。1998 年 5 月，俄罗斯与塔吉克斯坦、乌兹别克斯坦建立反宗教极端主义的三国政治同盟。叶利钦于 1998 年 10 月访问中亚，此后普京两次访问中亚，联手对付宗教极端主义、国际恐怖主义是其中最重要的议题。

普京当选总统后，俄罗斯与中亚国家进一步确立“盟友”关系，把恢复并加强对该地区的传统影响作为“绝对优先选择”。中亚国家基于地缘政治、国家安全和经济利益的考虑，也需要同俄罗斯加强合作。考虑到许多独联体国家的战略位置及丰富的石油和天然气储备，俄罗斯在其边境附近越来越多地参与在某种程度上预示着，普京时代的俄罗斯开始追求更加全球化的外交政策。俄罗斯在全球化时代的战略目标是：参与建立统一的世界经济空间、统一的能源和能源运输体系，这其中自然包括与其毗邻的中亚地区。2000 年 1 月，哈萨克斯坦与俄罗斯达成互利协议，在电力领域一体化方面迈出重要一步，签署加深经济合作议定书和哈石油经俄罗斯出口议定书。

面对地缘政治的严峻现实，俄罗斯在中亚推行能源联系的同时，重点加强了与中亚国家的军事合作。2002 年 5 月，由俄罗斯主导建立了由俄、白俄、哈、亚、吉、塔六国参加的独联体集体安全条约组织。8 月上旬，俄罗斯与哈萨克斯坦、阿塞拜疆在里海北部地区举行了规模空前的联合军事演习。10 月 7 日，在摩尔多瓦首都基希讷尔举行的独联体峰会上，《独联体安全条约》正式升格为独联体集体安全条约组织。2002 年 12 月 5 日，俄罗斯和吉尔吉斯斯坦签署《比什凯克宣言》，旨在加强双边安全领域合作。此外，双方还签署了包括加强安全领域合作、协调外交政策等内容的多项双边合作协议。根据双边协议 2003 年 10 月 23 日，俄罗斯驻吉尔吉斯斯坦的坎特空军基地正式启用。对此，北约军事专家认为，俄罗斯在坎特机场建立空军基地就是为了牵制部署在吉尔吉斯斯坦马纳斯空军基地的美国军队。[①] 2004 年 4 月俄罗斯公布《军事学说》，对 1 月生效的《国家安全构想》进行补充，把美国和北约视为主要外部军事威胁；强调与包括中亚国家在内的独联体国家进行军事合作。

俄罗斯在中亚拥有重要的政治和经济利益，中亚地区的安全直接关系到俄罗斯的安全，俄罗斯在中亚地区的军事存在具有战略意义。俄罗斯对中亚能源政策和军事政策，再一次重现了俄罗斯与美国地缘政治博弈的历史，只不过这次的地域由巴尔干、中东转到了中亚和里海地区。

2. 对俄罗斯经济政治的影响

俄罗斯中亚能源外交对其能源经济的影响主要体现在两个方面：一是通过维护中亚能源格局的平衡，有益于恢复俄罗斯世界能源大国的地位。二是稳定俄罗斯与中亚国家的能源关系，有利于维护俄罗斯国家安全。

俄罗斯本身为油气资源大国，对中亚的关注主要是试图支配该地区油气资源的运输和配送。通过油气输送管线，掌控在中亚的政治与经济主动权。面对美国在里海对俄罗斯油气管道垄断地位的挑战，2001 年从阿塞拜疆的巴库到俄罗斯黑海港口新罗西斯克的油气管道扩建完工，这使阿塞拜疆的油气外运仍然需要依赖俄罗斯。2002 年 6 月，俄罗斯与哈萨克斯坦签署 15 年期限的能源合作协议，规定每年经俄管道输送哈 1750 吨石油。[②] 2003 年 4 月 10 日俄罗斯总统普京和土库曼斯坦总统尼亚佐夫在莫斯科签署《俄罗斯联邦和土库曼斯坦关于至 2028 年天然气领域合作协议》，该协定规定了俄罗斯每年购买土库曼斯坦天然气的具体数额。[③] 2003 年前，"伊杰拉公司"负责将土库曼斯坦的天然气向独联体其他国家供应。自 2003 年起，土库曼斯坦经俄罗斯向乌克兰供气转由俄罗斯天然气工业公司承担。2002 年，土库曼斯坦经俄罗斯联邦过境出口天然气 330 多亿立方米，而 2003 年达到 400 多亿立方米。[④] 这样，俄罗斯通过控制中亚油气管道，恢复俄罗斯在中亚地区的影响力。俄罗斯一系列中亚能源政

---

① 新华社莫斯科 2002 年 12 月 5 日。

② *Россия укрепилась в своей транзитности*, http//www. gazetasng. ru/archive. 2002. 06. 07. html.

③ 《Дипломатический вестник》, 2003, №4.

④ 《俄罗斯能源部 2004 年年报》。

策，平衡了中亚的能源格局；这对其维护世界能源大国的地位是有利的。“9·11”事件后，国际能源市场上一个引人注目的变化就是俄罗斯作为能源大国的重新崛起和能源外交的积极展开。在普京对外政策突出经济内涵的背景下，能源外交成为俄罗斯促进国家经济复苏、参与世界经济体系、维护地缘政治影响、改进国际环境的重要手段。而俄罗斯能源大国地位的确定和能源外交的积极开展也将对国际能源格局产生深远影响。

俄罗斯对中亚能源外交的宗旨，明显地呈现出地缘政治的意图。苏联解体后中亚国家独立，使俄罗斯地缘政治面临前所未有的危机。这危机不仅仅在政治方面，也呈现在国家能源安全方面，而且这两者间有着密切的联系。为了国家地缘政治的安全，俄罗斯必须运用能源外交手段，与中亚国家建立稳定的国家关系。因为中亚在安全方面的重要性丝毫不亚于其在经济领域的重要性。俄罗斯由于在民族、宗教问题上与中亚的联系及与中亚国家的接壤，因此，俄罗斯对与中亚国家关系的处理上更为谨慎。俄罗斯对中亚实施积极的能源外交的同时，与中亚进行安全合作。1998 年 10 月，俄罗斯与乌兹别克斯坦、塔吉克斯坦结成三国联盟，共同制止伊斯兰极端主义的渗透。1999 年，为了对付中亚地区的国际恐怖主义活动，俄罗斯与中亚国家加强了安全合作。1999 年 10 月 25 日，俄罗斯总理和吉尔吉斯斯坦总理会谈时表示，两国将在反对国际恐怖主义的斗争中相互支持。俄罗斯将帮助吉尔吉斯斯坦保障国家安全和巩固外部边界。2001 年 2 月，俄罗斯—哈萨克斯坦政府间合作委员会第 5 次会议，讨论了俄哈两国 1999—2007 年边防合作计划等的实施情况。

俄罗斯与中亚国家战略合作对双方都有益，因为俄罗斯与中亚在反对民族极端主义和恐怖主义威胁方面有共同的利益。俄罗斯通过对中亚国家能源与政治外交，收获了经济、政治的双方面的利益。通过对中亚油气管道的控制，弥补苏联解体后在能源工业方面的损失，恢复油气大国地位。同时，稳定与中亚国家的关系，保障俄罗斯的能源安全和国家安全。但另一方面，中亚国际关系中的美国因素；以及中亚国家与俄罗斯依赖与摆脱关系的特殊性，也使俄罗斯与中亚关系中存在着不确定的变数。

3. 对中亚能源格局的影响

苏联解体前，中亚五国只是苏联亚洲部分的一个辽阔边区，各加盟共和国的油气生产和贸易由中央政府统一管理。苏联解体后，中亚五国独立。这不仅使中亚国际关系格局发生变化，而且也使其能源格局发生变化。中亚的能源格局由苏联时期的“单极结构”向“多极结构”转变。促成中亚能源格局变化的因素：一是俄罗斯能源外交的作用；二是美国军事、经济对中亚的介入；三是经济全球化的发展趋势。全球化趋势提高了各国、各地区间的经济关联度和能源依存度，扩大了能源资源国与能源消费国相互合作的需求，全球能源安全越来越具有明显的不可分割性。中亚特殊的地缘政治地位及丰富的油气资源，使其成为世界大国博弈与合作的利益敏感地区。

“9·11”事件后，俄罗斯与美国在中亚争夺加剧。俄罗斯同美国在中亚地区争夺势力范围和能源控制权：美国军队在“9·11”事件后进入中亚，以反恐为由，美国先后向吉尔吉斯斯坦、乌兹别克斯坦和塔吉克斯坦等中亚国家派遣了大批军队，同时取得了哈萨克斯坦和土库曼斯坦等国领空的使用权。至2002年7月，美国和哈萨克斯坦达成《关于使用阿拉木图国际机场备忘录》，美国实现同除永久中立国土库曼斯坦以外的所有中亚国家的军事合作。美国对中亚的军事渗透的目的在于，通过保持在中亚地区的长期军事存在，确保美国的全球战略利益，同时实现对里海的石油、天然气资源及输送管道的全面控制。美国以在中亚确立军事存在为重要的杠杆，推动地区能源体系的建立，以摆脱各国能源输出对俄罗斯的依赖。美国通过控制中亚，削弱俄罗斯与中亚国家的特殊关系，以遏制俄罗斯的东山再起。

面对美国在中亚的地缘政治进攻，俄罗斯在推进与中亚各国经济合作和能源合作的同时，重点加强了与中亚国家的军事合作。2002年5月，由俄罗斯主导建立了由俄、白俄、哈、亚、吉、塔六国参加的独联体集体安全条约组织。11月20日，在俄罗斯的积极推动下，独联体集体安全条约组织召开了国防部长会议，会上做出了加强中亚地区军事安全的决定。

俄罗斯能源战略把能源外交视为调整国际关系的有效手段，它以保障国家的能源安全为基本出发点，在世界各个地区捍卫俄能源的战略利益。能源安全和能源外交同属俄罗斯国家安全体系的重要组成部分。随着能源问题的日益国际化和政治化，以及俄能源在世界能源体系中占有的重要地位，俄罗斯的能源产业已成为其开展对外交往的主要手段。

中亚五国作为中亚能源格局重要的一极，“9·11”事件后，利用美国的存在平衡与俄罗斯的利益，试图打破长期以来由俄罗斯控制的能源输出格局，寻求能源输出多方向的途径。中亚国家之所以重视与大国的关系，一方面，是试图利用大国的影响和经济、军事实力；另一方面，也是由自身的弱点决定的。这样，俄罗斯、美国与独立后的中亚各国在中亚构建了中亚国际关系新的格局。中亚国际关系格局的变化对世界整体国际关系格局产生影响。

第四章

俄罗斯对里海地区能源外交

一　俄罗斯对里海能源外交的背景

（一）俄罗斯对里海能源外交的国内背景

1. 沙皇俄国对里海地区的扩张

17 世纪末，俄国通过军事战争，版图已西到第聂伯河上游，东抵鄂霍次克海，北达北冰洋，南邻里海西北岸。

为夺黑海出海口彼得一世于 1695 年、1696 年两次远征亚速，根据 1700 年 7 月俄国与土耳其签署的《君士坦丁堡和约》，俄国夺取了亚速要塞及附近地区。俄国夺取亚速要塞，是对土耳其黑海霸权的挑战。既然夺取黑海的目的并没有达到，那么争夺里海西岸的高加索地区和里海南岸地区便成为彼得一世南下的第二个目标。为扩大俄国在里海的地缘政治利益，必须削弱波斯与土耳其在该地区的影响。

1721 年 8 月，俄国与瑞典的北方战争刚刚结束，彼得征伐波斯的契机便出现。8 月，名义上隶属于波斯国王的列茨吉亚部落居民进攻舍马哈城，使俄国商人死亡很多，从而为其提供了进行军事干涉的借口。1722 年 7 月，俄军进入里海西部北高加索，8 月占领了里海西岸的杰尔宾特。因后方供应遇到困难，于同年秋天撤回到阿斯特拉罕。1722 年 11 月，彼得一世签署了在阿斯特拉罕建立军港的命令，奠定了俄国军事入侵里海的法律基础。

1723 年俄军从阿斯特拉罕出发，夺取了巴库等地。同时，土耳其也出兵占领西格鲁吉亚和亚美尼亚。在土耳其与俄国进攻下，1723 年 9 月 12 日，俄国与波斯签订《彼得堡同盟条约》。根据条约，俄国从波斯手中夺得了杰尔宾特、巴库以及什尔瓦、吉梁、马赞达兰和阿斯特拉巴德四省；波斯同意将里海西岸和南岸划归俄国。[①] 俄国则帮助波斯驱逐阿富汗人平定内乱。

1732 年 1 月 21 日，俄国又同波斯签订了《拉什特合作协定》（关于贸易领域的合作），以代替 1723 年签订的《彼得堡同盟条约》。《拉什特合作协定》确定了俄国对波斯所割让土地的所有权，包括在里海地区的贸易和航行自由。根据这一条约，只有俄国的军舰可以在里海上航行。

自进入 19 世纪，俄国即开始以征服波斯为主要内容的印度计划，对属于波斯势力范围内的南高加索展开了争夺，俄国首先把东格鲁吉亚并入了俄国版图。

俄国为了吞并南高加索，于 1803 年开始以东格鲁吉亚为基地，迅速向周围地区扩张。1803 年，俄国征服了查洛—比拉康地区，1804 年占领了甘扎，打开了一条进入阿塞拜疆的通道。波斯王朝面临严峻的局势，在拿破仑的鼓动下，于 1804 年 6 月，波斯军队与俄军在大不里士北部会战，由此爆发了 1804—1813 年的波俄战争。

在连连失利的情况下，1813 年 10 月 12—24 日，波斯与俄国签订了《居利斯坦和约》，和约承认俄国对已占土地的主权。根据和约，俄国拥有在里海建立海军的特权，波斯放弃在里海保有海军的权利；俄国商人享有在波斯自由出入和经商的特权。这个和约再次强化了俄国在里海部署军舰的权利。

1826 年波斯为夺回失去的土地突然入侵俄国，双方爆发战争。1828 年年初，战争以波斯战败结束。1828 年，俄国与波斯签订《土库曼恰依和约》，根据条约，波斯割让亚美尼亚等地，赔款 2000 万卢布，波斯不得在里海拥有海军，俄国可以在波斯各大城市设立领事馆，并享有治外法权。该条约确立了俄国在里海的控制权。

1732 年的《拉什特合作协定》和 1828 年的《土库曼恰依和约》奠定了沙皇政府时期里海的初步法律地位，即里海的所属权和通航权。俄国拥有在里海布置军舰的绝对权力，波斯只有在里海上布置军舰的权利。协定的法律效力一直延至 1921 年苏维埃俄国和波斯《和平友好条约》的签署。

---

① С. С. Жильцов、И. С. Зони、А. М. Ушков，*Геополитика Каспийского моря*，Москва，2003，с. 9.

2. 苏联时期对里海的能源外交

里海流域并不完全是一个能源处女地。19世纪初，巴库发现了石油，当时它是俄国的疆土。19世纪70年代初，俄国的实业家第一次用机器钻探石油。到1873年，大约有20家小炼油厂。19世纪末，美国是全球石油产量最多的国家，而约翰·D. 洛克菲勒的标准石油公司是美国最大的石油公司。随着世界对石油需求的不断增长，精明的投资家发现了一个借助提高高加索地区的石油产量来摆脱美国控制的机会。1873年，瑞典人罗伯特·诺贝尔（Роберт Нобель）来到巴库，创建了诺贝尔兄弟石油公司，成为世界上最大的石油供应商。19世纪80年代后期，诺贝尔公司的油井每年生产2300万桶俄国石油，相当于美国石油产量的4/5强。当时，最大的问题是如何以最佳的途径将石油从被陆地包围的里海沿岸输送到欧洲。1883年，法国的罗特希尔德家族出资修建了巴库—巴统的铁路。铁路从巴库穿越高加索山脉直达黑海港口巴统。当时该家族需要为其在欧洲的炼油获取廉价的石油，而且很快就成为诺贝尔公司的竞争对手。然而，铁路建成后，因机车的功率不大，一次只能拉6个油罐车穿越格鲁吉亚山区。为了解决石油的运输问题，诺贝尔公司于1889年利用甘油炸药在大山中开辟了一条隧道，铺设了一条70公里长的钢管，它是该地区的第一条输油管道，同时也标志着洛克菲勒财团、诺贝尔财团和罗特希尔德财团之间为争夺全球市场，而引发的一场石油博弈的开端。

第一次世界大战是世界历史上由石油资源决定战争胜负的第一次冲突。德国在西线战壕消耗战中之所以失败，是因为其战争机器耗尽了燃料。经过十月革命，俄国的布尔什维克推翻了沙皇尼古拉二世。1918年3月3日，苏俄同德国签订了《布列斯特—立托夫斯克和约》。和约规定双方宣布停战，俄国军队全部复员；波兰、立陶宛、利夫兰、爱斯特兰将同俄国分离；俄国将高加索的卡尔斯、阿尔达罕和巴统割让给土耳其；乌克兰、芬兰被承认为独立国家；苏维埃俄国承认乌克兰同德国之间的和约；俄军撤出芬兰和阿兰群岛。对这个俄国做出很大让步的和约，德国仍不满足，德国要求获得巴库的石油。1918年7、8月间，德国的盟国土耳其包围了巴库，并占领了好几个油田。但不久，英国军队从伊朗北上，为巴库解了围，切断了德国迫切需要的石油来源。9月，土耳其军队再次从英军手中夺回了巴库，但这对德军来说为时已晚，德国于1918年11月11日宣布投降。英国战时内阁成员之一、后来的外交大臣寇松后来宣布："盟国的事业是靠石油浪潮推向胜利的。"①

第一次世界大战后，沙皇俄国专制政权被推翻，亚洲民族解放运动高涨。1918年5月28日，阿塞拜疆宣布独立，成为西方国家开发里海资源的缺口。为保护苏俄在里海地区的政治、经济利益，苏俄与西方国家展开了激烈的争夺。1920年4月28日，苏俄红军进占巴库，在继续追击白俄分子邓尼金的军队时，在里海恩泽利港口登陆，占领了厄尔布尔士山脉以北的波斯领土，迫使驻扎在该地区的英国军队撤退。

1921年2月26日，苏俄与波斯签订《和平友好条约》。根据条约，苏维埃政府废除一切不平等的条约及沙皇政府同第三国签订的一切有损伊朗主权和独立的协定，特别是放弃俄国在伊朗所享有的领事裁判权和治外法权。条约规定，伊朗和俄国承认两国边界依照1881年边界委员会确定的陆地边界，俄国将阿舒拉德赫岛和恩泽利港口归还给了波斯。② 另外，有关通航和国际安全问题的条款是该条约的重要内容。

《和平友好条约》奠定了现代里海法律地位的基础，波斯通过该条约在事实上承认了俄国对波斯及里海地区的控制权，以此换取了俄国不入侵波斯和在波斯遭受侵略时俄国给予援助的承诺。

1940年3月25日，苏联与伊朗签订《苏伊通商和航海条约》。条约宣布，两国商船在里海全部海域平等航行；两国在10海里近海区内拥有捕鱼权。另外，补充条款规定，只有苏联和伊朗船只有权在里海上航行。该条约进一步确定了里海的封闭性。

苏伊签订的1921年《和平友好条约》和1940年的《苏伊通商和航海条约》确定了里海的国际法地位，即里海为苏联和伊朗共有，对苏伊以外的第三国封闭。条约的签订阻止了英国对里海的染指，维持了里海70年的安全和稳定。另外，苏伊两国除了划出10海里的捕鱼区外，并未确定正式边界，没有涉及里海水域及海底划分问题。

条约签订后，伊朗由于经济技术的落后，只能在里海沿岸进行捕鱼活动，并不能开采里海油气资源。但苏联在未与伊朗协商的情况下，于

① ［英］卢茨·克莱维曼：《新大牌局——亚洲腹地大国角力内幕》，王振西主译，新华出版社2006年版，第16页。

② 《国际条约集》（1917—1923），世界知识出版社1961年版，第615页。

1949年在阿塞拜疆开始了油气的勘探和开发。

二战中，里海的石油对打败德国发挥了重要的作用。1942年春，阿道夫·希特勒命令德军南下高加索。为了使机械化部队能够继续向东突进、迫使苏联屈服，德军急切希望得到里海的石油。德军的进攻部队在高加索山区耗尽了油料，苏联军队在格罗兹尼以西的山脉中挡住了德国军队的进发。1943年，德军不得不撤出高加索。一些学者专家认为“德国攻占巴库及其油田的失败是二战的一个关键转折点，强大的工业化同盟国不得不面临石油库存紧缺的局面”。①

第二次世界大战后，里海石油工业得到了再次恢复。苏联的工程师们在巴库海岸外建成了第一批海上石油钻台。苏联时期，已发现若干个距离阿塞拜疆海岸较远的资源矿床，其中一部分被命名为“26位巴库委员矿床”。然而，由于苏联时期没有大规模开发海底石油的现代技术，所以一直未能得到开发。另外的原因，在20世纪80年代，国家能源开发的重点在西西伯利亚，而里海油气田的开发被放到“以后”了，即等到苏联石油工业达到相当高的技术水平，再大规模开发。对里海地区能源资源的重视是随着里海地缘政治的变化而改变。

从地理位置看，里海地区对俄罗斯具有十分重要的战略意义，特别是在苏联解体，地区地缘政治平衡发生改变的情况下更是如此。俄罗斯在该地区的主要战略利益在于维持里海地区的稳定，加强地区经济和政治合作。

（二）俄罗斯对里海能源外交的国际背景

1. 里海沿岸国家的能源战略

苏联解体前，里海国家一直处于莫斯科的控制之下，它们的石油和天然气生产中过剩的部分大多消耗在苏联的国境线以内。外国能源企业不允许在这一区域活动，而且绝大部分有关油井、炼油厂和输油管道的设计和部署决策都是由苏联政府的计划制订者作出的。莫斯科通常倾向于开发俄罗斯境内的油气田，而让里海地区的油气资源保持未开发的状态。但随着苏联的解体和里海地区各国的独立，里海区域能源关系出现新的格局。里海有油气资源的国家希望摆脱苏联经济体制控制，而又缺乏充分开采本国

---

① ［美］迈克尔·克莱尔：《石油政治学》，孙芳译，海南出版社2009年版，第115页。

油气资源的技术及财政力量，因而欲依靠西方国家油气企业的帮助。于是美国、意大利、法国、英国、挪威等国能源企业涌进里海区域，使里海区域能源关系日益复杂。

俄罗斯在里海地区有重要的战略意义，原因在于：其一，里海地区是俄的传统势力范围，也是保护其欧洲腹地的战略屏障。俄的战略目标是控制里海地区向外输出油气的管道，以削弱美国等西方国家对里海地区的渗透。其二，里海丰富的能源可以补充国内能源需要，特别是确保对欧洲和独联体的能源供应。俄罗斯天然气主要产地在本国的亚洲部分，因此获取里海地区的天然气，用来补充俄欧洲部分的天然气供应。俄罗斯通过购买里海地区的天然气，转口供应欧洲和独联体而从中获利。其三，里海地区对俄保障南部边疆安全尤其重要。俄罗斯视里海地区为其的软腹部，是需要保护的地区。俄罗斯为高加索国家。其 10 个联盟主体位于北高加索，还有 3 个州隶属于南部联邦区。此外，俄北高加索和南高加索还有共同民族，如列兹金人、奥塞人、阿尔瓦人等。因此，俄南部“所有民族政治冲突几乎全部与前苏联外高加索共和国的冲突密切相关”，没有外高加索—里海地区的稳定，“保障俄罗斯高加索的安全就无从想象”。① 为了自身的战略利益，俄罗斯一方面利用自身的资源优势去占领世界市场，另一方面又不轻易放弃传统势力范围内的资源，其首要任务就是通过控制其“近邻国家”的资源，重新获得在该地区的影响。

伊朗地处里海与波斯湾之间，与该地区有着深厚的文化和历史上的联系。自 1979 年伊朗革命以来，其与美国一直互相敌视。1996 年美国更是把伊朗当做“无赖国家”加以制裁。伊朗为了自身的利益，参与里海油气的划分有助于消除伊朗孤立的国际地位，也有助于加强伊朗在里海地区的地缘政治影响。另外，伊朗是里海沿岸唯一的欧佩克成员，是中亚和里海地区石油、天然气输往国际市场的捷径。因此，伊朗希望拓展在里海地区的地缘优势，建立一个把波斯湾、里海、俄罗斯、中亚国家和巴基斯坦都联系起来的能源分配体系，伊朗则处于这个体系的“天然中心”，以达到在政治、经济上获利的目的。

---

① 《Красная звезда газета》, 18. 10. 2006 г.

阿塞拜疆在苏联解体时，多数陆上油田已经枯竭。因此，里海油田实际上成为该国经济发展的主要潜力。根据不同的评估报告，开发里海石油不但能够帮助该国消除目前的经济危机，而且还能够保障应有的经济发展。因此，开发里海油气资源成为阿塞拜疆 21 世纪上半期所面临的迫切问题。在财政资金极度短缺的情况下，阿政府吸引外国公司参与投标，以补贴或其他方式，从外国跨国石油公司获得补充资金。

哈萨克斯坦的利益与里海北部的油气资源密切相关。根据一些资料评估，哈萨克斯坦的海上石油储量可以达到 80 亿—100 亿吨。在开发陆上能源的同时，哈萨克斯坦积极开展外交活动，处理里海海底的划分问题，目的是使该国对里海北部矿产资源的权利得到国际法的承认。里海北部地区存在一些有前景的油气结构，俄罗斯和哈萨克斯坦争夺勘探和开采权利，由此两国关系出现过摩擦。

土库曼斯坦在离该国海岸很近的地方存在着油气储量，这决定了该国在里海的利益。土库曼斯坦为了本国利益，利用前苏联石油部对地域的划分原则，就一些海上油田的主权问题向阿塞拜疆提出要求，而阿塞拜疆已经把这些油田纳入本国的“扇形区域”。美国以调停人的身份参与两国的争论，美国官员高层人员频繁出访阿什哈巴德和巴库，并提出解决该问题的不同方案。

在对里海油气资源博弈中也卷入了非里海地区的国家。土耳其由于地跨欧亚大陆，成为里海油气向西输往欧洲的天然桥梁。它与里海国家素有文化、宗教、种族渊源，在诸如库尔德人问题上与该地区的国家有着共同的利益；尤其是土耳其由于经济迅速增长，对石油和天然气需求激增，使其介入里海地区的油气活动。作为北约成员国和美国的盟友，它在遏制俄罗斯方面与美国保持一致，对绕道俄罗斯的石油管道态度积极；同时由于其对俄罗斯廉价天然气的依赖，又不得不支持俄提出的天然气管道修建。

美国、欧洲和日本的里海利益与它们的能源战略有关。这些国家能源战略的目标是推动国外能源供应来源的多样化，以保障国家的能源安全。为此，大规模进入里海区域。另外，里海地区重要的地缘政治位置对这些国家，特别是美国有极大的意义。

2. 美国对里海的能源战略

里海位于欧亚大陆交会处的地缘战略地位，使丰富的能源资源必然被抹上浓重的政治色彩。“自冷战结束以来，企图控制世界油气资源，正是美国外交政策的主轴。”① 美国对世界石油储产区的战略控制，主要表现为对波斯湾地区、非洲、中亚里海地区的控制。由于里海地区蕴藏着丰富的油气资源，加强对该地区的控制是美国能源地缘战略的重点。

为控制里海的油气资源，1995 年克林顿政府成立了一个跨部门小组，把在里海铺设石油管道作为关系到国家利益的重大外交问题来处理。1998 年，美国新设立负责里海盆地外交的总统特别顾问一职，克林顿先后任命莫林斯塔尔和沃尔夫担任该职，并在国务院设立了里海能源协调机构。能源战略成为美国对外战略的组成部分之一。

伊拉克战争结束后，美国政府积极推行“大中东”计划。该计划的直接目标是在以波斯湾为核心的大中东地区加强反恐，推行“民主制度”，其战略出发点是加强对这一地区的战略控制能力。美国推行的“大中东”计划地域涵盖范围并不局限于狭义的海湾中东地区，从地理范围方面看，向西南延伸至北非的摩洛哥、阿尔及利亚、突尼斯、利比亚和毛里塔尼亚等非洲主要产油国，向东北则延伸到了中亚里海地区。美国在中亚里海地区实施的能源战略是其全球能源战略控制的重要组成部分。面对 21 世纪石油需求攀升，中东石油供应地局势不稳定以及中亚里海地区诱人的石油储量，美国作为世界上最大的能源消费国，自产的石油只能满足需求量的 44%，石油是美国未来经济增长的命脉。因此，获取能源一直是美国对外政策的核心目标。

美国在里海地区能源政策的主要目标是：削弱中亚和高加索国家与俄罗斯的联系，并使中亚国家与西方形成更为紧密的关系；打破俄罗斯在里海地区油气外运的垄断地位，推动里海地区能源外运多元化；抑制伊朗对中亚经济体的影响，阻止穿过伊朗境内的管道建设。为此目标，美国支持独立后的里海周边国家关于里海法律地位主张，这样既可获得有关国家对美国的政治认同，又可以降低俄罗斯和伊朗对里海能源及有关国家的影响

① ［法］菲利普·赛比耶—洛佩兹：《石油地缘政治》，潘革平译，社会科学文献出版社 2008 年版，第 157 页。

力。另外，对油气资源输送管道走向施加影响，使中亚里海地区的油气资源输送管道铺设呈现出明显的外交政治倾向。巴库—第比利斯—杰伊汉输油管道是一条美国主导的政治管道，1999 年 11 月，欧安组织伊斯坦布尔峰会期间，有关各国签署了支持该管道建设的《伊斯坦布尔宣言》。为削弱俄罗斯在外高加索的传统影响，保障里海能源开发项目安全，美国不断加强在里海地区的军事影响力。“9·11”事件后，以美国为首的北约迅速出兵阿富汗，并形成了以美国为主导的北约部队对阿富汗的军事占领。此举提高了以美国对包括阿富汗在内的中亚、里海的战略控制力。另外，美国还借反恐之机，向阿塞拜疆、格鲁吉亚及其他里海国家部署军事力量。美国以保护开通巴库—第比利斯—杰伊汉管道为名，在阿塞拜疆派驻了特种部队。

美国通过在里海地区的政治、军事和经济渗透，尤其是加强对该地区能源的战略控制，获取其在里海地区事物中的主导权，从而形成对俄罗斯及伊朗等国的战略遏制。

3. 里海的地缘政治与油气资源

苏联解体前，里海沿岸只有苏联和伊朗两个国家。苏联解体后，里海沿岸国家变成五个，即俄罗斯、伊朗、土库曼斯坦、哈萨克斯坦和阿塞拜疆。

里海地处欧亚大陆交会处，南北长约 1200 公里，平均宽度 320 公里，海岸线共长 6500 公里，最深处 1025 米，平均深度 209 米，湖面约低于海平面 28 米。由于气候干旱，蒸发剧烈，水面面积已由 1929 年的 42.2 万平方公里缩减至 80 年代中期的 36.8 万平方公里。有伏尔加河、乌拉尔河等 130 多条河流注入。里海的战略地位十分重要，20 世纪 90 年代，随着里海新独立国家油气资源不断被探明，被西方称为“21 世纪的能源基地”。

石油和天然气是里海地区最重要的资源。开发始于 20 世纪 20 年代，自从第二次世界大战结束以来得到相当发展。里海地区蕴藏的石油和天然气，随着地质勘探的不断深入，储量不断扩大，世界级新油田不断被发现，已经发现了三个巨型油田，阿塞拜疆的阿泽里—奇拉格—久涅什利油田群；以及哈萨克斯坦的田吉兹油田和卡沙甘油田。对于里海油气储量世界各机构估计各不相同。据美国能源部 2002 年的统计，里海石油的探明储量为100亿桶，可能的储量有2330亿桶，天然气储量约140000亿立方米。①

另据俄罗斯专家估计，里海石油的储量几乎超过北海石油资源的2倍，大约和北美石油储量相等，并可以与世界大型石油产地资源并论。②另外，截至2006年1月，里海地区拥有剩余石油可采储量约200亿吨，其中哈萨克斯坦为7.5亿吨，土库曼斯坦为0.8亿吨，阿塞拜疆为1.6亿吨，伊朗为123亿吨，俄罗斯为66.6亿吨。③ 里海天然气资源也比较丰富，截至2006年1月，里海地区拥有剩余天然气可采储量约760000亿立方米，约占世界储量的50%。

表4—1　　2009年年底里海地区油气潜力对照表

	阿塞拜疆	哈萨克斯坦	土库曼斯坦	乌兹别克斯坦
已探明原油储量（10亿吨）	1.0	5.3	0.1	0.1
石油产量（百万吨）	50.6	78.0	10.2	4.5
石油消费量（百万吨）	2.8	12.0	5.2	4.9
已探明天然气储量（万亿立方米）	1.31	1.82	8.10	1.68
天然气产量（百万立方米）	14.8	32.2	36.4	64.4
天然气消费量（百万立方米）	7.7	19.6	19.8	48.7
人口（百万）	8.24	15.40	4.91	27.91
面积（平方公里）	86600	2717300	48810000	447400

资料来源：《英国石油公司（BP）世界能源统计2010年》。

有人预测，里海将成为第二个波斯湾，这种说法虽然过于夸张，但却反映了里海油气所占的重要地位。事实上，今后里海地区将在油气市场开发、出口和地缘政治上与波斯湾连成一体，形成一个更大的石油中东地区，这一地区连同俄罗斯的油气将在全球油气供应、出口和定价方面相互

① 油气产量换算：1桶（bbl）=0.14吨（t）（原油，全球平均）；1吨（t）=7.3桶（bbl）（原油，全球平均）。

② Э. М. Иванов, *Экономические отношения россии со странами центральной Азии*, Москва, 2006, с. 27.

③ 张宁：《中亚能源与大国博弈》，长春出版社2009年版，第182页。

影响，为“石油心脏地带”。①

里海地区特殊的地理位置，可将俄罗斯和波斯湾两个巨大的油气产地相连，沟通“石油心脏地带”；如果再修建东向和西向的油气管道，则可连通欧亚能源生产和消费市场，加强欧亚地区的油气连接。正因为里海有如此独特的地缘政治与地缘经济的优势，所以，国际社会的注意力在很大程度上投向了开发里海的大型油气项目和出口项目上。

苏联解体后，阿塞拜疆和哈萨克斯坦的油田逐步对外开放，引来了大量的国际投资者，在各国政府支持下，一些跨国公司纷纷进入里海。如美国的埃克森（Exxon）、莫比尔（Mobil）、谢夫隆（Shevron）等公司，法国的道达尔（Total）、埃尔夫（Elf）公司，英荷壳牌石油公司（Shell），意大利的通用石油公司（Agip）等。

里海丰富的油气资源和举足轻重的战略地位，日益成为国际社会关注的焦点。20 世纪末 21 世纪初，各国围绕着里海资源开发及其相关的问题，展开了新一轮的地缘政治大较量。“在里海和中亚地区争夺影响力的战斗已经超出了能源的范畴，并大致勾勒出了 21 世纪全球地缘政治图景。”②

二 俄罗斯对里海能源外交的实施

（一）里海能源外交存在的主要问题

围绕里海石油的国际争斗有以下重要内容：一是确定里海的法律地位及其划分原则；二是里海油气通过何种途径出口。“要解决这些问题主要取决于在复杂的外交游戏中寻求各方利益的平衡点。”③ 俄罗斯能源外交在里海地区的主要着力点有五个方面：一是确立符合俄利益的新的里海法律地位，尽快制定有关公约，解决里海是“海”是“湖”之争；二是积极参与里海国家的油气开发，通过投资和并购，控制尽可能多的油气区

① 徐小杰：《新世纪油气地缘政治——中国面临的机遇与挑战》，社会科学出版社 1998 年版，第 34 页。

② ［法］菲利普·赛比耶—洛佩兹：《石油地缘政治》，潘革平译，社会科学文献出版社 2008 年版，第 162 页。

③ ［俄］C. 3. 日兹宁：《俄罗斯能源外交》，王海运、石泽译审，人民出版社 2006 年版，第 240 页。

块；三是大力发展由俄主导的里海油气外运管网系统，抵制绕过俄领土和排斥俄参与的管道建设方案；四是推动建立里海国家区域合作机制，发展地区多边能源合作；五是维护里海航运自由和生态安全。为实现上述目标，俄罗斯从自身国家利益出发，在里海国家一体化的框架下，展开了大量积极主动且颇富成效的能源外交活动。

1. 里海的法律地位及其划分原则

苏联解体前，里海沿岸国家只有苏联和伊朗。苏联解体后，里海沿岸国家除俄罗斯、伊朗外，又出现了阿塞拜疆、哈萨克斯坦、土库曼斯坦新的主权国家。因而就产生了如何确定里海新的法律地位及其划分问题。苏联解体后，苏联和伊朗分别于 1921 年和 1940 年签署的共同拥有里海的条约便成为一纸空文，重新确定里海法律地位成为紧迫的问题。十多年来，里海沿岸五国围绕里海划分及资源利用进行了多轮谈判。但由于各国所处的地理位置和国家利益不同，它们对里海法律地位和海域划分原则分歧很大。主要分歧在三个方面：一是里海的性质，究竟是湖还是海；二是划分的原则；三是里海海域的生态环保责任承担办法。西方国家一直觊觎里海油气能源，纷纷插手，使得有关里海法律地位和划分问题的争议日益激化。

争议最初围绕里海究竟是湖还是海展开。国际湖和（封闭的）内海的法律制度是根本不同的。如果承认里海是内海，则适用 1982 年联合国海洋法公约；如果承认里海是湖，则其法律地位必须沿用有关湖的国际法原则和规定，由两个或更多的沿岸国家签订协议加以确定。但关于这样的问题，里海国家的谈判一直没有实质性的进展。俄罗斯和伊朗因其所属里海海域的海岸线较少，坚持里海为湖，依照“均分”原则划分里海“湖面和湖底”，里海的资源应由五国共同开发。长期以来，俄罗斯一直信守 1921 年和 1940 年签署的条约，坚持里海不可分割的思想。俄罗斯的基本立场是要求承认里海资源可以共同使用，而所有经济活动包括矿产资源的开发，都应由全体里海国家参与解决。因此，国际海洋法标准，其中包括领海、专属经济区以及大陆架原则不适用于里海。所以，俄罗斯认为，里海是内陆水域，并按这一标准来进行海底划界。1995 年，俄罗斯政府通过了《俄罗斯对独联体国家的战略方针》，文件特别提到了里海国家对里海的资源共享，表明莫斯科不会轻易接受自己对邻国的影响消弭。

与此对立的观点是哈萨克斯坦、土库曼斯坦、阿塞拜疆三国，认为里海是海，应根据联合国《海洋公约》原则进行划分，各国可自行开发。

美国等西方国家为尽快进入里海地区，与里海沿岸国家单独商谈油气开发问题，因此支持哈、土、阿的立场。

1996 年围绕里海划分问题的外交冲突开始升级。1996 年，哈萨克斯坦总统纳扎尔巴耶夫访问巴库，第一次公开表示反对共同拥有里海。鉴于中亚里海地缘政治的急剧变化形势，促使俄罗斯调整里海政策，转而采取比较现实主义的态度，积极与里海沿岸其他国家谈判，参与里海油气开发活动，以保持在该地区的影响力。“必须优先发展同作为俄罗斯直接的地缘政治环境的邻国关系，因为无论是俄罗斯国内改革的命运，还是俄罗斯在世界舞台上的状况都直接取决于同近邻的关系的性质。”①

1996 年 11 月，在阿什哈巴德举行的里海国家会议上俄罗斯提出了一个折中方案，建议里海沿岸各国可拥有 45 海里的领域，各国在 45 海里内拥有对海床的主权，超过 45 海里的里海中央地带资源共享。这一方案遭到阿塞拜疆的拒绝。

关于里海的法律地位，俄罗斯主张应由关于里海法律地位的公约确定，这一文件只能通过协商一致产生。哈萨克斯坦同意俄罗斯提出的妥协性建议，即实现海底区域划界，保持水体共用，不设立专属经济区，但哈萨克斯坦仍坚持 12 海里领海原则。

1997 年 4 月 9 日，俄罗斯总统叶利钦和哈萨克斯坦总统纳扎尔巴耶夫就里海法律地位问题和发展里海国家合作问题发表了联合声明。双方表示确信，联合开采里海自然资源符合双方的利益。并指出双方相互承认对方进行开采里海生物和矿产资源的权利，双方将就发展统一规划，包括利用两国的经验和条件在地质勘探和矿产开采方面互利合作交换意见。

1998 年 7 月 6 日，俄罗斯与哈萨克斯坦签署《关于里海北部海底划界，实现主权资源开发的协议》，协议规定：“里海北部海底和地下资源

① В. Н. Цыгичка, “Геостратегические аспекты концепции национальной безопасности”, *Военная мысль*, №. 5, 1997.

在保持水面共享，包括保证航行自由、捕鱼自由和保护周围环境的条件下按照中线划界，中线根据公正原则和双方协议变化。”另外，协议还规定：“双方对勘探、开发和管理所划区域海底资源和地下矿产资源行使主权。”① 自此，俄罗斯确立了以中线原则划分里海的基本立场。但伊朗对此表示不满，根据这一原则它的所得最少。土库曼斯坦则由于里海中央一个大油田的归属得不到俄罗斯的支持，而站在俄罗斯的对立面。这样在叶利钦时代，里海法律地位争端一直没有解决。

2000 年 3 月普京上台后，采取了强硬的外交路线，对西方国家在里海的渗透给予回击，对里海地区新独立的国家采取了打拉结合的方针，企图恢复对该地区的控制。2000 年 5 月 31 日，他任命了原能源部长卡柳日内（Калюжиный）为专门负责里海事物的副外长，并表示俄罗斯在里海能源政治中的地位是他首先考虑的问题之一。为促成形成对俄罗斯有利的里海解决方案，俄罗斯加紧外交活动。

2000 年 10 月，普京和纳扎尔巴耶夫签署《里海合作宣言》，进一步体现 1998 年两国协议的精神。2002 年 5 月，俄哈两国总统在莫斯科签署 1998 年协议的议定书，其中规定按照修订的中间线划定俄罗斯和哈萨克斯坦海底资源开发区。协议和议定书经双方批准于 2003 年 5 月生效。俄哈签署协议的同时，在里海一些问题的立场仍有分歧，俄罗斯尤其不能同意哈方提出的里海非军事化，以及沿岸国家的船舶可以经由俄罗斯的内水航道“自由过境”进入世界海洋的建议。

石油因素是阿塞拜疆国家经济潜在力量的源泉，是世界主要国家对阿塞拜疆的兴趣和关注不断增长的基本原因。在确定里海法律地位问题上，阿起初坚持里海是国际界湖，应该按照国际界湖的方法来进行划界，即将其划为五部分。按照这种划分方法，每个里海沿岸国家对包括海底和水体在内的相应的里海区段都拥有主权。阿塞拜疆还声称，里海现今的地位与任何国际义务都没有关系。阿在处理能源关系时也按照这种主张行事。从 1994 年起，阿与多家外国公司签署了在阿塞拜疆扇形区内开采资源的

① Соглашение между Российской Федерацией и Республикой Казахстан, *О разграничении дна северной части Каспийското моря в целях осуществления суверенных прав нанедропользование*, Москва, 1998 - 06 - 07. “Министерство иностранных дел Российкой федераций”, *Дипломатический вестник*, №.7, 1998.

合同。

但在以后的时间，经过俄罗斯的外交斡旋，2001 年 1 月 9 日，俄罗斯与阿塞拜疆签署了《关于里海合作原则的联合声明》，其中，含有分阶段解决里海的法律地位问题以及在第一阶段划分里海海底，以实现资源开发和合法进行其他经济活动的条款。2002 年 9 月 23 日，俄阿两国总统签署了《关于划分里海海底邻接区段的协定》。协议确定了“海底划分，水面共有”原则，规定按中心线划分里海海底和地下资源。分界线的起点在 1979 年测绘图确定的两国陆地边界在里海岸边的连接点，终点在北纬 42°33′6″和东经 49°53′3″的地理坐标点。

此协定经双方批准于 2003 年 8 月生效。[①] 至此，俄罗斯在里海划分问题上又取得了阿塞拜疆的支持。

这样在俄哈协议以及俄阿协议的基础上，俄、哈、阿三国在划分里海海底问题上立场渐趋一致，但伊朗对此划分原则表示反对。因为如果按照俄罗斯和哈萨克斯坦提出的划分原则，伊朗只能得到 13% 的里海海底；而保留水面为共有，将使伊朗面临俄罗斯强大舰队的威胁。于是，伊朗提出“共管”和“等分”两种方案，提出将里海海面、深层海水和海床五等分，彻底划为各国领土的一部分。同时德黑兰声称，准备同意由沿岸国家划分里海海底的方案，但条件是伊朗所占份额不得少于 20% 。伊朗对里海划分问题立场的实质是，在里海法律地位解决之前，里海南岸 20% 的区块应被认为属于伊朗，在该范围内的活动都必须征得伊朗的同意。另外，伊朗对阿塞拜疆在认为属于自己的区块内进行的矿产开发采取了外交行动。2001 年 7 月，伊朗与阿塞拜疆甚至在里海兵戎相见。2002 年 7 月，伊朗海军把属于英国石油公司的两艘阿塞拜疆地质勘探船从其觊觎已久的海域驱逐了出去。

尽管伊朗和俄罗斯在里海划分问题上有争议，但他们仍有利益的共同点：两国都反对美国在该地区的影响；均对土耳其在该地区商业和政治事务方面动态保持高度的警觉。2000 年 12 月，伊朗副外长、里海特使艾哈尼访问莫斯科。12 月 26 日，俄罗斯国防部长谢尔盖耶夫访问伊朗。2001 年 3 月，伊朗总统哈塔米访问俄罗斯，里海是讨论的重要话题之一，在两

---

① Министерство иностранных дел Российкой федераций, “Дипломатический вестник” 2002г（www. mid. ru）.

国总统的联合宣言中，两国宣布“直到里海的法律体制最终确立，缔约双方不得正式承认里海的任何边界”；“缔约双方公开宣布他们不同意在海床上铺设任何跨里海的石油和天然气管道”；“只有经过沿岸五国的共同同意，有关里海法律地位和里海开发的决定和协议才能生效”。这一宣言实质上是针对美国修建跨里海油气管道计划的。伊朗近年来立场的变化是因核武器和反恐等问题受到美国压力，对俄罗斯的需求增多，于是对俄罗斯同哈萨克斯坦和阿塞拜疆签订的双边协议的态度有所缓和。

土库曼斯坦在里海划分问题上的立场是摇摆不定和自相矛盾的。土库曼斯坦因与阿塞拜疆在部分里海油田的归属上存在争议，所以在解决里海法律地位问题上一直采取拖延战术，以阻挠西方石油公司在有争议的地区开采石油，动摇他们对阿投资的决心，迫使阿让步。1994—1997 年期间，土库曼斯坦谈判立场在一定程度上与伊朗和俄罗斯相近。根据这一立场，在确定里海法律地位时不应该引用国际海洋法的准则把里海划分为国家所属的区块。阿什哈巴德也认为为了资源开发而对海底进行地段划分时，保留公用地带是合理的。但随后，土库曼斯坦又改变了自己的立场。阿什哈巴德的立场是不反对相邻或相向国家为利用里海矿产资源划分海底。除此之外，土库曼斯坦支持俄罗斯有关 15 海里国家管辖区的倡议，但另外提出了与之相接的 20—30 海里“主权经济区”的问题。按照土方的意见，其他国家的军舰不得进入这一地区。

另外，为调整与阿塞拜疆的关系，土从 1998 年年初开始与阿进行谈判，试图与阿达成一致，但没有成功。土库曼斯坦提出的划界方案使巴库不满，因该方案否定阿塞拜疆对一系列矿床的所有权。

在各种划分方案中里海的存储量的 41%— 62%，即 42 亿—76 亿吨石油属于哈斯克斯坦和土库曼斯坦。①

里海五国，尽管在短时期内对里海法律地位问题未能达成一致协议，但在五国的双边和多边谈判的外交努力下，2002 年 4 月 23 日在阿什哈巴德举行第一次里海五国国家首脑会议，就里海的法律地位、资源开发等相关问题进行了磋商。2007 年 10 月 16 日在伊朗首都德黑兰举行第二次里海五国国家首脑会议。两次会议为里海法律地位问题的解决

① Э. М. Иванов，*Экономические отношения россии со странами центральной Азии*，Москва，2006，c. 27.

铺设了条件。

表 4—2　　里海石油和天然气储量的分配

	各种划分方案的存储量份额（%）					
	А	Б	В	Г	Д	Е
俄罗斯	12	13	27	17	17	19
阿塞拜疆	20	24	25	24	24	23
伊朗	8	7	7	6	6	16
哈萨克斯坦	50	41	27	39	39	23
土库曼斯坦	12	14	14	14	14	18
总计（10 亿吨）	12. 3	10. 3	10. 2	30. 7	10. 7	11. 1

注：А – 根据中线 26 米深度分界线。

Б – 根据中线 28 米深度分界线。

В – 根据中线 28 米深度分界线，俄罗斯方面条款，俄罗斯—哈萨克斯坦共享部分。

Г – 根据中线 28 米深度分界线，哈萨克斯坦方面条款，俄罗斯—哈萨克斯坦共享部分。

Д – 根据实用的分界线划分（没越过已经划分的开采矿产地）。

Е – 10 海里国家司法管辖范围，其余的资源平等共享。

资料来源：Эксперт. – 2004. – 1 – 7 ноября – с. 37。

2. 俄罗斯与美国在里海油气管线的博弈

里海的输油管网是大国地缘政治的焦点。对于里海地区来说，最能使它以及各路竞争的外部势力陷入冲突的问题，莫过于输油管道的最终命运了。由于油气管道线的选择不仅意味着沿线国家可以获得丰厚的过境费，而且，“谁控制了油气管线，谁就控制或主导了进入中亚地区的途径”。从这个意义上讲，油气管道问题就不再是一个纯粹经济问题，而成为某个国家在中亚地区获得地缘政治优势的有效途径之一。“正是由于这种考虑才使油气管道问题成为影响里海盆地和中亚的未来的主要问题。”① 苏联解体后，美国、俄罗斯、伊朗、土耳其、日本及欧盟都是该地区油气资源流向的主要角逐者。

石油管道外交一直是俄罗斯能源外交政策中的重要组成部分。里海地

① ［美］兹比格纽·布热津斯基：《大棋局》，中国国际问题研究所译，上海人民出版社 1998 年版，第 185 页。

区的油气资源大多数是经过俄罗斯的国境往外输送的，这是从苏联时代就形成的传统。1997 年以前，里海地区的石油是通过阿特劳—萨马拉管道输出，天然气是通过俄罗斯天然气工业公司控制的天然气管道系统输出。阿特劳—萨马拉管道是一条经哈萨克斯坦北部边境连接俄罗斯国家石油管道运输公司管网的管道。在苏联时期，哈萨克斯坦外输的石油几乎全部由该管线运送。

苏联解体后，俄罗斯的地缘政治学家们希望这种情况一直保持下去。“因为他们知道俄罗斯石油运输系统出口路线的前景，主要取决于俄罗斯在向附近国家和远方国家石油供货领域关系的发展情况。”① 俄罗斯极力维护在中亚油气外运上的管道运输优势地位，针对西方国家要修建绕开俄的里海运输管道计划，俄罗斯着力里海地区的油气管道建设，控制里海能源网络命脉。为了抵御美国试图将俄罗斯排斥在输油管线竞争之外的政策，俄提出修建沿着苏联时代建成的自巴库至黑海港口新罗西斯克的现有输油管道再建一条管道，以便继续控制该地区决心摆脱俄影响的新独立国家。

在新建里海油气管道方面，出于自身长远的经济与战略利益考虑，俄罗斯极力将里海地区输油管道纳入“北线方案”，即田吉兹—新罗西斯克输油管线，从哈萨克斯坦的田吉兹油田至哈萨克斯坦西部港口阿克套，然后途经俄罗斯境内再抵达新罗西斯克，最后通至欧洲。该项目已于 1999 年 5 月开工，管线全长 1580 公里。2001 年 10 月，管道正式投入使用。管道初期输油能力每年为 2800 万吨，最终将达到 7600 万吨。但作为输油管道一方的“哈萨克斯坦十分小心，不想让它的石油出口完全仰赖莫斯科的友善。哈石油企业也担心俄罗斯出现收费过高、关闭管道以及官僚主义破坏行为等情况，田吉兹输油管的经营者在这方面一直在与俄罗斯作斗争”。②

除田吉兹—新罗西斯克输油管线外，俄罗斯还掌握着另一条里海能源运输管道，从阿塞拜疆的巴库经俄罗斯抵达其黑海港口新罗西斯克后再通至欧洲，于 1996 年开通。进入国际市场的里海石油目前都是从新罗西斯

① М. А. Яценко, *Нефтъ во внешнеэкономических связях России*, Москва, 2006, с. 82.

② ［英］卢茨·克莱维曼：《新大牌局——亚洲腹地大国角力内幕》，王振西主译，新华出版社 2006 年版，第 80 页。

克港转运出去的，新罗西斯克成为里海石油北运的终端。

如何绕开俄罗斯再新建一条管线，把巴库的石油运到西方市场，这是华盛顿当时最为关注的问题。美国政府把石油利益与国家安全紧密地结合起来。美国明确决定，减少对中东石油的依赖，增加从俄罗斯、拉美、西非和里海地区的石油进口，确保国家的能源安全。美国把寻找新的能源供应基地，开辟一条安全、可靠、稳定的油气输送管道作为自己优先考虑的战略目标。为了控制里海油气资源，遏制俄罗斯在该地区的影响，美国提出“西向方案”，修建新的绕过俄罗斯的油气管道。

1999 年 11 月，美国与阿塞拜疆、格鲁吉亚、土耳其签署了修建从巴库至杰伊汉的石油管道协议。“巴库—第比利斯—杰伊汉（BTC）”输油管道是美国极力推崇设计的一条运输线路，即让哈萨克斯坦和阿塞拜疆的里海石油从阿塞拜疆的巴库经格鲁吉亚的第比利斯，最终抵达土耳其的地中海港口杰伊汉。美国前副总统戈尔亲自过问此事。这条输油管道既绕过俄罗斯，又独立于欧佩克，称之为“东西方里海能源走廊”。1997 年最初由土耳其、阿塞拜疆、格鲁吉亚三国提出，由于工程耗资巨大，石油勘探不尽如人意，方案一度搁浅。1998 年以来美国反复做阿塞拜疆、格鲁吉亚、土耳其三国的工作，促使他们在输油管道问题上达成共识。1998 年 10 月，哈萨克斯坦、阿塞拜疆、格鲁吉亚、乌兹别克斯坦、土耳其与美国就输油管道问题签署了《安卡拉宣言》。1999 年 11 月，在伊斯坦布尔土耳其、阿塞拜疆、格鲁吉亚三国又签署了支持该输油管道的《伊斯坦布尔宣言》。哈萨克斯坦和土库曼斯坦也与上述三国签署联合声明，支持巴库—杰伊汉方案，保证本国石油通过该管道外运。2002 年 4 月 30 日，土耳其、阿塞拜疆、格鲁吉亚三国在土耳其里海城市特拉布宗举行会晤，为确保管道工程的进行签署了协议。2002 年 9 月 18 日，“巴库—第比利斯—杰伊汉”输油管道在阿塞拜疆和土耳其同时动工。该输油管道财团由英国石油公司牵头，成员还包括挪威国家石油公司、阿塞拜疆国家石油总公司、美国康菲石油公司、优尼科公司以及阿美拉达赫斯公司、法国的道达尔、土耳其国家石油公司等。输油管道的路线绕过了俄罗斯，尤其是车臣地区。而在苏联时代，车臣是里海地区油气资源最重要的出口通道。同样，该输油管道也会避开伊朗以及亚美尼亚和阿塞拜疆争夺的纳戈尔诺—卡拉巴赫地区。输油管道大部分都在土耳其境内，因其是美国在该地区最主要的盟友。因此。在美国的鼎力推动下，2006 年 7 月 13 日，这条长 1760 公里、耗资约 40 亿美元的石油管道正式开通启用。阿塞拜疆的阿泽利—契拉格—久涅什里海上三大油田将能满负荷产油，2006 年运输了阿 1500 万吨石油。[①] 同时也转运俄罗斯、乌克兰、格鲁吉亚的黑海港口的石油，但数量不大。

“巴库—第比利斯—杰伊汉”（BTC）输油管道，打破了俄罗斯对里海石油出口的垄断局面，其直接的后果导致俄罗斯受到巨大的损失。从经济层面来看，俄罗斯将不能获得过境运输里海石油的巨额收入；从地缘政治层面来看，该管道开通后，里海沿岸国家在能源问题上对俄罗斯的依赖程度降低，而随之会使俄罗斯对里海国家影响力的下降。一些俄罗斯分析家甚至预见到管道背后的战略进攻目的，他们猜测，“巴库—第比利斯—杰伊汉”管道和未来的分支管道将会推动苏联的整个南部颜色革命的爆发。对于俄罗斯来说，“巴库—第比利斯—杰伊汉”管道常被作为支撑美国对俄罗斯的“零和博弈”的范例。

另外，在里海地区天然气输送方面，美国支持“跨里海输气管道”（TCCP）方案，总造价在 20 亿—30 亿美元。它一头连接的是土库曼斯坦和中亚地区巨大的天然气资源，另一头则是土耳其的埃尔祖鲁姆，从而把土库曼湾和巴库及第比利斯都连接在一起。这一项目在 2000 年年初的时候曾得到了壳牌公司的支持，但由于欧盟内部对此方案有分歧，使该管道一度搁浅。为实施该方案，2004 年 10 月 21 日，阿塞拜疆与英国石油公司及挪威国家石油公司合作，开工修建“巴库—第比利斯—埃尔祖鲁姆”天然气管道（BTE）。这条输气管道的源头是阿塞拜疆的沙赫　杰尼兹天然气田，经过格鲁吉亚至土耳其。由于管道沿巴库—第比利斯—杰伊汉输油管道的同一路线铺设，这样，不仅可以减少管道的造价，而且可以提高巴杰线的经济效益。该管道年输气能力为 72 亿立方米。

巴库—第比利斯—埃尔祖鲁姆天然气管线方案是为代替俄罗斯“蓝流”方案设计的。美国曾一直呼吁阿塞拜疆与格鲁吉亚签订修建管线条约，但由于其国内局势动荡，两国在 2002 年前一直未能达成协议。“9・11”事件和美军进驻中亚后，美国对格鲁吉亚提供军援从根本上改变了这种局面。土耳其分析家认为，美国在格鲁吉亚的主要军事使命就是保

---

① Ю. Н. Глущенко，*Еврпейский вектор нефтяной отрасли россии*，Москва，2007，с. 141.

障管线的安全。

“巴库—第比利斯—杰伊汉”输油管道和“巴库—第比利斯—埃尔祖鲁姆”天然气管道，这两条能源走廊是美国在里海地区政策的关键所在。华盛顿想借此把阿塞拜疆和格鲁吉亚与土耳其拴在一起。阿塞拜疆和格鲁吉亚刚刚走出与俄罗斯的“亲密”状态，而土耳其则是北约的第二大军事强国。这里正在成为南高加索地区名副其实的战略走廊、横贯东西的交通和运输走廊。“如果再加上从伊拉克的基尔库克通往土耳其杰伊汉港的输油管道，以及俄罗斯和里海地区另外几条筹建中的输油管道，这一全新的格局使土耳其越来越多地负担起了能源中转的使命，成了一个为美国和欧洲提供能源转运服务的战略中继站。”①

美国在实施“西向方案”的同时，还在积极策划“东向方案”。1995—1998年间，总部位于美国加利福尼亚州的优尼科公司是中亚天然气管道集团的大股东。该集团成立主要目的是为了建造一条从土库曼斯坦到印度洋的石油和天然气运输线。这条管道从土库曼斯坦出发，途经阿富汗，终点是巴基斯坦的瓜达尔港。这条油气输送管道与“巴库—第比利斯—杰伊汉”管道有着同样的战略意义：能够绕开俄罗斯及伊朗把里海地区的油气资源往外输送。但是，要修建这条管道，首先必须在阿富汗成立一个能够得到国际社会承认的政府。正因这个棘手问题，使优尼科公司不得不放弃这一计划，而研究另一个天然气输送计划。即修建土库曼斯坦—印度输气管道。其起点是土库曼斯坦的道勒塔巴德，终点是印度境内印巴边境地区的法济尔加，途经阿富汗的赫拉特和坎大哈以及巴基斯坦的奎达和木尔坦。由于美国于2001年对阿富汗展开军事行动以及此后阿富汗政局出现变化之后，尤其是一些石油界精英进入布什政府的高层后，这一计划得以实施。“石油界精英加入布什政府，使得政府的战略与企业的战略容易形成合力。”② 该管道2006年动工，而且获得了亚洲开发银行的资金支持。该管道造价约为35亿美元，年输气量将达到198亿立方米。这些天然气主要来自土库曼斯坦的阿姆河盆地，其中道勒塔巴德—顿麦兹超级气田在2004年年底已探明储量为29000亿立方米，约占土库曼斯坦

① ［法］菲利普·赛比耶—洛佩兹：《石油地缘政治》，潘革平译，社会科学文献出版社2008年版，第171页。

② 同上书，第191页。

全国储量的一半。

为应对美国在里海油气管道的遏制政策，俄罗斯加大力度促使哈萨克斯坦石油从俄罗斯过境，并充分发挥现有的里海国际管道运输财团管道（田吉兹—新罗西斯克）的运力，牵制巴库—第比利斯—杰伊汉管道的运力，使其丧失经济效益。2002 年 6 月，俄罗斯与哈萨克斯坦签署了《俄哈石油运输协议》，根据协议哈萨克斯坦保证在协议 15 年期限内经阿特劳—萨马拉至新开通的波罗的海芬兰湾普里摩尔斯克港每年输送原油不少于 1500 万吨，经马哈契卡拉—季霍列茨克—新罗西斯克港每年运输原油不少于 250 万吨，即每年哈萨克斯坦石油经俄罗斯过境 1750 万吨。[①]

针对油气管道过分的政治色彩，2002 年 3 月以来，特别是 7、8 月间俄罗斯与格鲁吉亚关系紧张的原因并不仅在于潘杰西峡谷藏匿着车臣和阿拉伯恐怖主义分子，而是俄罗斯对格鲁吉亚积极推动修建巴库—第比利斯—杰伊汉石油管道的强烈不满。

俄罗斯针对美国支持的跨里海天然气管道计划还提出了把天然气从图阿普谢经黑海海底输送到萨姆松的“蓝流”管道方案。“蓝流”天然气管道是俄罗斯与土耳其的合作项目，管道全长 1213 公里，总投资为 32 亿美元。它从俄罗斯塔夫罗波尔边疆区的伊扎比利诺耶开始，直接通过黑海海底，经过土耳其北部港口萨姆松，终点直至安卡拉。“蓝流”天然气管道于 2002 年投入运营。该管道有 396 公里经过海底，深度达 2150 米，它是世界上最深的油气输送管道。这条管道是 1997 年俄罗斯与土耳其政府签订了政府间协议后开始修建的。根据协议俄罗斯同意向土耳其提供 25 年的天然气，2003 年的输气量为 20 亿立方米，以后逐年递增，到 2010 年起达到每年 160 亿立方米。输气管道的建成为俄罗斯打开了向土耳其及巴尔干国家出口的通道。“蓝流”天然气管道的经营方是俄罗斯天然气工业公司，资金则主要由意大利国家能源控股公司提供。

“蓝流”管道的建成一方面是因为要弱化美国支持的项目“巴库—第比利斯—杰伊汉”输油管道，另一方面也想借着欧盟明确拒绝土耳其入盟要求的机会，扩大俄罗斯对土耳其的影响。此外，蓝流天然气管道也注

---

① С. С. Жиллцов, “Политика России в Каспийском регионе”, *Вестния Каспия*, №. 4, 2003.

重解决相互依赖性问题，使俄罗斯能够扩大能源资源的地理影响。俄罗斯利用这条管道在保证获得较高的收入同时，也使北约成员国土耳其在经济上与自己的联系更加紧密。

在俄罗斯石油运输系统的出口线路中，对从里海区域经过俄罗斯境内的石油供货具有重要意义。从里海区域运输石油一个主要的系统是里海石油管道系统。该管道对哈萨克斯坦意义重大，可以使其向欧洲石油市场运输石油的费用降低，实现哈萨克斯坦的自然优势，在随后的几十年它能带来巨大的收入。对于俄罗斯来说，里海石油管道系统能把系统中狭窄区域的石油出口。同时，这个方案有两个主要不足：一是田吉兹—新罗西斯克管线的新罗西斯克是黑海的一个港口，要将油气运往地中海和世界市场，需要通过黑海海峡，这将加重这条狭窄水道的负担。二是该港口受恶劣的天气影响，每年冬天要关闭 2 个月，这也将使这条路线的竞争性减弱。

2007 年 3 月 15 日，俄罗斯还与希腊、保加利亚签署了布尔加斯—亚历山德鲁波利斯输油管道铺设协议。管道建成之后，先把石油从俄罗斯新罗西斯克港用油轮运抵保加利亚的布尔加斯港，再进入管道流向希腊的亚历山德鲁波利斯港，从那里出口西欧。这条管道可保证 3000 万吨的年输油量而且避开海峡。该管道将成为与巴—杰输油管道竞争的砝码，是俄罗斯“能源战略付诸实施的又一杰作”。①

伊朗为了吸引更多的投资，获取过境费以及打破美国对伊朗的制裁和封锁，推出“南向方案”。通过伊朗出口有两种途径。一是直接修建穿越伊朗的管道将石油运往波斯湾；二是通过石油交换将里海石油供伊朗北部地区使用，然后再以里海石油生产国的名义从其南部的波斯湾港口出口等量的石油。

但“南向方案”遇到最大问题是来自美国，1996 年美国颁布了对伊朗和利比亚进行制裁的法案，这使美国大石油公司不得不放弃与伊朗的能源合作。“南向方案”的前途取决于政治和技术两个因素。如果美国不取消对伊朗的制裁，在里海活动的许多美国大石油公司都无法选择这条路线，而没有大量石油的注入，就会降低该管道的经济效益。另一方面，如果伊朗不能处理哈萨克斯坦石油中硫黄的高含量，那么对哈的石油交换也

---

① 《Независимая газета》, 16. 03. 2007г.

难以进行。

尽管有美国的阻挠，伊朗路线还是取得了一定进展。2001 年 1 月，伊朗与中国石化集团签署一个 1.5 亿美元的合同，改善伊朗炼油厂并使其港口现代化以处理来自哈萨克斯坦的里海石油。

随着俄罗斯与美国等西方国家“东西南北”方向的油气管道运输方案的出台与实施，使里海地区的国家关系和能源格局呈现出错综复杂的态势。其中美俄能源博弈最为凸显。俄罗斯在普京执政后，加强了对里海国家的外交攻势；还借助伊朗抗衡美国在里海地区的影响，俄罗斯修建了运输里海油气的新管道，掌控了里海地区油气输送的主动权。另外，在里海区域国家之间能源博弈的同时，能源合作也在进行。实际上，不论是美国等西方国家还是环里海地区的国家，在力争地缘政治和地缘经济利益的同时，也都在谋求与俄罗斯的能源合作。俄罗斯则通过建立“欧亚经济共同体”加强与环里海国家的经济与政治关系。

（二）俄罗斯对里海及外高加索地区能源外交

关于“中亚”一词所指的范围，中外学者们历来都有不同的看法。中国多数学者将“中亚”所指的范围分为“狭义”与“广义”之说，并认为“在地理上从宏观的角度看，环里海—大中亚地区，除中亚五国之外，还包括俄罗斯的北高加索地区，外高加索三个国家（阿塞拜疆、亚美尼亚、格鲁吉亚）以及伊朗”。① 因此，在研究俄罗斯中亚能源外交时，把俄罗斯对中亚五国的能源外交与对外高加索国家能源外交联系在一起研究。

由于外高加索地区各独立共和国境内的民众与俄罗斯民族有着密切的联系，所以该地区的不稳定因素会直接影响俄罗斯的安全。对莫斯科而言，该地区有着两方面的重要性：一方面，作为一种不稳定的源头，该地区与俄罗斯车臣共和国有密切的关联；另一方面，该地区是南高加索国家进行地缘政治竞争的角力场。

1993 年以后，俄罗斯对外高加索三国的基本政策是：首先使阿塞拜疆和格鲁吉亚成为独联体成员国；用经济和政治手段使三国“尊重”俄罗斯的利益和要求；把建立军事联盟，即安全问题放在第一

---

① 崔民选、王军生、陈义和：《天然气战争》，石油工业出版社 2010 年版，第 54 页。

位，将外高加索三国纳入俄罗斯的国防体系中去。此外，俄罗斯在该地区还有一项重要任务，即尽力阻止西方石油公司对里海能源开发的介入。

1. 俄罗斯对阿塞拜疆能源外交

阿塞拜疆位于亚洲西部外高加索的东南部，东临里海，南邻伊朗，北靠俄罗斯，东部与哈萨克斯坦、土库曼斯坦隔海相望，西接格鲁吉亚和亚美尼亚。格鲁吉亚战略位置极为重要，是连接西欧和西亚的十字路口。

阿塞拜疆18世纪中期分裂为十几个封建小国。19世纪30年代，北阿塞拜疆（现阿塞拜疆共和国）并入沙俄。1917年11月建立苏维埃政权——巴库公社。1918年5月28日，阿宣告成立“阿塞拜疆民主共和国”。1920年4月28日被“阿塞拜疆苏维埃社会主义共和国”取代。1922年3月12日加入外高加索苏维埃社会主义联邦共和国，同年12月30日改为直属苏联的加盟共和国。1991年2月6日改国名为“阿塞拜疆共和国”，10月8日正式独立。

阿塞拜疆盛产石油和天然气，从19世纪中期起，阿普歇伦半岛就是俄国的主要石油基地。20世纪初，巴库地区所产的石油占世界石油开采量的50%。[①] 东南部区域的过境贸易成为俄属阿塞拜疆的重要经济收入。此区域把俄罗斯、欧洲和波斯联系在一起。1883年，在通往黑海的西部地区修建了铁路。1903年修建了俄罗斯帝国第一条石油管道，将巴库的石油输往阿斯特拉罕。

苏联时期的最后10年，阿塞拜疆已不是苏联最主要的石油开采中心，但其在国家经济中的作用仍不容忽视，阿塞拜疆人在俄罗斯联邦共和国和苏联其他联邦共和国石油工业发展中发挥作用。

苏联解体后，阿塞拜疆的燃料能源部门陷入了严重的危机。与俄罗斯经济联系的中断导致油田和钻井设备的供应急剧减少。为此，阿塞拜疆制定的能源政策基本目标是：消除行业危机，扩大油气工业出口潜力，实现电力现代化。阿塞拜疆领导人提出改善居民社会经济状况的计划与扩大油气出口紧密相关。能源政策的实施，使阿塞拜疆的石油开采量增加。1995

---

① Н. А. Добронравин、О. Л. Маргания, *Нефть газ модернизация общества*, Москва, 2008, с. 482.

年，阿塞拜疆石油开采量为920万吨，2004年增加到1550万吨。[①] 在阿塞拜疆出口产品中，石油占70%以上，石油出口占全部财政收入的约50%。在天然气方面，为了满足国内的需要，阿塞拜疆从俄罗斯和中亚国家进口天然气。

阿塞拜疆独立后，首任总统阿·穆塔利博夫（Аяз Муталибов）决定加入独联体，与俄友好，但阿·埃利奇别伊（Абульфаз Эльчибей）上台后，拒不承认阿是独联体成员，以致与俄关系紧张。1993年6月，阿发生政府危机，10月3日盖·阿利耶夫（Гейдар Алиев）当选总统后，主动改善与俄的关系。1993年9月24日阿正式加入独联体，签署了《独联体经济联盟条约》等。1993年俄罗斯燃料动力部与阿塞拜疆政府签署了《关于在发展燃料动力系统领域开展合作的协定》，发展两国燃料动力系统之间的关系。在这个协定框架内，两国在苏联时期形成的技术、原料等领域相互关系基础上积极开展合作。阿塞拜疆的能源发展战略是：努力使油田的经营多样化，吸引更多的国家参与，增加合同参加者的数量。依靠加速油田的开发来提高国家的国际地位，利用石油的收入和引进的外资促进经济发展。

阿塞拜疆在能源政策上，一方面与俄罗斯修好，另一方面与西方能源公司发展关系。阿利耶夫掌权后，一向自命为恩人的克里姆林宫考虑到阿利耶夫的过去，期望他能奉行亲俄罗斯的政策，然而阿利耶夫有自己的想法，他希望从克里姆林宫的控制下解放出来。国家没有钱也没有必要的技术来开发沿海的资源，阿利耶夫就对外国投资者开放了国家的油田。这使西方国家特别是美国对独立的阿塞拜疆产生了兴趣。

1994年，一个由英国石油公司、谢夫隆（其前身是加利福尼亚的标准石油公司）、埃克森—美孚以及其他几家公司所组成的联合财团达成了一项被称为“世纪交易”的协议，共同开发阿塞里、齐拉格和久涅什里油田。这三大油田的总储量为65亿桶，从而使该项目成为世界上最大的石油项目之一。1994年，俄罗斯卢克石油公司参与了阿塞拜疆“世纪交易”组建的财团。继而，卢克、尤科斯、俄罗斯石油和西丹科石油公司申请加入俄方与巴库组建的第二个财团，其中只有卢克石油公司在俄方与

① Э. М. Иванов, *Экономические отношения россии со странами центральной Азии*, Москва, 2006, с. 26.

巴库谈判之后，得到了 10% 的股份，与它预计获得沙赫—德尼斯油田 20%—30% 的股份的期望值还有一定的差距。① 这反映了俄政府当时在里海地区的影响力，以及石油公司在政策方针上同政府存在一定的分歧。俄罗斯外交部认为，卢克公司参与“世纪交易”，就是在行动上支持了阿塞拜疆划分里海的方案，承认了阿塞拜疆和哈萨克斯坦等里海国家扇形划分里海。

俄阿关系的主要法律基础文件是 1997 年 7 月两国总统签署的《关于友好、合作和相互安全条约》。该条约明确规定，“双方承认不支持分离主义运动，禁止和消除在一方建立旨在反对另一方独立和领土完整的集团和组织”。②

2002 年 9 月 23 日，俄罗斯总统普京同来访的阿塞拜疆总统阿利耶夫在克里姆林宫签署了《俄罗斯联邦和阿塞拜疆共和国划分里海海底邻接区段的协议》，两国将依照中心线原则划分里海海底交际地段和海底资源。俄阿两国政府还签署了教育、经济和科技合作等三个协议。普京在记者招待会上对俄阿两国关系的发展情况表示满意，认为双方经济贸易合作有着良好的前景，并对阿塞拜疆在反对恐怖斗争中奉行的立场和对俄罗斯反恐立场的支持给予了高度评价。

俄罗斯与阿塞拜疆的能源关系是建立在双方经济的互补性上，阿塞拜疆对俄罗斯在经济上有很大依赖性，65% 的资源靠俄提供，主要是金属、木材、水泥等。另外，俄罗斯的石油设备、化学产品、棉花等，80% 均由阿提供。

2004 年 2 月，阿塞拜疆和俄罗斯领导人通过了《莫斯科宣言》，确定了双边政治和经济合作的基本方向，其中包括燃料动力系统的合作。在油气过境输送方面，据统计，阿塞拜疆每年有 350 万吨的石油出口总量，其中约 100 万吨需经过俄罗斯领土。③ 如何把已开采的石油输送到国际市场是阿塞拜疆扩大对西方石油出口面临的主要问题之一。《俄罗斯联邦和阿塞拜疆共和国关于阿塞拜疆石油经过俄罗斯联邦过境的条约》是直接关

① С. С. Жильцов, “Политика России в Каспийскои регионев”, *Вестник Каспия*, №5, 2003.

② Независимая газета, 9 июля 1997г.

③ А. Ю. Воронин, *Энергетическая стратегия россии*, Москва, 2004, с. 211.

系到里海资源开发的重要文件。根据这个条约，阿塞拜疆沿岸水上油田开采的“早期”原油通过巴库—新罗西斯克石油管道经车臣外输。

2004年2月4日，俄罗斯能源部部长伊戈里·优素福对新闻记者说，俄罗斯与阿塞拜疆在燃料动力领域内的合作潜力巨大。俄罗斯对与阿塞拜疆签署通过俄过境运输阿塞拜疆石油的长期协议很感兴趣，俄阿双方正在就其可能性进行谈判。“我们相信，俄罗斯的管道运输系统将在一定期限内，装载着一定数量的阿塞拜疆石油，利用我们的过境运输，输送到地中海港口和欧洲。”根据能源部部长优素福所承诺，俄罗斯希望在现行的协议框架内，把通过石油管道，经巴库、马哈奇卡拉、新西伯利亚过境运输阿塞拜疆石油的数量，从250万—270万吨提高到500万吨。管道运输石油的潜力为1500万吨。①

尽管如此，俄罗斯与阿塞拜疆的能源关系，由于西方国家对阿塞拜疆能源开发的介入（由美国倡导的巴库—第比利斯—杰伊汉管线已于2002年9月开工建设），特别是美国和北约对阿塞拜疆军事渗透的加强，俄阿两国能源关系蒙上了浓厚的政治色彩，并受到政治因素的制约。

2. 俄罗斯对格鲁吉亚能源外交

格鲁吉亚位于亚洲西南部高加索地区的黑海沿岸，北邻俄罗斯，南部与土耳其、亚美尼亚、阿塞拜疆接壤。在16—18世纪格鲁吉亚为伊朗和土耳其两国争夺对象。18世纪求助于新兴强国俄罗斯，1801—1864年格鲁吉亚各公国先后并入俄罗斯帝国，改为梯弗里斯和库塔伊西省。1917年俄国十月革命后，格鲁吉亚宣布独立。1921年2月25日成立格鲁吉亚苏维埃社会主义共和国，1922年3月12日，格鲁吉亚加入外高加索社会主义联邦共和国，并于同年12月作为该联邦成员加入苏联。1991年苏联解体，格鲁吉亚独立。

独立后的格鲁吉亚奉行均衡外交战略，密切与美国关系的同时调整对俄关系；积极谋求与欧洲实现一体化；积极谋取经济援助；重视同独联体各国和邻国发展友好合作关系并积极参与国际合作。

影响俄罗斯与格鲁吉亚的能源关系有两点因素：一是格鲁吉亚为油气过境国的地理位置。二是政治因素的影响。俄罗斯地缘政治评估中心主席A. 杜金撰文指出，导致格鲁吉亚政治混乱局面的是其极具吸引力的地缘

① http：www. mte. gov. nu，2004年3月10日。

政治地位。[①] 格鲁吉亚位于外高加索中西部，地处欧亚交界，是连接两个大陆的天然纽带，是古丝绸之路和现代欧亚交通走廊必经之地，是东西方（黑海和里海）和南北（俄罗斯与土耳其之间）交通干线和枢纽，也是中亚向西欧国家输送石油、天然气重要运输干线。格鲁吉亚特殊的地理位置致使俄罗斯与格鲁吉亚在政治军事冲突中进行能源方面的合作，能源关系呈现出能源经济政治化的特点。

格鲁吉亚的石油探明储量为5000万吨，2004年生产石油约10万吨。格鲁吉亚的天然气匮乏，为了满足国内对油气的需求，其不得不从国外进口。格鲁吉亚每年进口约250万吨石油（主要从阿塞拜疆）和约15亿立方米天然气（主要从俄罗斯）。[②]

苏联解体后，俄罗斯和格鲁吉亚在燃料动力系统领域保持着牢固的关系。格鲁吉亚依赖俄罗斯天然气和石油供应，1993年成立了“阿泽里—卢克—格鲁吉亚合资公司”，该公司由俄罗斯公司以及格鲁吉亚国家石油公司和阿塞拜疆国家石油天然气公司组成，计划从俄罗斯和哈萨克斯坦购买原料，在阿塞拜疆加工，而后在格鲁吉亚销售。1994年2月在第比利斯签署的《俄罗斯联邦和格鲁吉亚共和国友好、睦邻与合作条约》中的总体原则构成了两国政治和经济关系的基本原则。

但在20世纪90年代后期，两国的“能源关系”出现了变化。俄格关系紧张的主要原因是恐怖主义对俄罗斯车臣的骚扰。普京政府在“9·11”事件一周年之际向格鲁吉亚发威，其目的主要是为了打击格鲁吉亚境内的俄罗斯车臣恐怖主义分子，另外也是为了阻碍“巴库—第比利斯—杰伊汉”石油运输管道的铺设，俄罗斯不希望丧失里海石油输送管道的主动权。俄罗斯公司仍然控制着格鲁吉亚的石油、天然气的供应。俄罗斯一直设法使格鲁吉亚依然处于自己的势力范围之内。对俄罗斯来说，格鲁吉亚是南高加索地区的关键性国家。由于格鲁吉亚处于东西方“能源桥梁”的特殊地理位置而成为具有影响的过境国。俄罗斯的战略家认为，基于地缘政治的考虑，世界大国一直在欧亚大陆进行着博弈。在莫斯科看来，西方国家帮助格鲁吉亚开通“巴库—第比利斯—杰伊汉”石油

---

① 《Труд》，22 ноября 2003г.

② ［俄］С. З. 日兹宁：《俄罗斯能源外交》，王海运、石泽译审，人民出版社2006年版，第221页。

管道以及表示有意接纳格鲁吉亚加入北约都是为了诱使第比利斯加入与俄罗斯作对的阵营。

对格鲁吉亚来说，地中海管线问题更是个国家安全问题。米·谢·戈尔巴乔夫（Михаил Сергеевич Горбачев）时期的苏联外长，1993 年以来一直担任格鲁吉亚总统的爱德华·谢瓦尔德纳泽（Айдха Севарднаэе）曾全力以赴抓过这条输油管线，并努力想把它变为现实。他的目的就是想把格鲁吉亚重新建成大丝绸之路的中心，如同在中世纪一样，将欧洲和亚洲连接起来。谢瓦尔德纳泽曾参与签署 1999 年的管线条约。当时他向观察家们保证，签署这项条约并不是想遏制俄罗斯。然而，当时还在第比利斯大学担任国际关系教授的龙德利认为，就连这位前共产党高级领导人自己恐怕都很难相信这一点。当时，格鲁吉亚能源政策的国际优先方向是：巩固传统过境国的地位，铺设经格鲁吉亚并绕行俄罗斯的里海地区油气输送管道。因此，格鲁吉亚全力支持铺设“巴库—第比利斯—杰伊汉”石油管道和“巴库—第比利斯—埃尔祖鲁姆”天然气管道。这些管道的建成不仅会给格鲁吉亚带来经济利益，而且减少对俄罗斯的依赖。

2004 年 6 月 1 日，萨卡什维利总统任命卡哈·本杜基泽为总理。本杜基泽祖籍在格鲁吉亚，但长期以来一直生活在俄罗斯，是俄罗斯的一位生意人。这一任命的目标十分明确，就是要吸引俄罗斯的投资。这一任命不能光用俄罗斯地理位置上的接近，或者莫斯科力量的强大来解释。它更说明了格鲁吉亚对两国经贸关系的重视：一旦在双边关系中经济的力量超过政治或军事时，格鲁吉亚将愿意发展与俄罗斯的经济合作与贸易往来。据国际移民局（OMI）统计，2002 年生活在俄罗斯的格鲁吉亚人汇回的资金占格鲁吉亚当年国民生产总值的 20%。俄罗斯还是格鲁吉亚日用消费品生产企业的最大销售市场。

2003 年 7 月 1 日，俄罗斯与格鲁吉亚签署了《俄罗斯天然气工业公司和格鲁吉亚政府关于在天然气领域开展战略合作的协定》及其议定书，议定书规定，成立俄格合资企业“格鲁吉亚俄罗斯天然气工业公司”，负责格鲁吉亚天然气运输系统的管理和发展。但由于格鲁吉亚法律禁止对天然气管道实行私有化，该公司无法开展这方面的工作。而更重要的是美国向格鲁吉亚提供资金，阻止俄格两国天然气领域的合作。

在复杂的政治因素左右下，格鲁吉亚利用其地缘政治的优势，在油气管道输送方面努力加强自身作用。2004 年，阿塞拜疆、哈萨克斯坦和土库曼斯坦生产的约1500万吨石油和石油产品通过“巴库—苏普萨”石油管道以及铁路运至巴统港装船出口。另外，“巴库—第比利斯—杰伊汉”石油管道投入运营后，每年经过格鲁吉亚输送约5000万吨石油。目前，格鲁吉亚的天然气管道干线与俄罗斯、阿塞拜疆和亚美尼亚的管道相连。

俄罗斯与格鲁吉亚的能源外交一直受到美国因素的影响，2003年11月，格鲁吉亚发生“玫瑰革命”，得到美国金钱和组织上的支持。美国的目的是从地缘上钳制俄罗斯。正因格鲁吉亚对俄罗斯来说政治经济利益攸关，因此，俄罗斯与格鲁吉亚是在不断的激烈摩擦中发展两国的能源关系的。

3. 俄罗斯与伊朗能源关系

伊朗位于亚洲西南部，中北部紧靠里海，南靠波斯湾和阿拉伯海。伊朗北邻亚美尼亚、阿塞拜疆、土库曼斯坦，西部与土耳其和伊拉克接壤，东面与巴基斯坦和阿富汗相连，另与哈萨克斯坦和俄罗斯隔海相望。

伊朗是中东地区最重要、最有影响力的国家之一。从地缘政治角度看，伊朗处在海湾这一全球政治的敏感地带上；从地缘经济角度看，油气资源储量非常丰富。2004年年初，伊朗石油探明储量为170多亿吨，约占世界石油总探明储量的10%；天然气探明储量为210000亿立方米，约占世界天然气总探明储量的15%。2004年，伊朗开采石油约1.9亿吨，占世界生产总量的5.5%，在欧佩克组织中伊朗石油产量仅次于沙特阿拉伯位居第二，同年出口石油约1.25亿吨。2004年，伊朗天然气产量为470多亿立方米，占世界总产量的1.7%。2004年，伊朗石油出口收入约280亿美元，约占全部外贸收入的90%。[①] 另外，具有得天独厚地理条件的伊朗，控制着被称为石油运输大动脉的霍尔木兹海峡，所有中东地区的石油都需经该海峡运到国外，霍尔木兹海峡的石油运输量占全球石油运输总量的40%。

对俄罗斯与伊朗关系产生重要影响的因素有两个，首先是俄伊关系中的美国因素；其次是伊朗与中亚国家经济关系发展因素。这两个因素，直接影响和制约俄罗斯与伊朗里海能源关系的发展。

美国是世界第一大石油消费国，原油需求的2/3靠进口，其中约

① ［俄］С. З. 日兹宁：《俄罗斯能源外交》，王海运、石泽译审，人民出版社2006年版，第384页。

17%来自中东。因此，盛产石油的中东成为美国谋取石油利益必须要插手的地区之一。确保中东地区的油路畅通成为美国海湾政策的主要战略目标之一。

伊朗被美国称为“危险”国家之一，为惩罚伊朗参与国际恐怖主义，1996年8月，美国通过了《达马托—肯尼迪法》，该法案规定凡在伊朗油气领域年投资额超过4000万美元的外国公司都可能受到美国政府的制裁。

2007年，美国国会又通过了《2007年伊朗防扩散法案》。这个法案扩大了被制裁人、被制裁行为等的范围，强化的制裁措施包括剥夺总统放弃制裁的权利、更加严厉的金融制裁等。

面对美国的制裁，伊朗与世界贸易组织保持关系，试图在经济合作组织框架内与独联体的中亚国家开展地区合作。实际上，伊朗在里海的利益很少受能源因素的影响。因为该国的主要石油和天然气矿床都在其主权领土范围内。伊朗参加里海油气资源的划分有助于摆脱在国际上的孤立地位，还可以加强其在该地区至关重要的外交、经贸利益和地缘政治影响，保障自己的国家安全利益。“伊朗在里海问题上最大的担忧是，如果在美国的参与和支持下大规模地开发里海油气田，则阿塞拜疆有可能在美的庇护下坐大并在其领土出现美国和北约的军事基地。”①

伊朗同俄罗斯能源合作上的重大利益不仅取决于经济原因，而且也取决于政治原因。政治上，伊朗与俄罗斯在里海地区面临着共同的威胁。而俄罗斯是世界大国，完全有能力制衡美国对伊朗的政治、经济、军事封锁，俄罗斯成为伊朗抗衡美国的主要盟友。因美国一旦攻占伊朗，则俄罗斯在中东、高加索、中亚地区将面临无法估量的战略利益损失。因此，美国对伊朗的制裁，拉近了俄罗斯与伊朗的关系。

苏联解体之前伊朗分别与苏联的高加索地区和中亚的土库曼斯坦接壤。伊朗和苏联是里海沿岸仅有的两个国家。追溯历史，俄罗斯与伊朗的关系，近现代两国地缘政治冲突不断。

斯大林时期，苏联占领着伊朗北部并支持当地少数民族“自治”和“独立”的分裂活动。苏联的所作所为加深了伊朗对苏联的狐疑和敌意，使伊朗成为西方的盟友。20世纪70年代后期，苏联为加紧实施其南下政

---

① ［俄］С. З. 日兹宁：《俄罗斯能源外交》，王海运、石泽译审，人民出版社2006年版，第243页。

策，以达到控制波斯湾石油航道的目的，排挤美国在波斯湾的势力。伊朗巴列维王朝倒台和两伊战争后，苏联乘机向波斯湾进逼，波斯湾地区成为美苏争夺的热点地区。直至1985年，苏联的中东政策服务于美苏对抗和争夺的大格局，其政策目标主要是通过大量的军事和经济援助来确立自己作为阿拉伯国家唯一盟友和支持者的地位，驱走西方在阿拉伯世界的势力。1985年戈尔巴乔夫执政以后，苏联对中东及伊朗的政策有所改变。伊朗方面，1989年，奉行较为实用主义政策的拉夫桑贾尼执政后，苏联与伊朗的关系得到了改善。

苏联解体后，俄罗斯与伊朗不再有边境的接壤。加之俄罗斯综合国力的衰退，俄罗斯对伊朗的国家安全不再构成威胁。伊朗开始了在高加索地区经济、文化等各方面的渗透。这种渗透在一定程度上涉及俄罗斯在中亚的战略利益，但是1993年俄罗斯开始调整其外交政策，《俄罗斯联邦外交政策构想基本原则》提出，俄罗斯对中东地区的关系“首先取决于它的地缘战略意义和地理政治意义，取决于这里的丰富石油储量对世界能源平衡的作用，取决于这里拥有大量的财力，还取决于领土接近俄罗斯和独联体的边界，这里的不稳定因素有直接影响高加索和中亚局势的危险。俄罗斯在这个方向的长远利益在于保障国家南翼的安全，防止那里存在和产生的冲突局势对独联体范围内的族际关系和宗教关系产生消极的后果，为发展互利的经贸联系创造必要的条件，利用该地区国家的潜力促进俄罗斯经济的复苏”①。为此，1993年后俄罗斯外交采取主动的态势，其中包括对伊朗的外交。

俄罗斯重视保持与伊朗的良好关系，首先，俄罗斯对伊朗在中亚和高加索保持节制、不挑战俄罗斯利益的政策十分欣赏；其次，发展与伊朗在经济和军事上的关系被俄罗斯视为对未来俄伊关系的一种战略投资；最后，发展对伊关系被视为对土耳其的一种制衡和与西方打交道时的一张王牌。

在能源外交方面，伊朗是俄的重要贸易伙伴，俄罗斯可从对伊的贸易中赚取急需的硬通货。另外，俄罗斯的油气贸易也需要经过伊朗的油气管道。俄罗斯的兴趣在于向伊朗出口本国的能源设备，提供能源服务以及保

---

① Концепция внешней политики Российской Федерации, Дипломатический вестник, специальное издание, январь 1993г.

证俄罗斯公司获得伊朗海湾大陆架和陆上原料基地。正因为如此，俄罗斯和伊朗在解决里海法律地位上的立场部分相同，两国均主张在划分里海海底时应更为公正地考虑所有沿岸国家的利益；两国都支持建立里海经济合作组织的想法。2000—2001 年，伊朗竭力创建天然气输出国组织，并得到了俄罗斯的支持。

俄伊能源合作问题在两国常设经贸合作委员会框架内进行讨论。由于伊朗燃料动力系统实际上由国家垄断，签订双方政府间大型项目实施协议对发展两国能源关系具有一定的意义。1997 年，俄罗斯天然气工业公司与道达尔公司和伊朗国家石油公司就开发海湾“南帕尔斯”特大型天然气田签订了合同。该项目总投资约 10 亿美元，其中俄罗斯投资 6.3 亿美元。俄罗斯对实施这一项目十分重视，这将是俄罗斯资本参与的最大一个海外企业，对俄罗斯加强在海湾地区乃至整个世界的影响不仅具有商业意义，而且具有外交意义。2003 年 8 月，俄伊两国在莫斯科签订了《石油天然气领域合作的协定》。

2007 年 10 月 16 日，俄罗斯总统普京访问伊朗，访问期间俄罗斯在多个方面加强了与伊朗的合作，俄罗斯与伊朗等里海沿岸国家领导人共同签署了关于里海法律地位的宣言，强调只有沿岸国家才拥有里海及其所有资源的全部主权。由此进一步加强了与伊朗的能源战略合作。

影响俄罗斯与伊朗能源关系的另一个因素，是伊朗与中亚国家经济关系的发展。苏联解体前，俄罗斯与中亚国家有着传统的关系。但解体后，俄罗斯面对里海国家力量新的调整，迫于美国政治军事势力对里海地区的渗透，使俄罗斯处理与伊朗的关系时，采取了务实的协调政策。

伊朗与中亚的经济关系经历了两个不同的阶段。1991—1992 年为第一阶段。由于中亚对与伊朗建立广泛的经济关系不感兴趣，因此双方经济活动有限。1992 年年末，双方关系进入了第二阶段。

第二阶段，中亚国家对伊朗采取了新的政策，新政策视伊朗为中亚必不可少的伙伴，所有中亚国家领导人都支持与伊朗发展密切关系。从伊朗方面来看，中亚具有重要的经济意义。中亚为伊朗提供了一个巨大的市场，伊朗的工业实力可以满足中亚国家的部分需求。在能源关系方面，伊朗有能力帮助中亚国家勘探、开采石油，帮助中亚国家经由伊朗出口石油和天然气，帮助中亚国家建设炼油厂和输油管道。伊朗还可以向能源产品长期供应不足的中亚国家出口经过加工的能源产品；为中亚国家提供国际贸易和出口油气的通道，经过伊朗的线路是中亚国家通往国际市场最短和最安全的一条线路。

在输油管道方面，由于中亚的地理位置，中亚与国际市场并不直接相连，只能通过俄罗斯、巴基斯坦、中国和伊朗才能与国际市场相连。尽管哈萨克斯坦在使用通过俄罗斯的路线，但中亚国家认为这不是一个谨慎的选择。高度或完全依赖俄罗斯路线，在政治上是不明智的，因为这将为俄罗斯控制中亚国家的经济创造有利条件。1995 年，伊朗和土库曼斯坦达成协议，铺设一条从土库曼斯坦的科尔佩泽至伊朗的科尔德库伊的天然气管道，伊朗将负责设计和建设，并承担 80% 的费用。1994 年，伊朗和哈萨克斯坦达成了一项协议，哈萨克斯坦将 100 桶石油运至伊朗北部，作为交换伊朗则将同等数量的本国石油运至波斯湾的一个港口。

伊朗在与中亚国家发展经济关系的同时，在外交方面明确表示：其在中亚的活动不针对第三国，尤其是俄罗斯。伊朗总统拉夫桑贾尼在 1993 年强调了这一点，他认为“中亚国家与俄罗斯的友谊，对世界安全和地区稳定至关重要”①。伊朗对俄罗斯采取这样的谨慎政策主要有两个原因，一是伊朗理解中亚国家与俄罗斯发展经济关系的必要性，以及双方在保持这些关系方面利益；二是伊朗不希望因其与中亚国家的关系，与俄罗斯发生对抗，因为与俄保持良好关系对伊朗非常重要。俄罗斯是伊朗重要的贸易伙伴和军事装备的供应国。俄罗斯还在民用核项目上向伊朗提供帮助，如在里海海岸建设核电站。另外，俄罗斯是联合国安理会成员国，这使伊朗与俄罗斯继续保持良好关系更为重要。

作为油气资源主要出口国的俄罗斯与伊朗，在中亚实施协调政策，两国的能源政策主要目的是阻止美国对中亚的政治、经济扩张。俄伊两国能源关系的协调既对里海地区的稳定起到决定性的作用，也对世界能源政治具有极大的影响力。

---

① ［美］胡曼·佩马尼：《虎视中亚》，王振西主译，新华出版社 2002 年版，第 199 页。

第五章

俄罗斯对东北亚能源外交

一　后冷战时期俄罗斯对东北亚能源外交的背景

俄罗斯是一个能源（主要是石油、天然气）蕴藏丰富、可以自给自足且有大量出口的国家。俄罗斯丰富的能源不仅可以为俄带来丰厚的物质利益，亦可以以能源为手段全面开展外交活动，增强其在国际事务中的主动权、国际影响力。

长期以来，俄一直把近邻国家放在其外交政策的优先位置，无论是苏联时期与经互会成员国之间的能源合作，还是俄罗斯时期视独联体为自己的“战略利益范围”，俄都将近邻国家作为其能源外交的首选之地；与欧洲国家的能源合作开始于20世纪70年代，两次全球性石油危机以后，双方在能源供需关系上互有依赖，欧洲一直是俄罗斯传统的能源合作伙伴；美俄能源合作近年来逐显上升之势，虽然贸易量相对较小，但能源合作趋势逐步加强，两国关系中的能源因素日趋明显；亚太地区，特别是东北亚地区，虽此前在俄能源外交战略中的地位尚不显著，但随着俄罗斯能源战略东移，以及该地区经济迅速发展所带来的巨大能源需求潜力，使这一地区日渐成为俄推行能源外交的重要向度之一。

1. 东北亚能源战略的确定

冷战结束，苏联解体，俄罗斯告别了昔日的大国地位。这一现实促使俄罗斯开始重新认识自己的国际环境，重新定位自己在国际舞台上的地位。向西方一边倒的外交政策并未给俄带来应有的经济利益，亦使俄的国际影响力大打折扣。因此，普京执政后，大力推行欧亚并重、东西方兼顾的全方位平衡的能源外交。实施多元化、多方位能源外交政策意味着俄罗斯“必须兼顾在地理关系上保持平衡的多方位政策，与世界各主要地区的关系在俄罗斯都应有相关的地位”，俄罗斯力求广泛开展政治对话，积极寻求多维的能源合作空间。

在全方位平衡的能源外交思想的指导下，俄罗斯制定并颁布了一系列纲要草案，以确定新世纪俄罗斯的能源战略。2000 年 11 月俄颁布了《2020 年前俄罗斯能源战略的基本原则》；2001 年 2 月颁布了《21 世纪俄罗斯在亚太地区发展战略纲要》；2003 年 8 月，俄政府正式出台了《2020 年前俄罗斯能源战略纲要》。这些战略纲要主要在俄国家能源政策、能源需求前景预测、能源工业发展前景、俄能源工业的发展目标、优先发展方向等方面进行了阐述并规划。

特别值得关注的是 2000 年 11 月 8 日，普京发表了名为《俄罗斯：东方的前景》一文，其中指出：“俄罗斯人从来没有忘记自己的主要领土在亚洲，俄罗斯人到了同亚太地区国家在一起的时候了，要加强与他们的政治、经济和其他联系。”同年 11 月，俄罗斯联邦政府正式批准《2020 年前俄罗斯能源战略的基本原则》，开始以能源为坐标确定外交重点，调整新世纪对外战略，强调要借能源外交促进经济复苏、维护地缘政治利益。“9·11”事件之后，俄罗斯借助自身丰富的油气资源，利用国际油气价格的变动以及地缘政治格局出现的有利形势，确立了以“突破北美、稳定西欧、争夺里海、开拓东方、挑战欧佩克”为总体思路的全面、务实、多元的能源外交策略。总体思路中所指的“开拓东方”便是俄罗斯与东北亚地区国家的能源合作。

2008 年 7 月 12 日，新任俄罗斯总统梅德韦杰夫签署命令批准了《俄联邦外交政策构想》，勾勒出世界未来的发展趋势和俄罗斯外交政策在各个地区的优先次序、主要目标及任务，并再次重申务实、开放、多元和维护国家利益是与世界各国开展平等合作应遵循的基本原则。[①] 2009 年 11 月俄罗斯政府又批准了《2030 年前的俄罗斯能源战略》（以下简称《战略》），更加明确了东北亚在俄能源战略中的突出地位。在《战略》中规定，由于西西伯利亚的原油产量已达到峰值，今后增产的主要地区将是东西伯利亚、远东。2008 年东西伯利亚地区的原油产量仅占俄罗斯总产量的 0.1%，但是到 2030 年这一比重预计达到 12%—13%。东西伯利亚与

---

① Концепция внешней политики РФ. Утверждена Президентом РФ12 июля 2008года, Пр－1 440.

远东的合计产量占俄罗斯总产量的比重也将从2008年的3%（1430万吨）增加到2030年的18%—19%（9700万—9900万吨）。而东西伯利亚和远东地区的天然气的比重将从2008年的2%（130亿立方米）增长到2030年的15%（1320亿—1520亿立方米）。而这一地区能源主要是输往地缘相邻的东北亚地区。

2. 地缘政治因素

俄罗斯是一个欧亚大国，地跨几个地理区域和次区域，俄罗斯的能源安全和地缘政治利益决定了俄罗斯能源外交的地区优先原则。① 俄罗斯得天独厚的地理位置，使之西临欧盟、北约与欧洲接壤；向南靠近敏感、动荡的欧洲"火药桶"；向东则是与经济发展最为活跃的东北亚相邻。进入新世纪，俄罗斯面临着北约东扩、自身战略利益受到冲击和国家安全空间缩小等问题，俄罗斯面临的地缘政治状况使其不得不将能源外交的重心分散，从"亲西方"转为"东西兼顾"，寻求更为平衡的多元的外交政策。

首先，在西部，北约东扩严重挤压着俄的生存空间。1999年北约首批接纳波兰、匈牙利和捷克，使北约的军事前沿阵地向东推进了600多公里，俄失去了传统的缓冲地带。2004年3月29日，北约完成了第五次东扩。北约的军事力量逼近到俄罗斯的大门口，使俄罗斯的地缘政治形势变得更加严峻。

其次，在南部，俄罗斯安全形势亦不容乐观，虽然没有北约东扩带来的威胁那么严峻，但是其破坏性却同样不能小觑。土耳其的"泛突厥主义"渗入中亚，与俄在这一地区展开激烈角逐；外高加索、北高加索地区的各种冲突持续不断，再伴有外部势力的渗透，使俄的安全受到严峻威胁和挑战；欧美国家对格鲁吉亚、乌克兰、吉尔吉斯斯坦等独联体国家所谓的"玫瑰色革命"、"橙色革命"、"黄色革命"等"颜色革命"大力支持，亦严重威胁到俄罗斯的国家安全。

在东部，俄罗斯在地缘政治上却没有受到直接威胁。俄罗斯与中国在1996年建立了战略协作伙伴关系，与韩国在2004年建立了相互信赖全面伙伴关系，与朝鲜继续保持传统友谊，与蒙古国的关系不断升温，与日本关系也有所缓和。东北亚各国与俄均维系着良性的双边关系。特别是俄罗

---

① С. З. Жизнин, "Формирование энергетической дипломатии России", *Дипломатический вестник*, №9, 1999.

斯的西伯利亚和远东还与东北亚紧紧相连，这是俄罗斯与东北亚地区各国进行经济联系的重要门户和纽带。俄罗斯西伯利亚与远东地区在陆上和东北亚地区的中、蒙、朝接壤，边界线总长7070公里；在海上，它的远东地区隔日本海与日本、韩国相望，在其漫长的海岸线上分布着众多的天然良港，俄罗斯这一地缘上的特点，构成了俄罗斯东北亚能源战略的基础。因此，在西、南部受到挤压的俄罗斯自然将目光移向地缘政治环境比较宽松的东北亚。特别是普京执政以来，俄罗斯战略重心明显向东部地区倾斜，并采取积极主动和务实的态度发展与东北亚地区国家的能源合作。2003年俄罗斯公布《2020年俄罗斯能源发展战略》中提出，将其出口到亚太地区的石油份额从3%提高到30%，天然气提高到15%，远东地区90%的出口要发往亚太地区国家，出口到日本、韩国和中国的份额要超过60%。[①] 这充分显示了俄罗斯在能源战略上对东北亚地区的重视。

3. 西伯利亚和远东地区能源储备与开发

（1）西伯利亚和远东地区能源储备

俄罗斯地跨欧亚两大洲，总面积为1707.54万平方公里，其国土东部的亚洲部分——“西伯利亚和远东占据了俄罗斯领土的3/4（约1300万平方公里），居住着3210万人口（据1989年统计）”。[②] 西伯利亚和远东也是俄罗斯最辽阔和资源最丰富的地区。俄境内的油气主要分布在西西伯利亚、东西伯利亚和远东，这三个地区的能源储量占全俄罗斯的75%。正所谓没有西伯利亚和远东，就没有俄罗斯。以往，俄罗斯约70%的石油和90%以上的天然气产自西西伯利亚。然而，随着西西伯利亚的油气储量逐年减少，俄将勘探开发的目光投向东西伯利亚和远东，特别是资源储备极为丰富的广袤的远东地区。在远东621.59万平方公里的土地上，储藏的资源不仅品种多，而且储量巨大，素有“地下宝库”之称。远东地区石油、天然气储量丰富：石油探明储量96亿吨，天然气探明储量为134300亿立方米。

为了保证俄能源工业的可持续发展，俄罗斯开始在东西伯利亚和远东

---

① ［日］伊藤庄一：《东北亚能源合作构想》，2004年9月28日发表于中国人民大学的研讨会上。

② 俄罗斯外交与国防委员会：《俄罗斯战略：总统的议事日程》，新华出版社2003年版，第200页。

建立新的石油、天然气开采中心，在萨哈林半岛大陆架的基础上将要形成又一个大型的石油天然气供应综合体。2010 年俄远东地区的石油开采量可以达到 2300 万吨，到 2030 年可增加到 3500 万吨；[①] 而天然气的开采量预计到 2010 年可达 200 亿立方米，到 2030 年增至 300 亿立方米。[②] 这不仅可以为俄远东地区提供丰富的能源供给，也可以将其石油和天然气源源不断地输往东北亚地区。

（2）开发远东的必要性

长期以来，俄罗斯一直实行大力发展欧洲部分的经济，依靠西部带动东部发展的战略，这种做法致使俄国内区域经济发展不平衡，各地区的经济差距越来越明显。俄罗斯的中央区、西北区、伏尔加沿岸区、乌拉尔区和西西伯利亚区经济发展较快、相对富裕；而北方区、东西伯利亚区和远东区则经济发展缓慢、相对贫困。而东部地区的经济落后，严重制约着欧洲地区的经济发展。对此，2001 年俄罗斯经济学家阿甘别吉扬认为："莫斯科不是俄罗斯，要想实现国家的经济复兴，必须实现西伯利亚和远东与欧洲地区均衡发展。"

虽然远东地区的能源开发潜力巨大，但这一地区丰富的自然资源并未得到充分的发掘和利用。究其原因有以下几点：

其一，资金严重短缺，长期投资不足。俄进行改革前，国家实行计划经济体制，远东地区经济之所以一直保持稳定发展，主要是因为国家对全国燃料动力部门以及能源运费实行补贴政策，并优先保证对该地区的投资。俄罗斯经济转轨后，国家开始大幅度削减对燃料动力综合体的财政支持，将企业推向市场，企业实行自主经营、自负盈亏。仅 1993—1994 年远东燃料动力综合体各种渠道的投资总额削减了一半以上。1997 年实际投资额 19 亿卢布，是计划投资 167 亿卢布的 1/9。据统计，2000—2020 年期间，远东和东西伯利亚石油开发项目需要 430 亿—490 亿美元；天然气管道建设项目需要 330 亿—340 亿美元，远东和东西伯利亚石油和天然气开发项目所需资金巨大。按照目前的开采速度俄罗斯天然气部门将需

---

① А. Коржубаев Прогноз: " развития нефтяной и газовой промышленности в Россия и перспективы формирования новых направлений экспорта энергоносителей", *Проблемы Дальнего Востока*, 2006. №5.

② Ibid. .

1700亿—2000亿美元，石油部门需要投资2300亿—2400亿美元，而这些资金单纯依靠国家扶持，难以对俄油气工业的发展产生实质性的推进作用。俄政府力图与东北亚邻国保持良好关系以保障吸引更多的资金用于东部的开发。①

其二，设备陈旧，采油技术落后。俄独立后，国家开始了持续多年的经济危机。这使西伯利亚和远东地区出现油气生产资金长期投入不足，开采工艺落后，设备老化等状况。在西伯利亚和远东地区超过70%的油气开采设备已经使用10年以上，这大大降低了俄油气的开采率。就石油而言，国外采油率达85%，而俄罗斯只有40%；天然气领域同样也由于设备的落后，使得15%的天然气白白地浪费掉。

其三，远东地区地广人稀，劳动力不足。苏联解体后，国家经济陷入混乱之中。由于远东地区自然条件恶劣，交通不便，经济结构长期不合理等问题突出，使这一地区的经济危机也比其他地区更为严重。地区总产值和工业产值的下降幅度大，失业人数增加，生活水平骤降，社会贫富差距加大，犯罪活动日益猖獗，社会状况恶化，引起人口大量外流。据统计，从1989年到1997年远东地区居民减少50万人以上。人口的大量外流不仅造成这一地区劳动力的减少，同时越来越多流入这一地区的中国人也让俄为国家安全担忧。为了增加劳动力开发这一地区资源，为了维护国家安全和统一，俄罗斯力图振兴远东经济，使人民安居乐业，社会安定团结。

其四，能源价格比例失调、税收负担过重、运输能力弱、港口的吞吐量小，以及远东地区较为复杂的天气勘探条件，再加上原有的劳动力素质水平和不发达的市场经济基础等因素，使俄并没有迅速地将现有的地质储量变为探明储量，也没有把已探明的储量真正地开采出来。俄自然资源部部长尤里·特鲁特耶夫（Юрий Трутев）在2004年10月26日举行的全俄第四届“石油和天然气周”上指出，如果俄罗斯油气的开采和勘探严重失衡的趋势继续下去，按照目前的开采和勘探速度，俄罗斯可开采的石油最多可持续到2015年。因此，俄欲实现经济全面复苏，必须要东西部协调发展，远东地区资源的开发势在必行。开发和利用远东与西伯利亚资

---

① В. В. Михеев, *Гловализация энергетической везопасности и региональное взаимодействие*, *Энергетические измерения международных отношений и везопасности в восточной Азии*, Москва, 2007, с. 52.

源俨然已经成为21世纪俄罗斯经济振兴的希望所在。俄外长伊万诺夫（Иванов）在哈巴罗夫斯克举行的记者招待会上指出："21世纪，在亚太经济联系中必将超过世界商品周转的大半，而我们感兴趣的是要使西伯利亚和远东积极地参与到这一进程之中。"借助东部自身的资源优势，积极改善投资环境，大力吸引东北亚国家的资金、技术、劳动力等要素，对带动全俄经济的快速发展，并最终实现俄罗斯经济与全球经济一体化都具有非常重要的现实意义。

4. 东北亚地区资源需求量大

在全球经济大发展的背景下，亚太经济发展尤为突出。根据亚太能源研究中心预测，21世纪上半期，亚太地区将成为世界经济发展最快的地区之一，国内生产总值的年增长将达到3.5%。在此背景下，亚太地区的能源需求也出现了强劲的增长势头。目前该地区的能源需求量已近世界能源需求总量的1/5。俄罗斯科学院西伯利亚分院石油和天然气地质研究所的分析数字显示，亚太地区对石油的需求量到2010年将增加到16亿—17亿吨，2020年增长为21.5亿—22.5亿吨，2030年增长为24.5亿—25.8亿吨。同期天然气需求分别为5300亿—5500亿立方米、8000亿—8500亿立方米和11500亿—12500亿立方米。① 在亚太地区，经济发展更为活跃的东北亚地区，也成为了能源需求极为旺盛的区域。东北亚一般包括俄罗斯远东地区、中国东北、日本、韩国、朝鲜和蒙古，是当今世界经济发展最快的地区之一。东北亚地区也已经成为与北美、欧洲并列的能源需求三大主体之一。② 东北亚能源需求占世界能源需求总量的20%，其中石油和天然气分别占34.3%和6.5%。③ 在东北亚地区，中、日、韩三国的能源需求最多，约占该地区能源需求总量的98%以上。其中，中国的石油消费量2005年首次跃至世界第二位，仅次于美国；日本暂列世界石油消

---

① А. Конторович、А. Коржубаев、Л. Эдер，"Перспективы поставок природного газа из России в страны АТР – ресурсные технологические и геополитические факторы"，*Проблемы Дальнего Востока*，№3，2008.

② В. Я. Белокреницкий，*Проблеми террористических и нерегиональных политических рисков в северо – восточной Азиии*，*Энергетические измерения международных отношений и везопасности в восточной Азии*，Москва.，2007，с. 517.

③ В. Я. Белокреницкий，*Проблеми террористических и нерегиональных политических рисков в северо – восточной Азиии*，*Энергетические измерения международных отношений и везопасности в восточной Азии*，Москва.，2007，с. 518.

费第三位；韩国是世界第六大石油消费国。朝鲜虽有煤炭，但迄今为止未发现石油，所需石油完全依赖进口；蒙古国虽有油矿，但由于开采能力有限，也基本依赖进口。

据俄罗斯有关部门预测，中日韩三国到2010年的天然气需求量将分别达到700亿立方米、900亿立方米、400亿立方米；到2030年可达到2600亿立方米、1320亿立方米、900亿立方米。①

中国人口占世界总人口的21%，可是已探明原油占世界储量的2.4%、天然气仅占1.2%。人均石油占有量占世界平均水平的10%。中国虽本身是一个能源生产大国，近几年的石油年开采量达到1.85亿—1.98亿吨。② 但随着中国经济的迅速发展及国民经济结构的调整，对石油、天然气等各种能源产品的需求有增无减。1993年中国便已成为石油的净进口国，此后的需求逐年增加，石油消费以年均7.3%的速度增长，而国内原油生产的增长速度仅为1.7%。③ 能源机构2003年公布的《世界能源展望》中预测，到2010年，中国将每天净进口石油400万桶（年进口量约2亿吨），2020年将进口800万桶/日（年进口约为4亿吨），2030年将进口980万桶/日（年进口约4亿吨），届时中国的进口依存度将分别上升到61%，76.9%和82%。④ 据专家预测，到2020年，在中国的能源需求中，石油将达到4.5亿吨，天然气达到2500亿立方米左右。而届时中国国内的油气生产能力是：石油2亿—2.5亿吨，天然气1500亿—2000亿立方米，将有2亿—2.5亿吨的石油供应缺口和1000亿—1500亿立方米左右的天然气供应缺口。

日本是一个贫油国家，国内仅有几个为数不多的油田，但其生产力完全不能满足国内的需求。日本的能源绝大多数依靠进口，石油、天然气的对外依存度分别是99%、97%。此外，以往日本的原油进口87%来自中东，但由于该地区地缘政治状况复杂，为日本带来了能源安全隐患。为了

---

① И. С. Иванова, "Традии российской дипломатический школы", *Дипломатический вестник*, №5, 2002.

② ［俄］科尔茹巴耶夫：《俄罗斯西伯利亚和远东与中国东北在石油领域的合作前景——俄罗斯在国际石油天然气交易中的利益》，载《第三届东北亚区域合作发展国际论坛文集》上，日本侨报出版社2010年版，第154页。

③ http://www.usc.cuhk.edu.hk/wk_wzdetails.asp?id=2727.

④ 倪建民主编：《国家能源安全报告》，人民出版社2005年版，第124页。

确保本国的能源安全，日本十分重视参与俄罗斯东部地区油气资源的开发和建设，并将其视为本国进口石油战略新布局的重要一环。

除中日两国外，韩国也在谋求从俄罗斯进口石油和天然气，并正在成为东北亚地区新的石油进口大国。从1980—2000年原油消费增长近4倍之多，能源消费与生产之间存在着巨大的缺口，韩国能源进口依存度一直都保持在97%—98%之间。自1999年始韩国便成为世界第四大原油进口国及第二大液化天然气进口国。当时韩国政府预计1999—2010年间能源需求每年增加3.9%，2010—2020年每年增加2%。为了获取较稳定的能源进口，韩国一直积极寻求与俄罗斯远东地区的能源合作。目前，韩国已着手在远东兴建一些大的项目，如在纳霍德卡兴建俄韩工业园区等。1996年韩国在国际竞争中取得了对储藏量达到9亿吨的俄东西伯利亚伊尔库茨克地区油气田的独家开采权，总投资为200亿美元，到2010年油气产量可达到4500万吨，其中1200万吨运往韩国，可满足韩国总需求量的一半。从雅库特到韩国的天然气管道铺设工程正在研究之中。1999年以来，随着亚太地区经济的进一步好转，韩国经济开始复苏，朝鲜随着南北关系缓和及经济体制的调整，对石油的需求也有增长的趋势。韩朝两国都看好俄罗斯西伯利亚和远东地区的油气资源，并积极寻求资源合作。

5. 东北亚各国能源进口多元化的需求

东北亚地区经济发展快、能源需求量大，对外依存度高，但进口渠道却非常单一。目前，该地区石油消费量最大的中、日、韩三国，石油进口主要来自中东地区。1990—2001年中、日、韩三国从中东进口石油总额由2.3亿吨增长到了4.2亿吨。[①] 例如，中国目前从中东进口原油占进口总量的比重为50.8%。日本对中东石油的依赖程度更高，1999年的依存度为85%，2004年日本日平均石油进口量达到430万桶，其中来自中东的石油占总量的88%。[②] 到2010年依赖程度达89%，日本有关人士认为，日本对中东石油的依赖程度迟早将达到90%。然而，这一地区长期动荡不安，战事频发，为各国的能源安全带来了隐患。如果每年日本从俄获得

① В. Я. Белокреницкий, *Проблема рисков в Северо - Восточной Азии*, *Энергетические измерения международных отношений и везопасности в восточной Азии*, Москва. , 2007, с. 523.

② http: //jjckb. xinhuanet. com/www/Article/200511013236 - 1. shtml.

5000万吨的石油，这将占日本石油进口总量的20%，这会实质性地降低对中东的依赖性。[①] 另外，能源进口渠道的集中，客观上诱导了寻找新的进口来源国家之间的冲突。据有关专家预测，到2020年海湾地区的石油将不可能同时满足中、日两个国家。再有，东北亚国家从中东、非洲、东南亚等地进口石油全部要靠海上运输，从中东地区进口石油要经过波斯湾—霍尔木兹海峡—马六甲海峡—台湾海峡；从非洲地区进口石油要经过北非—地中海—直布罗陀海峡—好望角—马六甲海峡—台湾海峡；从东南亚进口石油要经过马六甲海峡—台湾海峡。从上述三条运输路线可以看出，东北亚国家通过海运方式进口石油路线比较单一，高度依赖霍尔木兹海峡和马六甲海峡。霍尔木兹海峡是海湾石油的唯一出口，通过该海峡运出的原油每天约为1500万桶，相当于中东石油的65%和全球石油出口总量的30%，是通过苏伊士运河流量的5倍。而马六甲海峡对于整个东北亚的能源安全而言，地位尤其特殊，中国85%左右的石油进口，日本、韩国每年需进口的4.5亿吨原油，都要途经马六甲海峡。马六甲海峡是目前世界上海盗活动最猖獗的地区。2002年全球范围内较大的海盗事件有1/4多发生在马六甲海峡。对东北亚各国而言，一是没有足够的能力确保途经此地的石油运输的绝对安全，运输风险难以控制。二是东北亚地区只有少数国家建立了石油战略储备，如日本石油储备有311亿桶，够92天之用；[②] 韩国也储备了近100天的备份，相比之下，东北亚地区其他国家的石油储备就显得微不足道了。据统计，中国石油公司掌管的油量仅供40天消费，远远不足以应付国际油市的断绝供应；朝鲜、蒙古国的储量则更为有限。

此外，由于东北亚石油进口渠道单一等原因，由中东销往东北亚地区的原油，价格往往比销往欧美地区高大约1—1.5美元，这种所谓的“亚洲溢价”严重削弱了亚洲经济在国际市场上的竞争力，损害了东北亚各国的经济利益。因此中国、日本、韩国等亚洲国家为了减少风险，获得稳定的石油进口，东北亚各国都不约而同地实施了“石油来源多元化”战

---

① М. А. Яценко, *Нефть во внешнеэкономических связях России*, Москва: Научная книга, 2006, с. 36.

② В. В. Михеев, *Гловализация энергетической везопасности и региональное взаимодействие*, *Энергетические измерения международных отношений и везопасности в восточной Азии.*, Москва., 2007, с. 64.

略，把进口原油的目标转向与其毗邻且地缘政治环境相对比较稳定的俄罗斯远东地区。

6. 出口市场存在风险

从以往的情况看，俄罗斯能源出口方向过于集中，主要面向独联体和欧洲国家。欧洲占据俄罗斯原油出口量的60%以上，独联体国家占有20%。其余的销往其他地区，其中地中海国家占7%，波罗的海国家占5%，亚太国家仅占4%，美国占1%。然而，俄罗斯的两大石油出口区出现了很多不稳定因素。例如，欧洲各国一直希望摆脱对俄能源的高度依赖，俄罗斯石油含硫量较高，就质量上来讲又远比不上西非和里海石油具有竞争优势，欧洲各国正在寻求石油进口的多元化战略；而独联体国家现也正在力求不受俄罗斯的摆布，开始寻求能源进口的多向渠道。上述因素迫使俄罗斯传统能源出口向度出现动荡，为保证国家能源安全，谋求国家利益的最大化，改变以往与亚洲国家的能源关系发展滞后的状态势在必行。同时，通过加强与东北亚的能源合作，不仅可以促进俄东部地区的经济发展，也能够搭乘亚太经济的发展快车，通过扩大能源出口拉动经济增长，盘活国内经济，为经济稳定发展提供支持和条件。

7. 重振大国形象

2003年出台的《2020年俄罗斯能源战略》明确指出："能源不仅是俄罗斯经济发展的基础，也是俄罗斯推行内政外交的工具。"石油显然正在取代军事力量成为俄罗斯的权力之源，俄罗斯能源外交成为其恢复国家经济、扩大地缘政治影响、维护国家利益的重要砝码。

处于经济转轨时期的俄罗斯，一方面利用世界能源价格上涨的行情，加强能源的出口，用"石油换美元"振兴俄罗斯经济；另一方面利用自身强大的能源储备，积极与世界各国，特别是东北亚各国进行能源外交。与此同时，东北亚地区经济的飞速发展，形成了对包括能源在内的各种资源的巨大需求，为西伯利亚和远东地区的开发提供了历史性机遇。俄罗斯在加紧与东北亚区域经济合作的同时，亦可利用能源手段加强其在东北亚国际关系中主导作用。随着俄罗斯经济振兴和国力的增强，能源外交将成为俄罗斯恢复大国地位的有力杠杆和武器。

二 俄罗斯对东北亚能源外交的实施

世纪之交，俄罗斯确立了以国家利益为核心、以经济发展为前提、以欧亚大国为取向的对外战略方针。虽然欧洲是俄罗斯油气的主要出口市场，但亚洲特别是东北亚以其与俄罗斯在经济发展和能源结构上的互补性，逐渐成为俄罗斯能源外交的实施重点。对于俄罗斯来说，东北亚各国拥有广阔的领土、丰富的自然资源、突出的科技潜力。其中日本和韩国，拥有现代化的工艺、高额的企业投资；中国有丰富的劳动力和自然资源以及发达的农村经济；蒙古主要是自然资源、农村经济、原料；而朝鲜的优势则是拥有劳动力和自然资源。[①] 因此，俄罗斯为寻求利益最大化，势必将能源战略重点向东北亚地区倾斜。

为了实现其东北亚能源战略，俄罗斯在东北亚的能源外交主要通过两个渠道：一是通过地区性组织，实现在能源领域的合作与协商。例如，亚太经合组织、东盟与中日韩“10+3”会议等形式。二是通过双边关系展开的经济活动，这主要涉及俄与中、日的能源合作。

（一）区域能源合作

东北亚地区虽然至今还没有建立多边能源合作机制，但各国已在区域能源合作方面进行了初步的尝试和努力。20世纪90年代以来，日本、韩国等国已经就建立东北亚能源合作机制提出过构想。像日本较早提倡区域多边能源合作问题。韩国能源经济研究所也针对东北亚能源合作进行了深入的研究。从2003年开始，中日韩与东盟就能源合作问题开始进行官方合作。在2003年9月签署的《中日韩推进三方合作联合宣言》中，中日韩三国明确宣布在能源合作领域要扩大三国能源领域的互利合作，共同致力于加强地区和世界的能源安全。韩国产业资源部官员在2005年9月25日首尔举行的第一次东北亚能源国际研讨会上，首次倡导成立“东北亚能源协作体”。

---

① Е·Деваева, “Экономическое сотрудничество Дальнего Востока России со странами Северо－Восточной Азии－состояние проблемы перспективы”, *Проблемы Дальнего Востока*, №1, 2004.

中国方面亦多次积极组织并参与多边能源合作会谈，一直努力促成多次能源合作会谈。例如在亚太经合组织框架内建立能源部长会议机制、2004 年亚洲博鳌论坛确定了“能源——挑战与合作”的议题、东北亚各国能源部长级会议定期召开并举行了东北亚政府间能源合作会谈为亚太各国加强能源安全合作创建了良好的平台。

2003 年 10 月，中、日、韩三国首脑在印尼巴厘岛发表 21 世纪进一步促进和加强三方合作的联合宣言，《面向和平与繁荣的战略伙伴关系》明确提出，三国将扩大在能源领域的互利合作，并共同致力于加强地区和世界的能源安全。这些形式都在积极地推动东北亚地区多边能源合作的进度。

2004 年 6 月 9 日，第 22 届东盟能源部长会议及第一届东盟和中、日、韩能源部长正式会议在马尼拉相继举行，商讨本地区能源供应安全和加强能源领域合作等问题，以减少国际油价波动给本地区经济发展带来的不利影响。在东盟和中日韩能源部长会议上，与会代表主要就能源安全、天然气开发、石油市场研究、建立石油储备和利用可再生能源等五个问题进行了讨论，并决定在平等互利的基础上进一步加强东盟和中、日、韩之间的能源合作伙伴关系，实现更大的能源安全和可持续性发展的共同目标。2004 年 6 月 21 日中、日、韩三国在中国青岛举行首次外长会谈，也制定了以经济合作为核心的《中、日、韩行动战略》，协调贸易、投资和能源政策。

（二）双边能源合作

1. 俄罗斯与中国能源合作

俄中两国油气供需具有互补性。俄需要以石油振兴经济，而中国渴望油气以满足经济发展的需求，俄中两国加强能源合作具有良好的基础。因此在俄罗斯能源外交众向度中，与中国的油气合作占据了非常重要的位置。俄罗斯前外长伊万诺夫曾说过，“发展同最大的邻国中国的关系，是俄罗斯对外政策的战略性方针之一”。从 1996 年中俄建立战略协作伙伴关系始，至 2006 年普京总统为中国的“俄罗斯年”揭幕，两国实现了在政治、经济、文化、安全等诸多领域的合作，其中最引人注目的是两国近年来在能源领域的合作。正如 2006 年伊万诺夫预料的

“在以后的5—10年，俄罗斯有望成为中国能源市场上一个关键角色”。①

叶利钦执政时期，中俄两国关系得到了极大改善。两国在石油、天然气等领域的合作逐渐开展，并初见成效。在石油合作方面，1994年，俄罗斯石油企业向中方提出修建从西伯利亚到中国东北地区石油管道的建议，中俄双方开始就此进行探讨。1996年4月，俄罗斯时任总统叶利钦访华期间，中俄双方正式签署《中华人民共和国和俄罗斯联邦政府关于共同开展能源领域合作的协议》，中俄能源合作正式启动。同年，中国—俄罗斯石油与天然气合作委员会成立，旨在促进俄罗斯至中国管线的发展。1999年2月，朱镕基总理访俄，中俄两国签订了《管道建设技术经济论证协议》，同时中石油与尤科斯、俄管道运输公司签署了《关于开展中俄原油管道工程可行性研究工作的协议》。但由于当时国际石油市场的不稳定以及俄国内经济的持续低迷等因素，中俄能源合作受到重重限制，结果并不尽如人意。

普京上台后，积极开展务实的能源外交。2000年7月中俄签署了《关于准备制定“中俄石油管道”项目经济技术可行性研究的协议谅解备忘录》，并达成合作修建一条从俄罗斯安加尔斯克到中国东北大庆的石油管道的协议，由中俄两国合作铺设。2001年9月，中俄两国总理正式签署了《中俄输油管道可行性研究工作总协议》。此后，中国从俄罗斯进口原油的比重大大增加，2001年中国从俄罗斯进口原油177万吨，较2000年多了20%，占进口总量的4%。2003年5月，中国石油天然气集团总公司与俄罗斯尤科斯石油公司签署了《关于中俄原油管道原油长期购销合同基本原则和共识的总协议》和《关于600万吨原油的铁路购销合同》。2003年9月俄罗斯前总理卡西亚诺夫（Касьянов）访华期间，中俄两国达成共识，俄罗斯以铁路运输的方式向中国出口石油，2004年俄罗斯通过铁路向中国出口580万吨石油。双方决定从2004年到2006年的石油运输量将提升到450万—550万吨，这一数量还要逐步提升直至达到年供应量1500万吨。2005年俄对华出口石油及制品总量约1300万吨，占

① Владимир Кузмин, Год России по китайскому календарю Из Пекина с миллиардными контрактами, http://www.rg.ru/2006/03/22/putin-kitaj.html.

到了俄罗斯对华出口的39.4%，比2004年上升4.3个百分点。[①] 在两国的共同努力下从2000—2005年中国进口俄罗斯石油分别为147.67万吨、176.60万吨、302.96万吨、525.48万吨、1077.66万吨和1277.59万吨，进口的石油呈上升趋势。从2000—2006年，中国从俄罗斯进口的石油占进口总量的比重从2%增长到12%以上。2008年，中国从俄罗斯进口的石油已占进口总额的6.5%。2009年2月17日，中俄签订了7项能源合作文件。根据该协议，中方将向俄方提供250亿美元长期贷款，俄方则承诺从2011—2030年通过远东管线中国支线每年向中国供应1500万吨原油。

除了在石油项目方面的合作之外，俄中在天然气领域的合作也在逐步地推行。中国虽具备一定的天然气储量和开采量，但与其需求相比，仍存在极大的落差。据（俄罗斯科学院）预测，中国在2010年、2020年、2030年的开采量分别为660亿立方米、800亿立方米、860亿立方米；而实际需求量则分别是730亿立方米、1760亿立方米、2600亿立方米。[②] 中俄两国的天然气项目合作开始于20世纪90年代。早在1995年双方便签署了《铺设石油天然气管道的会谈纪要及合作备忘录》，明确了两国的合作意向。1997年12月，中国石油天然气集团公司与俄罗斯天然气工业公司签署了《关于实施向中国东部地区供应俄罗斯天然气项目的备忘录》，该方案计划修建从西西伯利亚到中国东部沿海地区的天然气管道，该管道可在30年内每年输送300亿立方米的天然气。2004年10月14日，时任俄罗斯总统的普京访华，中国石油天然气集团公司与俄罗斯天然气工业公司签署战略合作协议。2006年3月21日，普京再次访华期间，两国企业达成一致，向中国修建两条天然气管线，西线由西西伯利亚，经阿尔泰共和国至中国新疆，最终和中国的西气东输管道连接；东线由东西伯利亚科维克金气田供气，管道修至中国东北。两条线的输气量分别为每年800亿、600亿立方米。当时预计俄向中国市场提供天然气在2010年可能不会低于350亿立方米、2020年

---

① ［俄］С. З. 日兹宁：《俄罗斯能源外交》，王海运、石泽译审，人民出版社2006年版，第223页。

② А. Конторович、А. Коржубаев、Л. Эдер，“Перспективы поставок природного газа из России в страны АТР – ресурсные технологические и геополитические факторы”，*Проблемы Дальнего Востока*，№3，2008.

780 亿立方米、2030 年可达到 1250 亿立方米，大量的天然气供应让俄在中国天然气市场占有了支配地位，据统计资料，俄将占中国天然气进口量的 70%—85%。[①]

在中俄两国天然气领域的合作主要有：其一，萨哈林 1 号项目。2005 年 10 月项目正式投产，这是继 1999 年萨哈林 2 号项目投产之后俄远东大陆架油气开发方面取得的又一重要进展。萨哈林 1 号项目投产之初的规划是，开采的天然气在首先保障国内哈巴罗夫斯克边疆区的需求外，主要向中国供应天然气，路线是经共青城、哈巴罗夫斯克、佳木斯、哈尔滨、长春最后到沈阳，每年将向中国供气 100 亿立方米。然而 2007 年俄方的态度突变，6 月 19 日，俄罗斯天然气工业公司董事会副主席亚历山大·阿纳年科夫（Александр Ананенков）在远东和外贝加尔社会经济发展国家委员会主席团会议上表示："萨哈林 1 号开采的这些天然气必须用于当地的天然气供应，而不是用于向中国出口，至少在萨哈林 3 号投产前是这样。"其二，萨哈林 2 号输气管道。其三，萨哈林 3 号输气管道。2006 年 30 多名中国专家抵达萨哈林，为勘探萨哈林 3 号项目油田做准备。此外，还有 2006 年中俄双方达成的东西两线输气管道。东部天然气管线，是指从俄东西伯利亚萨哈林维科金天然气田—符拉迪沃斯托克—中国新疆的西气东输工程天然气管线。西部天然气管线，是指从俄西伯利亚克拉斯诺亚尔斯克—新西伯利亚—新库兹涅茨克输气管道—阿尔泰斯克—中国的天然气管线。中俄双方虽从 2006 年就确定了俄通往中国的天然气管道项目，但其后一直因价格问题未达成一致协议。2009 年 10 月 13 日，中俄双方签署《中石油与俄天然气工业公司关于俄罗斯向中国出口天然气的框架协议》，它被称为中俄天然气合作的破冰。俄决定东西两线天然气管道同步启动，并于 2014 年至 2015 年供气，供应量每年达到 680 亿立方米。

2. 俄罗斯与日本能源合作

俄日能源关系是俄日关系的部分内容之一，两国的能源关系受到政治、经济关系发展的牵制。从历史上看，俄日关系发展可谓一波三折。从 1904 年日俄战争开始，直到冷战结束，两国在大部分时间内处于敌对状

---

① А. Конторович、А. Коржубаев、Л. Эдер，"Перспективы поставок природного газа из России в страны АТР – ресурсные технологические и геополитические факторы"，*Проблемы Дальнего Востока*，№3，2008.

态。当然，苏日之间的关系在冷战期间也有过一些缓和，如 1956 年鸠山一郎访苏、1973 年田中角荣访苏，以及 1991 年 4 月戈尔巴乔夫对日本的访问。冷战结束后，俄日双方为两国关系的改善进行了积极努力。1993 年 10 月 11 日，叶利钦访问日本，与日本签署了《东京宣言》。《东京宣言》称，世界冷战格局的终结为俄日关系的全面正常化提供了良好的前提。《东京宣言》的意义在于，这份文件实际上确认了双方之间“冷战”的终结，规定了俄日中短期合作的领域和方向，是新俄日关系发展的基础。[①] 除《东京宣言》外，俄日双方还发表了《经济宣言》，并签署了 16 个协议文件。

在能源合作方面，俄日两国互为邻国，俄罗斯盛产油气的萨哈林岛与日本北海道仅一峡之隔，能源结构互补，双方可以各取所需，互通有无，两国具备开展能源合作的主客观条件。

日本的资源极其匮乏，是世界第四大能源消费国，第二大能源进口国。日本全部一次能源的进口依赖程度为 79%，其中石油、天然气几乎 100% 依靠进口。为了确保本国的能源安全，日本除了实行能源多样化的战略外，还努力实现石油进口的多元化。为此一直在寻求稳定而长远的石油供应地。日本能源政策的主要目标是：保证国外能源的长期供应和来源多元化，提高生态标准和能源的合理利用。基于这些目标，日本制定了国家能源政策的优先顺序和方向。首先与亚太地区的合作，除参加亚太经合组织外，日本还提出在亚洲能源共同体的框架内发展与东北亚国家之间地区能源合作的倡议，建立亚洲能源共同体的思想是日本前外相中山提出的。日本也是东北亚地区最早参加俄罗斯远东能源开发的国家。

在对外关系战略上，日本对与俄罗斯关系的重新思考，实际上是由东欧地区的发展态势间接引发的。随着北约在 1997 年的东扩，西方国家决定要对俄罗斯在其他领域进行补偿。他们特别想邀请俄罗斯参加西方七国会议，在克林顿与叶利钦赫尔辛基峰会前夕，克林顿致电日本首相桥本龙太郎，希望他“理解”把俄罗斯纳入七国集团，这实际上是压日本改变对俄政策。而日本在此之前就已经开始酝酿新的对俄政策。桥本龙太郎在 1997 年 6 月的丹佛会议上，发出了愿意深化与俄关系的信号。丹佛会议

---

① В. Павлятенко、А. Шлындов，“Российско－японские отношения：некоторые итоги и перспективы на старте XXI столетия”，*Проблемы Дальнего Востока*，№4，2000.

成为俄日两国关系改善的一个重要契机。此次会议后不久，日本提出对俄关系的“桥本三原则”。1997 年 7 月 24 日，桥本龙太郎首相在日本经济同友会上，发表关于“欧亚大陆外交”的演说，并提出指导日俄关系的互信、互利、着眼未来的三项原则。桥本龙太郎对俄新政策是打破日俄关系僵局的转机。

1997 年 11 月，叶利钦与桥本龙太郎在俄罗斯远东重镇克拉斯诺亚尔斯克，举行了非正式会晤。双方在会晤中达成“俄日两国都是世界大国，应该互相合作”的共识，并在此基础上作出八项承诺：推进“叶利钦—桥本计划”，实现两国全面合作；日本支持俄罗斯参加亚太经合组织，俄罗斯支持日本成为安理会常任理事国等。

进入 21 世纪，国际能源市场动荡，能源因素在两国关系中的地位日益凸显。日本国内要求开拓俄罗斯远东能源的呼声不断高涨，致使日本重视并寻求与俄在能源领域的进一步合作。2002 年 11 月中旬，日本最大的石油公司从俄罗斯购买了第一批 200 万桶乌拉尔原油运往本国，从而恢复了自 1978 年日本石油公司中止购买俄石油 20 多年以来的能源合作。2006 年 5 月，日本在新公布的《新国家能源战略》中建立了适合本国的石油战略，其中能源来源多元化是其重要目标。对日本而言，如果在俄罗斯东西伯利亚石油管线问题上取得突破，得到俄罗斯的能源以拓宽能源供应的渠道，不仅能满足日本经济发展对能源的需求，还可以借助地缘和资金、技术上的优势，打入并占领俄罗斯远东地区这一尚未充分开发、潜力巨大的市场，促进日本经济从萧条走向复苏。

而俄罗斯扩大与日本能源合作也基于其国家利益。首先，日本是世界上石油消费增长最快的国家之一，而迄今为止俄罗斯与日本的贸易还处于较低水平。俄罗斯政府希望与日本联合开展经济活动，特别是能源合作，扩大日本在俄远东地区的投资，以带动该地区的经济发展。其次，发展俄日能源合作有利于加强东北亚地区的政治稳定。俄希望通过与日本的能源合作改善两国关系，以平衡东北亚地区中日俄三方关系。俄日两国关系一直受领土问题影响，俄希望通过与日本的能源合作，打破两国长期以来的“政经不分”的原则，借以开辟更广泛的石油销售市场，实现市场多元化战略。与日本的能源合作，还可以使俄避免成为正在腾飞的中国单方的能源供应国。“在远东和西伯利亚能源开发和铺设天然气、石油运输管道方面开展合作，将为发展俄联邦远东地区和西伯利亚作出贡献，并将有助于稳定世界能源市场和提高亚太地区乃至世界能源的安全水平。”俄日两国 1991 年 4 月 18 日签署的《关于和平利用原子能方面的合作协定》以及 1998 年 11 月 13 日签署的《关于鼓励和保护投资的协定》等政府间文件构成了俄日燃料动力系统领域合作的法律基础。两国最高领导人 1993 年 10 月 13 日通过的《俄罗斯联邦和日本关于经贸和科技关系前景的宣言》，以及 2000 年 9 月 5 日通过的《深化俄罗斯联邦和日本在经贸领域合作的纲要》包含了能源问题。此外，1998 年 11 月 13 日两国领导人签署了《关于发展俄日在能源领域合作的联合声明》。在俄日政府间经贸委员会会议和在工作组框架内进行的能源领域双边磋商过程中，商定了双边能源合作的基本方向。1998 年和 1999 年，俄日召开能源会议，日本决定投资“萨哈林 - 1”和“萨哈林 - 2”项目，这使俄日的能源合作更进一步。

2003 年 1 月 10 日，俄罗斯总统普京和日本首相小泉纯一郎在莫斯科举行会谈，通过了《关于行动计划的联合声明》，表示双方将积极开展能源领域的长期合作。① 两国领导人重申在远东和西伯利亚地区能源开发方面进行合作，修建运输管道，落实“萨哈林 - 1”和“萨哈林 - 2”以及其他能源项目。声明还指出，俄罗斯和日本燃料动力系统的合作将促进世界能源市场形势的稳定，加强亚太地区乃至整个世界的能源安全。

俄罗斯和日本合作的主要方向之一是实施大型石油天然气项目。日本公司三井、三菱以及在日本燃料动力系统占有稳固地位的“埃克森—莫比尔公司”和“荷兰皇家壳牌公司”共同组成了一些财团，负责落实“萨哈林 - 1”和“萨哈林 - 2”项目产品分成协议。在“萨哈林 - 2”项目框架内规定俄罗斯向日本供应液化天然气。2003—2005 年，“萨哈林 - 2”项目的作业者“萨哈林能源公司”和日本的“东京燃气公司”、“东京电力公司”、“东邦燃气公司”、“九州电力公司”等签订了一系列液化天然气长期供应合同，每年供应总量将达到 400 万吨，成为俄罗斯在亚洲能源方面的真正突破。②

2005 年，俄罗斯与日本高层会谈，签署《能源领域合作框架协议》，

---

①［俄］C. 3. 日兹宁：《俄罗斯能源外交》，王海运、石泽译审，人民出版社 2006 年版，第 330 页。

②“萨哈林能源公司”资料，2005 年。

内容包括日本参与东西伯利亚—太平洋地区石油管道的建设。根据预测，这条太平洋岸边的管道，每年将输送5000万吨石油到日本。日本如从俄罗斯进口5000万吨石油，将占进口总量的20%。这可使日本降低对中东石油的依存度。① 2005年，俄罗斯天然气工业公司与日本自然资源和能源管理机构签署了一项有关科学技术合作的框架协议。为了实施这项协议，双方组建了一个联合协调委员会。2008年12月，俄日联合委员会在日本东京举行了第一次会议，随后双方签署了一项有关共同开发索宾斯克油气田的协议。2009年3月25日，俄罗斯天然气工业公司总裁阿列克谢·米勒与日本自然资源和能源管理机构会谈，在莫斯科签署了一项有关双方在科学和技术领域进行全面合作的协议。双方在会谈中讨论了在俄罗斯克拉斯诺亚尔斯克边区的索宾斯克石油和凝析气田建造一个天然气处理厂的可行性问题。2009年5月12日普京总理访问日本后，俄日密切接触探讨油气合作。2009年5月13日，俄罗斯自然资源部宣布已决定把萨哈林-3项目和西堪察加大陆架勘探开发许可证交给俄天然气工业公司。普京访问日本时建议日方共同开发萨哈林-3项目。俄气总裁米勒表示，将从萨哈林-2项目股东中选择合作伙伴，俄方倾向与三井合作。2009年6月1日，俄天然气工业公司总裁阿列克谢·米勒和日本驻俄特命全权大使就俄日发展油气领域伙伴关系的前景举行会谈。俄罗斯建议日本方面参与实施《东部天然气纲要》，包括在俄建设天然气加工厂和化工厂；扩大萨哈林—伯力—海参崴天然气管道的输气量以满足对日本出口。② 2011年4月25日，俄罗斯天然气工业公司与日本远东天然气有限公司在早期协议的基础上签署了一项协议，在符拉迪沃斯托克建立液化天然气厂进行可行性研究。2011年6月初，双方成立联合工作组考察马加丹1、2、3号区块和鄂霍次克海大陆架，以及东西伯利亚11个油气田的资源情况。

俄罗斯与日本在能源领域的合作虽然有比较广阔的前景，但也还存在着障碍。一是北方四岛归属问题；二是俄日关系的变化受制于亚太地区大国力量对比关系的影响。正是在此种国内外政治的背景下，俄罗斯与日本进行和发展着能源合作。

---

① М. А. Яценко, *Нефть во внешнеэкономических связях России*, Москва., 2006, с. 37.

② http://www.rusenergy.com/? page = news&id = 104025.

3. 中、日、俄“石油管线之争”

俄罗斯欲在东北亚成功实施能源战略，必须铺设俄远东输入东北亚各国的输油管道。从2002年下半年至2004年，中、日围绕俄罗斯远东输油管道的走向分别提出了“安大线”和“安纳线”，并为成功赢得俄罗斯的认同而展开了激烈的博弈。在此期间，俄罗斯将安加尔斯克的石油视为闺中待嫁的少女，在中、日两国间权衡、徘徊，施展能源外交，希望可以从中选择最佳方案，为俄赢得最大利益。

（1）中俄“安大线”

中俄两国早在1994年已对输油管道项目进行过探讨和可行性研究。1996年4月，两国政府签署了《中华人民共和国和俄罗斯联邦政府关于共同开展能源领域合作的协议》，正式确立了中俄石油管线项目。2001年7月，中国石油天然气集团公司、俄石油管道运输公司和尤科斯石油公司签署了《关于开展铺设俄罗斯至中国原油管道项目可行性研究主要原则的协议》，同年9月中国总理朱镕基访俄，与俄总理卡西亚诺夫共同签署了《中俄总理第六次定期会晤联合公报》，其中第2条明确规定：“实施中俄管道建设项目并于2005年投入运营”。中俄双方商定的中俄石油管道线路被称为“安大线”，即西起俄罗斯伊尔库茨克州的安加尔斯克油田，向南进入布里亚特共和国，绕过贝加尔湖后，一路向东，经过赤塔州，进入中国，直达大庆。“安大线”全长2400公里，其中有1/3铺设在中国领土。协议规定“安大线”输油管线的总投资额约为25亿美元，第一期工程于2005年完工。其中俄罗斯方面准备投资17亿美元，在中国境内的800公里管线由中方出资修建。在今后的25年里，俄罗斯将向中国输送原油约7亿吨，价值约1500亿美元。2002年12月2日，中俄两国元首签署《中俄联合声明》，双方表示：“考虑到能源合作对双方的重大意义，两国元首认为，保证已达成协议的中俄原油和天然气管道合作项目按期实施，并协调落实有前景的能源项目，对确保油气的长期稳定供应至关重要。”①

俄中双方一直在积极运作“安大线”的实施。对于俄而言，投资总额并不高，运输成本较低的安大线极具吸引力。但随着霍多尔科夫斯基被捕及公司核心生产子公司尤甘克斯克油气公司被拍卖，与中国接洽“安

① http：//news. sohu. com/97/86/news209548697. shtml.

大线”的俄方代表尤科斯公司被打击，导致安大线最终流产。与此同时，日本突然介入，欲提出全新的方案取而代之。

（2）日俄“安纳线”

中俄“安大线”石油管道按原计划应该在2003年动工。然而，2003年1月10日日本首相小泉纯一郎对俄罗斯进行访问期间，事情出现了变数。日本提出了一个新的方案“安纳线”希望取代此前中方提出的“安大线”方案。“安纳线”全长3765公里，从安加尔斯克起，绕过贝加尔湖北部，沿贝加尔湖—阿穆尔大铁路东行至纳霍德卡，管道经过伊尔库茨克州、赤塔州、阿穆尔州、布里亚特共和国、哈巴罗夫斯克边疆区和滨海边疆区。日本力数“安纳线”对俄方的优势，并提出种种理由否定“安大线”，以博取俄方眼球。例如，日方提出“安纳线”全程在俄罗斯境内，俄方可以对其进行全程控制；通过“安纳线”的建设和运营，可以促进俄罗斯远东地区的经济发展，形成管道沿线的经济带；“安纳线”输油管终端在太平洋上的纳霍德卡，这里可以同时向中、日、韩等国出口石油；“安大线”将给中国东三省注入经济血液，这将会进一步拉大中俄在这一地区的力量对比，从而对俄构成威胁等等。

无论是中方提出的“安大线”，还是日方提出的“安纳线”，都不能完全符合俄罗斯的利益。俄能源部曾提出了一个折中方案，即在“安纳线”上修建一条到大庆的支线，并且可以对这条支线先行开工，之后再从中转地赤塔转接远东的纳霍德卡。然而，日本对“安纳线”势在必得，随后开展了一系列的外交活动，并以金钱相诱惑。2003年5月小泉纯一郎再次出访俄罗斯，并将俄总统远东联邦区全权代表布里科夫斯基煽动为“安纳线”的游说人，并以投资等优惠条件相诱惑。2003年6月，日本前首相森喜朗以及外务大臣川口顺子出访俄罗斯再度为“安纳线”游说，日本许诺俄罗斯如果优先修建“安纳线”，日本将提供75亿美元的资金协助俄开发远东西伯利亚，并加以10亿美元的投资另外提供技术支持。2003年10月20—21日俄总统普京与日本首相小泉纯一郎在“曼谷亚太经济合作组织领导人峰会”上进行了会晤，日本向俄罗斯提出了一个价值70亿美元的最新资助计划，在该份新计划里，日本提出出资50亿美元，资助铺设全长4000公里、终点为纳霍德卡的输油管线。后日本又表示准备资助输油管线建设的大部分费用，并答应不要求俄罗斯政府提供担保。2004年日本多次表示，以“矿物资源调查费”为名，向俄提供84亿日元的无偿援助。在日本的努力下，俄罗斯虽然倾向于“安纳线”，但碍于之前对中国做出的承诺，又加上日本承诺的贷款迟迟不到位，最终没有全盘接受日本提出的方案。

（3）俄方“泰纳线”

在中日的方案处于激烈的争夺之时，2003 年 9 月，俄罗斯自然资源部介入到“安大线”、“安纳线”的争执中来。该部以环保评估为由，提出石油管道将沿着贝加尔湖的北部边缘铺设，某些地方离湖岸仅有 800 米，一旦发生事故，管道中的石油可能渗入贝加尔湖，造成巨大的生态灾难。由此否决了“安大线”项目。同年 10 月，尤科斯石油公司前总裁霍多尔科夫斯基被捕，积极推动实施建设“安大线”的尤科斯公司从此一蹶不振，更为原本扑朔迷离的“安大线”石油管道项目蒙上了一层阴影。尽管 2003 年 12 月初普京总统访华时，中俄双方首脑仍明确表态会按期实施中俄石油管道，但否定“安大线”方案的声音仍公然见诸报端。2004 年 2 月 25 日的《莫斯科时报》报道，俄罗斯能源部长表示，当局希望将西伯利亚管道修建到北太平洋沿岸的纳霍德卡市。[①] 至此，中俄关于“安大线”谈判历经 9 年之久，签署了一系列协议，最终还是被搁置。

“安大线”被否决后，俄方并不打算完全采纳日本的方案，还是极力想在中日之间进行平衡。2004 年 6 月 30 日，俄罗斯工业和能源部长表示，“安大线”、“安纳线”均未通过，新的“泰纳线”比较可行。“泰纳线”是 2004 年 3 月由俄罗斯“石油运输公司”提出，修建一条从泰舍特穿越贝加尔湖以北地区到纳霍德卡的石油运输管道，途中修建通往中国大庆支线。同年 12 月 31 日，俄罗斯总理弗拉德卡夫（Фрадкав）签署文件宣布，“泰纳线”正式出炉。“泰纳线”全长 4300 公里，共分三期进行：第一期将从俄境内东西伯利亚距离安加尔斯克 500 公里的泰舍特—乌斯季—库塔（伊尔库茨克州）—卡赞奇市（伊尔库茨克州）—腾达（阿穆尔州）—距离中俄边境 60 公里的城市斯科沃罗季诺（阿穆尔州），该期工程的年石油输送总量将达 3000 万吨。二期将修建斯科沃罗季诺至佩列沃兹纳亚湾输油管线，其年输送能力为 5000 万吨。最后一期在日本海沿岸的港口城市、俄罗斯建立的第一个经济特区纳霍德卡完成。到 2020 年，整个输油管线的年输送能力将达 8000 万吨。

---

① http：//news. xinhuanet. com/worid/2004 - 07/14/content_ 1598772. htm.

俄罗斯最终抛弃“安大线”、“安纳线”，是因为“泰纳线”更符合俄罗斯的战略利益。

第一，“泰纳线”全线均铺设在俄罗斯境内，这可以有效保障俄方对其绝对的控制权，避免受制于他国，带来能源安全风险。

第二，“泰纳线”符合俄罗斯东北亚地区的经济和战略利益。众所周知，俄罗斯的能源主要集中在其远东和西伯利亚地区，地缘上与东北亚地区相连。如果修建西伯利亚—太平洋的管道，不仅有利于实现俄石油天然气出口市场的多元化，摆脱长期对欧洲市场的依赖，还可以填补俄远东地区的能源缺口。虽然“安大线”的建设成本更低，但只能向中国供油，而“泰纳线”不仅可以向中国供油，还可以向日本、韩国，甚至可以越过太平洋，运输到美国西海岸，这对俄罗斯而言无疑是一个最佳的方案。

第三，“泰纳线”石油输出管道的起点由此前方案提出的安加尔斯克挪到泰舍特，最主要的原因是它可以最大限度地靠近东西伯利亚和亚库特油田，使其今后将成为东西伯利亚地区石油外运集散地。并且通过石油管道建设可以最大限度地吸引外资，进而带动西伯利亚和远东地区经济的发展。

第四，有利于对东北亚各国能源外交的进一步实施。“泰纳线”的方案就是一个利益平衡的结果。虽然它最终没有完全倾向某一方，但表面上还做到了既不得罪日本，也考虑到中国，甚至韩国及美国的利益。这一方案也使俄方的能源惠及东北亚甚至亚太地区；使这一地区对俄能源需求的比重加大，有利俄能源外交的进一步实施。

第五，规避国内环保主义的压力。由于此前的线路都距贝加尔湖较近，管道的铺设会给该地区带来生态灾害的隐患，为此也引起了国内环保主义的抗议。而“泰纳线”向北调了很多，避开了这一区域，解除了国内的质疑。

（4）先中后日

2005 年 9 月 7 日俄罗斯总统普京向西方记者透露，泰舍特至纳霍德卡石油管道（泰纳线）将先通向中国，之后再到达俄太平洋沿岸。并且表示“泰纳线”一期工程线路，即从泰舍特到俄中边境城市斯科沃罗季诺的管道线路，年输油能力为 3000 万吨，其中 2000 万吨将通过支线被运往中国大庆。

俄罗斯之所以会调整方案，力促先行建设中国支线，主要原因首先是，日本政府曾许诺的75亿美元贷款迟迟没有到位，日本毫无诚意的态度让俄方十分恼火。2005年4月11日，负责“泰纳线”设计、修建和管理的俄罗斯国家石油运输公司总裁魏因施托克表示，公司自身已筹到80亿美元的资金，日本的贷款对该公司将无足轻重。其次，石油价格的暴涨为俄罗斯带来了源源不断的美元，使其经济实力强大，在能源外交中逐掌主动权。2005年4月末，俄中央银行宣布：仅在一周内俄罗斯的外汇储备就增加了15亿美元，4月22日达到了创纪录的1413亿美元。再次，北方四岛问题使日俄关系长期受阻，俄方做出方案调整是希望将主动权掌握在自己手中，不想在争端领土问题上受制于日本。最后，石油管道第一期的截点斯科沃罗季诺距中俄边境仅60公里，伸入到中国境内无论从时间上还是从资金上看，都更为可行。

2005年1月，俄工业与能源部长赫里斯坚科和俄罗斯石油公司总裁谢尔盖·巴格丹奇科维访问北京时，与中方签订能源出口协议，即俄向中国出口4800万吨石油，而中国则向俄方提供60亿美元贷款。事实上俄方自知输送如此大数量的石油，此前铁路运输的成本要比管道高出许多，因此迫切需要通向中国的石油管线。于是，赫里斯坚科2005年4月26日签署命令，决定第一阶段先修建至离中国边境60公里的斯科沃罗季诺（阿穆尔州）的石油管道，第二阶段再考虑修建至佩列沃兹纳亚湾（滨海区）的输油管道部分。2008年10月27日，中国国务院总理温家宝抵达莫斯科，对俄进行正式访问，并举行俄中总理第13次定期会晤，中俄双方签署了有关建设“斯科沃罗季诺至中国边境石油管道”的协议。其中规定，俄方将“泰纳线”支线铺设至中国大庆，中方将向俄罗斯提供250亿美元贷款。2008年10月28日，俄罗斯石油管道运输公司总裁尼古拉·托卡列夫和中国石油天然气集团公司总经理蒋洁敏共同签署有关建设和运营斯科沃罗季诺至中俄边境石油管道（东西伯利亚—太平洋石油管道中国支线）的协议。协定明确了“泰纳线”支线的具体细节。中俄石油管道即东西伯利亚—太平洋石油管道中国支线，起自俄远东斯科沃罗季诺原油分输站，经中国黑龙江和内蒙古的13个市县区，止于大庆站。管道全长约1000公里，其中俄罗斯境内72公里，中国境内约928公里。当时计划于2010年10月31日建成投产，合同期20年。2009年2月中俄签署了“石油换贷款”协议，其中规定，2011年至2030年，俄罗斯将每年通过管道向中国供应1500万吨总计3亿吨的石油，以抵偿中国向其提供的250亿美元贷款。2009年4月27日，该管道俄罗斯境内段开工；同年5月18日，中国境内段开工建设。2011年1月1日，中俄原油管道正式开通。

4. 俄罗斯与蒙古国、朝鲜半岛能源合作

（1）俄罗斯与蒙古国能源合作

蒙古拥有160万平方公里的土地，250万人口。从人口来看虽然是小国，但从面积来看却是这一地区的第二大国。而且煤、铅、钨、萤石、金、钼、铁、锡、磷、石油、盐等资源储藏丰富。俄罗斯与蒙古国拥有3800多公里边界线，两国邦交历史悠久。在苏联时期，蒙古国被视为苏联的“卫星国”，与之一直保持密切的“伙伴”关系，苏联一度成为蒙古国唯一的贸易伙伴。苏联解体后，俄蒙关系降温，双方在经贸领域的合作也呈现低迷状态，贸易额一路下滑。1990年蒙古国从俄罗斯进口额为7.16亿美元，2001年已降至2.02亿美元，分别占蒙古国进口总额的75.3%和36.4%。虽然俄蒙之间的贸易一直在低水平徘徊，但却一直没有撼动俄罗斯在蒙古国进口贸易第一的位置，其中最主要的原因就是蒙古国对俄石油进口的依赖。蒙古国年石油产品消费量约40万吨，主要从俄罗斯的鄂木斯克、阿钦斯克和安加尔斯克三个城市进口。①

普京上台后，大力调整国家对外战略，开始致力于恢复俄蒙传统关系。2000年11月中旬，俄罗斯总统普京对蒙古国进行了为期两天的国事访问，这是俄罗斯国家元首首次访蒙。两国总统签署了《乌兰巴托宣言》，确定了21世纪全面发展两国关系与合作的原则方针。2001年俄向蒙提供了5121.71万美元的汽油和4909.25万美元的柴油，两项共计1亿多美元，占蒙古国当年国内生产总值的1/10还多。2002年3月25日，时任俄政府总理卡西亚诺夫访蒙时，两国表示在经贸、文化、科技、体育、能源等领域加强交流并签署了一系列文件和协议，其中包括《天然气合作议定书》。俄蒙关系的改善，为俄在这一地区施展能源外交提供了良好的政治保障。因此，虽然目前蒙古国南部已发现石油，但由于开发能力所限，基本全部依赖进口，对俄石油进口依赖程度高达100%。

2009年8月26日，俄罗斯与蒙古国签署发展战略伙伴联合声明，俄罗斯承诺铺设到蒙古国的天然气管道，开发蒙古国铀矿。

① 朱显平、李天籽：《东北亚区域能源合作研究》，吉林人民出版社2006年版，第100页。

（2）俄罗斯与朝鲜半岛的能源合作

朝鲜半岛位居东北亚中部，背靠欧亚大陆，东临日本海，介于中、俄、日三国之间，扼守东北亚海上交通要道，是欧亚大陆与日本列岛之间的桥梁，也是俄罗斯进入太平洋的门户。这种独特的地理位置使朝鲜半岛具有极其重要的地缘战略意义，因而也使其成为自冷战以来地缘政治争夺的重要场所。直到20世纪90年代初期，对朝鲜半岛的政策一直是苏联对外战略的重要组成部分。苏联解体后，随着俄罗斯内外政策的调整，朝鲜半岛在其对外战略的重要性一度有所下降，但半岛独特的地缘政治地位，使俄罗斯从90年代中期开始推行新的朝鲜半岛政策。

俄罗斯认为其在朝鲜半岛的利益是多方面与综合性的，其中安全利益是重中之重。为了维护和扩大在半岛的利益，俄罗斯确定了不同层次和不同范围的政策目标体系，欲求在双边关系、地区局势和全球战略三个方面实现不尽一致但又密切相关的政策目标。俄罗斯对朝鲜半岛的政策目标体系的主要内容是，以维护半岛的和平与稳定为核心，最大限度地谋取经济利益，扩大对半岛的影响力，以服务于其重建大国地位的目标。能源成为俄罗斯在朝鲜半岛问题上提升地位的新的筹码。通过能源外交扩大其在朝鲜半岛的影响力。

（3）俄罗斯与韩国的能源合作

韩国领土面积9.96万平方公里，5051.5万人口（2011年）。虽然领土面积不大，人口较少，但却是世界能源消费和进口大国。目前，韩国是世界第六大石油消费国，第四大石油进口国。韩国天然气的需求量也十分庞大，韩国的液化天然气购买量仅次于日本，居世界第二位。据专家预测，到2020年，韩国对天然气的需求量可能要翻一番。几乎不产油气的韩国，每年需要花费巨资进口能源。韩国的石油主要来自中东，而中东不稳定的局势促使韩国努力减少对中东石油供应的依赖。为了保障本国的能源安全，开拓能源进口多元化的渠道，韩国越来越重视与近邻俄罗斯的能源合作。

俄韩油气合作从1990年两国正式建交起，走过了缓慢但逐渐加速的进程。

1992年11月，叶利钦出访韩国，访问期间两国签署《俄韩基本关系条约》，强调两国关系应建立在自由、民主、尊重人权和市场经济的共同价值观基础上。此外，两国还签署了有关贸易、投资、科技、文化等8个文件，为俄韩双方进一步开展政治、经济合作奠定了基础。在这一时期，为推动俄韩特别是经济关系的迅速发展，俄罗斯尽量满足韩国方面提出的政治要求，包括支持韩国在朝鲜核问题上的立场，终止向朝鲜提供武器及零部件，督促朝鲜履行《不扩散核武器条约》的义务等。经济上，1992年，俄罗斯萨哈共和国与韩国签订了《萨哈天然气合作计划》，联合开采萨哈共和国26处天然气田，铺设从天然气产地经布拉戈维申斯克、符拉迪沃斯托克到汉城的输气管道。1996年9月，俄罗斯总理切尔诺梅尔金（Черномеркин）访问韩国，两国总理签署了经济合作宣言，规定两国政府将积极支持已商定兴建的合资企业，包括在西伯利亚兴建天然气田和铺设通往韩国的天然气管道，在俄罗斯的东部港口纳霍德卡为韩国公司兴建一个工业园等。该宣言还要求两国在能源等领域加强合作。1996年，韩国取得了对俄东西伯利亚伊尔库茨克地区油气田的独家开采权，总投资200亿美元，到2010年油气产量可达4500万吨，其中1200万吨运往韩国，可满足韩国全国总需求量的一半。

2000年俄罗斯与韩国签订了关于能源领域合作以及韩国参加伊尔库茨克的科维克金天然气项目的政府间协议。依照韩国政府计划，预计2008年后每年可从俄罗斯进口约300万吨液化气和100亿立方米管道天然气。① 科维克金天然气凝气田位于东西伯利亚伊尔库茨克州贝加尔湖以西100公里，伊尔库茨克市以北400公里。凝气田发现于1987年，估计储量天然气8770亿立方米、凝析油5000万吨。最初俄罗斯西丹科石油公司拥有科维克金开采许可证，其股东包括伊尔库茨克州国家财产管理委员会、伊尔库茨克石油天然气公司、安加尔斯克炼油厂和韩国韩宝集团的子公司东亚天然气公司（EAGC）。但是到2004年1月29日，俄罗斯天然气工业公司的总裁阿列克谢·米勒宣布，科维克金项目不符合俄罗斯国家战略利益，此项目的天然气资源不应在俄天然气工业公司控制之外开发。阿列克谢·米勒否定科维克金项目的主要根据：首先，科维克金项目以出口天然气资源为主，而且是根据《产品分成协议》开发资源，忽视了俄罗斯国内市场的需要，不符合国家利益。其次，此处天然气出口对象仅限于中韩两国，这将增加俄出口天然气的价格风险。俄天然气工业公司是国家

① ［俄］С. З. 日兹宁：《俄罗斯能源外交》，王海运、石泽译审，人民出版社2006年版，第336页。

控股的能源垄断企业，统一掌管俄罗斯的天然气出口销售网，并为开发西伯利亚和远东地区油气资源的协调者，其表态实际上代表了俄罗斯政府的意向。于是，科维克金项目便陷入了停滞状态。这表明了俄罗斯与韩国能源合作中，俄罗斯始终是以本国利益为中轴的。

随着俄罗斯远东地区油气资源开发的加速，两国油气合作进程也不断推进。2004 年 9 月 21 日，韩国总统卢武铉访问俄罗斯，两国达成了三项能源合作项目：第一，韩国 LG 公司与俄罗斯鞑靼石油公司签署价值 30 亿美元在鞑靼斯坦共和国建设年加工 700 万吨石油的聚苯乙烯和聚乙烯生产体项目。为此，韩国进出口银行与鞑靼斯坦政府签署了备忘录，向俄方提供 13 亿美元的信用额度。第二，俄罗斯国有外贸银行与韩国进出口银行签署向俄罗斯企业提供 5000 万美元融资，用于购置韩国机械设备的协议。第三，俄罗斯石油公司和韩国财团签署价值 2.5 亿美元的勘探开采西堪察加大陆架 6 万平方公里范围内石油储量的协议。俄罗斯石油公司在该项目中占股 60%，韩国持股 40%。

2005 年 2 月，俄罗斯“萨哈林－2”项目的作业者“萨哈林能源公司”在韩国贸易、工业和能源部举办的每年供应 150 万吨液化天然气的招标中获胜。供应合同从 2008 年开始，持续 20 年。这个液化天然气供应合同意味着韩国成为俄罗斯能源新的重要市场。2005 年 2 月 22 日，俄韩两国石油公司再度联手，决定共同开采俄罗斯远东堪察加地区的近海油田，韩国预计支出 1.5 亿美元。同年 11 月，韩国总统卢武铉和俄罗斯总统普京举行会晤，双方签署了《韩国与俄罗斯关于在经贸领域深化合作的行动计划》，韩俄双方在计划中决定将在包括能源等多个领域开展合作，其中包括：共同开发远东、西伯利亚石油和天然气，共同进行东西伯利亚至远东太平洋岸边的输油管道项目等。

2006 年 10 月，俄罗斯天然气工业公司与韩国天然气公司（KOGAS）达成了以萨哈林天然气供应韩国的意向。按照意向，从 2012—2013 年起，俄罗斯将在 30 年内每年向韩国出口约 100 亿立方米天然气。俄罗斯计划用东西伯利亚恰扬金气田和萨哈拉－3 的天然气供应韩国。2008 年 9 月 29 日，俄韩两国总统在莫斯科发表联合声明，要求进一步扩大两国能源合作。访问中，韩国天然气公司与俄天然气工业公司签署了有关从 2015 年起 30 年内每年从俄进口 100 亿立方米天然气的初始协议，这一进口量相当于韩国该年天然气需求量的1/4。①

俄罗斯与韩国自1990年建交以来，双方各领域关系保持稳步发展。1994年6月双方把俄韩关系定位为“建设性互补伙伴关系”，2004年9月又将两国关系提升到了面向未来的“全面合作伙伴关系”的高度。2008年9月28日至30日，韩国总统李明博对俄罗斯进行访问，与俄罗斯总统梅德韦杰夫就全面深化两国政治、经济等领域合作会谈，双方决定将不断发展的俄韩关系提升到“战略合作伙伴关系”的水平。正是在两国的政治与经济关系发展中，俄韩两国进行着能源合作。

（4）俄罗斯与朝鲜能源合作

朝鲜的能源结构以煤炭为主。以2006年为例，煤炭占朝鲜初级能源消耗比重的70%，水力占17.6%，石油占4.4%（几乎全部需要进口）。②虽然目前来看，朝鲜的石油消费量在能源消费结构中的比重并不多，但石油作为初级能源供应，在朝鲜的日常生活中占有重要作用。朝鲜的石油消费由1990年的3.08亿桶增加到2003年的近10亿桶，平均每天增加约9.8%。③ 从理论上讲，朝鲜拥有油气的可能性极大。因为西朝鲜湾海域和中国的油气资源较丰富的渤海湾邻近。所以，西朝鲜湾今后可能会有较大的油气发现，朝鲜陆地也可能有一定的油气储藏。但这只是猜测，目前为止朝鲜的领陆和领海都还没有被证实有油气资源发现。20世纪90年代以前，朝鲜的石油等物资基本依赖从中国和苏联等社会主义国家进口。但随着1993年中国成为石油净进口国，为了满足经济发展对能源的要求，中国政府削减原油出口计划。在中国能源出口缩减的情况下，朝鲜要摆脱能源危机，打破西方国家的封锁，与东北亚地区能源出口大国俄罗斯的合作是其必然的选择。据俄罗斯经济学家卡扎科夫预测，目前朝鲜每天石油需求量约为8.5万桶，俄罗斯石油天然气公司每年至少向朝鲜出口400万吨石油。

俄罗斯与朝鲜的能源合作，与两国的政治关系的变化是紧密相连的。

① *Совместное Заявление Российской Федерации и Республики Корея*, 2008-9-29, http://www.kremlin.ru/ref-notes/237.

② http://kosis.nso.go.kr/cgi-bin/sws_999.cgi.

③ В. В. Михеев, *Гловализация энергетической везопасности и региональное взаимодействие*, *Энергетические измерения международных отношений и везопасности в восточной Азии*, Москва., 2007, c. 64.

苏联解体后，俄罗斯与朝鲜的关系因意识形态的一致性已不复存在，所以俄朝关系一度陷入低谷。1992 年，俄罗斯终止了对朝鲜的武器供应和军事援助。1993 年，俄罗斯正式通知朝鲜，其将取消在 1961 年苏朝两国签订的《苏朝友好合作互助条约》。这意味着两国关系正式由冷战时期的盟友关系转为一般国家关系，也意味着朝鲜自此将失去一位重要的盟友的政治与经济援助。但自 1994 年起，随着俄罗斯的全球外交战略由向西方“一边倒”转向东西方平衡的“双翼外交”，其对朝鲜半岛政策进行了调整。俄罗斯在维持和发展俄韩关系的同时，努力修复和改善与朝鲜的友好关系。俄罗斯一改前期所奉行的“重南轻北”的半岛政策，转而采取“南北等距离”的外交方针。

1994 年 9 月 11 日，俄朝两国在莫斯科恢复了中断四年的副外长级磋商。俄副外长转达了叶利钦关于俄罗斯愿与朝鲜发展正常关系的信件。此次磋商访问标志着两国关系由此开始走出停滞状态。1995 年，俄朝外交部正式签订了 1995—1996 年交流计划。1995 年 9 月 7 日，俄罗斯在宣布原《苏朝友好合作互助条约》期满停止生效的同时，建议签订新的《俄朝友好关系原则条约》，称新条约可促进两国关系全面发展并将达到“一个新水平”。

1996 年，普里马科夫出任俄罗斯外长后，重视恢复和发展俄罗斯与朝鲜的传统友好关系，加大了对朝外交的力度，两国关系改善的进程由此加快。4 月，叶利钦致函金正日，表示俄罗斯珍惜与朝鲜的传统友好关系，愿在互相尊重主权、互不干涉内政、平等和互利的基础上同朝鲜积极发展政治、经济和文化等所有领域的关系。1996 年 4 月 10 日，俄罗斯副总理伊格纳坚科率政府代表团访问朝鲜，双方举行了经贸和科技合作政府间联合委员会第一次会议。会议期间，双方就在贸易、轻工业、合资公司、矿山开发和在朝鲜建立俄罗斯石油提炼厂等 8 个领域内开展合作的原则达成了协议。在伊格纳坚科与朝鲜副总理洪成南签署的两国议定书中还商定，俄罗斯在重建金策炼钢厂、石油援助等 8 个领域向朝鲜提供大规模援助。[①] 1999 年 3 月，两国在充分协商基础上草签了《俄朝友好睦邻合作条约》，进一步确立了发展两国关系的法律基础。2000 年 2 月 9 日，俄罗斯外长伊万诺夫对朝鲜进行了正式访问。访问期间，伊万诺夫与朝鲜外务

---

① ［韩］《中央日报》1996 年 4 月 21 日。

相白南舜代表两国政府正式签署了《俄朝友好睦邻合作条约》，并为此发表了联合声明。在联合声明中，两国外长高度评价《俄朝友好睦邻合作条约》的签署，认为它是“两国关系发展史中的新起点”。2000 年 7 月 19 日，普京对平壤进行访问。访问期间，普京与金正日举行会谈，其主要议题之一是经济问题，普京指出：“朝鲜许多项目是在苏联的技术援助下建立起来的。如果恢复和扩大这些项目，将是一个很广阔的天地。”[①] 俄罗斯表明了要扩大两国经济关系的意向，提出了新建同西伯利亚铁路相通的连接韩国与朝鲜的铁路，以及铺设旨在连接西伯利亚和朝鲜半岛的天然气管道计划。2001 年 7 月 26 日至 8 月 16 日，金正日对俄罗斯进行了国事访问。金正日在与普京的会谈中，就经济合作与朝鲜半岛局势等问题交换了意见，达成了广泛的共识。在此基础上，两国首脑签署了《莫斯科宣言》。俄罗斯总统普京和朝鲜国家国防委员会主席金正日商定“在解决以往遗留的双边结算问题的基础上”，首先对共同建立的企业实施改造，其中包括电力企业。[②] 此外，俄罗斯方面强调利用外资实施一系列双边计划，其中包括燃料动力系统领域。双方承诺采取步骤以实现建立连接朝鲜半岛南北方和俄罗斯、欧洲的铁路运输走廊的计划。这可以使建设从俄罗斯经朝鲜至韩国的输气管道和输电线路变得切实可行。

2002 年 8 月 20—24 日，朝鲜最高领导人金正日访问了俄罗斯远东联邦区，在这次会晤中，开拓在能源领域的合作成为重要内容。2005 年 1 月，俄罗斯天然气工业公司总裁阿列克谢·米勒对朝鲜进行了访问，其间与朝鲜领导人举行了会谈。根据媒体的评论，在这些会谈中讨论了发展与朝鲜在天然气领域合作的现实可能性，其中包括天然气管道过境。[③] 2005 年 3 月 21 日，俄罗斯铁路公司透露俄罗斯方面正准备筹资修建一条通往朝鲜的铁路，这条铁路全长 45 公里，将担负起向朝鲜运送石油的任务。俄罗斯铁路公司总裁根纳季·法捷耶夫表示，这条计划中的标准轨距铁路将从俄罗斯边境铁路口岸哈桑通往朝鲜港口城市罗津，因为罗津有一座当年苏联帮助建设的炼油厂。

---

① 俄通社—塔斯社 2000 年 2 月 12 日。

② 《Дипломатический вестник》2005，№1.

③ ［俄］С. З. 日兹宁：《俄罗斯能源外交》，王海运、石泽译审，人民出版社 2006 年版，第 339 页。

俄罗斯与朝鲜和韩国都保持着十分密切的政治关系，发展与朝鲜和韩国的双边能源合作有着良好的前景。俄罗斯在一些国际能源项目的实施中将发挥关键作用。冷战后时代俄罗斯的能源外交可以促进朝鲜半岛局势的缓和，有助于俄罗斯在东北亚地区对外经济和地缘政治地位的加强。俄罗斯大力开展东北亚能源外交主要基于以下战略考虑：一是推动世界多极化借重与东北亚各国关系平衡美国的战略需要，同时增加其自身的回旋余地；二是通过积极参与东北亚事务扩大俄罗斯在该地区的影响力；三是扩大与东北亚国家的经济合作，以带动本国远东地区的经济发展。

三　俄罗斯东北亚能源外交的特点、障碍、影响

（一）俄罗斯对东北亚能源外交的特点

俄罗斯是世界能源大国，石油和天然气资源极为丰富。美国前助理国务卿斯特罗布·塔尔博特形容："今天的俄罗斯是正在重新崛起的国家。它易于恼怒，口袋里塞满石油美元，踌躇满志地要成为世界主要的天然气供应者。俄罗斯正将其石油和天然气变成经济和政治力量。"[①] 事实上俄罗斯正在依赖这种能源优势，运筹于东西方之间。20 世纪末俄罗斯调整能源外交政策，在继续保持与西方传统关系的同时，恢复和加强同中国、韩国、日本等东北亚国家的能源外交，以促进俄罗斯能源外交的多样化。俄在东北亚地区实施能源外交的过程中体现出以国家利益为重，均衡发展的现实主义外交特点。

1. 国家利益至上

国家利益是指一个国家内有利于其大多数居民共同生存与进一步发展的诸因素的综合，主要包括：国家的安全利益、经济利益、政治利益和文化利益，这些利益构成互相联系、互相影响的有机整体。国家利益亦成为俄国家领导人制定政策的前提。俄罗斯前外长伊凡诺夫曾说："国家的生存利益要求俄罗斯外交积极发展与西方、东方和其他方向国家的关系。发展这种关系并不是因为帝国野心，而首先是维护国家利益的需要。"[②]

---

① http：//www. brookingsedu/testimony/2007/1030 - russia - talbott. asPx.

② И. С. Иванова，"Традии российской дипломатической школы"，*Дипломатический вестник*，№5，2002.

1995年《俄罗斯联邦总统咨文》中就确定了“维护国家利益，捍卫大国地位与民族尊严，推进多极化进程，争当多极世界独立的一极”为俄罗斯外交政策的目标。1999年10月，俄通过《俄罗斯联邦国家安全构想》，其中对俄罗斯的国家利益进行了新的阐释，指出它是由个人、社会和国家总体利益决定的，而“俄罗斯在经济领域最主要的是国家利益。只有在稳定发展经济的基础上才能综合解决和实现与俄罗斯国家利益有关的问题”。[①]

普京执政以来在不同的场合反复强调，俄罗斯外交政策的基础是务实、经济效益和国家利益至上。2000年出台了新的《俄罗斯联邦对外政策构想》，该文件总结了俄罗斯近年来外交实践的得与失，强调：“俄罗斯外交方针至高无上的优先方向是保护个人、社会和国家的利益”；“俄罗斯对外政策的优先方面是促进国家经济的发展”，要为“国家的稳步发展、经济的振兴和人民生活水平的提高”创造有利的外部条件。[②]

在世界能源大需求的背景下，以油气为主的能源资源已经成为俄罗斯外交中的最重要筹码，俄罗斯要通过实施能源外交来“获取最大的国家利益”。2003年在俄出台的《2020年俄能源发展战略》的开篇中指出，“能源是俄罗斯发展经济的基础、推行内外政策的工具”，要“从对外经济活动中获取最大的国家利益”，明确了能源对国家的根本作用。“我们首先应当根据自身利益做出决定。”[③]

在东北亚的能源外交中，俄一直秉持着国家利益至上的原则。在中日油气管道之争的过程中，围绕远东石油管道走向，俄举棋不定，数度调整方案，始终奉行的是实现国家利益最大化的原则。正如俄副外长洛修科夫在接受俄记者采访时所说，无论最终决定采用哪一种方案，俄罗斯的战略利益并没有改变，“战略利益首先是维护自身利益”，“问题不在于俄罗斯更喜欢日本还是中国，中国对于我们绝对重要，问题在于，在资源分配的世界格局中如何维护自身利益”。

---

① http：//euroasia. cass. cn/Chinese/Magazine/Yanjiu/2002/20020506. htm2002 - 05 - 06/2006 - 06 - 10.

② Концепциявнешней политики Российской Федерации. Независимаягазета，2000 - 07 - 11.

③ http：//inter. qianlong. com/4319/ 2003/08/ 20/183 @ 1550292. htm，2003 - 08 - 20/2006 - 06 - 10.

从2002年下半年至2004年间，俄政府围绕俄罗斯远东出口输油管道的走向，即选择“安大线”，还是“安纳线”，俄罗斯对各种利益关系进行了反复的比较、权衡与考量，俄最终抉择考虑的正是国家利益。正如普京在2004年访华前接受中国媒体采访所表述的：“把输油管道修往哪里，是由俄罗斯的国家利益决定的。”因此，即便是“安大线”的成本较低，工期较短，但俄方为了将供油市场辐射到太平洋沿岸，最终放弃了与中国长达十年的谈判方案。俄方也没有完全采纳日本的方案，而是将主动权牢牢掌握，在不断的权衡后，选出最优方案。“泰纳线”的最终出台，使其既可将能源外交触角伸向日韩，还可以辐射到美国西海岸；先修建中国的支线，既可安抚中国，又可从中国获得巨额资金支持，对俄罗斯而言这着实是一个一箭四雕的绝佳方案。

2. 实用主义的外交原则

苏联解体后，新政权在西方顾问的怂恿下推行了“休克疗法”，这却给独立的俄罗斯带来了灾难性的后果。从1992年至1998年俄罗斯GDP累计下降了40%，工业生产下降了50%。至20世纪末，俄罗斯的GDP已经下降一半以上，其外债总额已超过2000亿美元；人民生活水平大大下降，有约30%的居民挣扎在贫困线上。经济衰退也导致俄军事力量大大削弱，人才大量外流，国际地位一落千丈，国家利益大大受损。甚至许多西方国家认为，俄罗斯只是一个地区性大国，而非世界性大国。正是在这种情况下，俄罗斯不得不重新思索自己的定位，从而走上务实外交的道路。

普京上台后，一改叶利钦时期向西方一边倒的政策，更注重合理务实的实用主义和现实主义。在国家利益的众多维度中，普京首先强调经济利益。普京在2000年2月25日致选民公开信中强调：“我们的优先方向是从本国的国家利益出发制定对外政策。”“内部目标高于外部目标”，“切实的国家利益，其中包括经济利益，理应成为俄罗斯外交家的法则”。普京还表示：“一个被软弱和贫穷所主宰的地方是不可能有大国的威力的……”普京当选总统后首次发表的国情咨文《俄罗斯国家：强国之路》中重点强调了俄罗斯经济利益。由此可见，俄罗斯已把维护国家利益中的经济利益放到了外交的首位。

俄欲发展经济，重振俄在国际舞台上的大国地位，可以使用的最大的砝码便是其丰富的能源。1999年至2002年，俄罗斯的国内生产总值90%

来自能源出口。2002 年国际市场上的高油价为俄罗斯赢得了 50 亿美元的预算盈余。同样，2003 年的高油价不但使俄罗斯全额偿还了 2001—2003 年的全部外债，而且中央银行的黄金外汇储备猛增。石油天然气资源已经是俄罗斯经济的重要支柱。

“9·11”事件以来，俄罗斯在国际能源市场上异军突起，成为国际石油市场上的重要力量，展现出成长为一个“能源超级大国”的势头。尽管未来几年俄罗斯在石油领域尚无法替代中东地区作为“强力卖家”的地位，然而，考虑到俄罗斯庞大的天然气已探明储量，在未来 20 年内，俄罗斯将成为“天然气超级大国”，从而在国际能源格局中发挥独一无二的作用。俄罗斯以能源为依托，开展能源外交，最大限度地利用能源实现国家利益，“能源换地位”将成为俄能源战略的最大要求。俄前外长伊万诺夫曾说：“不积极地吸引包括中国在内的亚洲邻国，俄罗斯东部地区就不可能快速发展。我们需要亚洲各国参与俄罗斯东部的经济建设也需要使俄罗斯经济融入亚洲正在形成的新的经济空间。这是我们今后几年的战略任务，这一任务的完成不仅只是推动东部地区的发展，而且会大大推动整个俄罗斯经济的发展。”

特别 2002 年以来世界石油价格的节节攀升，俄罗斯不断协调能源战略，及时出台了《2020 年前俄罗斯能源战略纲要》，根据该纲要制定的新目标，俄力争实行多元化能源外交，在保持与欧洲传统的合作之外，积极发展与东北亚，特别是中日韩的能源合作，以能源出口拉动经济增长。预计亚太地区在俄罗斯石油出口中的比重将从 21 世纪初的 3% 提高到 2020 年的 30%，在俄罗斯天然气出口中所占的比重将从 5% 提高到至少 25%。远东地区 90% 的出口要发往亚太地区，其中，中日韩的份额要超过 60%。在面临恢复国力，发展经济的主要任务面前，俄罗斯从现实利益出发，通过加强与东北亚各国的能源外交，不仅可以吸引东北亚各国的资金、技术投入，还可以为该地区提供大量的就业机会，增加俄的能源开发和能源出口，更重要的是俄力争搭乘亚太经济快车，以此振兴俄远东地区的经济长远发展。

3. 东西方平衡的全方位能源外交

东西方平衡的全方位能源外交是俄罗斯能源外交的重要策略。一直以来俄都将与欧洲的关系列为“传统的优先方面”，俄欲将能源战略这张王牌，发展成为积极参与欧洲事务的重要媒介。能源贸易中，西方依然是俄能源出口的主要方向。原欧盟 15 国进口的天然气 41% 来自俄罗斯，石油的 21% 也来自俄罗斯。欧盟中经济最发达的德国 40% 的天然气和 35% 的原油是由俄罗斯提供的。欧盟许多新成员国 90% 的能源也来自于俄罗斯。北欧和波罗的海国家的能源供应甚至 100% 地依赖俄罗斯。然而近年随着俄与欧盟成员国的油气风波不断，欧盟也在寻求能源进口多元化渠道，逐渐摆脱对俄罗斯的过度依赖。俄罗斯注意到亚太地区特别是东北亚是世界资源消耗最大的地区，该地区内的各国都在谋求能源进口的多元化，并积极寻求与俄的能源合作。俄已逐渐意识到加强与该地区的经济一体化是实现经济振兴的重要举措。于是，俄不得不在巩固传统能源市场的前提下，在东西方寻求新的平衡。特别是普京执政后，大力推行欧亚并重、东西兼顾的全方位平衡外交。

俄在东北亚的能源外交中也运用了平衡外交的手段。中国与日本的管道铺设方案久拖未决。对于俄罗斯而言，东北亚地区中国与日本任何一国的强大，都会影响到俄罗斯的国家利益。俄不断推迟公布石油管线的最终方案，吊足两国胃口，通过与两国的复杂博弈，争取自身利益的最大化。日本为争取“安纳线”提出要对俄远东投资 70 亿美元；中国在 2004 年承诺到 2020 年，将向俄投资 120 亿美元。经过缜密的思考与多方的平衡，俄在 2004 年最终出台了“泰纳线”方案，同时表示不排除修建通往中国的支线管道。2005 年 1 月，俄工业和能源部长赫里斯坚科回答记者时说，“斯科沃罗季诺距离中国边境只有 70 公里，向中国修支线的可能性是存在的”。在 2 月 1 日举行的记者招待会上，俄联邦能源署署长奥加涅相证实，“中俄已签订一份长期的俄罗斯石油供应合约，俄承诺在 2010 年前输送 4840 万吨石油给中国石油集团。代价是中国向俄罗斯提供约 60 亿美元的中期贷款”。目前这一管道已经成功开通。

“泰纳线”不仅可以向中国供油，还可以向日本、韩国，甚至可以越过太平洋，运输到美国西海岸，这对俄罗斯而言无疑是最佳的方案。俄正是利用中日争夺俄远东石油管线之际，周旋其中，既可从中获取丰厚的经济利益，也可提高俄在东北亚的影响力，确保其在东北亚地区的能源重要地位。

（二）俄罗斯对东北亚能源外交的障碍

俄罗斯凭借其丰富的能源储备，在东北亚开展能源外交，以能源换取资金、技术，借此推动远东地区的发展以带动全国经济的振兴。然而目前来看，俄在东北亚能源外交的障碍重重，障碍主要来自两个方面：

1. 俄罗斯国家内部环境问题

第一，国家政策不统一，能源相关法律法规不健全。其表现：地方政府与中央政府在政策的执行上时常无法统一，地方政府常由于地方利益，不配合国家的东北亚能源战略的实施。例如在“安大线”和“安纳线”的选择上，俄罗斯地方势力只考虑局部利益，认为输油管道穿过滨海边疆区境内会带动其经济的繁荣，增加当地居民的就业，而不考虑对中俄互信的危害，千方百计地干扰中央做出决策，极力游说俄政府采纳日本的方案。另外，在能源领域的相关法律不完善，法律制度较为混乱。许多条款相互矛盾，政策不连续。俄罗斯的税法和出口条例几乎每个月都有变动，缺乏有效保护投资者权益的法律措施。例如，旨在吸引外资的《产量分成协议法》（PSA）自 1995 年颁布实施以来，已分别于 1999 年、2000 年、2001 年和 2003 年做了数次修订。即使做了修改，《产量分成协议法》仍不完善，急需改善，以保护投资者的利益免遭税制变更的损害，并允许外商尽快收回对项目的投资，为私人企业活动创造良好的竞争环境。特别远东地区，能源开采气候恶劣，环境复杂，吸引东北亚各国资金和技术成为现实之举，因此改善投资环境和完善相关的法律建设，是俄罗斯能源部门的当务之急。

第二，税收制度苛刻。俄罗斯税收增长太快影响石油产量的增长。目前，俄罗斯开始实行新的有关能源开采的税收政策，改变了资源出口关税的衡量尺度，大幅提高了资源开发税。为增加税收，俄罗斯政府多次提高原油出口税，例如 2005 年 4 月 1 日，俄将原油出口税提高至创纪录的每吨 102 美元。这引起了一些石油公司的不满，认为因油价上涨而获得的额外收入有大约 90% 流入了国库。这样，投资石油开采将变得无利可图，或者投入大而回报却不多。一些石油公司也只能把自身的投资集中在一些容易开采和回收成本较快的油田上面，那么一些投资量大，地点偏远的油矿便乏人问津。

第三，远东地区基础设施不完善，运输体系不健全。俄远东地区虽自然资源丰富，但基础设施不足，设备陈旧老化，生产能力不足，生产效率低下等问题严重。按照国际标准，石油管道的正常运营时间一般为 33 年，而俄罗斯目前已有 73% 的石油干线管道运营时间超过了 20 年，其中 41%

已经超过了30年。俄罗斯80%的干线管道使用聚酯膜防腐法，其有效期为12—14年，目前绝大多数管道处于非安全期，保护膜失效，管道生锈现象日益严重，这直接造成石油跑漏的发生。由于管道老化失修，俄平均每两年就会发生1000吨以上的石油泄漏事故，小型的事故平均每两三个月就会发生。而输气管道方面，俄的天然气管道大多建于苏联时期，一半以上的管道都在超期服役。除油气管道老化外，俄运输基础设施的缺乏也是实施东北亚能源战略的严重障碍。远东的铁路、公路等运输能力低、港口的吞吐量小，俄在远东缺少深水港，使俄一直没有充分扩大东北亚能源销售市场，造成了油气资源的严重浪费。

2. 外部制约因素

第一，政治博弈因素。大国在东北亚政治博弈，对俄东北亚能源外交政策产生影响。东北亚地区无论是经济体制、政治制度，还是意识形态等都存在巨大差异。从经济角度看，这里既有世界第二大发达国家日本，又有最大的发展中国家中国，还有发展滞后的朝鲜。因此各国的能源部门制定的政策很难协调统一。从政治制度上来看，二战结束后，东北亚地区一直是冷战的前沿阵地。苏联解体，冷战结束，但冷战思维和政治考量依然存在。

此外，东北亚地区是二战遗留问题最多的地区。这对各国间的政治、经济关系造成严重影响，其中最主要问题之一是领土、领海主权的争议问题。这最突出表现在俄日之间。俄日的领土之争是历史遗留问题，直至今日两国仍未签署和平条约。日本一直将政治经济捆绑在一起，提出要签订和平条约必须以解决北方四岛问题为前提，要经济合作也要先考虑北方四岛问题，日本一直担心不解决领土问题就贸然向俄提供巨额投资是一件冒险的事情。俄罗斯对北方四岛亦不会轻易放弃，希望领土问题的解决不要影响其与日本其他关系的发展，以期获得来自日本更多的经济和技术援助。日俄两国虽然在能源领域都有合作的需求，并且两国也进行着能源合作，但从实际利益出发，日本不会轻易放弃坚持多年的以经济合作压俄政治让步的策略，而俄罗斯出于国家政治利益考虑，也不会在北方四岛问题上做出较大妥协，北方四岛这一历史遗留问题将成为横亘在俄日关系中难以逾越的障碍。

第二，美国因素的影响。东北亚地区是美国的传统势力范围，美日、美韩至今仍保持着同盟关系，美国是全球最大的石油消费国也是全球最大的石油生产投资国。能源专家戈达特·巴格特（Gawdat Bahgat）指出，“美国经济与欧洲、日本和其他亚洲国家的经济之间极强的互赖性意味着美国国家能源安全不仅取决于美国市场供应充不充分，还取决于美国主要贸易伙伴们的市场供应充不充分”。[①] 因此，美国对俄罗斯的能源外交始终保持着警惕，恐其危及东亚地区的稳定和损害美国的利益。[②] 美国一方面以积极的姿态参与俄罗斯的能源勘探与开发，希望将主动权掌握在手；另一方面，暗助日本等国家与中国争夺油气资源，以达到牵制中国的目的，试图通过控制能源的手段，延缓中国的崛起。此外，海上的石油运输安全基本上是由美国控制的。美国海军掌控着东北亚各国海外石油运输的必经之地——霍尔木兹海峡和马六甲海峡。另外，美国对朝鲜半岛的地缘政治战略。冷战结束后，俄罗斯与朝鲜关系恶化，使俄罗斯在半岛事务中的影响力下降。而美国却乘机扩展在朝鲜半岛的影响。1994 年 10 月至 1995 年 6 月，朝美先后达成若干项“框架协议”。1996 年 6 月，韩美两国提出有关朝鲜、韩国、中国和美国举行朝鲜半岛和平四方会谈的建议，目的是冷落俄罗斯。因此，俄在东北亚开展能源外交，美国因素成为其不可逃避的因素之一。

（三）俄罗斯对东北亚能源外交的影响

1. 通过对东北亚能源外交提升国际地位

“能源因素是俄罗斯在东北亚区域提高影响的重要因素，为其进行外交谈判和建立联盟创造了条件，也为俄罗斯与亚太地区建立长期的战略合作提供了依托。”[③] 开拓东北亚市场是俄在对西方关系上获得更多筹码的战略选择。虽然欧洲仍然是俄能源出口的最大市场，但俄欧之间的这种相互依赖关系也成为俄的“软肋”。近年来，俄对欧洲“断油”、“断气”风波不断，欧盟正在寻求能源进口多元化渠道，而这也迫使俄罗斯调整了

---

① Gawdat Bahgat, *AmericanOil Diplomacy in the Persian Gulf and the Caspian Sea*, Gainesville: Universi - ty Press of Florida, 2003, p. 23.

② Amy Myers Jaffe, *The Strategicand Geopolitical Implications of Russian Energy Supply*, available at: http://www.rice.edu/energy/publi - cations/docs/Jaffe _ StrategicGeopoliticalImplicationsRussianEnergySupply.pdf.

③ А. В. Торкунова, *Энергетические измерения международных отношений и безопасности в восточной Азии*, Москва., 2007, с. 11.

能源出口的战略。俄一方面利用欧盟对其能源的依赖性，大打能源牌，继续保持与该地区的能源合作；另一方面，俄决定开发东西伯利亚和远东的油气资源并向东北亚国家出口，借此拉近与东北亚国家的关系，增加其在东北亚地区地缘政治和地缘经济格局中的分量。总之，俄通过对东北亚的能源外交，扩大国际空间，为本国营造有利的国际环境。

2. 加强东北亚多边能源安全与合作

冷战结束后，东北亚格局发生了重大变化，由于历史遗留问题，以及各国经济发展的不均衡等问题，使中、日、俄对朝鲜半岛的政策不断调整。特别是近年来，朝核问题成为东北亚地区乃至世界安全的最大隐患，这对东北亚区域内各国家的关系都产生了重大影响，亦对区域内的能源合作产生了一定的制约作用。然而，在经济全球化和区域集团化日益发展、东北亚国家经济相互依存关系日益紧密的今天，能源安全已经不仅仅是一个产业、一个国家的问题，而是综合性的区域安全问题和世界性的问题。任何一个国家都不可能单纯依靠自身的力量来维护本国的能源安全。目前，俄远东地区丰富的油气资源，在东北亚地区能源格局中占有重要地位。俄利用能源优势与东北亚各国展开了能源外交和能源合作，虽然能源合作以双边居多，区域合作较为分散，机制建立尚未完善。但随着东北亚区域能源合作的不断加深，可整合整个东北亚的资源，建立东北亚区域能源合作机制，以共同确保东北亚地区的能源安全。

东北亚具备区域合作的基本条件。东北亚地区既有能源资源的丰富储量和生产能力，又有对能源需求的巨大缺口，因此多边能源合作是各方进行能源互补的理想方式。从地缘经济角度看，东北亚各国彼此为邻，地理上处于有利于合作的空间位置，这对于石油、天然气领域的多边合作是一种得天独厚的条件。从现实利益角度看，世界石油市场是一个整体，无论是供油方还是需求方都不可能单独依靠自身的力量维护本国的能源安全。只有建立区域多边能源合作机制，才可以有效维护地区能源安全，使各国受益。东北亚地区是21世纪世界经济高速发展的地区，东北亚地区的能源需求占世界能源需求总量的比重已近20%，中国、日本和韩国都是位居世界前列的石油消费大国。按照国际能源组织的预测，未来世界能源需求的主要增长将基本产生在经济增势明显的亚太地区，尤其是东北亚地区。亚洲很可能将取代北美成为世界石油消费市场的中心。21世纪前30年，世界经济发展热点在东北亚环日本海地区，该地区对能源的需求增长将最快，可达 8%—10%。而东北亚地区经济互补性强为俄罗斯参与当地经济合作提供了机遇。东北亚各国也在通过不同方式为建立区域合作进行尝试，并开始为建立区域多边能源合作机制进行积极的努力。

3. 促进东北亚地区经贸合作

在世界经济趋于一体化的今天，地区国家间的相互依赖程度不断加深，东北亚区域内各国互为重要的贸易伙伴。2004 年中国成为日本最大的贸易伙伴，占日本外贸总额的 20.1%；日本是中国的第三大贸易伙伴，占中国外贸总额的 15.4%。同时日本对华制造业投资的比重也在不断增加，由 2002 年的 35.7% 增长到 2003 年的 61.8%。2004 年中国是韩国的第一大出口对象和第二大进口贸易伙伴，分别占其出口和进口总额的 19.6% 和 13.2%，同期中国对俄罗斯出口进口额达 91 亿美元和 121 亿美元。[①] 能源成为促进东北亚各国经贸合作的纽带，如果区域内任何一国的能源供给出现问题，其他国家经济也将受到打击或影响。

俄罗斯东北亚能源战略的制定以及能源外交的实施，俄罗斯不仅可以从能源出口中获利带动经济增长，增强其在国际社会中的经济和政治地位。更可以通过开展区域能源合作来实现区域内各国家利益互补，从而实现互利共赢的局面。正如普京所说："能源利己主义是死路一条"，"世界能源安全不可分割"，"共同的能源命运意味着共同的责任、风险和利益"。[②]

目前的东北亚经贸合作开展得并不顺利，尚没有形成稳定的结构性系统。以往的东北亚地区经济合作主要以地方政府和企业为主体，其推动各国经济合作的力度是极为有限的。因此，俄与东北亚的能源合作恰恰可以成为东北亚地区经贸合作的突破口，这种中央政府间的行为，可以为合作提供有力保障。此外通过俄与东北亚各国的能源合作，可以使东北亚地区的资源互通有无，充分调动该区域内的资源、资金、技术、信息、管理等要素，使各方均可受益。俄正是以能源为杠杆将各种要素进行了最佳组合。正如俄罗斯学者所说："俄远东地区的石油开发把东北亚各国各地区的资金、资源、技术和劳动力紧紧地联系在一起了。"俄罗斯将利用开发

① 世界经济年鉴编辑委员会：《世界经济统计年鉴 2005/2006》，2006 年版，第 78 页。

② В. ПУТИН，《*Группа восьми*》 *напутиксаммитувСанкт－Петербурге*：*вызовы*，*возможности*，*ответственность*，http：//president. kremlin. ru/appears/2006/03/01/1140－type63382－102504. shtml.

远东能源资源这一有利契机积极参与各种东北亚经济一体化方案，如“东北亚经济带”、“日本海经济带”、“黄海经济带”、“图们江方案”等。在加快远东地区经济发展的同时，使其融入东北亚国家经济一体化的发展轨道中来。

俄通过能源领域的合作加强了东北亚各国间的相互联系，增加国家间的相互依赖、信任，改善东北亚各国间的关系，为更广泛的其他经济领域的合作奠定良好的基础，以带动相关产业的发展，还将促进沿线地区经济的发展，形成以线带面的发展格局。

4. 对中国能源安全形势的影响

当前俄罗斯正在实行的能源出口多样化战略与中国的能源多样化战略存在巨大的互利空间，并使中俄能源合作进入了一个新时期。特别是2004年普京第二任总统任期时，中方给俄罗斯提供的60亿美元的贷款既解了俄罗斯的燃眉之急，也让俄罗斯人看到了中国巨大的市场潜力和资金优势。2009年在全球金融危机背景下，中俄达成了“贷款换石油”的一揽子协议。根据双方签署的协议：“中国将向俄罗斯提供总计250亿美元的长期贷款，采取固定利率，约为6%左右；俄罗斯则以石油为抵押，以供油偿还贷款，从2011年至2030年按照每年1500万吨的规模向中国通过管道供应总计3亿吨石油，石油价格以俄石油运到纳霍德卡港口的价格为基准，随行就市。目前俄方每年向中国通过铁路运输的石油供应不受该协议影响，并增加至1500万吨。”①

此外，中俄原油管道的正式投运，将实现中国原油运输和供应途径的多元化。中国社会科学院《中国能源发展报告》蓝皮书指出，到2020年中国原油需求量将为5.63亿吨，其中进口量将为2亿—4亿吨，进口依存度将超过60%。2009年中国累计进口原油2.04亿吨，年度进口规模首次突破2亿吨。然而，这么巨大的进口量中，只有2000万吨左右是通过中哈原油管道和中俄火车油罐运往中国，其他全部通过马六甲海峡船运到中国，每天通过马六甲海峡的船只近六成是中国船只，石油安全面临考验。因此，2010年中俄输油管线的开通，不仅可以使中国有效地规避长期对马六甲海峡石油进口通道的过度依赖，还可以使中国获得长期稳定的石油供应源，在一定程度上提高了对国际能源局势变化的应变力。因而中

① http：//news. sohu. com/20090421/n263534253. shtml.

俄的能源合作、开发以及中国对俄的油气资源的引进，有利于实现中国能源进口的多元化，降低能源进口风险，保障国家能源安全。

5. 对国际能源形势的影响

能源（主要指石油、天然气）在国际关系中扮演着重要角色，俄罗斯利用自身丰厚的能源储备，坐上了世界第一大天然气出口国和世界第二大石油出口国的宝座。作为能源大国的俄罗斯在能源外交的舞台上享有主动权，他可通过内部价格来给邻近的盟友提供优惠，对意见相左者给予“断气”惩罚。俄罗斯与欧洲在油气供给问题上的相互依赖，成为彼此的“软肋”。无论是欧洲还是俄罗斯都在积极寻求新的渠道争取在能源领域的主动权。欧洲在力争能源来源的多样化，以避免让俄罗斯牵着鼻子走。而俄罗斯也在寻求能源出口的多元化。如果开辟了东方市场，俄对欧洲市场的依赖可以大大减轻，俄应对西方压力的姿态也可以更为强硬。因此对东北亚能源政策的制定和能源外交的强势开展，正是在俄传统市场受到冲击后采取的应对之策。

第六章

能源外交中的俄罗斯油气公司

在世界近现代史中，能源外交作为国家的政治活动和民族企业一起，实行对外能源政策，目的在于维护和捍卫国家的利益。能源外交同样也是近现代俄罗斯对外经济和政治的重要组成因素，对于一个能源生产和输出大国而言，能源政治和能源外交在国家对外战略中的意义日趋显著，以致后苏联时代的俄罗斯，国家政治和经济的稳定性，很大程度上要取决于能源出口的形势。俄罗斯石油经济与能源外交的关系在于，石油经济对外活动的主要实体为石油公司，一些大石油公司后发展成为跨国的能源集团。石油公司的国际能源活动除包括石油贸易外，还参与其他形式的国际合作，如收购国外资产，涉足其他国家的能源基地和销售组织。石油公司的对外商业活动得到国家外交政策的支持，俄罗斯外交维护石油公司的海外利益，强化石油公司在国际石油市场的地位。

本书将俄罗斯石油公司置于历史、政治、经济整体框架中阐释，阐述俄罗斯石油公司的历史演变及其特点、影响；揭示石油公司对其经济、政治发展的影响；对其能源外交与整体外交的影响。

一　俄罗斯石油公司的发端与变迁

俄罗斯石油公司的产生和发展经历了三个时期。俄罗斯帝国时期、苏联时期、俄罗斯联邦时期。在这三个时期，石油公司的属性、特点、作用都有所不同，随着时代的发展，石油公司所起的作用发生了巨大的变化，这个变化既清晰记录着俄罗斯国家政治、经济演变的轨迹，也受到经济全球化发展的影响与制约。

1. 俄罗斯帝国石油公司

俄罗斯的石油开采可追溯到19世纪初，1829年巴库已有82个手工挖成的油坑，但当时原油的产量很低。1873年之前，俄罗斯巴库地区的石油是由国家垄断，私人企业主可以得到开采权，但是期限较短。私人企业家也可以投资，但是风险很大。① 为促进石油工业的发展，俄国政府取消了国家垄断，1872年12月废除专卖制度，② 向私人企业开放巴库地区。1871—1872年打出了第一批油井，到1873年已有20多个小炼油厂投产。

诺贝尔集团中第一个注意到俄罗斯石油资源具有发展潜力的是伊曼纽尔·诺贝尔（Э. Нобель），他1801年出生于瑞典的耶夫勒（Евле）。1828年，他依靠妻子的嫁妆，建立了自己的手工工场。1829年，其长子罗伯特·诺贝尔出生，他是把自己弟弟带入石油工业的领路人。1831年，路德维格·诺贝尔（Людвиг）出生，成为俄罗斯石油垄断集团的第一任首脑。1833年，阿尔弗雷德·别尔哈尔特（Альфред - Бернхард）出生，他是炸药的发明人，以及两个国际甘油炸药托拉斯的组织者。1837年，老诺贝尔因其发明没有成功而破产。为了摆脱债务举家迁到圣彼得堡，并圣经彼得堡的米哈伊洛·帕夫洛维奇（Михайло Павлович）大公举荐，将诺贝尔设计的用于陆上和海上时钟的样品提供给沙皇政府。沙皇政府决定资助诺贝尔25000卢布，条件是他们必须定居在俄罗斯，成立制造水下时钟的手工工场。不久，诺贝尔在圣彼得堡成立了专门的机械制造厂。诺贝尔工场很快成为拥有1000多人，并且能获得巨大利润的工场。1872年，伊曼纽尔·诺贝尔去世，其子继承了他在俄罗斯创办的企业。1873年，罗伯特·诺贝尔用2.5万卢布买了一个小炼油厂。继而在1879年创建了诺贝尔兄弟石油公司，该公司控制着巴库周围的大部分油田和约200家小型石油加工企业。诺贝尔兄弟石油公司获得了丰厚的利润，以1901年为例：诺贝尔公司生产每普特石油的成本为8.2戈比，而在国内市场销售的平均价格为每普特1卢布，在国际市场销售的价格为每普特35戈比。③ 一个

---

① Н. А. Добронравин、О. Л. Маргания, *Нефть газ модернизация общества*, Москва, 2008, с. 510.

② Издательство академии наук СССР, *Монополистический капитал в нефтяной промышленности России* 1883 - 1914, Документы и материалы, Москва, 1961, с. 9.

③ С. Л. Першке, *Русская нефтяная промышленность, ее развитие и современное положение в статистических данных*, Тифлис, 1913, с. 124.

在巴库石油企业工作多年的英国工程师，在《商人百科全书》中提到："在俄罗斯巴库地区的石油工人工资非常低，工人的死亡率和非洲英国金矿工人死亡率相当，所以这里的石油公司不可能不获得高额的利润。"①诺贝尔兄弟石油公司是依靠俄罗斯的廉价劳动力获得利润，而且国内的销售市场也比较大，大部分石油产品都在国内销售。19 世纪末 20 世纪初，俄罗斯发生了经济危机，工业和其他国民经济都受到影响。但是，在此背景下，诺贝尔石油公司却获得了迅速的发展。在经济危机的几年内，诺贝尔公司在俄罗斯石油领域的利润从 1899 年的 32% 增长到 1903 年的 58%。诺贝尔公司控制了俄罗斯石油领域的开采、加工、运输和石油产品的销售，并且最终转化为康采恩，同时成为俄罗斯国内石油市场的支柱。诺贝尔公司控制俄罗斯石油市场的份额从 1879 年 2.3% 增加到 1911 年的 51.9%。②

19 世纪后期，进入俄罗斯石油领域的不仅有瑞典的诺贝尔家族，还有法国的罗特希尔德金融家族。1883 年，在罗特希尔德的投资与帮助下建成巴库—巴统铁路，使巴统从一个落后的小村庄变为了世界上最繁忙的油港之一，俄国石油由此输向世界石油市场。1885 年，罗特希尔德又利用了巴库石油工业和贸易公司困难的时机，收购其股票，并在此基础上创建了里海—黑海集团，即布尼托石油集团，从事石油的加工和运输。随后，获得了沙皇政府的许可，开始采取积极的行动，这是罗特希尔德进入俄罗斯石油领域的开端。

19 世纪 90 年代，大量的外国资本进入俄罗斯。1892 年年末，谢尔盖·尤里耶维奇·维特（Сергей Юльевич Витте）被任命为财政部长，为了解决国际贸易和工业问题，积极支持外国资本进入俄国。1891 年签署的俄法联盟协议，促进了沙皇政府经济关系定位的变化。法国的影响开始超过德国。法国银行，首先是罗特希尔德银行在法国办理俄罗斯的大部分国债业务。俄罗斯石油很早就成为法国资本家觊觎的对象，这从罗特希尔德集团的成员阿伦（Арон）写给罗特希尔德的信件可以看出。罗特希尔

---

① И. А. Дьяконова, "За кулисами нобеливской монополии", *Вопросы истории*, №9, 1975, с. 130.

② И. А. Дьяконова, "За кулисами нобеливской монополии", *Вопросы истории*, №9. 1975, с. 133.

德不但是俄罗斯巨大的里海—黑海集团的主人，而且尽量地从沙皇政府那获得扩展自己企业的权利。1887 年，罗特希尔德刚刚在巴库站稳脚跟，就向沙皇政府请求增加里海—黑海石油公司的资本，但没有得到沙皇的允许。[①] 时隔不久，巴黎的银行家很快就找到了解决问题的方法：他们里海—黑海石油公司 300 多万卢布的债务额，超过了沙皇政府允许的公司基本资本数额的 1 倍。[②] 罗特希尔德为吸引这些资金，首先建立专门的资金，用于满足银行的信贷需求。信贷危机逐渐地渗入到巴库的石油工业，促使实现罗特希尔德的垄断计划。他们把信贷作为奴役中小石油企业的武器，在里海—黑海公司附近建立自己的王国，使这些公司对罗特希尔德公司有很大的依赖性。

19 世纪末 20 世纪初，罗特希尔德公司和诺贝尔兄弟石油公司共同垄断着俄罗斯石油的开采、加工和销售。在石油出口方面，两个公司的桶装石油先由铁路运到巴统，再由海路运往欧亚国家的石油市场。1886 年，第一批石油从巴统运到印度。俄国石油此时可与美国石油产品进行竞争。“到 1901 年，诺贝尔兄弟石油公司和罗特希尔德石油公司集中了巴库石油开采量的 25%、石油生产的 40% 左右。”[③]

诺贝尔兄弟石油公司与罗特希尔德公司在俄石油领域不仅有合作，而且还进行着激烈的竞争。罗特希尔德公司主要精力集中在石油贸易领域，其拥有巴库石油工业公司和商业集团以及贸易集团玛兹特公司。而诺贝尔兄弟石油公司在俄罗斯石油贸易领域开展业务要早于罗特希尔德公司，主要从事石油开采、加工、运输和销售。与前者相比，诺贝尔兄弟集团的优势在于，可以更加低廉的价格购买石油地块：19 世纪 70 年代初，每俄亩土地的价格为几十卢布。而到 20 世纪，某些地块的价格则增长到几十户布，几乎增加了 100 倍。[④] 到 1909 年，由于诺贝尔公司在俄罗斯国内市场的竞争中处于优势地位，罗特希尔德公司开始走向弱势。这个结论是根据

---

① А. А. Фурсенко, “Парижские Ротшильды и Русская нефть” Вопросы истории, №8, 1962, с. 33.

② Ibid..

③ Издательство академии наук СССР, *Монополистический капитал в нефтяной промыщленности России* 1883－1914, Документы и материалы, Москва, 1961, с. 11.

④ И. А. Дьяконова, “За кулисами нобеливской монополии”, *Вопросы истории*, №9, 1975, с. 134.

俄罗斯财政部统计年鉴得出的。1909年俄罗斯石油工业的平均利润为21.8%，诺贝尔公司为36%，而罗特希尔德公司为8.9%。1910年相应的数值分别为12.3%、40.4%和13.3%。这个对比数值，被某些历史学者认为是1911年罗特希尔德公司退出俄罗斯石油商业的原因。[①]

19世纪末20世纪初，诺贝尔兄弟公司转向国际市场。其原因是与内燃机的发明联系在一起的。诺贝尔公司领导大多数机密信件，都是和怎样快速地进入能获得巨大利润的石油行业相关的。特别是公司打算重新装备里海石油舰队，公司甚至自己生产柴油机。对于诺贝尔公司来说，重油的销售市场不断扩大。1888年到1908年间，诺贝尔公司的重油存储量从占全俄需求量的11.5%，增加到94.7%。[②] 在俄罗斯工业和蒸汽机运输行业中，诺贝尔公司的产品已经成为重要的能源。诺贝尔集团是集生产和金融于一身的垄断组织，其在俄罗斯拥有数百个石油塔、500多个巨大的储油库和石油加工工场。列宁认为：石油工业是革命前俄罗斯经济领域垄断程度最高的行业之一。在十月革命之前他写道："我们要控制资本主义工业所掌握的石油行业，外国在俄罗斯的两大石油王国，他们管理着数百万和数千万资本。他们从石油业中获得非常巨大的利润，并且在全国范围内开展相应的业务。"[③]

1917年10月13日，苏维埃控制了巴库的政权。1918年3月28日，巴库人民委员会实施了列宁关于石油工业国有化的指示。四天后巴库人民委员会颁布阿塞拜疆石油工业国有化的指令。1920年4月，巴库建立了苏维埃政权。诺贝尔集团希望保留原来的石油贸易的独立性想法很快破灭。

19世纪末20世纪初，尽管俄的石油公司多为外国公司，但具有丰富石油储量资源的俄国石油颇具竞争力。1893年，俄罗斯成立了石油辛迪加，其主要任务是同美国标准石油托拉斯分割世界石油市场。与此同时，俄国政府为控制国内石油生产，建立生产商协会内部的协商制度，不久巴库石油实业家会议也随之诞生。

---

① И. А. Дьяконова, "За кулисами нобеливской монополии", Вопросы истории, №9, 1975, с. 134.

② И. А. Дьяконова, "За кулисами нобеливской монополии", *Вопросы истории* №9, 1975, с. 138.

③ И. А. Дьяконова, "За кулисами нобеливской монополии". *Вопросы истории* №9, 1975, с. 141.

能源外交对俄国政治、经济和社会发展具有重要的战略意义。俄国最初的能源外交活动是与其对外战略分不开的。19 世纪后期，俄国的对外战略已从近东的巴尔干半岛转向亚洲。与此相呼应，俄国外交部试图对铺设巴库—海湾石油管道以及保障石油企业获取伊朗石油资源施加影响。1878 年，俄国石油商终于获得了位于德黑兰以东的塞姆南地区的石油开采租让权。20 世纪初，为了缩短石油和石油产品的运输线路，在外交的支持下，俄国与伊朗制订了修建从巴库至海湾的输油管道计划。这个计划威胁到英国在伊朗和海湾地区的势力影响。对此，英国采取相应的外交行动，遏制了俄的计划。此外，英俄两国还通过石油开采权、贷款和其他经济外交手段，在伊朗展开了地缘政治与能源资源的争夺。

1901 年 5 月 28 日，伊朗穆扎法尔丁国王与英国金融家和辛迪加的组织者威廉·达西签署了特许权协议，协议给国王带来了 2 万英镑的现金，外加价值 2 万英镑的股票，还有开采地年纯利润的 16% 的收入，而达西则获得相当于伊朗面积 3/4 的地区为期 60 年的石油开采权。① 英国石油开采权的获得削弱了俄国在伊朗的影响。另外，英国通过英伊石油公司，大肆掠夺伊朗的石油资源，该公司的石油开采量从 1913 年的 8 万吨猛增至 1919 年约 110 万吨。② 20 世纪初，英俄在伊朗的石油资源争夺，与这个时期英俄地缘政治争夺是一致的，其结果因俄罗斯帝国实力的衰落使俄石油公司的出口市场萎缩，“1904—1913 年间，俄国在世界石油出口中的份额由 31% 下降到 9%”。③

19 世纪末 20 世纪初，俄帝国时期石油公司经营活动受到国内经济与政治的制约，石油公司的对外贸易服务于帝国的军事扩张，石油外交带有浓厚的政治色彩。

2. *苏联石油公司*

苏联时期的石油公司，是在俄罗斯帝国时期国家石油公司、外资石油公司的基础上形成的。苏联时期石油公司的主体为国家石油公司，国家石油公司具有维护国家主权，为国家总体利益服务的功能。

1917 年俄国十月革命取得成功，1921 年便开始了石油工业国有化

---

① ［美］丹尼尔·耶金：《石油大博弈》上，艾平等译，中信出版社 2008 年版，第 94 页。

② 王绳祖：《国际关系史》第 4 卷，世界知识出版社 1995 年版，第 164 页。

③ ［美］丹尼尔·耶金：《石油大博弈》上，艾平等译，中信出版社 2008 年版，第 91 页。

运动。苏联政府宣布对外国资本包括石油工业实行国有化。“石油总委员会”对俄国石油工业进行了重组，把俄国所有的石油公司联合在一起，创立了三家可信赖的本地石油公司以对主要的石油产地进行监管，这三家公司是：控制巴库地区的阿塞拜疆石油公司、控制格罗兹尼地区的格罗兹尼石油公司，以及控制恩姆巴油田的恩姆巴石油公司。1922年，这三家公司合并创立了石油辛迪加，垄断了苏联的石油出口和对外活动。

在20年代特殊的国际关系背景下，石油很快成为苏联政府政治杠杆的可利用资源。为了复苏石油工业，新政权并不排除对西方资金和技术的引进。1920年7月，美国新泽西美孚石油公司以650万美元和承诺日后再付750万美元的绝对最低价买下了诺贝尔家族在苏联的50%的油田控股权。新泽西公司控制了至少1/3的苏联石油产量，40%的炼油生产和60%的苏联国内生产。[①] 1920年11月23日，苏联人民委员会公布了《经济和司法让步的基本原则》法令，主要是“对油田和木材”有兴趣的外国投资者实施租让制。这个法令表明了年轻的苏联在经济组织方面的一个深刻转变。1921年3月，列宁宣布了“新经济政策”，大力发展国内市场体系，恢复私有企业，进一步扩大对外贸易，并且出售矿区开采权。并宣布“我们无法在没有国外设备和技术援助的情况下单靠自身力量恢复衰败的经济”。为得到外援，苏联愿意向“最强大的帝国主义辛迪加”提供广泛的特许权，为此租让巴库的1/4和格罗兹尼的1/4。在新经济政策的吸引下，分家后的美国两个美孚公司之一，纽约美孚石油公司同苏联政府签约，在巴统为苏联建造一座煤油厂并租赁经营。另外，纽约和真空两家公司同时与苏联签约购买大量苏联煤油，主要投放到印度和其他亚洲市场。继而1921年11月，列宁又宣布向外国投资者提供特许权。在苏维埃一系列能源政策刺激下，西方技术和投资大量涌入，石油工业开始恢复，苏联作为石油输出国重新返回国际市场。1924年，苏联石油辛迪加在英国创立了自己的分公司“俄罗斯石油产品有限公司”专门从事石油的零售贸易。苏联石油公司参与了美国和英国之间的石油市场的争夺。壳牌公司出于无奈，被迫在1929年与苏联就市场分割进行协商，作为协议的一部分，壳牌公司将英国石油市场的很大一个份额给了苏联人，并且这一份

---

① ［美］丹尼尔·耶金：《石油大博弈》上，艾平等译，中信出版社2008年版，第166页。

额还可以根据增长的石油需求每年按比例增加。①

在工业化时代，克里姆林宫把国家丰富的石油储备作为其政治生命和经济生命的保护，通过石油出口为国家换回硬通货，缓和了克里姆林宫与意识形态对手之间紧张的外交关系。苏联的石油出口，1926 年到 1935 年占西欧国家石油进口的 1/7。②

石油和天然气出口一直是苏联的经济支柱。“在 1951—1960 年间，苏联的石油产量增加 3800 万吨。天然气 1951 年为 790 万吨，1960 年为 5440 万吨。”③ 石油和天然气的产量不断增长，这两项燃料在整个能源经济中所占的比重也在继续迅速提高，使苏联从以煤炭为基础的经济转变成以石油和天然气为基础的经济。从 20 世纪 40 年代初高加索地区的巴库油田开发，到 50 年代中期的伏尔加—乌拉尔地区的“第二巴库”，再到 70 年代后期被称为“第三巴库”的秋明油田开发，石油公司成为苏联最重要的燃料动力部门。秋明油田位于莫斯科以东 1000 多公里，属西西伯利亚。这里气候寒冷，冬季气温常在 -30℃— -40℃，而且地质复杂，多沼泽，交通极不方便。然而，这里的石油储量却十分丰富，1978 年石油产量 2 亿 5400 万吨，占苏联全国石油产量的 44.6%。④

苏联于 1964 年开发秋明油田，当年石油产量为 21 万吨，1978 年增加到 2 亿多吨，超过伏尔加—乌拉尔油区，成为苏联最大的石油基地。1982 年产量达到 3 亿 5500 万吨，占苏联石油总产量的 58%。由于秋明油田的开发，苏联石油产量从 1974 年起超过美国，越居世界第一位。秋明油田不仅使苏联成为世界第一大石油生产国，而且使其成为一个石油出口大国。1955 年苏联出口石油和石油产品只有 800 多万吨，1970 年增加到 9580 万吨，1980 年又增加到 1 亿 6030 万吨，⑤ 苏联成为仅次于沙特阿拉伯的石油出口大国。通过石油公司，苏联石油开始向世界市场急剧扩张。1975 年向世界市场输出将近 9310 万吨石油，⑥ 在 70 年代后期，苏联从出

---

① ［美］迈克尔·伊科诺米迪斯、唐纳·马里·达里奥：《石油的优势——俄罗斯的石油政治之路》，徐洪峰、李洁宇译，华夏出版社 2009 年版，第 79 页。

② 同上。

③ Народное хозяйство СССР，*Статистика*1922 - 1982 *г*，Москва，1960，с. 51.

④ Трудовая газеа，6 мая 1980г.

⑤ М. А. Яценко，*Нефтъ во внешнеэкономических связях России*，Москва，2006，с. 58.

⑥ Ibid..

口石油所得到的硬通货占其硬通货总收入的一半。

天然气在苏联能源平衡中的地位不断上升。1960 年前，苏联天然气开采和消费占其燃料开采和消费总量的 8% 左右。1960 年后，占其燃料开采和消费总量的 18%—19%。而到 80 年代末，苏联统一煤气供应系统提供了苏联燃料消费的 40% 以上，保障了东欧各国和许多西欧国家大部分燃料消费。[①] 天然气开发促进了苏联的石油出口，从而使苏联可以把更多的石油转向出口市场。

苏联时期的石油公司，在体制上主要为国有公司，但因国内工业化资金和技术的需要，苏联在西方国家开设合股公司，通过这些合股石油公司，1975 年苏联向西方国家输出石油。苏联还与西方国家进行补偿贸易，用石油换本国工业化所需的设备和技术。此外，出于冷战政治利益的需要，苏联石油公司同时对东欧经互会国家输出石油。经互会国家除罗马尼亚外，没有一个国家具有实际意义的石油储量，经互会国家 80% 以上的石油消费量是依靠苏联供应的。20 世纪 50—60 年代，苏联铺设通往东欧国家的"友谊"管道系统。苏联对经互会国家的石油输出往往是牺牲经济利益，经互会国家进口苏联石油的价格一直是低于当时世界石油市场价格，苏联与东欧国家能源关系主要是出于维护华约国家团结和社会主义阵营安全的军事政治目的。

冷战时期，苏联石油公司的对外贸易充分体现了国家利益，这是由其国有性质所决定的。石油公司的能源外交与苏联时期对外政策的宗旨是相一致的，在苏联外交政策的支持下，石油公司成为实现国家经济与政治利益的有力工具。

二 俄罗斯联邦石油公司能源外交

真正意义上俄罗斯石油公司是在苏联解体后产生的。苏联的解体使计划经济和行政命令体制崩溃，市场关系的发展，昔日的国有企业实行股份化和私有化，苏联时期石油公司的属性发生了变化。

---

① В. Фейгин, "Газовая промышленность России, состяние и перспективы", *Вопросы экономики*, 1998г, №1, с. 134.

(一) 俄罗斯联邦石油公司形成因素

俄罗斯联邦时期石油公司是特殊时代的产物，产生的因素有：国际政治变迁因素、国内政治体制转型因素、地缘政治因素、对外战略经济因素等。

首先，国际及国内政治经济变迁因素。国际方面，20 世纪 80 年代末东欧剧变，90 年代苏联解体，国际关系的格局发生了急剧的变化，两极对峙格局不复存在。另外，在经济全球化的背景下，发达国家和发展中国家能源消耗量加大，石油进口量增加，形成巨大的世界石油市场。“石油是最大的全球性的世界能源商品，世界上 55% 国家的石油依靠进口。”① 世界政治的剧变和国际能源安全形势的变化，使石油消费国寻找新的石油供应出路。伴随着冷战的结束，俄罗斯与西方的经济贸易壁垒被打破，俄倚仗自身资源优势，实施能源外交，将石油作为国家经济复兴和外交攻略的武器。

国内方面，解体后政治体制转轨，以叶利钦为首的新政府最重要的任务是巩固新政权的基础。在政治上实行议会民主制，在经济上实行私有经济是俄转轨初期的两个主要目标。为巩固新政权的经济基础，叶利钦希望通过私有化和自由化使俄罗斯的改革具有不可逆转性。为此，运用国家政权力量强力推进经济改革，彻底否定苏联时期石油天然气工业原有的制度和管理体制，使其经济由计划经济向市场经济转化，国有石油工业向私有公司转变。俄罗斯石油天然气工业进行了重构，1991 年 2 月，组建了能源部。1991 年 8 月，签发总统令，决定终止苏联能源和电力、煤炭、石油天然气等部门在俄罗斯领土上的权力，随后组建了国家石油天然气总公司，负责俄本土内石油天然气的生产、运输、炼制、设备制造及科学研究，并负责国内出口油价的申报，该公司具有一定的垄断地位。1992 年 11 月，叶利钦总统签发了《关于石油工业、炼油工业、油品销售业的国有企业、生产联合体及生产科研联合体推行私有化和改造为股份公司的命令》（第 1403 号总统令），由此，俄罗斯石油工业开始实行股份化与私有化改造。在此过程中，俄罗斯的油气资源开发逐步为少数大型公司所控制。1995 年年底，石油天然气领域的企业重组结束，通过并购和重组，

① М. А. Яценко, *Нефтъ во внешнеэкономических связях России*, Москва, 2006, с. 112.

原来300多家国有企业重组成了十余家独立的垂直一体化公司，从事石油开采、加工、销售和石油化工行业，各大石油公司活跃在国内及国际石油市场。

在经济体制转轨过程中，有两点因素对俄罗斯石油和天然气工业造成冲击和破坏。一是由于叶利钦的新自由主义指导思想和“休克疗法”的实施对俄石油天然气工业造成的冲击非常大。在1999年之前，原油产量大幅度下跌。公司控股人员通过各种途径将公司利润转移到国外，致使油气企业效益不断下滑，石油开采、石油加工和天然气工业企业的亏损比重分别由1997年的22.7%、15.2%和17.4%升至1998年的24%、27.6%和33.3%。[①] 二是当时严重的经济危机导致俄国内生产总值（GDP）水平大幅下降，这给国内能源工业发展带来极为不利的影响，首当其冲的是能源的生产水平减弱。在此种形势下，国家能源政策的宗旨是指望依靠能源输出拉动国内经济的增长。在政府一系列能源政策的实施下，“2001—2004年俄罗斯石油公司原油出口从16220万吨增加到25720万吨，石油出口增加了58.6%”，[②] 俄罗斯在世界市场上成为沙特之后的第二大石油出口国。“2006年俄罗斯石油公司供应的石油占太平洋区域石油供应的77%，西欧国家石油供应的18%，中欧和东欧区域的10%，地中海国家的7%。”[③]

其次，地缘政治因素。苏联解体后，俄罗斯的疆界发生了很大的变化，尤其对其不利的是波罗的海和黑海出海口受到的制约。1990年3月10日立陶宛宣布独立，1991年8月20、21日爱沙尼亚、拉脱维亚分别宣布独立。同年8月24日，濒临黑海的乌克兰宣布独立。所有这些变化削弱了俄罗斯地缘政治的优势地位，并由此丧失了一些大型海港集散地，油气管道输出也受到独立后的一些国家牵制。解体后，超过60%的海洋出口需要经过外国港口。“石油管道输出也受到独联体国家的牵制，石油出

① Ю. Яковец, “Тенденции и перспективы нефтегазового комплекса”, Экономист, №6, 1998, с. 17.

② Ю. Н. Глущенко, *Европейский вектор нефтяной отрасли россии*, Москва., 2007, с. 37.

③ Ю. Н. Глущенко, *Европейский вектор нефтяной отрасли россии*, Москва., 2007, с. 51.

口经过俄罗斯港口或者俄境内出口站点所占的份额只有 30%。”[①] 解体后，其周边国家出于各种原因铺设新的油气管道，已有约 6 条绕过俄罗斯的输油管线铺设完毕，因而使莫斯科失去了其部分的政治影响力和经济影响力。在这种境遇下，俄罗斯与独联体国家之间达成协议，管道运输系统整体使用，运输费用和税率需要进行协商，俄竭力将本国石油资源优势转化为地缘政治影响力。

石油与天然气“不仅与一个国家的执政当局关系密切，甚至对其外交政策产生重大影响。这就是石油与生俱来的地缘政治特性”。[②] 而俄罗斯是世界上最有潜力的能源资源生产和出口国之一，“占地球 13% 的领土，居住着不足世界人口 2% 的居民，蕴藏的天然气可探明储量占世界天然气总量的 34%，石油占 13%”，“天然气在世界天然气燃料中占据第一位，石油开采量和石油出口量位居世界第二位”。[③] 俄罗斯每年从地下资源得到的资金超过 1500 亿美元。2004 年年末，国际能源组织报告中指出，俄罗斯在保证国际能源安全中处于重要地位。[④]

在新的地缘政治及地缘经济条件下，俄罗斯确定了参与世界经济一体化进程，包括参与世界能源一体化以及推动俄罗斯公司打入世界市场的战略方针。为此提出“俄罗斯作为全球能源市场最大的参与者，它可以而且应该采取主动行动，为全球能源市场的发展作出贡献，成为全球能源的稳定剂”。[⑤] “在新的地缘政治秩序中，国家的等级已不再由核弹头数量、军舰与军人数量等所决定，而在更大程度上取决于该国的石油和天然气储量，或取决于以其他财富形式购买或占有富油国资源的能力。”[⑥] 后冷战时代，俄罗斯外交把石油作为再崛起的资本，将石油资源储量转化为巨大的地缘政治影响力，石油扩张成为地缘政治扩张最为理想的替代手段。

最后，对外战略中经济因素上升。社会转型带来对外政策的调整，对

---

① М. А. Яценко, *Нефтъ во внешнеэкономических связях России*, Москва. , 2006, с. 77.

② ［法］菲利普·赛比耶—洛佩兹：《石油地缘政治》，潘革平译，社会科学文献出版社 2008 年版，第 5 页。

③ А. Е. Лихачев, Экономическая дипломатия России, *Новые вызовы и возможности в условиях глобализации*, Москва, 2006, с. 399.

④ М. А. Яценко, *Нефтъ во внешнеэкономических связях России*, Москва, 2006, с. 32.

⑤ А. Е. Лихачев, Экономическая дипломатия России, *Новые вызовы и возможности в условиях глобализации*, Москва, 2006, с. 405.

⑥ ［美］迈克尔·克莱尔：《石油政治学》，孙芳译，海南出版社 2009 年版，第 17—18 页。

外政治战略能否取得成效，取决于俄罗斯能否根据新的全球形势去改革社会结构。这其中包括要构筑具有高度竞争力的在国际市场有效运行并保护原材料资源的经济框架。普京上任后注重从国家利益出发制定对外政策，强调外交要为国内经济发展创造条件。在普京的推动下，俄联邦政府于2003年5月批准了《2020年俄罗斯能源战略》，提出俄能源战略的目标是：最大限度地有效利用能源潜力，保证国家对能源资源的需求，促进经济增长和提高国民的生活水平；能源部门不仅是确保俄能源安全和长期稳定外汇收入的重要因素，在能源问题全球化和政治化背景下，更是推行外交政策，巩固和提高国家在世界政治和经济中地位的重要手段。① 俄罗斯的能源战略显示出其对外政策中，“经济外交”的作用在不断地提升。“这反映出一种世界性发展趋势：经济因素对国家的对外政策以及全球性和地区性国际关系的发展，发挥越来越大的作用。”② 在能源领域俄加大了对外贸易的力度，尤其重视与油气行业相关的外交战略，因为油气贸易的外汇收入在俄出口中占有重要地位。“石油产品占国家预算收入的1/3，石油出口占国家外汇收入的30%。”③ 在经济全球化背景下，俄罗斯开始了融入世界经济的艰难进程。外交此时成为促进油气企业和大型油气公司融入世界经济进程、参与国际竞争的不可或缺的手段。

俄罗斯能源公司产生及体制变化的成因表明，能源公司的命运与俄罗斯社会的命运是息息相关的。俄在社会转型时期确立了国家对外政策中的能源外交，在能源外交中，能源实业界即能源公司发挥了不可忽视的作用，能源公司在其经济赢利运作的同时，也担负着政治责任，成为影响国家经济政治发展与外交政策决策的重要因素。

（二）俄罗斯石油公司能源外交的实施

20世纪90年代初，在经济私有化改革中涌现出数百家石油股份公司。这些公司为了生存无序竞争，造成石油市场的一度混乱。加之当时国内经济衰落，石油国内需求萎缩以及世界市场石油价格持续下滑，使俄石

---

① См, Энергетическая стратегия России на период до 2020 года, Российская Бизнес газета, 7 октбря 2003г.

② ［俄］И. С. 伊万诺夫：《俄罗斯新外交——对外政策十年》，陈凤祥、于洪君、田永祥、钱乃成译，当代世界出版社2002年版，第127页。

③ М. А. Яценко, *Нефтъ во внешнеэкономических связях России*, Москва, 2006, с. 77.

油产量严重减产。面对这一系列的负面因素，为保证石油工业的正常发展，稳定财政收入，俄政府运用行政影响将一些公司进行合并，组建集石油勘探、开采、加工和销售于一身的垂直一体化大型石油集团公司。一些石油公司为生存也顺应形势主动进行重组及合并。俄罗斯联邦时期的石油公司，根据所有权可分为私营公司和国有公司，以及俄罗斯与外国合资的石油公司，其中私营公司在俄罗斯联邦建立初期占据优势地位。

1. 私营石油公司对外贸易

叶利钦时期，政府大力推行石油工业的私有化。1997 年 11 月 27 日，颁布一项法令，允许石油生产、提炼和销售联合体改制成为真正的股份公司，同时允许向外资开放。至 1998 年为止，共成立了 13 家以私营公司为主的大型一体化石油公司。随着私有化进程的进一步推进，石油公司的数目进一步减少，这些大石油公司构成了当今俄罗斯石油业的基础和支柱，并使石油业呈现出明显的寡头垄断的特征。国际货币基金组织在 1998 年的一个报告估计“17 个总市值至少为 170 亿美元的俄罗斯石油和天然气公司，被丘拜斯（Чубайс）以总共 14 亿美元的价格售出”。而“俄罗斯天然气工业股份公司 60% 的股份，以 2000 万美元的超低价出售给了俄罗斯的私人集团，而其真正的市场价大约应为 1190 亿美元”。[①] 于是，在能源工业私有化中便形成了俄罗斯联邦的寡头经济。1996 年 11 月，俄罗斯联邦安全委员会副主席同时也是石油寡头的别列佐夫斯基（Березовский），在接受伦敦《金融时报》记者采访时甚至宣称：“七个男人控制了这个国家 50% 广袤土地上的自然资源。”[②]

俄罗斯私营石油公司主要有 6 家，政府在其中不拥有任何股权或只是象征性参股。这 6 家公司是：卢克石油公司（Lukoil）、尤科斯石油公司（Yukos）、苏尔古特石油天然气公司（Surgutneftgas SNG）、秋明石油公司（Tyumen Oil Co. or TNK）与秋明—英国石油公司（TNK－BP）、西伯利亚石油公司（Sibneft）、西丹科石油公司（Sidanco），它们的业务范围遍及俄罗斯各地。这 6 家石油公司由于资产和收入所占国家财政收入比重缘故，对国家经济、政治影响非常大。

---

① ［德］威廉·恩道尔：《石油战争》，赵刚、旷野等译，知识产权出版社 2008 版，第 248 页。

② 同上。

（1）卢克石油公司

卢克石油公司是俄罗斯最大的石油公司；其历史源于苏联。根据1991年11月苏联部长会议决定，成立了国营“兰格帕斯乌拉尔科加雷姆石油公司”，其成员包括3家西西伯利亚油气生产联合企业以及4家炼油厂。另外根据俄联邦政府为执行1993年11月俄罗斯总统令作出的决定，1993年4月5日成立了卢克石油公司。1993—1997年，卢克石油公司实行了私有化，国家股份占26.6%，后经过几次拍卖，国家将自己的股份全部售出。2006年公司的高级领导控制公司股票的26%，美国第三大石油公司康菲石油公司（ConocoPhillips）控股18%。[①]

在世界非国有石油公司中，卢克石油公司拥有最大的石油探明储量，石油产量占俄罗斯的24%，石油产品占俄罗斯的18%。2001年卢克公司石油产量达到8000万吨。2003年，尤科斯石油公司与西伯利亚石油公司合并之前，卢克公司石油开采量占全俄开采总量的22.5%，是其最大的竞争对手尤科斯公司开采量的1.3倍。“2005年卢克公司开采9010万吨石油，加工4740万吨石油原料”[②]，“2006年卢克公司石油开采量为9040万吨，占全俄石油开采量的18.8%”。[③]

在国际业务方面，卢克公司制订在近邻和远邻的扩张计划，是俄罗斯主要石油公司中在国外市场上资产最多的公司，并成为其他垂直一体化公司海外扩张的典范。卢克公司在东西欧、美国、独联体国家都有资产，在中东、美洲和拉丁美洲都有石油开采和石油加工企业。1996年卢克公司加入里海管道运输财团（KTK），到2001年年底已注入资金3.431亿美元，2001年投入7756.9万美元。从1996年至2001年年底，向哈萨克斯坦的油气项目的投资已经超过15亿美元。

卢克石油公司积极与外国石油公司展开合作，20世纪90年代中期就开始着手在国外建立子公司和分公司，以便更好地销售公司的石油和石油产品，减少中间人的支出，而增加公司的利润和国家的税收。2000年年初，卢克公司决定建立单一结构的控股公司负责国际贸易。2000年在瑞士建立了控股公司，此公司是卢克公司完全控股的一个比较知名的公司，

① Ю. Н. Глущенко, *Европейский вектор нефтяной отрасли россии*, Москва, 2007, с. 52.

② Ibid..

③ Ю. Н. Глущенко, *Европейский вектор нефтяной отрасли россии*, Москва, 2007, с. 32.

在竞争强度加大和市场急剧演变的条件下，它成功地获得了较高的利润。该公司把市场定位在印度、委内瑞拉、哥斯达黎加和其他国家，公司的战略是加强在上述国家的石油市场地位。公司不仅销售本公司的石油和石油产品，还销售其他公司的石油和石油产品。2006 年公司在瑞典首都斯德哥尔摩建立了一个分公司，控制了瑞典石油进口的 60%—70%，并连续两年向法国供应符合欧洲标准的石油。[①] 另外，公司在大西洋和地中海沿岸设立了 4 个石油存储库，通过汽车运输可以送达各个零售商业点。为了更好地拓展石油对外贸易，公司还在国外建立石油加工厂，主要分布在白俄罗斯和罗马尼亚。通过几年的石油贸易的实践，卢克公司积累了很多国际石油存储方面的经验，在圣彼得堡、新加坡和其他大港口都有公司控股的石油存储仓库。2000 年公司在加里宁格勒州的阳光港口建立了公司自己的石油和石油产品出口线路。经过 2003 年和 2005 年两次改造，使其年出口量达到 750 万吨。同时卢克公司还在波罗的海的维索茨克（列宁格勒州）建立了相应的石油出口干线，2006 年年末，石油和石油产品年出口量达到 1200 万吨。[②] 卢克公司领导认为，芬兰是俄罗斯向欧洲市场输送石油和石油产品的战略基地，从 2005 年开始卢克公司向芬兰提供含硫量较低的柴油燃料，公司控制了芬兰石油零售市场的 24%。[③] 2005 年公司进款 562 亿美元，净利润 64 亿美元。[④] 2006 年卢克石油公司有站点 5830 个，分布在世界的 18 个国家内。

卢克公司把巴尔干地区作为公司主要的战略区域，并作为向欧盟国家发展的主要战略区域。保加利亚的布尔卡斯石油加工厂是半岛上最大的石油加工企业。它使用的石油原料全部是卢克公司供应的。2006 年 8 月，卢克公司和斯洛文尼亚“比特隆”公司签订了建立合资企业的协议，主要是在波罗的海沿岸国家销售石油产品。“比特隆”公司占股份 51%，卢克公司占 49%。[⑤] 该合资公司有 4 个子公司，其中卢克公司控制了“卢克—塞尔维亚”和“卢克—马其顿”子公司的股份。

---

① Ю. Н. Глущенко, *Европейский вектор нефтяной отрасли россии*, Москва, 2007, с. 55.

② Ю. Н. Глущенко, *Европейский вектор нефтяной отрасли россии*, Москва, 2007, с. 60.

③ Ю. Н. Глущенко, *Европейский вектор нефтяной отрасли россии*, Москва, 2007, с. 118.

④ Ю. Н. Глущенко, *Европейский вектор нефтяной отрасли россии*, Москва, 2007, с. 52.

⑤ Ю. Н. Глущенко, *Европейский вектор нефтяной отрасли россии*, Москва, 2007, с. 119.

表 6—1　　　　　　　　　　　卢克公司石油出口

	2001	2002	2003	2004	2005
石油					
在国际市场上的出口和销售收入（十亿元）	3.9	4.3	6.8	10.9	16.4
其中包括在独联体国家销售和出口	н/д	0.16	0.43	0.60	0.78
在国际市场上实际销售和出口的数量（百万吨）	25.5	26.9	37.7	46.0	45.9
其中包括在独联体国家销售和出口	н/д	1.9	4.0	4.1	3.2
出口：					
经过石油运输公司（百万吨）	н/д	30.7	32.8	38.9	38.5
不涉及石油运输公司（百万吨）	н/д	3.5	5.3	7.4	7.3
从俄罗斯出口（总计）	32.8	34.2	38.1	46.3	45.8
在国际市场上出口和销售的平均价格（美金/吨）	154.9	160.9	181.3	237.7	356.5
其中包括在独联体国家销售和出口	н/д	88.0	106.3	147.6	239.2
在国内市场上的销售（美金/吨）	79.4	60.7	62.5	110.6	179.2
在俄罗斯购买（百万吨）	н/д	5.1	4.7	2.8	1.5
在国外购买（百万吨）	н/д	3.2	8.1	8.8	9.4
总计	7.1	8.3	12.8	11.6	10.9

资料来源：卢克公司 - 2006 - www.lukoin.ru.

Ю. Н. Глущенко, *Европейский вектор нефтяной отрасли россии*, Москва, 2007, с. 58.

在东欧国家中，保加利亚对俄罗斯和欧盟的地缘政治和石油战略都具有特别的意义，这主要体现在保加利亚—希腊以及保加利亚—马其顿石油管道的项目上。此项目的建成能使俄罗斯的石油输出从新罗西斯克绕过博斯普鲁斯海峡，从而减轻土耳其对俄石油出口的牵制。卢克公司在保加利亚成立了卢克石油—石油化工联合公司，并通过该公司 1999 年控制了保加利亚最大炼油厂“布尔卡斯石油公司”58% 的股份，其炼油能力为 1200 万吨，占保加利亚炼油总能力的 88%。[①] 2000 年，乌克兰奥杰斯炼油厂完全在卢克公司的掌控之下，控股达 93%。2001 年，卢克公司又获

① O. Мовсумов, “Инвестиционный режим в нефтяном секторе топливно - энергетического комплекса Болгарии”, *Инвестиции в России*, №1, 2002, сс. 11 - 19.

得了斯洛伐克石油管道公司 49% 的股份。[①] 2002 年卢克石油公司在罗马尼亚购得了位于波罗耶什基的炼油厂，成功进入该市场。

独联体国家是俄罗斯能源外交的传统范围。在乌克兰，2000 年年底卢克石油公司一次性获得了 76 座加工站的所有权。2001 年，卢克石油公司在乌克兰销售约 50 万吨成品油，其中近 20% 是通过自己的零售网销售的。另外，卢克石油公司的自动加油站遍布奥德萨、文尼察、基府州、切尔诺夫策州和克里米亚等地。[②] 在白俄罗斯，卢克石油公司参与了苏联时期最大的炼油厂新波洛茨克炼油厂的改建，并在白俄罗斯创建了自己的加油网络——俄白纳夫达合资企业和莫别洛伊尔公司。[③] 在阿塞拜疆卢克石油公司参加了里海海底几个大型油气田的开发项目，其中包括卡拉巴赫油田、沙赫—杰尼斯气田和亚拉马油田。在哈萨克斯坦参加了卡拉恰加纳克、库姆科尔、秋布—卡拉干、田吉兹等油气田开发以及将石油输往新罗西斯克的国际财团。卢克石油公司积极拓展独联体国家的能源市场，主要动因一方面是提高经济效益；另一方面是通过能源控制达到俄罗斯地缘政治的目的。

在波罗的海地区，2000 年 9 月，卢克公司与立陶宛签订了一份为期 5 年的出口合同。卢克公司将通过波罗的海沿岸巴庭芝港口的终端站，每天出口 8 万桶原油。另外，2000 年 8 月，卢克公司在巴伦支海东南端瓦兰杰伊港建立了终端站，该港主要出口对象是德国和丹麦。

在中东地区，卢克公司至今仍握有伊拉克西库尔纳油田的巨额开发合同。此合同虽是在萨达姆时代签订的，但如今它是少数几个被伊拉克新政权认可的合同之一。另外，卢克公司还获得了勘探和开发沙特阿拉伯阿列夫天然气田的权利。为此项目，“卢克海外石油公司”与“沙特阿美公司”联合成立“卢克—阿美公司”。2004 年 3 月，“卢克—阿美公司”与沙特阿拉伯王国政府签订了有效期为 40 年相关合同。

卢克公司甚至打入了美国，积极运作拓展美国市场的战略。2000 年 11 月，卢克公司以 7100 万美元收购了美国加蒂石油公司（Getty Petro

---

① Ю. Н. Глущенко, *Европейский вектор нефтяной отрасли россии*, Москва, 2007, с. 116.

② "ЛУКОЙЛ перекрашивает украинские бензоколонки". *Коммерсантъ*, №81, 2002, с. 16.

③ Гриб Н, "《Сургутнефтегаз》 Объединяется со 《Славнефтью》 ради белорусской приватизации". *Коммерсанта*, №62, 2002, с. 4.

Leam）所属的位于美国东海岸的1300个加油站，从而在美国石油产品销售总额中占到了4%。此举迈出了拓展美国市场战略的第一步。通过在美国的并购卢克公司可以建立巴伦支海瓦兰杰伊港口的石油运输线路，以及在美洲建立获得高额利润的石油公司。

作为拓展跨大西洋石油贸易战略的一个构成部分，卢克公司在2004年1月以2.66亿美元买下了莫比尔石油公司位于新泽西州和宾夕法尼亚州的第795家加油站。卖方康菲石油公司已经同意，其炼油厂每天将为卢克公司的新加油站提供7.8万桶汽油。但卢克石油公司宣布，公司进入美国市场的最终目的是将俄罗斯石油运抵美国市场。美方石油公司则希望，让俄罗斯石油公司平稳、顺利地进入美国石油市场这一承诺能说服俄罗斯向外国，特别是美国投资者开放其油气田。

另外，在石油加工和石油成品销售领域拓宽海外市场，卢克公司吸收了外国投资，并获得海外原料基地。2004年，卢克公司与美国的康菲公司在俄罗斯西北部的科米成立合资公司，双方各持股50%，康菲公司将对该公司投入巨资，其中一部分投入为康菲公司的资产，其余大部分投入将通过在其后数年内完成至多30亿美元的投资来实现。卢克公司由此获得拓展该地区业务所急需的资金。卢克公司与康菲公司结成广泛的战略联盟共同开发海外项目，包括共同努力恢复卢克公司在伊拉克西库尔纳油田的开采权。

卢克公司在国内外的经营活动，一方面将俄罗斯转变为一个极具竞争力的产油国，另一方面因各种因素也与政府的政策产生冲突。如对里海地区能源开发问题，官方的外交立场是将里海能源的开发与里海法律地位的解决捆绑在一起，坚持能源开发必须贯彻共同水域的原则，在签署正式协议之前，各国未经协商一律不得私自开采。而卢克石油公司为了商业利益，却在1994年参与了阿塞拜疆“世纪合同”组建的财团。继而，卢克石油公司、尤科斯石油公司、俄罗斯石油公司和西丹科石油公司申请加入阿塞拜疆组建的第二个财团，其中只有卢克石油公司在俄方与阿方谈判之后得到10%的股份，这与其预计得到沙赫—杰尼斯油田20%—30%的股份的期望还有些差距。[①] 这反映了俄政府当时在里海地区的影响力低微，

---

① С. Жильцов, “Политика России в Каспийском регионев”, *Вестник Каспия*, 2003г, №4.

石油公司在政策方针与政府存在一定的分歧，因而得不到政府的政治支持。俄外交部认为卢克石油公司参与里海地区财团组建和能源开发，违背了俄罗斯坚持的划分里海的外交立场。

卢克石油公司与政府的冲突说明私营石油公司如何正确兼顾公司与国家的经济与政治利益，如果处理不当，公司的私利很容易与国家整体利益发生冲突。正是由于私营公司的这一弊端，便决定了私营石油公司的命运再次发生逆转。

（2）尤科斯石油公司

成立于1993年的尤科斯石油公司，是俄罗斯另一家有影响的私营公司。其集中了俄罗斯一些最大型的石油开采企业，如：位于萨马拉州的3个石油工厂和俄罗斯8个地区的石油产品销售企业，1997年成为联合了西伯利亚中部12家企业的东方石油公司控制股的持有者。2000年，尤科斯公司购买了东西伯利亚油气公司68%的股份，2001年又掌握了伊尔库茨克州安加尔斯克石油化学公司。2002年，购买了立陶宛的马任基亚石油股份公司。2003年4月，尤科斯石油公司同西伯利亚石油公司合并，合并后的企业命名为尤科斯—西伯利亚石油公司。尤科斯公司的米哈伊尔·霍多尔科夫斯基（Михаил Ходорковский）任新集团执行总裁，西伯利亚石油公司的叶夫根尼·什维德勒（Евгений Швыдлер）任董事会董事长。“合并后的石油天然气集团，不仅是俄罗斯最大的集团，同时也是世界第四大私营石油商。该集团拥有1940亿桶石油和天然气的储备量，日产原油接近2300万桶。”[①] 由此，尤科斯石油公司形成了以西西伯利亚—东西伯利亚—伏尔加地区为核心并辐射其他俄罗斯和东欧地区，涉及石油勘探、开采、炼油和运输、销售的一体化网络。

尤科斯石油公司实施的能源外交与其他俄罗斯油气公司有所不同。首先，尤科斯公司在石油过境联运业务中投入很大。尤科斯公司和东欧国家的石油公司进行了多年合作，主要致力于亚得里亚输油管道现代化的建设，并完成友谊输油管线一体化建设，这个方案的实施将大大降低俄罗斯石油出口的成本。其次，保持和巩固公司在欧洲的石油和石油产品的销售市场。最后，拓展国外的原料基地，积极吸收外国投资，同时，还开拓了

① ［英］马丁·西克史密斯：《普京·尤科斯——俄罗斯的石油战》，周亚莉、董晓华译，华夏出版社2011年版，第75页。

一系列石油加工和石油产品的销售方面的海外业务。

尤科斯石油公司创立后积极寻找海外发展机会。1995 年，尤科斯下属的子公司尤甘斯克石油公司获得了秘鲁 500 万公顷土地的勘探开采执照。这是俄罗斯石油公司第一次获得在国外开采石油的特许权。尤科斯石油公司还参与了白俄罗斯、乌克兰和立陶宛一些石油加工企业的私有化进程。尤科斯公司将下游业务锁定东欧国家。2002 年，尤科斯的石油出口为 3680 万吨，同比增长 31.1%。出口增长的重要原因之一是：2001 年尤科斯公司购买了斯洛伐克输油管道公司 49% 的股份。这条位于欧洲中部的输油管道，减少了将斯洛伐克炼油厂的石油运送至捷克共和国和德国南部的困难。2002 年，尤科斯公司购买了炼油能力达 5850 万桶的立陶宛石油综合体的控股权。2004 年，尤科斯石油公司以向西欧大型石油公司炼油厂直接供油的方式，向独联体以外国家出口石油。

俄罗斯联邦时期，石油出口收入（以每桶价格为 23.5 美元计算）占政府收入的 13%—14%，再加上对石油行业的税收以及其他相关行业的收入，石油部门总共为国家财政带来 30%—40% 的收入，而尤科斯公司的产油量几乎占俄罗斯的 1/3，也就是说，在国家预算收入中，尤科斯占 10%—15%。由于支配 5%—10% 的国家财政就意味着对全国的支配，因而媒体认为，“对俄罗斯的支配权正转移到尤科斯新主人的手中，尤科斯所有者手中握有在任何时候制造大规模政治危机的最强有力的杠杆，凭借这个杠杆可以向克里姆林宫无限制施压”。[①] 这一潜在的巨大挑战和霍多尔科夫斯基支持俄共“亚博卢集团”和“右翼力量联盟”等反对派的政治行动，使普京总统不能不正视霍氏可能带来的政治与经济风险，因而打击霍氏和尤科斯公司成为俄罗斯国家政权维持政治稳定，防止国家经济因一个公司的兴衰而产生巨大动荡的重要举措。

除了霍氏带来政治与经济风险外，更令普京无法容忍的是，2003 年 10 月霍多尔科夫斯基把尤科斯公司 40% 的资产卖给美国谢夫隆、德士古石油公司和埃克森美孚石油公司。霍多尔科夫斯基将尤科斯卖给外国人的日子越近，克里姆林宫将他逮捕入狱的步子就越快。10 月，俄媒体公布

① ［俄］谢尔盖·洛帕特尼科夫：《霍多尔科夫斯基早已布下棋局》，［俄罗斯］《共青团真理报》2003 年 12 月 3 日。

尤科斯—西伯利亚石油公司与美国公司合并的消息几天之后，俄罗斯税务部门以尤科斯公司长期拖欠国家巨额税款为名，先逮捕了其总裁霍多尔科夫斯基，继而严令追讨税款以及拍卖其下属子公司，尤科斯公司陷入解体和破产。

尤科斯事件对美国而言，2003 年夏，对尤科斯石油公司的控制权的竞争已经威胁到几家美国公司在俄罗斯能源部门的投资，并让美国对普京的依法治理承诺产生了质疑。对克里姆林宫而言，美国石油巨头控股，一方面，将直接影响俄政府财政收入，威胁到经济主权与国家安全。另一方面，涉及俄罗斯对欧洲的能源输出。美国控股尤科斯石油公司，对法国和德国的利益造成的打击不亚于伊拉克战争，因为这将使它们希望获得不受美国控制的石油的愿望破灭。从这一点出发，就可以明白，美国为什么对“尤科斯案”反应强烈，而德法对此事却反应低调。

尤科斯事件表明：首先，预示着克里姆林宫对俄罗斯的能源资源开始采取国家管理的方式，“对石油和天然气行业的稳定的国家监控是克里姆林宫积蓄权力的一个重要方式”。① 普京能源政策的宗旨是：采取多种措施削弱私有石油资本，扩大国有石油资产；政府掌控油气资源，利用能源资源的优势复兴俄罗斯在国际事务中的支配地位。其次，表明普京的目的是防止重要的国有资产落入外国公司手里，防止霍氏将尤科斯公司的股份卖给谢夫隆、德士古石油公司和埃克森美孚石油公司后所得到的 250 亿美元用于政治目的。再次，还表明了能源安全成为国家重大战略问题。尤科斯公司解体，普京不仅消除了其实施能源政策的一个强大的反对势力，同时还开启了将石油资产再次国有化的进程。

（3）秋明石油公司和秋明—英国石油公司

位于俄罗斯秋明州的秋明石油公司，是根据俄罗斯政府 1995 年 8 月 9 日的决定成立的，由“下瓦尔托夫斯克石油天然气公司”、“秋明石油天然气公司”、“梁赞炼油厂”和一些销售组织组成。1997 年前，国家一直是“秋明石油公司”的最大股东。1997 年实行私有化之后，公司被两

---

① ［美］杰弗里·曼科夫：《大国政治的回归——俄罗斯的外交政策》，黎晓蕾、李慧容等译，新华出版社 2011 年版，第 29 页。

个集团所控制：一是金融寡头弗里德曼旗下的俄罗斯阿尔法银行；二是来自美国纽约的列诺瓦集团。列诺瓦集团主要由 20 世纪 70—80 年代移民到美国的俄罗斯人组成，其中多数是犹太人。此外，在莫斯科南部的梁赞，秋明石油公司与美国的德士古公司成立了一家合资的炼油厂，试图借此控制莫斯科 30% 的市场份额。1999 年年底，俄罗斯政府将手中持有的秋明石油公司 49.8% 的股份全部转让。

2000 年，“秋明公司”历史上首次在俄罗斯境外进行大规模投资，其子公司“秋明—乌克兰石油公司”与乌克兰政府签订了购买“利西昌斯克炼油厂”约 70% 股份的协议，并在乌克兰国家财产基金会举办的私有化竞拍中胜出，成为乌克兰最大一家炼油厂的主要持有者。由此，乌克兰 25% 的油品市场被秋明石油公司所控制。2002 年，秋明石油公司和石油管道运输公司与克罗地亚进行磋商，研究把俄罗斯“友谊”管道与克罗地亚的“亚得里亚”管道连接，使俄罗斯海路出口可以经克罗地亚的奥米利深水港转运至美国。2002 年 3 月，俄罗斯、白俄罗斯、乌克兰、匈牙利、斯洛伐克和克罗地亚共同签署了亚得里亚—友谊管道石油过境协议，2002 年 12 月正式投入运营。2002 年，秋明石油公司在斯维尔德洛夫斯克上马了多个项目，该地区的石油总蕴藏量达到 17.5 亿桶。秋明石油公司拥有的石油总储量约为 300 亿桶，占俄罗斯全国总储量的 40%，这些油田主要集中在秋明州和亚马尔—涅涅茨自治区。①

2003 年 9 月 1 日，“英国石油公司”、“阿尔法集团”与“列诺瓦公司”共同宣布建立战略伙伴关系，并准备合并俄罗斯和乌克兰境内的石油资产，随后签署了有关协议，成立了“秋明—英国石油公司”，“英国石油公司”和“列诺瓦公司”各自拥有“秋明—英国石油公司”50% 的股份。根据协议“列诺瓦公司”将在“秋明石油公司”、“奥伦堡石油公司”、“斯拉夫石油公司”、“罗斯潘公司”的股份及萨哈林油田的资产带入新公司。而“英国石油公司”则将“西伯利亚—远东石油公司”及“鲁西亚石油公司”以及莫斯科加油站网的股份转入新公司。

---

① ［法］菲利普·赛比耶—洛佩兹：《石油地缘政治》，潘革平译，社会科学文献出版社 2008 年版，第 215 页。

表 6—2　　秋明—英国石油公司 2003—2006 年石油销售结构　单位：百万吨

	2003	2004	2005	2006（上半年）
出口（国外）				
石油管道	21.7	24.9	31.8	17.3
铁路运输	11.0	10.5	10.1	3.6
河运	0.4	0.73	0.37	—
在乌克兰（炼油厂）	4.9	3.5	5.7	2.7
在白俄罗斯（炼油厂）	—	—	0.065	0.035
在俄罗斯境内的炼油厂				
ЯНОС（雅罗斯拉夫尔）	—	—	—	1.6
РНПК（梁赞）	10.8	11.2	13.8	6.9
ОНОС（奥尔斯克）	3.5	3.1	3.4	—
СНПЗ（萨拉托夫）	4.7	5.5	5.7	2.7
ННПО（下瓦尔塔夫斯克）	1.3	1.3	1.4	0.7
КНПЗ（克拉斯诺列宾斯克）	0.14	0.14	0.14	0.7
在内部市场	3.7	8.8	5.5	4.93
总计	62.1	69.7	78.0	40.9

资料来源：BP－跨国公司石油销售［电子资料］－www.thk－bp.ru/。

根据石油储量和产量，“秋明—英国石油公司”在俄罗斯石油公司中名列第三。2005 年，“秋明—英国石油公司”日均产量为 158 万桶，超过 2004 年的 6%。[①] 2004 年公司出口石油 4930 万吨；2005 年出口石油 4927 万吨，成为俄罗斯向外国出口石油的最大几家公司之一。[②]“秋明—英国石油公司”石油产品零售网分布在俄罗斯 20 个大区域内，主要分布在俄罗斯的北部、中部和乌拉尔地区；还几乎分布在乌克兰的整个区域。公司 2005 年大约有 2100 个自动加油站，乌克兰占 900 个，在乌克兰的石油销售占公司产品份额的 30%。[③]

TNK－BP 公司是俄罗斯第一家合资石油公司，BP 公司能够成功并购

---

① Ю. Н. Глушенко, *Европейский вектор нефтяной отрасли россии*, Москва, 2007, с. 96.

② Ю. Н. Глушенко, *Европейский вектор нефтяной отрасли россии*, Москва, 2007, с. 38.

③ Ю. Н. Глушенко, *Европейский вектор нефтяной отрасли россии*, Москва, 2007, с. 115.

TNK 公司的主要因素有两点：一是俄罗斯与欧盟、英国能源合作有非常坚实的基础。2000 年 11 月，俄罗斯与欧盟签署《能源战略伙伴关系协议》，确定了能源合作总体规划，双方在能源领域建立起了战略合作关系。另外，2003 年 6 月 26 日俄罗斯总统普京与英国首相布莱尔举行俄英能源会议，签署了《能源合作联合声明》和《天然气合作谅解备忘录》。这两份文件为两国石油公司间的合作提供了强有力的保障。二是 TNK 与 BP 公司的合并得到普京政府的支持。阿尔法集团为克里姆林宫提供了数名重要干部，普京总统对阿尔法集团有好感，原因在于普京早就与列宁格勒州和圣彼得堡市的阿尔法银行（隶属于阿尔法集团）开始合作。与政府良好的政治关系使得金融寡头与石油大亨以低廉的成本迅速重组了俄罗斯油气资产，并控制了新的俄罗斯大石油公司。TNK - BP 公司通过创建合资公司建立起了战略伙伴关系。按照储量和产量，TNK - BP 公司已跻身于世界十大石油公司之列。通过合并，BP 公司的知识和技术将在俄罗斯找到肥沃的土壤。BP 的知识和技术与 TNK 特有的优势——由阿尔法集团主席米哈伊尔·弗里德曼（Михаил Фридман）领导的秋明公司与俄政府有着密切的政治联系，秋明公司与英国公司的合并取得了最佳的组合，TNK - BP 成功合并标志着俄罗斯作为全球石油生产国的诞生。

（4）苏尔古特石油天然气公司

俄罗斯第四大石油公司。2004 年苏尔古特石油天然气公司生产石油 5960 万吨，占俄罗斯全国石油总产量的 13%。① 苏尔古特石油天然气公司作为国有企业于 1965 年成立，1977 年取得了多行业生产联合企业的地位，1991 年改组为国营生产联合企业。根据俄罗斯联邦总统 1992 年颁布的《关于石油、石油加工和石油产品保障部门国营企业、生产以及生产科研联合企业私有化和股份制改革的特殊规定》，苏尔古特石油天然气生产联合企业改组为开放式股份公司。1993 年，根据俄罗斯联邦政府的决定，正式成立苏尔古特石油天然气公司。公司由俄罗斯北部和西北部的圣彼得堡、诺夫哥罗德以及普斯科夫等城市的多家小石油公司合并而成，此外还包括一些炼油厂和销售公司。公司掌舵人弗拉基米尔—博格丹诺夫（Фладимир Богданнов）是苏联石油工业部石油生产协会的领导人之一。博格丹诺夫在国际事务中主要关注的是保持和扩大石油及其相关产品的销

① Ю. Н. Глушенко，*Европейский вектор нефтяной отрасли россии*，Москва，2007，с. 32.

售市场。公司成立以来，经营活动区域发生变化不是很大，主要石油加工中心“基里什斯克炼油厂”对所辖地区供应石油产品，主要石油产区是汉特—曼西斯克自治区，公司所有石油开采投资实际上都集中在该地区。因此，公司地区战略具有极端保守的特性。原因在于公司成立后已拥有大型石油开采、加工和石油产品销售企业。这些企业处于有利的经济和地理位置，这使该公司在俄罗斯经济过渡时期取得了巨大的成绩。在国际经营活动方面，苏尔古特石油天然气公司在白俄罗斯市场具有重要的影响力。利用白俄罗斯石油化工公司的支持，2001 年与白俄罗斯政府签署了向白俄最大的炼油厂——新波洛茨克炼油厂供应原油的权力。①

此外，苏尔古特石油天然气公司是俄罗斯最早利用西方开采技术和最先进设备的石油公司之一，公司第一个从美国引进螺旋管。公司 1993 年从美国购买了第一批螺旋管。新技术的应用使公司在 2000 年多开采了 960 万桶石油。在吸引外国投资方面，1997 年在西方国家发行了证券，遂成为继卢克、切尔诺戈尔石油公司和鞑靼石油公司之后进入西方股票市场的第四家俄罗斯石油公司。

（5）西伯利亚石油公司

西伯利亚石油公司是俄罗斯最大的公司之一，至 2000 年其石油储量 7.537 亿吨，居俄罗斯石油储量的第七位；石油产量 1719.88 万吨，居所有石油公司产量的第六位。② 西伯利亚石油公司是于 1995 年 8 月 24 日根据叶利钦的第 872 号总统令成立的，该公司很快就成为俄罗斯最好的石油精炼厂和生产公司。1995 年年底，为资金所困的克里姆林宫决定招标出售西伯利亚石油公司的部分股权。在西伯利亚公司成立 3 个月前，石油寡头别列佐夫斯基就与罗曼·阿布拉莫维奇（Абрамович）合作建立了特拉斯特公司。之后，阿布拉莫维奇又分别成立了 10 家公司，目的就是用来收购西伯利亚石油公司的股票。1996 年 6 月，阿布拉莫维奇进入西伯利亚公司旗下的纳亚伯利石油公司的董事会。随后，在西伯利亚的私有化过程中，阿布拉莫维奇利用三次竞拍公司股份的机会，仅用市价 8% 左右的价格，就得到了公司的 36% 的股份。收购了西伯利亚公司的股份之后，

---

① Западный ветер, “Сургутнефтегаза”, *Нефть и капитал*, №12, 2001, с. 20.

② Аналитическая служба, *Нефтегазовое производство в* 2000 *году. Нефть*, газ и торговля, 2004 г. 4 – ая: 46.

阿布拉莫维奇与别列佐夫斯基又成功地渗入了其子公司。1996 年 12 月，别列佐夫斯基联合其他财团买下了西伯利亚公司 51% 的股份。尤科斯公司曾收购西伯利亚石油公司 92% 的股份，但由于 2003 年 10 月的“霍多尔科夫斯基风波”的出现，尤科斯与西伯利亚石油公司的合并计划便宣告流产。2005 年“天然气工业公司”与“米尔豪斯资本公司”签订了收购“西伯利亚石油公司”72.663% 股份的协议，成交额为 130.091 亿美元。在这之前，“天然气工业公司”从“天然气工业银行”收购了西伯利亚石油公司 3.016% 的股份。这样天然气工业公司控制了西伯利亚石油公司 75.679% 的股份。

西伯利亚石油公司国际活动的主要方向是出口石油和石油产品，其中出口至欧洲国家的大部分产品要经过海上终端站。西伯利亚石油公司通过石油产品运输管道出口“鄂木斯克炼油厂”生产的柴油，同时出口各种高质石油产品。

2. 俄罗斯国有石油公司对外贸易

通过对私营公司的国有化和并购，俄罗斯创建了一批国有石油公司。但在 1992—1993 年间成立的大型公司中，只有俄罗斯石油公司和俄罗斯国家石油管道运输公司是由国家控制的。斯拉夫石油公司，在 2002 年 12 月 18 日进行了国有资产的拍卖，由西伯利亚石油公司与秋明石油公司共同组建的“投资石油公司”购得其 74.95% 的国有股权。国有石油公司在联邦建立初期不如私营公司比例大，普京执政后，通过一系列立法和能源政策，加强了对石油资源这一“战略性要素”的监控。私有石油公司数量减少，而国有石油公司数量急剧上升。普京在其第二个任期内大力推行集约化和国有化，加强国家对资源的控制，并加强对外资的限制。为此，普京修订和完善相关立法。2004 年 7 月 2 日，国家杜马通过了《矿产资源法》修正草案，改变许可证发放程序，由过去的联邦和地方各一把钥匙，资源所有权、支配权由联邦和地方共同支配，改为由联邦政府决定战略性资源和战略性资产开发及生产许可证的发放。2004 年 8 月，杜马又通过了《矿产资源法》修正草案，规定对拍卖领域要进行划分，大的区块（储量在 1 亿吨以上的油田和储量在 1000 亿立方米以上的气田等）的使用权拍卖要由国家来决定。为提高国有油气资本的集中，俄政府采取司法、行政和市场等多种手段，强行将寡头和外企控制的能源企业控股权低价拍卖给国有公司。由此，使国家控股的俄罗斯石油公司和俄罗斯天然气工业公司分别接手了尤科斯石油公司和西伯利亚石油公司的核心资产，从而使国家控制的石油开采能力由占总开采量的7.5%提高到30%。通过加大国家行政干预，强迫外资出让股权的方式，俄罗斯天然气工业公司分别获得了萨哈林-2项目的控股权和科维克金大气田项目的控股权。这样，俄罗斯国有石油和天然气公司在世界能源市场再一次崛起，成为世界石油舞台上主要的石油、天然气供应“大户”。

（1）俄罗斯石油公司（Rosneft）

俄罗斯石油公司是原苏联石油工业部的继承者，并为国家三大石油公司三驾马车中的第一位。俄罗斯石油公司为国有的开放式股份企业，公司的资产全部归国家所有，其领导成员全部由政府任命。俄罗斯石油公司负责管理国家在俄罗斯各类石油公司中的参股，参股的比例一般不低于24%，属于“具有冻结能力的少数股权”。俄罗斯石油公司成为克里姆林宫用来控制在私有化过程中流失的一部分国家财富的工具。

在石油产量方面，2002年，俄罗斯石油公司的原油日均产量只有32万桶，但俄罗斯石油公司的影响力并不仅来自于此，而是来自于其控制的高达60亿桶的石油储量（约占俄罗斯全国总储量的8.5%）以及近10000亿立方米的天然气资源，这些资源都分布在俄罗斯石油公司所控制的17个油气田里。① 俄罗斯石油公司成立后不断地扩充自己的资产和实力，在此过程中实现了俄罗斯国家对能源资源领域的掌控，还实现了俄罗斯石油公司经营的国际化。

2001年年末，俄罗斯石油公司和天然气工业公司签署了共同开发巴伦支海大陆架气田协议，这成为俄罗斯石油公司整体发展战略的重要组成部分。2002年西西伯利亚的两个油气公司并入俄罗斯石油公司。2003年俄罗斯石油公司购买了英国—西伯利亚石油公司，后者拥有克拉斯诺亚尔斯克边疆区万科尔油田开发许可证。

俄罗斯石油公司还积极参与远东萨哈林大陆架油气资源开发，2003年俄罗斯石油公司购买了萨哈林-3项目区韦宁油气田开发许可证。2004年年末，俄罗斯石油公司购买了尤科斯公司的最大的子公司尤甘斯克公司的控股权，从生产能力来看，尤甘斯克公司在2004年是俄罗斯第二大石

① ［法］菲利普·赛比耶—洛佩兹：《石油地缘政治》，潘革平译，社会科学文献出版社2008年版，第213页。

油公司，排名仅次于卢克公司。俄罗斯石油公司拥有规模很大的国际项目，其参与了伊拉克油田的开采项目，同时它对立陶宛的油田开发也很有兴趣。此外，该公司在里海石油管道财团中也占有股份，还是开发萨哈林项目、蒂曼—伯朝拉油气区和其他地区油田的俄方主要参与商，对于波斯湾油田的开采也非常关注。2006 年俄罗斯石油公司有 55 个子公司，子公司分布在俄罗斯西伯利亚、远东地区等 21 个区域。2006 年公司石油开采量增加 8.2%，达到 8060 万吨，天然气开采量增加 4.2%，达到 136 亿立方米。①

在国外市场开拓方面，俄罗斯石油公司建立后，第一次购买石油加工领域的公司是罗马尼亚的大炼油厂，每年加工原油 240 万吨。1999 年购买了保加利亚“布尔卡斯石油公司”58% 的股份，并且控制了乌克兰的奥杰斯炼油厂，到 2000 年中期奥杰斯炼油厂完全在俄罗斯石油公司的掌控之下。2005 年年初，俄罗斯石油公司增加了在保加利亚和罗马尼亚公司的资产，在这两家公司的控股额达 93%。② 另外，俄罗斯石油公司加速亚洲市场开发。南亚的一些国家特别是印度，是俄一次能源、能源设备和服务的传统进口国。作为对先前关于印度资金参与萨哈林岛石油天然气产地开发和俄罗斯在孟加拉湾大陆架进行地质勘察工作协议的补充，2005 年俄罗斯石油公司与俄罗斯天然气工业公司及印度的国有公司签署了战略合作协议，“规定在印度、俄罗斯或第三方国家继续和扩大互利合作”。③ 俄发展与印度的能源合作，这不仅因为印度能源需求旺盛，而且还出于地缘战略的考虑。在南亚外交的任务中，特别重视恢复和巩固在新的地缘政治条件下俄罗斯的能源地位。据印度亚洲通讯社报道，目前印度石油天然气公司的海外投资达 100 亿美元，其中 50 亿美元用于持有俄罗斯“萨哈林 -1”油气项目 20% 的股权。此外，印度正在研究与俄罗斯天然气公司联合在俄罗斯和其他独联体国家开采油气资源的可能性，并计划对俄东北部亚马尔天然气田进行参股投资。在东亚，2000 年后，随着俄中政治关系日益成熟，国际油气市场好转，俄罗斯与中国的石油公司的贸易往来越

---

① Ю. Н. Глушенко, *Европейский вектор нефтяной отрасли россии*, Москва, 2007, с. 46.

② Ю. Н. Глушенко, *Европейский вектор нефтяной отрасли россии*, Москва, 2007, с. 116.

③ А. Е. Лихачев, *Экономическая дипломатия России*, *Новые вызовы и возможности в условиях глобализации*, Москва, 2006, с. 428.

来越密切。2005 年 7 月 1 日，俄罗斯石油公司与中石化签订了“一号议定书”，俄中双方商定共同出资成立一家石油公司——东方能源公司，中方占 49% 的股份，负责萨哈林 - 3 的油气勘探开发工作。2005 年 7 月，俄罗斯石油公司与中石化签订了长期合作协议，俄中石油公司同时还签订了在俄中境内互设合资企业的协议。根据这个协议，中国石油公司将在俄罗斯境内开展石油资源勘探开发合作，而俄罗斯石油公司将在中国境内开展炼油加工和销售一体化合作。俄石油公司在海外的石油贸易和油气项目与其他国家的合作，毫无疑问为本国的经济外交和政治外交增添了光彩。

（2）斯拉夫石油公司（SIavneft）

斯拉夫石油公司是根据俄罗斯和白俄罗斯两国政府的决定于 1994 年 8 月 26 日成立，为俄罗斯十大石油公司之一。斯拉夫石油公司拥有 20 个油田及区段的开采许可证。公司所属油田已探明储量 200 亿桶，石油储量可开采 50 年。公司年石油出口 870 万吨，石油加工逾 1800 万吨（含加工其他石油公司供应的石油），石油产品 940 万吨，天然气产量 14 亿立方米，2001 年纯利润为 110 亿卢布。

该公司既开采石油，也进行石油加工并拥有自己的销售网络。斯拉夫石油公司设有 9 家子公司，其中有 2 家石油生产公司、3 家炼油厂、3 家油品销售公司。石油生产公司有“麦吉昂石油天然气公司”和“麦吉昂石油天然气地质公司”；石油加工公司有“莫济里炼油厂”（白俄罗斯）、“雅罗斯拉夫尔石油有机合成公司”、“雅罗斯拉夫尔门捷列夫炼油厂”，以及斯拉夫尔油品销售公司等。

2000 年，为解决原油产量不足，炼油能力过剩的问题，斯拉夫石油公司确立了今后十年的主要发展目标：将石油产量由年产 1200 万吨，提高到年产 2000 万吨。[①] 新增的产量将主要来自俄罗斯西西伯利亚的汉特—曼西斯克地区以及俄南部克拉斯诺亚尔斯克地区，斯拉夫石油公司在这些地区有大量的石油储量，足以保证公司实现增产的目标。公司 2004 年石油产量为 2200 万吨，占全俄石油产量的 4.8%。2006 年石油产量为 2540 万吨，占全俄石油产量的 4.9%。[②]

① 《外国石油动态》，《国际石油经济》2000 年第 3 期，第 59 页。

② Ю. Н. Глушенко, *Европейский вектор нефтяной отрасли россии*, Москва, 2007, с. 32.

斯拉夫石油公司的销售网覆盖俄罗斯中部地区和白俄罗斯。该公司不仅政治地位重要，而且在经济上也具有重要意义。虽然石油产量不大，但其3000多万吨的石油加工能力引人注目。“雅罗斯拉夫尔门捷列夫炼油厂”和“莫济里炼油厂”位于石油产品需求量很大的俄罗斯中部地区和白俄罗斯。斯拉夫石油公司按照自己的海外开拓方案扩展石油开采范围，公司业务遍及俄罗斯和白俄罗斯的公司和伊拉克、伊朗、苏丹和科威特政府进行有关矿藏开发的谈判。

2002年12月18日，俄罗斯联邦财产基金会对斯拉夫石油公司74.9%的国有股权进行拍卖，最终以18.6亿美元落槌。被西伯利亚石油公司与秋明石油公司共同组建的“投资石油公司”拍得，斯拉夫石油公司转为私有石油公司。

（3）俄罗斯石油运输公司（Transneft）

俄罗斯石油运输公司，其历史开始于20世纪50年代，当时苏联建立了“统一石油管理运输系统”，并由“石油运输和供应总局”负责管理。苏联解体后，根据1992年11月17日俄联邦总统令和俄联邦政府1993年8月14日的决定，成立了“石油运输股份公司”。该公司是“石油运输和供应总局”的继承者。俄石油和石油产品运输方式有铁路、海运、管道运输，俄罗斯石油出口主要依靠管道运输，石油运输公司的管道系统和16个国家相连接，包括独联体国家、欧盟的成员国等。

俄罗斯对欧洲的外交，在《俄联邦外交政策构想》中的优先地位仅次于独联体。俄罗斯希望以新的现实和共同利益为基础与欧洲国家开展平等、务实合作。俄罗斯石油出口市场主要是欧洲，欧洲国家是俄罗斯能源的基本需求国。“西欧有一半的国家和俄罗斯有贸易交流，俄石油的85%—90%出口到西欧工业发达国家。”① 因此，拓展与西欧国家的能源合作是吸引投资、借贷和引进能源领域的先进技术的最好手段。俄石油运输公司出资兴建的第一条输油管线是“波罗的海输油管系统”，主要负责将西伯利亚和“蒂曼—伯朝拉”油田生产的石油输送到波罗的海沿岸港口，然后再转运到西欧各国。从2003年开始，“波罗的海输油管系统”每天输送石油36万桶。据俄石油运输公司估计，在普里莫尔斯克以南的维托斯克港建成后，“波罗的海输油管系统”日均输送能力将突破100万

---

① М. А. Яценко，*Нефть во внешнеэкономических связях России*，Москва，2006，с. 124.

桶。俄罗斯石油运输公司另一条“友谊”输油管道，是向欧洲输送石油的最主要通道。2003 年，“友谊”输油管道的输送能力为平均每天 120 万桶。“友谊”输油管道主要通过北线（俄罗斯—白俄罗斯—波兰—德国）和南线（俄罗斯—乌克兰—匈牙利—斯洛伐克—捷克）两条线路将俄石油输送到中东欧。而亚得里亚管道则连接了克罗地亚的奥米沙利港、亚得里亚海和匈牙利。2002 年 12 月 16 日，两条管道的沿途各国共同签订了“友谊”管道和亚得里亚管道一体化的协议。协议规定，“两条管道在合并之初的输送能力为每天 10 万桶，在未来 10 年内达到每天 30 万桶。协议有效期为 10 年”。[①] 2005—2006 年经过海港出口的石油占俄罗斯向欧洲出口的 65%，此外这个数额的 85% 是通过俄境内新罗西斯克、图阿普谢、普里莫尔斯克的终端设备运输。友谊石油管道保证了 34% 的供货。[②]

俄罗斯石油出口的南部方向主要是经过黑海港口，这不能不触及达达尼尔海峡和博斯普鲁斯海峡。冷战结束后，土耳其政府出于生态安全的考虑对经过海峡的油轮进行限制，海峡问题首先影响的是俄罗斯和哈萨克斯坦的石油出口。由于石油出口到欧洲、近东、中东、东南亚市场皆需经过黑海港口，使黑海港口具有重要的意义。黑海港口不仅具有经济意义，而且具有政治和军事意义。黑海海峡问题在近现代国际关系中是非常敏感的问题，主要是其地缘政治的重要。黑海海峡是沟通黑海和地中海的唯一水道，又是连接欧亚大陆的要道。出于地缘政治的需要，以及石油出口的需要，俄罗斯避开黑海海峡建立新的石油运输线路。经过多方的论证最后确定了布尔加斯—亚历山德鲁波利斯方案。俄罗斯、保加利亚、希腊三国于 2005 年 4 月 12 日签署合作修建布尔加斯—亚历山德鲁波利斯石油管线方案意向书。2006 年布尔加斯—亚历山德鲁波利斯方案得到俄罗斯政府的支持。9 月 4 日普京对希腊进行了简短的访问，表示三国合作时优先讨论这个方案。并确认俄罗斯石油公司、俄罗斯石油运输公司参加这个方案。2006 年 11 月初，俄罗斯向希腊和保加利亚发出了关于修建布尔加斯—亚历山德鲁波利斯石油管道的政府间协议。另外，这个方案得到了欧盟委员会的支持。欧洲投资银行在 2006 年 10 月末宣布，准备提供修建石油管道

① Ю. Н. Глушенко, *Европейский вектор нефтяной отрасли россии*, Москва, 2007, с. 133.

② 《外国石油动态》，《国际石油经济》2008 年第 10 期，第 72 页。

资金的50%。[①] 2007年2月，俄罗斯、保加利亚和希腊三国签署了布尔加斯—亚历山德鲁波利斯方案协议。方案总价值预估7亿美元，投资回收为7—10年，管线总长300公里，运输能力为年输送石油3500万吨。

布尔加斯—亚历山德鲁波利斯管线将绕开土耳其的博斯普鲁斯海峡和达达尼尔海峡，成为独立于土耳其的俄罗斯向南出口石油的管线，从而可以巩固俄罗斯石油企业在东欧石油市场的地位。此外，依靠该石油管线还可以向美国市场运输石油。

（4）俄罗斯天然气工业公司（Gazprom）

“天然气工业公司”是苏联解体后在原苏联天然气工业部的基础上建立起来的。1989年根据苏联天然气工业部长切尔诺梅尔金的倡议改组成了国有企业“天然气工业公司”，切尔诺梅尔金任公司第一任总经理，“天然气工业公司”从全苏企业变成俄罗斯公司，同时失去了分布在苏联其他加盟共和国的企业所有权。1992年“天然气工业公司”改组为股份公司，国家拥有40%的股份，另外10%的股票通过私有化证券被“天然气工业公司”购得，15%的股票通过私有证券和货币资金被员工购得，32.9%的股票被居民用私有化证券购得。通过私有化证券实现的私有化并没有为公司带来发展所急需的资金。为引进资金1997年5月28日政府通过法令，同意“天然气工业公司”吸引外资的计划，对外资发行股票，总额为注册资本的7.02%。另外，从1998年起公司股票开始上市流通，结果是国家持有的股份减少，俄罗斯自然人拥有的股份总额也在减少，到2004年，俄罗斯法人控制的股份总额甚至与国家掌握的股份份额大体相当，这意味着俄罗斯联邦政府对公司的影响力相对下降。但2005年，国有公司“俄罗斯石油天然气公司”购买了“天然气工业公司”10.74%的股份，结果是俄罗斯联邦政府所持有的股份上升，占到了“天然气工业公司”全部股份的50.002%，政府掌握了绝对的控股权。在“天然气工业公司”系统中，除天然气生产和运输企业外，“天然气出口公司”和“地区间天然气公司”起着关键性作用。这两家公司是“天然气工业公司”的全资子公司，分别承担国内外市场的天然气贸易。

作为世界上最大的天然气公司“俄罗斯天然气工业公司”，其天然气产量占俄罗斯天然气总产量的86%以上。1995年其天然气储量为492700

---

① Ю. Н. Глушенко, *Европейский вектор нефтяной отрасли россии*, Москва, 2007, с. 144.

亿立方米，天然气产量为 5595 亿立方米，均居世界十大天然气公司的首位。它不仅从事天然气生产，而且还控制着全俄所有的天然气管道。该企业是俄罗斯境内纳税最多的企业，每年其缴纳的税收占俄罗斯联邦财政收入的 20%—25%。[①]

在能源外交方面，“天然气工业公司”的区域性和全球性天然气战略表现在该公司不仅积极参与地区性天然气市场的发展，而且还参与全球性天然气市场的形成与建立。其战略是扩大对欧洲国家市场的天然气供应；并打入亚洲国家市场，同时在拉丁美洲国家开展业务。俄罗斯天然气公司掌握着世界上数量最多的天然气出口合同。天然气长期供货合同和统一的出口渠道是“俄天然气工业公司”出口战略的基础，其主要目标是控制天然气销售，多种经营使公司在世界市场上占有大量的份额。

在天然气贸易方面，首先，欧盟是俄罗斯天然气主要销售市场，包括德国和奥地利在内的欧盟国家早在冷战时期就与苏联进行了大规模的天然气贸易。冷战结束欧盟扩大之后，欧盟国家对俄罗斯天然气的依赖程度大大加强。欧盟一直将俄罗斯作为其最大和最稳定的天然气供应方，而俄罗斯也将欧盟置于仅次于独联体地区的重要能源外交方向。2005 年俄罗斯出口到欧盟的天然气达 1273 亿立方米，[②] 最主要的出口国是德国，1973—2005 年期间，俄罗斯输送到德国的天然气总量超过 7500 亿立方米。[③] 另外，德国还在向其他国家如法国、荷兰、英国和瑞士过境运输天然气方面起着至关重要的作用。俄罗斯天然气基本上是根据“俄罗斯天然气工业公司”与德国能源电力（E. ON）公司和德国巴斯夫（WIEH）公司签订的长期合同运往德国，合同的有效期至 2020 年。与此同时，市场自由化，欧洲区域天然气运输基础设施扩建和能源市场的一体化促进了短期合同、一次性交易、交易所交易和电子贸易的发展。不过，“俄罗斯天然气公司”的专家认为：一次性交易和短期交易只能作为辅助手段，而与欧洲的长期合同将成为天然气国际交易的基础。因只有以长期交易为

---

① К. Лиухто, “Российская нефть, производство и экспорт”, *Вопросы экономики*, №9, 2003, с. 146.

② А. Е. Лихачев, *Экономическая дипломатия России. Новые вызовы и возможности в условиях глобализации*, Москва, 2006, с. 414.

③ А. Е. Лихачев, *Экономическая дипломатия России. Новые вызовы и возможности в условиях глобализации*, Москва, 2006, с. 416.

基础才可以适应欧洲国家对天然气快速增长的进口需求。长期合同一方面保证了天然气贸易参与国对大型出口项目的投资回报率；另一方面可以保障天然气供应的长期稳定和畅通。除此之外，天然气的生态优势也是欧洲国家天然气需求增多的附加因素。①

“天然气工业公司”与欧洲天然气公司组建了合资企业，其中最大的是德俄“文特天然气公司”，德国合作伙伴是德国巴斯夫的子公司“文特绍尔公司”。“天然气工业公司”在合资公司中占35%股份。“文特天然气公司”在德国天然气销售市场中占12%的份额，当时计划于2010年提高到15%。② 该公司在德国境内拥有1500公里的输气管道干线和一个特大型储油库。在天然气运输管道方面，俄罗斯与德国签署铺设北方—欧洲天然气管道对德国有着重要的历史意义，它在10年内使德国得到稳定的能源供应。管道从位于维堡地区的波尔多瓦湾穿过波罗的海水域到德国格莱夫斯瓦尔德将铺设两条平行的天然气管道，每条长度约1200公里，年输送天然气550亿立方米。③ 这个相当可观的输送量，将有助于满足德国和其他欧洲国家日益增长的需求。为了铺设和使用北方—欧洲天然气管道，创立了联合公司，其中“俄罗斯天然气工业公司”占51%股份，德国能源电力公司和德国巴斯夫公司占24.5%股份。

在与欧洲国家能源合作方面，1996年9月，俄天然气工业公司子公司（Gazexport）和埃尼集团的子公司（SNAM）达成向意大利供应液化天然气的协议。1999—2000年期间，俄天然气工业公司与意大利埃尼公司签订了紧密合作协议。埃尼公司也是购买俄罗斯天然气公司海外股票的股东。1997年12月，俄罗斯与土耳其政府签署协议，通过黑海铺设一条天然气管线，避开第三国由俄罗斯直接向土耳其供气。2000年9月，俄罗斯与法国天然气公司签署协议，组成财团建设从波兰到斯洛伐克的天然气管线。2007年6月，俄罗斯天然气工业公司和意大利埃尼集团提出南溪天然气管道项目。南溪项目包括通过黑海和亚得里亚海的海底水下管道部

---

① А. Е. Лихачев, *Экономическая дипломатия России. Новые вызовы и возможности в условиях глобализации*, Москва, 2006, с. 415.

② ［俄］С. З. 日兹宁：《俄罗斯能源外交》，王海运、石泽译审，人民出版社2006年版，第506页。

③ А. Е. Лихачев, *Экономическая дипломатия России. Новые вызовы и возможности в условиях глобализации*, Москва, 2006, с. 416.

分。南溪项目的陆地部分计划经由俄罗斯境内直至黑海岸边，沿着保加利亚、希腊、塞尔维亚、匈牙利、斯洛文尼亚和奥地利等南欧及中欧国家铺设。从战略上看，南溪天然气管道项目不仅能够满足欧洲日趋增长的天然气需求，还将加强欧洲的能源安全。

在对欧洲的天然气贸易中，没有政治风险对俄罗斯来说是十分重要的，但俄罗斯天然气公司在波兰市场开拓方面遇到了阻力。建设亚马尔—欧洲天然气管道是俄罗斯最重要的投资项目。根据俄罗斯与波兰 1993 年的协议，专门成立的欧洲波兰天然气公司成了波兰段管线的主要建设者。其中，波兰国有的石油天然气公司（PGNG）占 48% 的股份，俄罗斯天然气工业公司占 48% 的股份，Gas Trading 公司占 4% 的股份。[①] 但是，随后俄罗斯与波兰之间出现了纷争，最后导致亚尔马—欧洲天然气管线二期工程搁浅。另外，波兰和波罗的海沿岸国家对铺设北方—欧洲天然气管道也持不赞成的态度，认为俄罗斯利用本国天然气资源优势作为“政治影响工具”；还提出铺设天然气管道对波罗的海生态环境安全构成威胁，损害了波罗的海各国的利益。对此俄罗斯的政治观察家则认为，对管道铺设持反对态度的国家会因此失去天然气管道过境而获得的好处。理由是“俄罗斯天然气工业公司”在确定天然气管道线路之前，已就有关生态安全问题与所有的权威机构进行了必要的磋商，并在生态学家进行可行性论证的基础上，确定了北方—欧洲天然气管道项目的安全。[②] 北方—欧洲天然气管道使俄罗斯天然气输出流向多元化，此管道直接将俄罗斯与拥有欧洲燃气运输网的波罗的海国家燃气运输网连接起来。北方—欧洲天然气管道的特点是：管道在运输途中不存在中转国家，降低了俄罗斯天然气的运输费用。

俄罗斯天然气公司的经营活动表明，公司的商业利益与国家的战略利益保持一致。但是，天然气公司在实施自身计划时并非总能顾及国家外交现实。例如 1996—1997 年，天然气公司宣布穿越土耳其铺设到北塞浦路斯（属于土耳其的“飞地”，土耳其人口占多数，其独立地位不为国际社

① Миллер, “снова Миллери российско – польское газовое сотрудничество”, *Нефть и капитал*, №2, 2002, с. 52.

② А. Е. Лихачев, *Экономическая дипломатия России. Новые вызовы и возможности в условиях глобализации*, Москва, 2006, с. 417.

会所承认）的天然气管道，此举造成了俄罗斯与希腊以及塞浦路斯共和国之间的误解。

其次，俄天然气工业公司对独联体国家能源合作。根据俄罗斯的外交传统，能源外交首选苏联地区。这主要是基于地缘政治的考虑。事实上，从叶利钦到普京，一直将苏联地区视为自己的势力范围，俄罗斯始终没有放弃“建立一个在它领导下的以东正教为核心的集团，以及一个环绕它的相对软弱的由伊斯兰国家组成的缓冲带，它将在不同程度上支配这些国家，并试图把其他国家的影响排除在外”。①

白俄罗斯和波罗的海国家所需天然气几乎100%地依靠“俄罗斯天然气工业公司”供应。乌克兰和摩尔多瓦两国进口的天然气中，俄罗斯天然气占一多半。乌克兰是独联体成员国，本属俄罗斯的地缘势力范围。但是，一场“橙色革命”彻底颠覆了传统的俄乌关系。尤先科（Ющенко）是经过以西方为背景的“橙色革命”后上台的乌克兰总统，他在外交上执行亲美倾欧政策，追求加入北约与欧盟，而与俄罗斯在克里米亚海军基地等问题上矛盾不断。正是在此背景下，俄罗斯于2005年年末要求将供乌的天然气价格从每千立方米50美元提高至230美元。而乌克兰要求分阶段提高天然气价格，并按照市场价格计算俄天然气过境费。因谈判未果，2006年1月1日俄罗斯天然气工业公司切断对乌克兰的天然气供应，形成俄乌“断气风波”，直到1月4日双方谈判达成协议后恢复供气。

俄罗斯与乌克兰天然气冲突充分体现出国际能源竞争中国内政治、地缘政治和战略因素的作用。俄罗斯利用能源武器分化欧洲，并控制那些被认为仍处于其利益范围内的苏联国家。

最后，对中亚独联体国家能源合作。2001年1月，俄罗斯和哈萨克斯坦签署了为期10年的天然气工业合作协议。2002年，俄罗斯天然气工业公司密切了与乌兹别克斯坦天然气行业的合作。2004年又与乌兹别克斯坦达成进一步扩大天然气工业合作协议，积极发展中亚—中央（地球中心）输气系统，12月设立东方项目管理部，以促进其项目向东发展，东向油气战略已被作为公司重中之重。

总之，能源国有化加强了国家对能源资源控制。目前俄罗斯国有控股

① ［美］塞缪尔·亨廷顿：《文明的冲突与世界秩序的重建》，周琪、刘绯、张立平、王圆译，新华出版社1999年版，第177页。

企业掌控80%以上的油气生产，2/3的联邦预算收入来自国有的能源产业。21世纪初，出于地缘政治与地缘经济博弈的需要，能源战略除欧洲之外，已向多元发展。因此俄罗斯在资源民族主义、经济以及国内政治的逻辑之间互相牵绊并不令人感到意外，俄对于本国资源的直接支配为其提供了在国际政治舞台上施威的力量。

3. 俄罗斯的地方性石油公司

俄罗斯的地方性大石油公司在联邦建立后已部分私有化，如未完全形成一体化的鞑靼石油公司（Tatneft）和巴什基尔石油（Bashneft）公司为代表。它们主要在伏尔加—乌拉尔共和国和巴什基尔斯坦共和国从事石油业务，并分别由各自所在的共和国政府所控制。

“鞑靼石油联合生产企业”始建于1950年，在苏联时期曾是一家规模巨大的国营企业，卡马河与伏尔加河一带的油田在高峰时期的日均产量曾达到40万桶。苏联解体后，1992年，根据鞑靼斯坦共和国关于《鞑靼斯坦共和国国有和地方所属企业改革》的总统令，“鞑靼石油公司”改制为开放式股份公司，实际上拥有该共和国所有石油勘探和开发许可证。公司拥有91个油气田、14个油气开发管理机构和30多个其他组织。2004年石油开采量为2510万吨，占俄罗斯石油开采总量的5.5%；2006年开采石油2540万吨，占俄罗斯石油开采总量的5.3%。[①] 2004年出口石油1202万吨；2005年出口石油1255万吨。[②]

股份公司建立后，由于油田资源几近枯竭，导致鞑靼石油公司在鞑靼斯坦地区的炼油能力不足。为此公司不得不在上游和下游均开展国际业务，并且在全球股票和资本市场上拓展业务。“鞑靼石油公司”的石油开采、加工、销售不仅限于鞑靼斯坦共和国伏尔加河流域，公司还向莫斯科、下诺夫哥罗德和克列缅丘格等地的炼油厂提供原油，公司旗下的加油站遍布共和国内外。

在对外活动中，鞑靼石油公司是第一家在乌克兰投资炼油厂的俄罗斯公司。1994年，该公司与乌克兰合资成立了乌克兰股份公司，经营乌克兰最大的克列缅丘格炼油厂，用于加工鞑靼石油公司生产的高硫原油。之后，俄罗斯其他石油公司纷纷效仿鞑靼石油公司，大规模进入乌

---

① Ю. Н. Глушенко, *Европейский вектор нефтяной отрасли россии*, Москва, 2007, с. 32.

② Ю. Н. Глушенко, *Европейский вектор нефтяной отрасли россии*, Москва, 2007, с. 38.

克兰油气市场。至2000年中期，乌克兰整个原油加工体系实际上已处于俄罗斯石油供应商的控制之下。此外，在萨达姆执政时期，该公司参加了伊拉克多个项目，并努力保持在伊拉克的地位。在伊朗，公司与“挪威水利公司”用本公司生产的设备共同开发油田。为了吸引资金增加下卡姆斯克炼油厂的深加工能力，2003年年底与韩国LG公司组建了合资企业。2004年公司又与“伊杰拉公司”达成了共同开发利比亚和墨西哥油气田的协议，并与其他合作伙伴创建了“鞑靼—韩国石油化工公司”，该公司负责在卡姆斯克石油城建设现代化石油化工综合设施。在体制转型方面，国家持有部分股份的鞑靼石油公司更倾向于向俄罗斯私营大石油公司方向发展，并且经常加入到它们保护共同商业利益的行列中。

表6—3　　俄罗斯石油公司向国外的石油出口
（按照石油运输系统，包括铁路运输）

	2004年（百万吨）	2005年（百万吨）	增加（%）	2006年（百万吨）	增加（%）
秋明石油公司	49.30	49.27	99.94	37.30	75.70
卢克石油公司	33.03	34.42	104.21	37.63	109.32
俄罗斯石油	6.76	34.42	509.17	41.51	120.60
苏尔古特石油天然气公司	20.87	27.69	132.68	31.81	114.88
俄罗斯天然气工业股份公司（西伯利亚石油）	13.37	16.44	122.96	17.72	107.78
鞑靼石油公司	12.02	12.55	104.41	10.26	81.75
罗斯石油公司	2.54	6.08	239.37	5.44	89.47
斯拉夫石油公司	8.18	5.11	62.47	0	—
巴什基尔石油	3.86	4.36	112.95	5.34	122.48
尤科斯石油公司	34.05	1.64	4.82	0	—

资料来源：Ю. Н. Глушенко，*Европейский вектор нефтяной отрасли россии*，Москва，2007，с. 38.

巴什基尔石油公司是在巴什科尔托斯坦共和国当局的授意下建立的，致力于地方性业务，是一个相对“自给自足”的综合能源公司，负责本地的石油生产、炼油、运输及发电等业务。与鞑靼斯坦共和国一样，这里的油田也普遍面临资源枯竭的问题，但由于这一地区不断地发现数量众多新油田，因此资源枯竭的问题暂时还不会影响原油的开采总量。2004 年石油开采量为 1210 万吨，占俄罗斯石油开采总量的 2.6%；2006 年开采石油 1170 万吨，占俄罗斯石油开采总量的 2.4%。[①] 2004 年出口石油 386 万吨；2005 年出口石油 436 万吨。[②] 巴什基尔石油公司的输油管线和出口线路始终呈现饱和状态，一些新的开发项目正在研究之中。

根据这两个石油公司的石油产量及石油出口状况看来，地方性的石油公司在三类石油公司中属于最为动态的一类公司，它们在国内国际石油市场博弈中变迁与发展。

综上所述，俄罗斯国有与私营公司，在石油工业及能源外交中占有举足轻重的地位。国有与私有石油公司占俄石油储量的 72.7%，石油产量的 86.7%，原油加工量的 78%，石油出口量的 86.8%，加油站数量的 23.2%，雇员人数的 90.3%，以及勘探开发支出的 84.4%。[③] 国有与私营公司的所有权性质，在俄罗斯国家社会转型中，随着经济体制的转轨，依据国家利益现实需要，顺应经济全球化发展的形势而变化着。俄罗斯大型石油天然气公司通过对外能源贸易和能源外交，影响国家的能源外交政策。与此同时，俄罗斯大型油气公司寻求国家能源外交的支持，并密切配合国家能源外交政策，在世界能源市场与其他国家油气公司的合作与竞争中维护国家的利益。

三　俄罗斯石油公司能源外交的特点

俄罗斯联邦时期石油公司的特点是相对于苏联时期石油公司的特点而言的，将两个时期的石油公司能源外交进行比较，呈现出的特点各异。究其原因，造成两个时期石油公司不同特点的主要因素有：国际政治和经济背景不同；国内政治体制和经济体制不同；地缘政治变迁等因素。国际因

---

① Ю. Н. Глушенко, *Европейский вектор нефтяной отрасли россии*, Москва, 2007, с. 32.

② Ю. Н. Глушенко, *Европейский вектор нефтяной отрасли россии*, Москва, 2007, с. 38.

③ 俄罗斯国家统计委员会，俄罗斯能源部发布的有关数据，俄罗斯各石油公司的报告及俄罗斯专家的估计。

素和国内因素交织在一起，致使两个时期石油公司的体制、对外贸易的特点及能源外交的功能各不相同。

1. 苏联时期石油公司特点

首先，石油公司以国有体制为主。苏联时期社会主义公有制的体制，决定了石油工业和石油公司是以国有体制为主。如“全苏石油和石油产品出口联合公司”，以及与外资合作的“合股公司”。苏联时期的石油工业是由石油工业部管理，是计划经济管理，苏联能源生产企业没有任何对外经营的自主权。

20 世纪 60—70 年代，苏联对外贸易倾向发生了重要的变化，从单纯的与经互会成员国和发展中国家贸易转为正式承认西欧共同体，发展与西方国家的经贸关系，开办“合股公司”。“合股公司”是苏联利用本国的石油资源优势走向世界市场参与世界市场的竞争。据不完全统计，苏联在十多个西方国家开设了 30 家“合股公司”，其中很大一部分涉及石油和石油产品部门。如：1966 年，苏联与法国兴办了天然气开发合股公司、石油开发合股公司。苏联向法国出售石油和石油产品。1967 年苏联还成立“纳夫塔”（俄文“нефтъ”的音译）石油贸易公司。该公司在比利时、英国、意大利等国均有机构。各地的“纳夫塔”负责进口苏联石油，从事提炼和销售。“纳夫塔”建有一个庞大的销售网，其中英国就有 400 个服务站，每年销售的苏联石油达 3 亿多美元。比利时的“纳夫塔”苏方投资 60%，比方投资 40%，在安特卫普设有一座大油库，可储油 1 万多吨。该油库负责把油运给西欧各国和美国的买主。“纳夫塔”实际上就是苏联石油出口公司在国外的分公司。

这个时期的石油公司，不论是“全苏石油和石油产品出口联合公司”还是“合股公司”实际的体制皆为国有，管理制度为计划经济。两类公司能源贸易既有经济意图也带有政治色彩，在当时特殊的国际关系形势下，政治色彩则更浓厚。向西方国家提供能源输出，是为了增加外汇收入，加强西方国家对苏联的能源原料和出口市场的依赖程度，扩大美欧日之间的经济摩擦和政治分歧，以期达到苏联的对外战略的政治目的。

苏联时期石油公司尽管因东西方冷战，其能源贸易的区域、销售价格受到很多牵制，但苏联西欧、东欧经互会国家、发展中国家的能源外交对世界能源格局及国家之间的关系产生了极大的影响。

其次，冷战政治制约苏联石油公司的贸易。

苏联时期石油公司的国有性质，使其为国家利益及为对外战略利益服务的宗旨极其鲜明。苏联时期贯穿始终的东西方冷战，使苏联运用能源武器与美国进行着博弈。这种博弈更多的是体现在地缘政治方面。为了应对美国在欧洲对苏联的挤压，对油气匮乏的东欧社会主义国家，苏联挖掘能源潜力，尽量满足他们的能源需求。“在1976—1980年间，东欧国家从苏联进口了37800万吨石油、900多亿立方米天然气”①，“1988年苏联石油出口的77.6%都流向了东欧”。② 东欧各国长期以来一直以低于国际市场很多的价格获得苏联的原料，特别是石油。此外，从苏联伸向东欧国家的“友谊”输油管道，成了东欧国家石油的主要供应线，牵紧了这些国家对苏联经济与政治上的依存关系。

20世纪70年代，美苏争夺欧洲愈演愈烈。由于地理位置上的便利及地缘政治的争夺，苏联向西欧国家出口石油。几乎所有欧洲国家都大量进口苏联石油，如芬兰、意大利、西德、法国等都是西欧长期的最大买主。通过与西欧国家石油公司的贸易，为苏联提供长期贷款和技术。对西方的石油销售是苏联取得硬通货的一项最大来源。20世纪70年代末和80年代初，当国际石油价格达到创纪录的高度时，正是高油价产生的高收益支撑着苏联与美国进行军备竞赛，这种争斗几乎达到了与美国相抗衡的地步。

在中东，美苏展开对世界石油资源的争夺。中东拥有丰富的石油资源，在政治上、地理上又处于重要的战略地位，因此一直成为美苏争夺的焦点。第二次世界大战后，美国取代英国成为中东石油资源的垄断者，有50%以上的中东石油生产被控制在美国垄断资本手中。另外，随着美国国内石油资源渐趋枯竭，供求差距迅速扩大。到1973年，美国石油的进口量已占消费量的1/3，油源主要来自中东。为削弱美国对中东石油的控制，1969年，苏联与“伊拉克石油公司”签订协议，由苏联提供13900万美元贷款，帮助伊开采北鲁迈拉油田。③ 另外，苏联与叙利亚进行石油合作，1971年与叙利亚合作开采叙东部的油田。

冷战时期，苏联的能源外交主要着眼于政治利益，但这并不排除其因

---

① ［苏］尼·亚·吉洪诺夫：《苏联经济：成就、问题、前景》，李越然、肖雨潞、吕国军、刘启芸译，中国对外翻译出版公司1986年版，第134页。

② М. А. Яценко, *Нефть во внешнеэкономических связях России*, Москва, 2006, с. 61.

③ ［苏］勃·弗·杜奇科夫：《石油与世界政治》，上海师范大学外语系俄语组、上海《国际问题资料》编辑组合译，上海人民出版社1977年版，第305页。

需要而适时调整能源政策。进入 80 年代冷战趋于缓和时，苏联转而加强发展同西方，特别是同美国的石油贸易。80 年代末，苏联国内政治发生了重大的变化，在戈尔巴乔夫“新思维政策”下，苏联松动了石油工业的政策。在外交方面，苏联利用东西方“缓和”的有利时机加强油气外交攻势。加强东西方能源交往是赫尔辛基文件中的重要一项内容。即使是美国也在考虑与苏联开展油气合作，试图以经济关系促进东西方政治关系缓和。在国内外形势变化的背景下，苏联采取积极措施与外国石油公司合作勘探开发北极地区和含硫高的油气田。同时合资建设石油化工厂，并引进先进的石油勘探、开发、生产和储运等方面的技术与装备。1990 年 10 月，美国商务部部长鲍勃·莫斯巴赫率谢夫隆和德士古等大型石油公司总裁访问苏联，达成联合勘探开发田吉兹油田、蒂曼—伯朝拉盆地、楚科奇海域以及西伯利亚大型油田附近小油田的协议。在冷战结束的前夜，美苏的能源博弈中出现了能源合作的景象。

2. 俄罗斯联邦时期石油公司的特点

后冷战时代，俄罗斯石油公司生存的国际国内环境发生了巨大的变化，经济全球化的国际经济背景；俄罗斯市场经济体制的转型；石油公司重新私有化，这一切使俄罗斯石油公司呈现出新的特征。

首先，政府对石油公司的政策先放后收。

在俄罗斯市场化改革初期，国家曾在一段时期内开放自然资源。这期间虽然卢克石油公司、尤科斯石油公司的对外石油贸易为俄罗斯带来了丰厚的经济收益，但由于石油寡头富可敌国的势力膨胀，影响了国内政治的稳定。把俄罗斯的油气资源放到俄经济复兴这个大框架中分析，便会看到：“俄罗斯如何使用石油或天然气首先取决于克里姆林宫的需要，其次取决于俄罗斯经济形势，最后才取决于国际市场的油气价格。因此，克里姆林宫势必要把国内的油气资源掌握在自己的手中。”[①] 俄罗斯时期对于油气公司所有权处置，从叶利钦国有变为私有，到普京私有变为国有，主要出于两点认识：一是确认石油和天然气资源属于国家所有；二是能源安全成为国家重大战略问题，而石油和天然气是关系国计民生的最重要的能源。基于这两点，俄罗斯联邦时期，国家通过政府保持对石油公司的控

① ［法］菲利普·赛比耶—洛佩兹：《石油地缘政治》，潘革平译，社会科学文献出版社 2008 年版，第 200 页。

制权。

俄联邦建立初期，石油业经过频繁的资产重组后，形成了私营为主的大型一体化石油公司，但随着石油寡头的出现，普京执政时期着手调整叶利钦时期的政策，加强国家权威，打击石油寡头，强化国家对经济命脉的控制，将私有的石油天然气公司收归国有。20 世纪 90 年代末，国有控股企业控制着俄 80% 以上的油气生产。对私营石油公司，国家则通过税收、费率、反垄断（输油管道的建设和使用）、许可证管理以及价格和投资政策来对石油工业进行调控，对私营公司的经营决策施加影响。

导致政府收紧对石油经济政策的另一因素，由于全球化进程的加快，石油公司对外贸易活动对国家政治和外交的影响日益加大，而俄罗斯遍布全球的石油公司传播着这种影响。经济全球化的背景下，俄罗斯石油公司经营范围已涉及全球，并开始建立俄能源领域的跨国公司。如“卢克石油公司完成对土耳其油品零售商 Akpet 公司全部股份的收购，8 个油库、5 个贮存库、3 个航空燃料加油站和 1 个润滑油生产和分装工厂。该收购耗资 5.55 亿美元，将分期支付”。① 另外，俄罗斯天然气工业公司和越南国家石油公司旗下油气集团签署在越南大陆架 4 个海上区块进行油气勘探开发的合同。这 4 个海上区块分别是第 129 号、第 130 号、第 131 号和 132 号区块，合同期限为 30 年。在地质勘探阶段，项目所需费用由俄罗斯天然气工业公司负责。双方还签署了建立合资公司的初步协定。合资公司的股权结构为俄罗斯天然气工业公司占 51%，越南油气集团占 49%。

俄罗斯联邦时期政府对于石油经济的先放后收政策，表明石油经济在俄经济发展中所占的至关重要地位；还表明俄政府在石油外交中所起的主导作用。

其次，石油公司成为实现国家外交政策目标的工具。

俄罗斯联邦时期，石油经济在政府的操控下实现国家利益的最大化。“现代俄罗斯的政治与能源资源——首先是石油资源，其次是油气资源——已经被以一种世界历史上其他主要大国无可匹敌的方式紧密联系在

---

① А. Е. Лихачев, *Экономическая дипломатия России. Новые вызовы и возможности в условиях глобализации*, Москва, 2006, с. 397.

一起。”① 由于国家有效地控制了能源资源，使能源公司成为国家推进经济和外交政策目标的工具，俄罗斯油气公司在国家及政府的调控下实行国家利益的最大化。俄罗斯联邦时期，政府改变了过去单纯依靠军事力量保持其地缘政治地位的方式，而是利用其能源资源的优势扩大其政治经济的影响，实现其地缘政治目标和外交战略。俄石油和天然气公司，在政府的帮助下活跃在能源投资领域和重要的战略性地区，经营范围扩及中东、东欧、东北亚、美国。“9·11”事件后，一方面，世界能源进口国将俄的能源出口视为摆脱对中东石油依赖的主要来源。另一方面，俄将其丰富的能源作为扩大其在世界舞台影响力的战略资产。如为与美国在东北亚进行地缘政治争夺，俄在白令海峡修建相应的石油管道系统。另外，卢克石油公司通过并购已进入美国能源市场，还在圣彼得堡建设了新的输油终端增加对美国的运油能力。中亚也为俄美石油争夺与地缘政治争夺的重要区域。为应对美国在俄罗斯周边大搞“颜色革命”，挤压俄战略空间，俄也借助其能源优势对独联体国家施加影响。2004 年 6 月，俄罗斯与乌兹别克斯坦签署了联合开发天然气田的合同。同年 7 月，俄与土库曼斯坦缔结了把土库曼斯坦天然气经乌克兰运往欧洲的合同。另外，针对北约东扩，2006 年 3 月 15 日，俄罗斯与保加利亚、希腊就铺设布尔加斯—亚历山德鲁波利斯（BAP）输油管线一事签署了协议。这条耗资 13 亿美元的输油管线的大部分所有权属于俄罗斯天然气工业公司、俄罗斯石油公司和俄罗斯石油管道运输公司所组成的联合财团，而保加利亚和希腊企业只占有小部分股份。这条输油管线同美国所铺设的 BTC（巴库—第比利斯—杰伊汉）输油管线形成了竞争，是俄罗斯所控制的首条位于欧洲大陆的输油管线。2008 年 1 月，俄罗斯、保加利亚与希腊草签输油管道国际项目公司协议，俄罗斯持有该公司 51% 的股份。对东欧的保加利亚，俄罗斯完全控制了其石油部门，使其外交政策不大可能出现反俄趋向。

俄罗斯通过石油公司的全球性活动，既收获石油所带来的经济利益；同时利用石油扩张弥补解体后地缘政治的削弱。在经济全球化的时代，石油已经成为俄罗斯实施外交政策的一张极具价值的王牌。

最后，油气公司经济与政治功能并重。

---

① ［美］迈克尔·伊科诺米迪斯、唐纳·马里·达里奥：《石油的优势——俄罗斯的石油政治之路》，徐洪峰、李洁宇译，华夏出版社 2009 年版，第 1 页。

后冷战时代，经济全球化迅速发展，俄罗斯油气公司的经济功能色彩突出。与此同时，冷战时期的政治博弈的痕迹也始终没有退去，石油博弈与石油合作并存。

油气公司国际合作的经营活动表现在：为改变天然气出口受制于人的状况，俄罗斯天然气公司 2005 年年底与德国巴斯夫公司、德国能源电力公司签署了共同建设直接通往德国的输气管道的原则协议。根据协议，这条“北方—欧洲天然气管道”全长 2000 多公里，沿波罗的海修建，工程当时计划 2010 年全部完工。管道建成后，俄每年向德国输送 550 亿立方米天然气。在拉美，俄罗斯卢克石油公司和委内瑞拉国家石油公司签署有关对委内瑞拉奥里诺科重油带的胡宁 -3 区块进行联合研究的协议。根据协议，双方将对与重油生产有关的项目、重油今后在委内瑞拉的加工以及向国外出口等进行研究评价，所需费用由两家公司平摊。协议的有效期为 2 年，期满可以延长。[①] 俄罗斯与委内瑞拉国家石油公司的合作，实质是为了与美国在拉美争夺利益的需要。

另外，2001 年“9·11”事件后，俄美加强了包括能源在内的各个领域的合作。2002 年 5 月在莫斯科举行了俄美两国首脑峰会，双方签署了《关于发展俄美经贸往来联合声明》和《关于俄美新能源对话联合声明》，《关于俄美新能源对话联合声明》表明两国要从“巩固俄美关系，保障世界能源安全和国际战略稳定”的高度开展能源合作。为了促进两国的能源合作，建立了俄美能源合作工作组，美国加大对俄能源投资，俄增加对美国的能源出口，加强双方在里海中亚地区能源合作。2002 年 11 月俄美总统在圣彼得堡会晤，讨论了俄罗斯为美国战略储备供给石油的可能性，以保障两国更加紧密的能源合作。美俄能源合作的同时，能源争夺与能源冲突不时出现。石油资源争夺通常又与地缘政治角逐交织在一起，最明显的实例是俄美在中东、中亚的石油争夺。2008 年，俄罗斯最大的工程和建筑公司与伊拉克签署了一项有关恢复伊拉克一条石油出口管道的协议。该管道连接叙利亚地中海地区的巴尼亚斯终端，在 2003 年伊拉克战争中被破坏。另外，2008 年俄罗斯天然气公司在叙利亚建设第二座天然气加工厂，该厂年加工量为 13 亿立方米。此前，该公司在叙利亚的第一个天

---

① 《外国石油动态》,《国际石油经济》2008 年第 8 期，第 75 页。

然气加工厂项目共消耗 1.9 亿美元。[①] 2008 年 7 月，俄罗斯天然气公司与伊朗签署合作协议，协议包括俄方参与兴建通往印度和巴基斯坦的输油管道，帮助伊朗将里海地区的原油转运至阿曼湾，合作开发北阿扎德甘油田等；双方还计划成立跨国合资公司进行合作。

中亚各国历来被称为俄罗斯的“软腹部”，控制中亚的油气资源是俄罗斯维护其地缘政治影响的重要内容，俄希望将中亚国家的能源资源吸收到自己的能源体系中，以降低中亚市场压力，这对俄罗斯具有战略意义，其中对阿塞拜疆的油气和哈萨克斯坦的油气合作开发及运输是俄罗斯争取的重点。2007 年 5 月普京的中亚“能源之旅”中，哈萨克斯坦承诺将俄作为主要石油中转通道，确保了“北向管道”的油气输出主导地位，普京的中亚之行赢得了足够的与美国在中亚能源博弈筹码。

后冷战时代俄石油公司所呈现出的特点，既反映了俄罗斯社会转轨中石油公司在国家战略中的重要作用；还反映出后冷战时代国际关系合作与博弈同时并存的态势。俄美在地缘政治战略要地石油合作与石油博弈，揭示出后冷战时代国际关系明显表现出经济政治化，政治经济化的特征。俄罗斯石油公司在能源外交中经济与政治手段相互交替使用，最终目的是为了实现国家利益的最大化。

四　俄罗斯石油公司能源外交的影响

1. 石油出口刺激了俄罗斯经济的增长

俄罗斯联邦时期能源公司的影响体现在经济、地缘政治及外交战略方面。

在经济上，俄罗斯国家经济形势的好坏与油气行业的形势密不可分，能源产业既是促进俄罗斯国民经济发展的支柱，也是俄的主要财政支柱和实现经济复兴的发动机。俄石油出口 1990—2000 年期间的份额从 48% 增长到 55%[②]，通过石油开采和出口获得稳定的收入。“油气出口的收入的大幅度增长，构成了俄罗斯出口持续增长的主要动力，成为国际收支好转

① 《外国石油动态》，《国际石油经济》2008 年第 4 期，第 86 页。

② М. А. Яценко，*Нефтъ во внешнеэкономических связях России*，Москва，2006，с. 87.

的主要因素”[①]。1999—2001 年俄罗斯约 90% 的 GDP 增长都得益于能源出口的拉动。2003 年俄石油部门收入占 GDP 的 16.3%，天然气部门占 6.7%。在出口中能源所占的比重更高：石油占出口收入的 39.6%，天然气占 15%。燃料动力综合体上缴预算的税收占到俄罗斯全部税收收入的 26.5%。[②] 基于此，俄罗斯将能源出口视为刺激经济复兴的重要推动力量，石油天然气能源已成为俄罗斯重新崛起的战略基本资源，能源经济提升了俄经济和政治地位。1998 年时俄经济已经到了崩溃的边缘，但到“2004 年，俄罗斯财政已经连续 4 年实现盈余。外债总额已经由 1999 年的 1550 亿美元（占 GDP 的 82%）下降到了 2003 年的 1089 亿美元（占 GDP 的 19.1%），债务总额在 GDP 中所占的比例则由 110% 下降到了 38%”。与此同时，通货膨胀率也开始得到控制，“2003 年为 13.6%，2004 年为 11.5%”。[③] 在经济复苏后，俄罗斯甚至在 2004 年向欧洲市场发行了一批国债，这是自 1998 年以来的第一次。俄罗斯经济复苏与石油行业的发展完全是同步的，其中各大石油公司可谓功不可没。

2. 能源外交对俄罗斯外交政策的影响

在外交上，石油公司还是俄罗斯参与世界体系、维护地缘政治影响、改善国际环境的重要工具。在经济全球化形势下，能源政治和能源外交成为俄罗斯对外经济和政治的重要的因素。[④] 俄罗斯外交在全球石油市场上同石油输出国及石油进口国进行积极的对话，因为俄政府和国际组织的战略重点是加强市场的稳定和确保俄罗斯最佳的价格水平。俄联邦时期能源外交的政治影响力主要通过石油公司来完成的，能源公司在政府的帮助下进行全球扩张，一些大的石油和天然气公司活跃在能源投资领域和敏感、重要的战略性地区，在中东、东欧、中亚与美国石油公司在世界经济竞争中实现俄罗斯的地缘政治战略。地缘政治利益和对外经济利益的相互交织，充分体现在俄欧、俄美之间的能源对话以及远东和西伯利亚大型能源项目的实施中。对中亚，俄美都试图将能源博弈作为各自在中亚—里海地

---

① *Центральный банк российской федерации годово отчет*, №16, 2005.

② Е. М. Принт, *Экономическое развитие современной России*, Москва, 2005, с. 197.

③ ［法］菲利普·赛比耶—洛佩兹：《石油地缘政治》，潘革平译，社会科学文献出版社 2008 年版，第 202 页。

④ А. Е. Лихачев, *Экономическая дипломатия России. Новые вызовы и возможности в условиях глобализации*, Москва, 2006, с. 406.

区博弈的首选，进而实现各自在中亚的政治、军事、安全等方面的战略目标。因此，俄美中亚—里海地区能源博弈实质上是俄美对中亚—里海地区主导权的争夺。

另外，能源外交成为俄罗斯维护国家安全和民族利益的重要手段。由于大多数独联体国家要么依靠俄罗斯的能源供应，要么自身的石油出口依靠俄罗斯的管道运输，因此能源外交成了俄保持对周边国家地缘政治影响力的途径。在独联体地区，俄罗斯利用油气供应的阀门，打压亲美派，拉拢亲俄派，遏制独联体内部的离心倾向。乌克兰作为俄能源输入欧洲的中转国，石油和天然气的供应时常被中断或被减少。另外，乌克兰作为俄油气输送欧洲的中转国，其石油和天然气也主要从俄罗斯进口。2005 年俄罗斯与“颜色革命”后的乌克兰爆发关于天然气价格的争端，既是两国地缘政治演变的结果，也是俄罗斯对乌克兰亲美的报复。石油超级大国俄罗斯欲重温世界政治主宰者的旧梦，“石油提供了对外政策、国际经济考虑、国家安全，以及公司利益的汇合点”①。

石油公司的兴衰直接关系到俄罗斯国家的兴衰命运，正因如此，在俄罗斯联邦时期，国家不断调整着油气政策，高油价时期，国家通过资源国有化加强对油气公司的控制，如“尤科斯事件”。而低油价时期，便放开能源政策与西方国家进行能源合作。

3. 经济增长能源化的负面影响

俄罗斯国家经济对油气资源和油气出口的过分依赖也带来负面影响。首先，世界经济强弱和油气价格的高低直接影响俄罗斯国家的经济发展的强弱。而影响油气价格的因素是错综复杂的。当前的世界油价已远远高出“正常”价格，石油成为一种经历了繁荣与萧条周期的商品。20 世纪末，适中的世界油价保持在每桶大约 18 美元。1999 年以来，俄罗斯已完全依赖于远高于这一价格的价格体制。当油价在每桶 18 美元时，俄国内生产总值没有增长；当油价下滑，低于每桶 18 美元时，俄国内生产总值增长就将停滞。1998 年，国际油价下降到每桶大约 10 美元，联邦预算收入因此陷入了困境。另外，即使在当前的高油价背景下，俄经济也受到石油价格波动的影响。据估算，世界石油价格每波动 1 美元，俄罗斯的国家预算

---

① ［美］迈克尔·伊科诺米迪斯、唐纳·马里·达里奥：《石油的优势——俄罗斯的石油政治之路》，徐洪峰、李洁宇译，华夏出版社 2009 年版，第 1 页。

就出现大约 10 亿美元的变动。

其次，资源依赖型经济的特征，使俄罗斯经济增长质量不高。资源依赖型经济导致俄经济结构和产业结构严重畸形，这一结构中能源等原材料所占的比重过大，“石油产品占俄罗斯工业产品的 14%，有时可达到 19%”[①]。石油和天然气以及原材料出口在俄出口贸易中占主导地位，有资料显示，2003 年俄石油部门占 GDP 的 16.3%，天然气部门占 6.7%。在出口中所占的比重更高：石油占出口收入的 39.6%，天然气占 15%。燃料动力综合体上缴预算的税收占到俄罗斯全部税收收入的 26.5%。[②] 矿物原料出口的比重从 1998 年的 42.8% 增加到 2002 年 54%，机器设备出口的比重从 1998 年的 11.4% 降至 2002 年的 9.5%，而进口的比重较大，1998 年为 35.6%，2002 年为 34.1%。[③]

俄罗斯将大量的自然资源和低附加值产品出口模式造成了严重后果，不仅耗竭不可再生的自然资源，还造成俄遭受双重损失：一方面是出口低附加值产品带来的损失，另一方面是进口高附加值商品带来的损失。经济增长能源化势必造成俄罗斯工业产业结构的畸形，如不适时调整将严重影响其国家经济的可持续增长。国家实力的强弱又直接涉及后冷战时代在国际关系格局中俄罗斯所处的国际政治地位。

综上所述，俄罗斯联邦时期的油气公司，是后冷战时期特殊国际环境的产物。它在俄罗斯社会转型的暴风骤雨中诞生，在国际政治经济剧变的旋涡中前行。特殊的时代赋予其特殊的使命，使其与俄罗斯国家兴衰同命运。俄罗斯油气公司所呈现的国家调控作用突出、政治经济功能并重、肩负实现国家政策目标重任的特征，既带着时代变迁的痕迹，又受到时代发展的制约。油气公司在俄能源外交中发挥着不可忽视的作用，成为影响国家经济发展与外交政策决策的重要因素。因此，探讨俄罗斯石油公司的发端与变迁、特点与影响，对经济全球化进程中的石油生产国和石油消费国的能源政策决策和能源安全保障，具有深远的借鉴意义。

---

① М. А. Яценко, *Нефтъ во внешнеэкономических связях России*, Москва, 2006, с. 5.

② 《外国石油动态》,《国际石油经济》2008 年第 4 期，第 197 页。

③ Централъный банк российской федерации отчет, №9, 2005.

结束语

从19世纪70年代至今，俄罗斯能源外交走过了130余年的历程。伴随着国内外形势的变化，演绎着生动而丰富的内容。石油天然气一直都是俄罗斯“权力的支柱和国家恒久不变的根基，是俄罗斯生命的血液”。[①]在俄罗斯历史发展中，能源资源的优势被充分地展示。

纵观俄罗斯能源外交历程，清晰地呈现能源外交区域转移的历史轨迹。20世纪以欧洲为主，并主要对东欧经互会成员国输出石油。冷战结束，又转向中亚与东北亚国家能源合作。在能源政策方面，从以意识形态作为油气输出国家的标准，发展到与西方国家建立能源合作伙伴关系。俄罗斯百余年的能源外交史的特征鲜明，主要归纳为三点：首先，国家对油气资源的掌控。国家运用行政政策对本国石油资源的优势发挥到极致。俄罗斯石油公司的体制属性从私有到国有，再从国有到私有。国家政治决定石油公司的属性。这对俄罗斯能源外交产生两个方面的影响：一方面石油这一重要的战略资源必须要由国家掌控，有利于能源外交为其整体外交服务；另一方面，由于国家统领石油贸易，重视石油贸易的政治功能，因而石油贸易的经济利益受到限制，如苏联时期对经互会国家的石油贸易便是如此。其次，俄罗斯能源外交的区域与世界地缘政治角逐的热点地区紧密联系。20世纪美苏对峙的主要区域在欧洲，因此这个时期俄罗斯能源贸易主要以欧洲国家为主。而到20世纪末21世纪初，俄罗斯对中亚的能源合作便推上日程。这主要与“9·11”事件后美国对中亚地缘政治染指有关。冷战结束，“中亚新独立的国家虽国家发展的方向各异，但几乎都致

① ［美］迈克尔·伊科诺米迪斯、唐纳·马里·达里奥：《石油的优势——俄罗斯的石油政治之路》，徐洪峰、李洁宇译，华夏出版社2009年版，第1页。

力于摆脱俄罗斯的影响”。[①] 在这种严峻的离心形势下，俄罗斯以能源合作凝聚已脱离苏联的中亚国家。随着国际关系焦点的东移，俄罗斯能源外交同时密切关注着东北亚区域。俄罗斯借重东北亚各国平衡美国在东北亚的势力，同时增加俄罗斯自身在东北亚的回旋余地。俄罗斯能源外交运行的轨迹，与世界地缘政治角逐地区是重合的。显示出当今世界，石油与地缘政治之间的密切关系，是其他任何原材料都无法企及的。正因如此，石油资源富饶之地，难免成为大国关注和博弈的战场。最后，俄罗斯能源外交的时效性。随着全球化及现代化浪潮的推进，世界能源的需求不断增长，作为油气生产和输出大国，俄罗斯外交中的能源价值有增无减，能源外交已成为其整体外交的重要组成部分。另外，俄罗斯的能源外交政策也在不断地调整。如注重能源环境安全问题；调整出口结构，原油资源出口向高层次再加工产品转变等。

展望 21 世纪俄罗斯能源外交的走向：能源外交为整体外交战略服务这是由俄罗斯国家政治经济利益所决定，能源外交政策的决策与调整的宗旨是复兴俄罗斯世界大国的地位。此外，经济全球化背景下，俄罗斯经济要融入世界，其在石油、天然气领域与油气生产国及消费国交往，合作与博弈并存的态势将成为俄罗斯能源外交的主要内涵，这是世界经济政治发展的趋势使然。

---

① Н. А. Добронравин、О. Л. Маргания, *Нефть газ модернизация общества*, Москва, 2008, с. 458.

主要参考文献

一 俄文文献

1. Н. Н. Емельянова, *Россия и Евросоюз соперничество и партнерство*, Москва, 2009.

2. Н. А. Добронравин, О. Л. Маргания, *Нефть Газ модернизация общества*, Москва, 2008.

3. Ю. Н. Глущенко, *Европейский вектор нефтяной отрасли россии*, Москва, 2007.

4. А. В. Торкунова:*Энергетические измерения международных отношений и безопасности в восточной Азии.*, Москва., 2007.

5. С. Г. Лузянин, *Восгочная политика владимира путина – возвращение россии на《большой восток》*（2004 – 2008*гг*），Москва, 2007.

6. Эрик Лоран, *Нефть Ложь*, *тайны*, *махинации*, Москва, 2007.

7. С. З. Жизнинь, *Энергетическая дипломатия России*, Москва, 2006.

8. М. А. Яценко, *Нефтъ во внешнеэкономических связях России*, Москва, 2006.

9. Э. М. Иванов, *Экономические отношения россии со странами центральной Азии*, Москва, 2006.

10. А. Е. Лихачев, *Экономическая дипломатия России. Новые вызовы и возможности в условиях глобализации*, Москва, 2006.

11. А. И. Крушанов: Дальний восток России в системе международных отношений в азиатско – тихоокеанском регионе: история, экономика, культура, Владивосток Дальнаука, 2006.

12. С. З. Жизнин, *Энергетическая дипломатия России*, *экономика*,

полити, *практика*, Москва, 2005.

13. А. Ю. Воронин, *Энергетическая стратегия России*, Москва, 2004.

14. С. С. Жильцов、И. С. Зони、А. М. Ушков, *Геополитика Каспийского моря*, Москва, 2003.

15. С. С. Маилян, *Единоначалией коллечиальнотъ в управлении органами внугренних дел*, Москва, 2002.

16. И. С. Иванов, *Новая российская дипломатия. Десять лет внешней политики страны*. Москва., 2002.

17. Л. Б. Вардомский、Е. Е. Скатерщикова, *Внешнеэкономическая деятельность регионов России*, Москва, 2002.

18. В. Д. Щетинкин, *Экономическая дипломатия*, Москва, 2001.

19. Н. Гусаков、Н. Зотова, *Националъные интересы и внешнеэкономическая безопасностъ Росси*, Москва, 1998.

20. А. В. Торкунов, *Современные международные от ношення*, Москва, 1998.

21. Народное хозяйство СССР, *Статистика*, (1922 – 1982 *г.*) *Москва*, 1982.

22. Издательство академии наук СССР, *Монополистический капитал в нефтяной промыщленности России* 1883 – 1914. *Документы и материалы*, Москва, 1961.

23. Калюжный, "Нефтегазовая Россия В21 веке", 2000, №1.

24. С. З. Жизнин, "Формирование энергетической дипломатии России", *Дипломатический вестник*, 1999, №9.

25. А. КоржубаевПрогноз: "развития нефтяной и газовой промышленности в Россия и перспективы формирования новых направлений экспорта энергоносителей", *Проблемы Дальнего Востока*, 2006, №5.

26. А. Конторович、А. Коржубаев、Л. Эдер, "Перспективы поставок природного газа из России в страны АТР – ресурсные технологические и геополитические факторы", *Проблемы Дальнего Востока*, 2008, №3.

27. И. С. Иванова, "Традии российской дипломатической школы", *Дипломатической вестник*, 2002, №5.

28. Е. Деваева， “Экономическое сотрудничество Дальнего Востока России со странами Северо – ВосточнойАзии – состояние проблемы перспективы”， *Проблемы Дальнего Востока*，2004，№1.

29. И. А. Дьяконова，“ За кулиса ми нобеливской монополии”. *Вопросы истории* ，1975，№9.

30. А. А. Фурсенко，“Парижские Ротшильды и Русская нефть”,*Вопросы истории* 1962，№8.

二　外文文献中译本

1. ［俄］С. З. 日兹宁：《俄罗斯能源外交》，王海运、石泽译审，人民出版社 2006 年版。

2. ［俄］С. З. 日兹宁：《国际能源政治与外交》，强晓云、史亚军、成键译，华东师范大学出版社 2005 年版。

3. ［俄］伊·伊万诺夫：《俄罗斯新外交》，陈凤祥、于洪君、田永祥、钱乃成译，当代世界出版社 2005 年版。

4. ［苏］尼·亚·吉洪诺夫：《苏联经济：成就、问题、前景》，李越然、肖雨潞、吕国军、刘启芸译，中国对外翻译出版公司 1986 年版。

5. ［美］杰弗里·曼科夫：《大国政治的回归——俄罗斯的外交政策》，黎晓蕾、李慧容等译，新华出版社 2011 年版。

6. ［美］迈克尔·伊科诺米迪斯、唐纳·马里·达里奥：《石油的优势——俄罗斯的石油政治之路》，徐洪峰、李洁宇译，华夏出版社 2009 年版。

7. ［美］迈克尔·克莱尔：《石油政治学》，孙芳译，海南出版社 2009 年版。

8. ［法］菲利普·赛比耶—洛佩兹：《石油地缘政治》，潘革平译，社会科学文献出版社 2008 年版。

9. ［美］丹尼尔·耶金：《石油大博弈》，艾平等译，中信出版社 2008 年版。

10. ［意］莱昂纳尔多·毛杰里：《石油！石油!》，夏俊、徐文琴译，上海人民出版社 2008 年版。

11. ［德］威廉·恩道尔：《石油战争》，赵刚、旷野等译，知识产权出版社 2008 年版。

12. ［英］卢茨·克莱维曼：《新大牌局——亚洲腹地大国角力内幕》，王振西主译，新华出版社 2006 年版。

13. ［美］胡曼·佩马尼：《虎视中亚》，王振西主译，新华出版社 2002 年版。

14. ［英］经济学家情报研究有限公司：《到 1980 年为止的苏联石油》，商务印书馆翻译组译，商务印书馆 1975 年版。

三　中文文献

1. 张宁：《中亚能源与大国博弈》，长春出版社 2009 年版。

2. 宋景义：《转轨时期俄罗斯石油天然气工业及其对外经济联系研究》，中国经济出版社 2008 年版。

3. 郭力：《俄罗斯东北亚战略》，社会科学文献出版社 2006 年版。

4. 赵传君：《东北亚三大关系研究》，社会科学文献出版社 2006 年版。

5. 刘清才：《俄罗斯东北亚政策研究》，吉林人民出版社 2006 年版。

6. 袁新华：《普京领导下的俄罗斯能源战略与外交》，华东师范大学出版社 2004 年版。

7. 郑羽、庞昌伟：《俄罗斯能源外交与中俄油气田合作》，世界知识出版社 2003 年版。

8. 赵常庆：《十年巨变：中亚和外高加索》，东方出版社 2003 年版。

9. 孙壮志：《中亚五国对外关系》，当代世界出版社 1999 年版。

10. 王治来、丁笃本编著：《中亚国际关系史》，湖南出版社 1997 年版。

11. 金挥：《东欧中亚列国志》，当代世界出版社 1994 年版。

12. 陆南泉、张础、陈义初：《苏联国民经济发展七十年》，机械工业出版社 1988 年版。

13. 刘竞、张士智、朱莉：《苏联中东关系史》，中国社会科学出版社 1987 年版。

后　记

在从事“俄罗斯外交史”及“国际关系问题”教学和研究中，一直比较关注俄罗斯外交政策的演变，并探究其演变的渊源。这其中既涉及不同时期俄罗斯政治、经济等因素起起浮浮的变化，更涉及世界政治、经济形势的剧变。俄罗斯对外政策，随着时代的演进而变化，而且不同的历史时期呈现不同的特点。纵观俄罗斯外交史，其中可清晰的突显地缘政治因素对其内政、外交发展轨迹的影响。俄罗斯在地缘政治博弈中，将能源因素的优势发挥到极致。正是基于此种思考，最终将研究的目光锁定在了“俄罗斯能源外交政策研究”。

本书研究课题，在2007年指导研究生论文时便有意向，2008年获教育部人文社会科学研究立项。历经五年，终于完稿，并几经修改得以出版。由于本人水平及各种因素所限，书中的不当和疏漏之处，敬请专家和读者指正。

此外，在付梓之际，向对我的写作提供各种帮助的同事、朋友表示感谢！感谢哈尔滨师范大学斯拉夫语学院高枝青教授在本书俄文资料翻译中给予的热情帮助；感谢喻苗编辑为本书出版而付出的辛勤工作。

本书由于春苓主笔，南慧英、王海立两位项目组成员及在读博士参加部分写作。

各章撰写分工如下：

于春苓（第一、三、四、六章）；王海立（第二章）；南慧英（第五章）。

于春苓负责全书结构设计、修改、补充及定稿。